요한복음의 새관점

요한복음의 새관점

2015년 3월 2일 초판 1쇄 인쇄
2015년 3월 5일 초판 1쇄 발행

지은이 | 조석민
펴낸이 | 박영호
펴낸곳 | 도서출판 솔로몬

주소 | 서울시 동작구 사당로 155, 신주빌딩 B1
전화 | 599-1482
팩스 | 592-2104
직영서점 | 596-5225

등록일 | 1990년 7월 31일
등록번호 | 제 16-24호

ISBN 978-89-8255-530-5 03230

개정증보

요한복음의
새관점

정확한 문맥이해,
철저한 논증의 주해 작업,
역사적 연구를 통한 정황 이해를 통해
요한복음의 진수를 맛보다

A New Perspective
on John's Gospel

하나님의 품에 안겨 있을

사랑하는 아들

세윤(世潤)

(1984년 1월 28일 -2005년 9월 1일)

이를 추모하며

| 서문 |

요한복음은 많은 사람들에게 사랑을 받고 있는 복음서 가운데 하나이다. 처음 이 복음서를 읽으면 그 내용이 너무 쉬운 것처럼 느껴진다. 그렇지만 이 복음서는 읽으면 읽을수록 깊은 늪에 빠져들어 가는 것 같아서 그 속에서 헤쳐 나오기 어렵게 만든다. 이와 같은 복음서를 필자가 본격적으로 연구하기 시작한 것은 1993년 영국 브리스톨 대학교University of Bristol의 트리니티 대학Trinity College에서 당시 신약학을 가르쳤던 마가렛 엠브리Rev. Margaret Embry 교수의 지도아래 "요한복음의 구조 속에서 본 믿음과 표적의 관계"The Relationship between Signs and Faith in the Structure of John's Gospel에 대한 논문을 쓰면서 부터이다. 그 후에 같은 대학에서 신약학을 현재까지 가르치고 있는 존 놀란드Rev. Dr. John Nolland 교수의 지도아래 석사 학위 논문과 박사학위 논문을 계속 쓰게 된 것이 요한복음과의 계속된 인연이다. 박사학위 논문은 캐나다의 맥 마스터 대학McMaster Divinity College의 학장이며 신약학 과장으로 신약을 가르치는 스탠리 포터Dr. Stanley E. Porter 교수의 추천을 받아 *Jesus as Prophet in the Fourth Gospel*이라는 제목으로 영국에서 출판되었다.

이 책은 에스라 성경대학원대학교에서 그 동안 요한복음과 요한서신 및 계시록을 가르치면서 요한복음을 연구하여 발표하거나 학술지에 게재한 논문들 가운데 몇 편과 아직 발표되지 않은 논문들을 『요한복음의 새 관점』이라는 제목아래 한 책으로 묶은 것이다. 이 책의 제목으로 '새 관점'이라는 이름을 붙인 것은 지금까지 요한복음에 대한 이해와 주장들에 대하여 어느 정도 새로운 제안을 한 것이기 때문이다. 전체의 글은 비교적 학문적인 내용들이어서 목회자와 신학생들 그리고 요한복음을 전문적으로 연구하는 사람들에게 도움이 될 것으로 기대한다. 지금도 요한복음을 계속 가르치며 연구하지만 계속되는 생각은 이 복음서가 정말 바다와 같다는 느낌이다. 이 복음서를 연구하면 할수록 잘 모르겠다는 생각이 더욱 지배적이어서 지금도 요한복음의 초등학생처럼 조심스럽게 한 걸음씩 걸음을 옮기고 있다. 에스라의 강의 시간에 필자가 미처 생각하지 못했던 질문들을 했던 여러 학우들은 또 다른 배움의 기회를 제공하기에 감사할 뿐이다.

요한복음을 지금도 계속 연구할 수 있도록 인도해 주신 하나님의 은혜에 감사하면서, 특별히 이 복음서의 학문 세계로 들어갈 수 있는 기초를 닦아 주신 존 놀란드 교수님께 깊이 감사드린다. 아울러 에스라 성경대학원대학교에서 요한문헌들을 가르칠 수 있도록 기회를 허락해주신 학교법인 에스라의 백정란 이사장님께 큰 감사를 드린다. 에스라에서 함께 가르치며 때때로 동산을 함께 걷고 차를 함께 마시던 여러 교수님들께도 깊은 감사를 드린다. 이 책이 출판될 수 있도록 기꺼이 기회를 제공해주신 윤상문 목사님과 출판사에 감사드린다. 마지막으로 가장 큰 감사는 영국에서 수많은 세월 동안 곁에서 아낌없는 사랑과 지원을 보내준 사랑하는 아내 박춘란, 그리고 늘 많은 시간을 함께 해주지 못한 딸 은영에게 돌리고 싶다. 이 책을 펴내면서 영국 브리스톨에서 2005년 9월 1일 아침에 깨어나지 않고 하나님의 품으로 먼저 가버린 사랑하는 아들 세윤이를 기념하고 싶다.

2008년 10월

에스라 연구실에서 조석민

| 개정증보판에 붙여 |

요한복음의 연구는 샘솟는 물과 같다. 아무리 길어 올려도 계속 솟아나는 샘물처럼 그 깊이를 알기 어렵다. 『요한복음의 새관점』이 출판된 지 5년이 지나서 개정증보판을 내놓게 되어 부족한 부분을 메꿀 수 있어서 다행으로 생각한다. 이 책에서 개정된 내용은 7장의 "요한복음의 사마리아 종교"와 9장의 "갈릴리 가나의 둘째 표적" 뿐이다. 7장의 내용은 8장 "예수와 사마리아 여인"을 이해하는데 필수적인 요소 가운데 하나이다.

2014년 11월

에스라 연구실에서 조석민

| 목차 |

제 5 장 요한복음의 첫째 표적

제 6 장 영생과 하나님 나라

제 7 장 요한복음의 사마리아 종교

제 8 장 예수와 사마리아 여인

| 약어표 |

ACCS	Ancient Christian Commentary on Scripture
AB	Anchor Bible
ABD	D.N. Freedman (ed.), *Anchor Bible Dictionary*. 6 vols. New York: Doubleday, 1992.
AnBib	Analecta Biblica
ATANT	Abhandlungen zur Theologie des Alten und Neuen Testaments
BBC	Blackwell Bible Commentaries
BDAG	W. Bauer, *et al.* (eds.) *A Greek-English Lexicon of the New Testament and Other Early Christian Literature*. Chicago: Chicago University Press, 3rd edn, 2000.
BDB	F. Brown, *et al. A Hebrew and English Lexicon of the Old Testament*. Oxford: Clarendon Press, 1907.
BECNT	Baker Exegetical Commentary on the New Testament
BETL	Bibliotheca Ephemeridum Theologicarum Lovaniensium
ETL	*Epemerides theologicae lovanienses*
Bib	*Biblica*
BibTrans	*Bible Translator*
BIS	Biblical Interpretation Series

BNTC	Black's New Testament Commentary
BSR	Bibloteca di Scienze Religiose
BT	*Bible Today*
Exp	*TimExpository Times*
CBQ	*Catholic Biblical Quarterly*
CBNTS	Coniectanea Biblica New Testament Series
CJT	*Canadian Journal of Theology*
ETL	*Epemerides theologicae lovanienses*
GELS	J. Lust *et al* (eds.). *A Greek-English Lexicon of the Septuagint*. 2 vols. Stuttgart: Deutsche Bibelgesellschaft, 1992-96.
IBS	*Irish Biblical Studies*
ICC	International Critical Commentary
JBL	*Journal of Biblical Literature*
JETS	*Journal of the Evangelical Theological Society*
JQR	*Jewish Quarterly Review*
JSNT	*Journal for the Study of the New Testament*
JSNTSS	Journal for the Study of the New Testament Supplement Series
NAC	New American Commentary
NBC	D. Guthrie *et al*. *New Bible Commentary*. Leicester: Inter-Varsity Press, 3rd edn, 1970.
NCBC	New Century Bible Commentary
Neot	*Neotestamentica*
NIBC	New International Biblical Commentary
NICNT	New International Commentary on the New Testament

NICOT	New International Commentary of the Old Testament
NIGTC	New International Greek Testament Commentary
NovT	*Novum Testamentum*
NovT	SupSupplements to *Novum Testamentum*
NTD	Neue Testament Deutsch
NTL	New Testament Library
NTM	New Testament Monographs
NTS	*New Testament Studies*
NTT	New Testament Theology
PNTC	Pillar New Testament Commentary
RB	*Revue biblique*
SBLDS	Society of Biblical Literature Dissertation Series
SBLSP	*Society of Biblical Literature Seminar Papers*
SBT	Studies in Biblical Theology
SémB	*Sémiotique et Bible*
SJT	*Scottish Journal of Theology*
SNTSMS	Society for New Testament Studies Monograph Series
SPS	Sacra Pagina Series
TDNT	G. Kittel, *et al.* (eds.) *Theological Dictionary of the New Testament.* 10 vols. trans. G.W. Bromiley. Grand Rapids: Eerdmans, 1964-76.
TKNT	Theologischer Kommentar zum Neuen Testament
TNTC	Tyndale New Testament Commentary
TynB	*Tyndale Bulletin*
WBC	Word Biblical Commentary
WTJ	*Westminster Theological Journal*

WUNT	Wissenschaftliche Untersuchungen zum Neuen Testament
ZNW	*Zeitschrift für die Neutestamentliche Wissenschaft*
ZTK	*Zeitschrift für Theologie und Kirche*

제 1 장

요한복음에 언급된
시간 이해

A New Perspective on John's Gospel

● 제 1 장 ●

요한복음에 언급된 시간 이해[1]

1. 서론

요한복음 1:39; 4:6, 52; 19:14에는 각각 명시적으로 언급된 시간이 나타난다.[2] 요한복음에 기록된 시간의 이해는 본문을 해석하는데 매우 중요한 역할을 한다. 그러나 현재까지 요한복음에 분명하게 사용된 시간에 대하여 정확한 이해가 없는 가운데 본문을 해석하고 있는 실정이다. 요한복음에 나타나는 시간은 한글 개역 개정판에 의하면 각각 다음과 같이 번역되고 있다.

> "예수께서 이르시되 와서 보라 그러므로 그들이 가서 계신 데를 보고 그 날 함께 거하니 때가 열 시쯤 되었더라."(요 1:39)

---

1. 이 논문은 본래 '요한복음에 언급된 시간 이해: 요한복음 1:39; 4:6, 52; 19:14을 중심으로' 라는 제목으로 『성경과 교회』 4권 1호 (2006), pp. 143-69에 게재된 것으로 2008년 3월 15일(토) 한국복음주의 신약학회(KENTS) 제 14차 정기 논문 발표회에서 발표되어 토론되었던 것을 수정 보완한 것이다.

2. 이 글에서 '시간'은 '시각'과 동일한 의미로 사용할 것이다. 요한복음에는 명시적으로 언급된 시간 외에도 하루의 시간을 의미하는 단어들이 사용되고 있는데, 그것은 3:2; 19:39; 21:3에 사용된 '밤'(νυκτός)과 13:30의 '밤'(νύξ), 18:28과 20:1의 '새벽'(πρωΐ), 그리고 6:16과 20:19의 '저녁'(ὀψία)이 있다. 또한 이런 단어들과 관련된 '낮과 밤'에 대한 언급이 9:4과 11:9-10에 사용되고 있다. 그러나 이런 표현들은 분명한 시간을 언급한 것이 아니기 때문에 이 시간이 정확히 언제인지를 밝히는 것은 논의에서 생략한다.

"거기 또 야곱의 우물이 있더라 예수께서 길 가시다가 피곤하여 우물 곁에 그대로 앉으시니 때가 여섯 시쯤 되었더라."(요 4:6)

"그 낫기 시작한 때를 물은즉 어제 일곱 시에 열기가 떨어졌나이다 하는지라."(요 4:52)

"이 날은 유월절의 준비일이요 때는 제육시라 빌라도가 유대인들에게 이르되 보라 너희 왕이로다."(요 19:14)

현재 대부분의 학자들은 요한복음에 언급된 시간을 유대인들이 사용한 시간 개념으로 이해하고 있다.[3] 반면, 몇 학자들은 요한복음에 기록된 시간을 당시 로마인들이 사용한 시간으로 이해하려고 한다.[4] 그 외에 요한복음에 나타난 시간을 상징적으로 해석하는 경우도 있다.[5] 요한복음에 언급된 시간은 유대인들이 사용한 시간 개념을 말하는 것인가? 아니면 당시 로마인들이 사용한 시간을 의미하는 것인가? 이 두 경우가 아니라면 상징적으로 사용된 것인가? 이 질문에 대답하기 위하여 첫째, 요한복음의 저자가 시간을 언급했을 때, 그 시간이 유대인들이 사용한 시간 개념을 말하고 있기 보다는 당시 로마인들이 사용한 시

---

3. 예를 들면, R.E. Brown; R. Schnackenburg; C.K. Barrett; G.R. Beasley-Murray; E. Haenchen; L. Morris; B. Lindars; D.A. Carson; F. Moloney; B. Witherington; S. Schulz; B. Schwank; K. Wengst; C.G. Kruse; A.J. Köstenberger; C.S. Keener, 등이 이렇게 생각한다.

4. B.F. Westcott; N. Walker; R.V.G. Tasker; W. Hendriksen; R.A. Culpepper, 등이다.

5. R. Bultmann, *The Gospel of John: A Commentary* (trans. G.R. Beasley-Murray. Oxford: Basil Blackwell, 1971), pp. 100-101, note 9; C.R. Koester, *Symbolism in the Fourth Gospel: Meaning, Mystery, Community* (Minneapolis: Fortress Press, 1995), pp. 266-68; R.H. Lightfoot, *St. John's Gospel: A Commentary* (Oxford: Clarendon Press, 1956), p. 103; J.E. Bruns, 'The Use of Time in the Fourth Gospel', *NTS* 13 (1967), pp. 285-90을 참조하라.

간을 의미했을 가능성에 대한 증거를 제시 할 것이다. 둘째, 앞에서 제시한 논증의 토대 위에서 요한복음 1:39; 4:6, 52; 19:14에 명시적으로 언급된 시간을 문맥과 관련해서 각각 논할 것이다.[6] 요한복음에 언급된 시간을 상징적으로 해석할 수 있는 가능성에 대해서는 시간이 언급된 각각의 본문들을 논할 때 필요에 따라 제한적으로 언급할 것이다.

2. 요한복음에 언급된 로마인들의 시간 개념

요한복음에 언급된 시간이 유대인들이 사용한 시간을 의미하는지, 아니면 당시 로마인들이 사용한 시간 개념인지에 대해서는 워커N. Walker가 1960년에 발표한 논문에서 논의되었다. 그러나 그 이후에는 요한복음에 언급된 시간 개념에 대하여 활발한 논의가 없었다.[7] 그럼에도 불구하고 대다수의 학자들은 요한복음의 시간 개념을 유대인들이 사용한 시간으로 이해하고 있으며, 이런 경향은 현재까지 이르게 되었다.

6. 이 글에서 요한복음이 85-95년 사이에 기록된 것으로 전제하고 시작할 것이다. D.A. Carson, *The Gospel according to John* (Leicester: Inter-Varsity Press, 1991), pp. 82-87을 참조하라. 다른 견해에 대해서는 R.E. Brown, *The Gospel according to John* (2 vols.; New York: Doubleday, 1966-70), I, pp. lxxx-lxxxvi; idem, *An Introduction to the Gospel of John* (ed. by F.J. Moloney; New York: Doubleday, 2003), pp. 206-215를 보라. 또한 요한복음에 언급된 시간 개념을 보다 적절히 이해하기 위해서는 공관복음에 기록된 시간 개념과 비교하여 연구될 필요가 있지만, 이것을 위해서는 또 다른 논문이 요구되므로 이 글에서 생략하고 필요에 따라 지극히 제한적으로만 언급할 것이다.

7. N. Walker, 'The Reckoning of Hours in the Fourth Gospel', *NovT* 4 (1960), pp. 69-73, 이후에 요한복음의 시간 개념을 다룬 논문은 1967년에 발표한 Bruns, 'Use of Time', pp. 285-90 과 1983년에 발표한 J.V. Miller, 'The Time of the Crucifixion', *JETS* 26 (1983), pp 157-66 이다. 이 후로 현재까지 요한복음에 언급된 시간의 의미를 직접적으로 다룬 논문은 매우 희귀하다. W.E. Mills, *The Gospel of John* (Bibliographies for Biblical Research; Lampeter: Mellen Biblical Press, 1995); G. van Belle, *Johannine Bibliography 1966-1985: A Cumulative Bibliography on the Fourth Gospel* (BETL 82; Leuven: Leuven University Press, 1988), pp. 395-96을 참조하라.

그러므로 요한복음에 언급된 시간을 로마인들이 사용한 시간으로 이해하고 있는 학자는 이미 앞에서 언급한 것처럼 오늘날 매우 소수이다.[8]

요한복음에 언급된 시간들은 유대인들이 사용한 시간을 의미하는 것이 아니라, 당시 로마인들이 사용한 시간을 의미한 것처럼 보인다. 유대인들은 일반적으로 하루의 시작을 해가 뜨는 시간부터 해가 지는 시간까지 열두 시간으로 나누어서 이해했다.[9] 그러나 당시 로마인들은 공식적인 하루the official day의 시작을 자정midnight부터 계산하였다.[10] 먼저 요한복음 11:9에서 언급된 '낮이 열 두 시간'(δώδεκα ὧραί, '도데카 호라이')이라는 의미를 살펴볼 필요가 있다. 예수께서 '낮이 열 두 시간'이라고 말씀하신 것은 어떤 정한 시간이 아니라 하루 중 낮 시간 전체를 의미하고 있는 것처럼 보인다.[11] 그러나 '낮이 열 두 시간'이라는 표현이 유대인의 시간 개념을 의미하는지, 아니면 로마인들이 사용한 시간을 말하고 있는지 본문에서 명확하게 드러나지 않는다. 그 이유는 당시에 유대인들이나 로마인들은 모두 낮을 열 두 시간으로 구분하고 있었기 때문이다.[12]

유대인이신 예수께서 유대인 제자들에게 '낮이 열 두 시간'이라고 표

---

8. 요한복음에 언급된 시간을 로마인들이 사용한 시간 개념으로 이해하려는 학자들 가운데 W. Hendriksen은 자신의 주석에서 일관성이 없이 시간 개념을 이해하고 있다.

9. 유대인들은 해가 뜨는 때부터 낮의 시간을 계산했지만, 그들에게 하루는 해가 지는 때부터 다음 날 해가 지는 때까지였다.

10. A. Plummer, *The Gospel according to St. John* (Cambridge: Cambridge University Press, 1880), pp. 341-42; 홍창표,「신약과 문화」(수원: 합동신학교출판부, 1995), pp. 242-48; J. Carcopino, 「고대 로마의 일상생활」(서울: 우물이 있는 집, 2003), pp. 275-85; L. Morris, *The Gospel according to John* (NICNT; Grand Rapids: Eerdmans, 2nd edn, 1995), pp. 138-39; Carson, *John*, pp. 156-57; B.F. Westcott, *The Gospel according to St John* (London: John Murray, 1908), p. 282를 참조하라.

11. Morris, *John*, pp. 480-81; Carson, *John*, pp. 408-409를 보라.

12. Carson, *John*, pp. 408-409; A.J. Köstenberger, *John* (BECNT; Grand Rapids: Eerdmans, 2004), p. 329; Morris, *John*, pp. 480-81; Bruns, 'Use of Time', p. 286을 보라.

현한 것을 고려한다면, 당시의 유대인들이 사용하고 있는 시간 개념을 의미하고 있을 가능성이 있다. 그렇지만 유대인이신 예수께서 유대인 제자들에게 '낮이 열 두 시간'이라고 말했다는 정황만으로 이것이 유대인의 시간 개념을 의미한다고 추측하기에는 본문의 증거가 미약하다. 복음서의 독자와 당시 복음서가 기록된 사회 문화적 상황을 고려한다면, 오히려 당시 로마인들이 사용한 시간 개념을 의미한다고 말 할 수 있는 가능성도 있다.[13]

2.1. 로마의 사회, 문화 및 정치적 영향을 고려한 저자

요한복음이 기록되었을 당시에 로마식 하루 시간 계산법이 로마 본국과 예속국가에서 일반적으로 이미 통용되고 있었던 사실은 이미 잘 알려진 일이다. 따라서 요한복음의 저자가 독자들을 고려하여, 복음서를 기록하면서 이 로마식 시간 계산법을 사용했을 가능성이 있다.[14] 이러한 추측은 복음서의 저자가 당시 로마의 사회 문화 및 정치적 영향을 직간접적으로 고려한 흔적을 통해 확인될 수 있다. 요한복음 안에서 로마인들의 사회 문화 및 정치적 영향을 시사하고 있는 부분들은 다음과 같다.

(1)요한복음 11:48에 '로마인들이 와서 우리 땅과 민족을 빼앗아 가리라'고 언급하고 있다. 본문에서 명시적으로 '로마인'(οἱ Ῥωμαῖοι, '호

---

13. 예수께서 '낮이 열 두 시간'이라고 표현한 것이 당시 로마인들이 사용한 시간 개념을 의미 할 수 있다는 가능성에 대해서는 뒤따르는 논의를 참조하라. 반대의 견해는 F.J. Moloney, *The Gospel of John* (SPS 4; Collegeville: Liturgical Press, 1998), p. 326을 참조하라.

14. R.V.G. Tasker, *The Gospel according to St. John* (TDNT; Grand Rapids: Eerdmans, 1960), p. 209; 김선정,「요한복음서와 로마황제숭배」(서울: 한들출판사, 2003), pp. 23-24; M. Hengel, *The 'Hellenization' of Judaea in the First Century after Christ* (London: SCM Press, 1989), pp. 19-29를 참조하라.

이 로마이오이')이 언급되고 있다. 이 본문은 당시 유대와 로마와의 정치적 관계를 구체적으로 드러내는 요한복음에서만 발견되는 독특한 표현이다. 본문에서 '땅'(τόπος, '토포스')은 일차적으로 성전the temple, 즉 성역을 의미하며 포괄적인 의미에서 예루살렘이 포함된다. 또한 '민족'(ἔθνος, '에뜨노스')은 나라nation를 의미한다.[15] 이 말은 당시 대제사장과 바리새인들의 그룹에 속한 어떤 사람이 산헤드린 공의회에서 언급한 것으로 추정된다. 이 말은 메시야 운동의 중심인물로 간주되는 예수를 그냥 두었을 때 로마인들이 결정적인 정치적 조치를 취할 것이라는 경고이다. 이것은 당시 유대민족이 로마의 정치적 영향아래 있었음을 간접적으로 보여준다(참조. 요 11:49-50).[16]

(2)요한복음 19:19에 보면 예수께서 십자가에 못 박히신 뒤에 빌라도가 십자가 위에 명패를 써서 붙인다. 그 명패에는 '유대인의 왕 나사렛 사람 예수'(Ἰησοῦς ὁ Ναζωραῖος ὁ βασιλεὺς τῶν Ἰουδαίων, '예수스 호 나조라이오스 호 바실레우스 톤 이유다이온')라고 기록되어 있다. 그런데 본문은 그 명패의 글씨가 히브리어Hebrew, 라틴어Latin, 헬라어Greek로 적혀 있다고 설명한다. 이 세 가지 언어 가운데 히브리어는 당시 아람어Aramic를 의미한다.[17] 명패를 기록한 언어에 대한 설명은 공관복음(마 27:32-44; 막 15:21-32; 눅 23:26-43)에서 찾아 볼 수 없고, 요한복음에만 독특하게 나타나는 정보이다. 오직 마가복음 15:26에서만 십자가 위에 '유대인의 왕'이라고 적혀 있다고 기록하고 있지만, 어떤 언어를 사용하고 있는지에 대해서는 언급이 없다. 본문에 히브리어로 표현된 아

15. Carson, *John*, pp. 420-21; C.K. Barrett, *The Gospel according to St John* (London: SPCK, 2nd edn, 1978), pp. 405-406.

16. C.S. Keener, *The Gospel of John: A Commentary* (2 vols.; Peabody: Hendrickson, 2003), II, p. 852; E. Haenchen, *John* (2 vols.; trans. R.W. Funk; Philadelphia: Fortress Press, 1984), II, p. 75; 김선정,「로마황제숭배」, pp. 89-102를 참조하라.

17. Keener, *John*, II, p. 1137; Carson, *John*, p. 610.

람어Aramic는 유대에서 일반적으로 사용된 말이었다. 라틴어는 당시 군대 및 사회의 공식적인 언어였고, 헬라어는 로마 제국의 상용어로 갈릴리 지역에도 잘 알려진 언어였다.[18] 당시에 여러 나라 말로 기록된 묘비, 기념비 등을 볼 수 있어서 본문에 대한 특별한 의미를 부여하지 않기도 한다.[19] 그러나 복음서의 저자는 이것을 통해 로마의 사회 문화 및 정치적 영향을 간접적으로 시사하고 있다.[20]

(3)복음서의 저자가 로마인들의 사회 문화 및 정치적 영향을 고려하고 있다는 증거는 요한복음에 사용된 '디베랴'Tiberias라는 지명에서 보다 구체적으로 발견된다. 첫째, 요한복음 6:1은 유대인들에게 잘 알려진 갈릴리 바다를 언급하고 있으나 그들에게 익숙한 이름인 게네사렛 호수the lake of Gennersaret 또는 갈릴리 호수가 아니라, '디베랴의 갈릴리 바다'(τῆς θαλάσσης τῆς Γαλιλαίας τῆς Τιβεριάδος, '테스 딸라스세스 테스 갈리라이아스 테스 티베리아도스')이다.[21] 저자가 요한복음 6:1에서 사용하고 있는 '디베랴'라는 지역 명칭은 이미 독자들에게 잘 알려진 이름임을 암시하며, 동시에 로마인들에 의하여 공식적인 지역 명칭으로 사용되었을 가능성을 배제할 수 없다. 복음서 저자는 공식적인 명칭인 '디베랴' 뿐 만 아니라 이미 유대인들에게 잘 알려진 '갈릴리 바다'라는 명칭을 동시에 사용함으로 독자를 배려하고 있음을 알 수 있다. 둘째, 요한복음 6:23에서 갈릴리 바다에 대한 언급이나 다른 지명은 사용

18. Carson, *John*, p. 610; Keener, *John*, II, p. 1137.

19. Keener, *John*, II, pp. 1137-38.

20. Carson (*John*, p. 611)은 빌라도가 여러 언어로 명패를 기록하여 붙이게 한 이유가 일반 대중에게 유사한 죄를 짓지 않도록 경고하기 위한 것과 범죄 사실을 공적으로 공표하는데 있다고 말한다. 복음서의 저자는 세 언어의 사용을 통해서 예수가 세상의 왕이심을 상징적으로 공표하며, 십자가에 죽으심으로 세상의 구주(요 4:42)와 왕 되심을 암시하고 있는 것처럼 보인다. Barrett, *John*, p. 549; Carson, *John*, p. 611을 보라.

21. 눅 5:1과 마카베오상 11:67에서는 갈릴리 바다를 '게네사렛 호수'(the lake of Gennesaret)로 부르고 있다(참조. 민 34:11; 막 6:53; 마 14:34).

되지 않고, '디베랴'(Τιβεριάδος, '티베리아도스')라는 로마의 공식적인 지역 명칭만 명시되고 있다.[22] 저자는 이미 앞에서 유대인들에게 잘 알려진 이름과 공식적인 지역 명칭을 동시에 사용했었기에 여기서 더 이상 두 가지 이름을 사용할 필요를 느끼지 못한 것으로 이해될 수 있다. 왜냐하면 복음서 저자는 당시 공식적인 지역 명칭인 '디베랴'라는 이름만으로도 충분했기 때문일 것이다. 셋째, 요한복음 21:1에서 유대인들에게 익숙한 '갈릴리 바다'나 '게네사렛 호수'는 더 이상 사용되지 않고 로마의 공식적인 명칭인 '디베랴 바다'(τῆς θαλάσσης τῆς Τιβεριάδος, '테스 딸라스세스 테스 티베리아도스')로 이름이 바뀌어서 등장한다. 신약성경에서 '디베랴'라는 로마의 공식적인 지역 명칭의 사용은 요한복음뿐이며, 공관복음에서는 전혀 발견되지 않는다. 다만 누가복음 3:1에서 로마 황제의 이름이 언급될 때 사용된 티베리우스Tiberius가 전부이며 '디베랴'라는 지역 명칭은 전혀 사용되지 않았다. 요한복음에 당시 그 지역에서 일반적으로 통용되던 명칭인 갈릴리Galilee가 사용되지 않고, '디베랴'가 사용된 것은 저자가 로마의 정치적 영향을 고려했고, 이런 정치적 영향아래 살고 있는 독자를 배려했다는 증거가 될 수 있다.

요약하면 요한복음의 저자가 로마의 사회 문화 및 정치적 영향을 직간접적으로 고려하고 있었다는 흔적은 복음서에 분명히 드러난다. 그러므로 요한복음의 저자는 이런 로마의 정치 문화적 영향아래 살고 있는 독자들을 고려하여 당시에 통용되던 로마식 하루 시간 계산법을 사용했을 가능성이 있다.

---

22. 디베랴는 헤롯 안티파스가 로마 황제 티베리우스(Tiberius)를 기념하기 위하여 붙인 공식적인 지역 이름에서 유래한다. R.A. Culpepper, *Anatomy of the Fourth Gospel: A Study in Literary Design*. (Philadelphia: Fortress Press, 1983), pp. 218-19; Morris, *John*, p. 302; J.F. Strange, 'Tiberius' in *ABD*, VI, pp. 547-49; S. van Tilborg, *Reading John in Ephesus* (Leiden: E.J. Brill, 1996), pp. 205-207; Barrett, *John*, pp. 272-73; Morris, *John*, p. 302.

2.2. 로마의 사회, 문화 및 정치적 영향에 익숙한 독자들

요한복음의 독자들 가운데 유대인의 종교, 사회, 문화적 관습들을 이해하지 못하고 있었다는 흔적이 발견된다.[23] 그렇다면 이들은 아마도 로마의 사회, 문화 및 정치적 영향에 익숙했을 것이다. 이런 독자들은 하루의 시간을 이해함에 있어서도 유대인들이 사용하는 시간 개념 보다는 로마식 하루 시간 계산법을 보편적으로 수용하고 있었다는 추측을 가능하게 한다.[24] 복음서의 독자들 가운데 유대인의 종교, 사회, 문화적 관습들을 이해하지 못하고 있었다는 증거는 다음과 같다.

(1)요한복음의 저자는 복음서의 독자들에게 유대인의 종교, 사회, 문화적 관습들을 친절하게 설명하고 있다. 첫째, 요한복음 2:6에서 돌로 만든 항아리 여섯의 용도를 설명하면서 '유대인의 정결 예식'(τὸν καθαρισμὸν τῶν Ἰουδαίων, '톤 카따리스몬 톤 이유다이온')을 언급한다. 이것은 당시 유대인들에게 익숙한 종교 및 사회 문화적 관습을 설명하는 것이다.[25] 모리스L. Morris는 이런 유대인들의 종교 및 사회 문화적 관습에 대한 설명은 헬라인 독자들을 위한 것이라고 설명한다.[26] 만일 복음서의 독자가 '유대인의 정결 예식'을 잘 알고 있는 상황이라면 저자의 이런 설명은 불필요한 사족이 된다. 둘째, 요한복음 11:55과 18:28에 있는 유월절의 성결 예식 설명은 독자들이 유월절의 성결 예식 풍습을 알지 못하고 있다는 증거가 될 수 있다. 유월절 예식은 매년 정기적

---

23. 요한복음의 독자에 대한 자세한 논의는 Keener, *John*, I, pp. 142-70을 참조하라.
24. Hengel, *Hellenization*, pp. 30-44를 참조하라.
25. Carson, *John*, pp. 173-74; Brown, *John*, I, p. 100; Culpepper, *Anatomy*, pp. 219-22.
26. Morris, *John*, p. 160; Culpepper, *Anatomy*, pp. 221-22.

으로 행해진 종교적 관습이었기에, 유대인이라면 누구나 이 예식에 참여 할 때 유월절 전에 어떻게 성결 예식을 갖추어야 하는지 잘 알고 있었다.[27] 그러므로 독자가 이런 유월절 성결 예식을 알고 있다면 불필요한 해설이다. 셋째, 요한복음 4:9b에서 '유대인들은 사마리아인들과 상종하지 않았다'는 표현은 저자의 설명으로 유대인들이 사마리아인들과의 관계에서 독특하게 유지하고 있는 그들의 종교, 사회, 문화적 풍습을 설명하고 있는 것이다.[28] 이런 저자의 설명은 유대인과 사마리아인 사이에 존재하고 있는 종교, 사회, 문화적 관습을 전혀 이해하지 못하고 있는 독자를 위한 배려로 이해할 수밖에 없다.

(2)요한복음의 저자는 유대인의 명절들을 설명하면서도 이 명절들을 전혀 모르는 독자들을 배려하고 있는 것처럼 보인다. 첫째, 요한복음 2:13에서 저자는 유월절Passover을 말하면서 굳이 '유대인의 유월절'(τὸ πάσχα τῶν Ἰουδαίων, '토 파스카 톤 이유다이온')이라고 설명한다. 이와 같은 저자의 친절한 설명은 요한복음 6:4과 11:55(참조. 요 5:1)에서 동일하게 반복되고 있는데, 이것은 복음서의 독자들이 유월절이 유대인의 명절인 것을 알지 못하고 있다는 암시이다. 유대인이면 누구라도 기억하고 알고 있는 중요한 절기인 유월절을 복음서의 저자가 '유대인의 명절'이라고 사족을 달아 반복적으로 설명하고 있는 것은 유월절이 유대인의 명절임을 알지 못하는 독자를 위한 배려로 이해할 수밖에 없다.[29] 둘째, 요한복음 7:2에서 저자는 유대인의 중요한 명절 가운데 하나인 초막절Tabernacles을 언급한다. 저자는 초막절을 언급하면서도 유월절을 '유대인의 유월절'이라고 설명한 것처럼 굳이 '유대인의 명절

27. Morris, *John*, pp. 675-76; Culpepper, *Anatomy*, pp. 221-22.

28. Culpepper, *Anatomy*, pp. 221-22; Barrett, *John*, pp. 231-34를 보라.

29. Culpepper, *Anatomy*, pp. 219-21. 유월절에 대하여 Yee, *Jewish Feasts*, pp. 48-69를 보라.

인 초막절'이라고 소개한다. 유대인 중에 초막절이 자신들의 중요한 명절 중 하나라는 것을 모를 리가 없다. 초막절을 유대인의 명절로 소개하는 이유는 독자가 초막절을 유대인의 명절로 알지 못하고 있기 때문이라고 설명할 수밖에 없다.[30] 셋째, 요한복음 10:22에서 저자는 수전절the feast of the Dedication을 언급한다. 그런데 수전절이 일 년 중 어느 때의 절기인지 알 지 못하는 독자를 고려하고 있는 듯하다. 왜냐하면 저자가 '예루살렘에서 수전절이 이르니 그 때는 겨울'이라고 수전절의 시기를 설명하고 있기 때문이다. 유대인이라면 수전절이 한 해 가운데 어느 때 절기인지 모를 리가 없다.[31] 그러나 저자는 수전절의 때가 이르렀는데 그 때가 겨울이라고 구체적으로 언급함으로 수전절의 시기를 알지 못하고 있는 독자들을 배려하고 있다.[32]

요약하면 요한복음에서 저자가 독자들을 위하여 유대인의 사회 문화적 그리고 종교적 관습들과 절기들을 자세히 설명하고 있다. 이것은 복음서의 수신자들이 유대인의 사회 문화적 그리고 종교적 관습들과 절기들에 익숙하지 않았다는 전제가 있을 때만 이해될 수 있는 부분들이다. 복음서의 독자들이 유대인의 풍습과 문화에 익숙하지 않았다면 이들은 당시 로마인들의 사회 문화적 영향 아래 있었을 것으로 추정할 수 있다. 그렇다면 이들은 유대인들이 사용한 시간에 익숙했기 보다는 당시 공식적으로 통용되고 있던 로마인들의 시간 개념이 더욱 이해하기 쉬었을 가능성이 있다.[33] 요한복음의 기록 및 수신자와 관련해서 소아시아의 에베소가 매우 유력한 장소로 언급되고 있다.[34] 이런 점을 고려

---

30. Culpepper, *Anatomy*, pp. 219-21. 초막절에 대하여 Yee, *Jewish Feasts*, pp. 70-82를 보라.

31. 수전절에 대하여 Yee, *Jewish Feasts*, pp. 83-92를 보라.

32. Culpepper, *Anatomy*, p. 220.

33. Culpepper, *Anatomy*, pp. 218-19.

34. Tilborg, *Reading John*, pp. 59-109를 참조하라.

한다면 소아시아 지역에서 하루의 시작을 로마인들이 공식적으로 사용한 자정부터 계산하여 사용했다는 기록이 있는데,[35] 이것은 요한복음의 저자가 복음서에서 로마인들의 시간 개념으로 시간을 언급했을 가능성을 더욱 높여준다. 이런 전제 속에서 요한복음에 명시적으로 시간이 언급된 각각의 본문들을 살펴보면서 요한복음 저자가 로마인들이 공식적으로 사용한 시간을 복음서에서 언급했을 타당성을 검토할 것이다.

3. 요한복음에 명시적으로 언급된 시간들

요한복음에는 시간과 관련된 본문이 명시적으로 4회 나타난다. 요한복음 1:39에 '제 10시'(ὥρα ἦν ὡς δεκάτη, '호라 엔 호스 데카테'), 4:6에 '제 6시'(ὥρα ἦν ὡς ἕκτη, '호라 엔 호스 헥테'), 4:52에 '제 7시'(ὥραν ἑβδόμην, '호란 헤브도멘'), 그리고 19:14에 '제 6시'(ὥρα ἦν ὡς ἕκτη, '호라 엔 호스 헥테')가 언급된다.[36] 요한복음의 저자가 복음서에서 시간을 기록하면서 정확한 시간을 말한 것은 4:52의 '제 7시' 한번 뿐이다. 나머지 세 번의 경우 즉, 요한복음 1:39; 4:6; 19:14은 어떤 정한 시간을 언급한 것이지만, 모두 정확한 시간이 아니라 정한 시간의 근사치를 말한 것이다. 그러므로 각각의 시간을 언급하면서 헬라어 '호스'(ὡς)란 단어를 사용한다.[37] 이렇게 요한복음에 명시적으로 언급된 시간들은 모두

---

35. Westcott, *John* , p. 282; Morris, *John*, p. 708; Carson, *John*, pp. 156-67.

36. 요 4:6과 19:14에 언급된 '제 6시'(ὥρα ἦν ὡς ἕκτη)와 동일한 시간인지에 대해서는 각각의 본문을 논의할 때 다루게 될 것이다.

37. 헬라어 ὡς의 의미는 본래 여러 가지 뜻을 가지고 있으나, 숫자와 함께 사용될 때는 어떤 정한 기준(시간)의 대략의 정도를 의미하는 것으로 '…경, …때(쯤)'(about), '대략, 대강, 얼추'(approximately), '가까이, …무렵'(nearly)등으로 번역될 수 있다. 그렇다면 요 1:39; 4:6; 19:14에서 언급된 시간들은 정확한 시간을 말하는 것이 아니라 대략의 시간을 언급하고 있음을 알 수 있다. BDAG, pp. 1103-1106, 특히 ❻을 보라.

로마식 시간 계산법으로 기록된 것처럼 보인다. 그러므로 지금부터 시간이 언급된 요한복음에서 시간이 언급된 각각의 본문들을 문맥과 관련해서 살펴보면서 왜 그 본문에 언급된 시간이 당시 로마인들이 사용한 시간인지에 대하여 논의할 것이다.

3.1. 요한복음 1:39(제 10시)

요한복음에서 시간에 대한 명시적 언급은 1:39에 표현된 것이 처음이다.[38] 본문은 "그[예수]가 그들에게 대답하셨다. '와서 보아라.' 그들이 따라가서 그[예수]가 머무시는 곳을 보고, 그 날을 그분과 함께 지냈다. 때는 제 10시 쯤 이었다"라고 번역할 수 있다.[39] 여기서 언급된 '제 10시'the tenth hour는 당시 로마인들이 사용한 시간 개념으로 계산하면 오늘날의 시간과 동일한 오전 또는 오후 10시를 의미한다. 다만 한 가지 풀어야 할 문제는 이 시간이 오전을 의미하는지 아니면 오후인지를 결정해야 하는데, 이것은 시간이 언급된 본문의 전후 문맥과 정황을 통해서 결정될 수 있을 것이다.[40]

본문에서 복음서의 저자가 언급한 '제 10시'가 당시 로마인들이 사용한 시간을 의미한다면, 그 시간은 오전 10시를 의미하는 것처럼 보인다. 전후 문맥을 살펴보면 세례자 요한의 두 제자(요 1:35)는 요한의 말

38. 요 1:1에 ἀρχῇ가 사용되었지만 이것은 이글의 목적과 다르기 때문에 여기서 다루지 않는다. 또한 요한복음에서 ἡμέρά αἰών καιρός χρόνος 등이 시간의 개념을 갖고 있지만 같은 이유로 논의에서 제외시킨다.

39. 요 1:39, λέγει αὐτοῖς· ἔρχεσθε καὶ ὄψεσθε. ἦλθαν οὖν καὶ εἶδαν ποῦ μένει καὶ παρ' αὐτῷ ἔμειναν τὴν ἡμέραν ἐκείνην· ὥρα ἦν ὡς δεκάτη. 성경 본문의 한글 번역은 필자의 사역으로 가급적 직역을 하였고, [ ]의 사용은 의미를 보충하기 위한 것이다.

40. K. Hanhart, '"About the tenth hour"... on Nisan 15 (Jn 1,35-40)' in M. de Jonge (ed.), *L'Évangile de Jean: Sources, rédaction, theologie* (BETL 44; Leuven: Leuven University Press, 1977), pp. 335-46을 참조하라.

을 듣고 예수를 따라가면서 그분이 계신 곳을 물었다(요 1:37-38). 예수를 따라갔던 두 제자 가운데 하나는 시몬 베드로의 형제 안드레(1:40)이고, 다른 제자의 이름은 언급되지 않았다. 이들은 예수께서 머물고 계신 곳에 따라가서 그 날을 예수와 함께 지냈다. 본문에서 언급된 '그 날'(τὴν ἡμέραν ἐκείνην, '텐 헤메란 에케이넨')은 제자들이 예수를 따라가서 교제한 날을 의미한다. 특히 본문에서 사용된 ἐκείνην('에케이넨')은 '날'(ἡμέρα, '헤메라')을 강조하기 위하여 사용된 ἐκεῖνôς('에케이노스', '그')의 여성단수 목적격 지시대명사pronoun demonstrative accusative feminine singular이다(참조. 마 13:1; 22:46; 막 4:35; 행 19:23).[41] 이것은 두 제자가 저녁에 예수를 따라가서 그분이 계신 곳에서 하루 밤을 머물렀다는 의미라기보다는 아침에 예수를 만나 그 날 하루를 온 종일 그분과 함께 교제했다는 의미인 것처럼 보인다.[42] 만일 제자들이 하루 밤을 예수와 함께 머물렀다면, 요한복음에서 자주 등장하는 '밤'(νυκτός, '뉙토스' 또는 νύξ, '뉙스', 참조. 요 3:2; 9:4; 11:10; 13:30; 19:39; 21:3)이라는 단어가 사용되었을 것이다. 그러나 이런 단어는 전혀 사용되지 않았고, 단순히 '그 날'이라는 표현만 사용되었다. 박윤선은 자신의 요한복음 주석에서 본문의 '제 10시'를 "로마의 시간대로 말한 듯하니 그렇다면 우리 시간과 마찬가지로 오전 10시"[43]라고 주석한다. 그러나 왜 저자가 로마인들이 사용하는 시간을 의미하고 있는지에 대해서는 아무런 증거를 제시하지 않는다. 더욱이 그는 요한복음에 명시적으로 언급된 시간들을 해석할 때 일관성이 없다.[44]

---

41. BDAG, pp. 301-302; Keener, *John*, I, pp. 468-72를 참조하라.

42. Carson, *John*, p. 155.

43. 박윤선, 「요한복음」(서울: 영음사, 1979), p. 82.

44. 박윤선은 자신의 주석에서 요 4:6의 '제 6시'는 "유대 시간으로 말한 것인데 우리 시간으로 정오를 가리킨다."라고 하고, 요 4:52의 '제 7시'도 유대 시간을 의미하는 것으로 해석하면서 "우리 시간으로 오후 한 시 경"이라고 설명한다. 그러나 요한복음 19:14

만일, 복음서의 저자가 '제 10시'를 유대인들이 사용한 시간으로 이해하고 기록했다면 이것은 오늘날의 시간으로 계산했을 때 오후 4시가 된다. 그 이유는 유대인의 시간 계산은 해가 뜨는 때(대략 오전 6시)부터 해가 지는 때까지를 열둘로 나누어서 계산했기 때문이다. 그렇다면 두 제자가 예수를 만난 것이 하루가 다 끝나가는 시간으로 그들은 예수를 만난 후, 그 날 밤을 함께 머물렀다는 의미이다.[45] 이상근은 자신의 요한복음 주석에서 39절의 '제 10시'를 주석하면서 "당시는 해 돋을 때부터 해 질 때까지를 12시로 나누는 법이었으니, 제 10시는 지금의 오후 4시에 해당된다."고 설명하면서 버나드J.H. Bernard의 견해를 수용하여 "이 날은 안식일이었을 것"이라고 추측한다.[46] 그러나 버나드의 이런 추측은 두 제자가 다른 어떤 일이나 여행을 하지 않고 예수와 함께 머물렀다는 사실에 근거하고 있다. 그러나 두 제자가 다른 어떤 일이나 여행을 하지 않은 것이 곧 바로 안식일이었기 때문이라고 단언 할 수 없기에 수용하기 어려운 제안이다.[47] 바레트C.K. Barrett 역시 자신의 주석에서 본문의 '제 10시'를 복음서의 저자가 유대인의 시간 개념을 의미하고 있는 것으로 이해하고 있다. 그러나 그는 "이 시간은 하루 동안 머물기 시작하기에 적절한 시간이 아니다."라고 말한다.[48] 이런 바레트의 주석은 그가 비록 유대인의 시간 개념으로 본문을 이해하려고 했지

의 '제 6시'는 당시 로마인들이 사용한 시간으로 해석하면서 공관복음서, 특히 마가복음 15:25, "때가 제삼시가 되어 십자가에 못 박으니라."에서 언급된 시간과의 조화를 해결하려고 한다. 박윤선, 「요한복음」, pp. 156, 167, 550-51를 보라.

45. Morris, *John*, pp. 143-44.

46. 이상근, 「요한복음」(서울: 성등사, 1961), p. 55; Bernard, *John*, I, p. 56.

47. J.H. Bernard, *A Critical and Exegetical Commentary on the Gospel according to St John* (2 vols.; ICC; Edinburgh: T. & T. Clark, 1928), I, p. 72. 두 제자가 어떤 다른 일이나 여행을 하지 않은 것은 예수를 만났기 때문이며, 바로 이 목적으로 예수께서 머물고 계신 장소에 찾아왔기 때문에 다른 일을 하거나 여행을 할 이유가 없다.

48. Barrett, *John*, p. 181.

만, 그 시간이 본문의 상황에 적합하지 않음을 인정한 것으로, 오히려 로마인들이 사용한 시간 개념으로 이해하는 것이 상황에 적절할 수 있음을 암시한다.

앞에서 논의한 두 경우 외에 본문에 언급된 시간을 상징적으로 이해하려는 시도가 있다. 불트만R. Bultmann은 본문의 '제 10시'를 상징적으로 이해하여 '성취의 시간' 또는 '완성의 시간'the time of fulfillment으로 해석한다.[49] 박수암 역시 최근에 출판된 자신의 요한복음 주석에서 "10은 세상 만수로서, 계시의 완성fulfillment을 뜻한다. 10시는 오후 4시에 해당하나, 오히려 상징적인 뜻이 있다고 본다."[50]고 해석하면서 불트만의 견해를 따른다. 그러나 슈낙켄버그R. Schnackenburg는 39절의 시간에 대해서 상징적인 의미를 부여할 수 없음을 밝힌다. 그는 본문에서 시간 언급이 예수와 두 제자들 사이에 이루어진 대화의 소요시간과 그 열매를 의미하고, 그 대화의 시간은 오후 시간 전부였다고 주장한다. 이 시간은 제자들과 예수 사이의 교제의 시간으로 제자들에게 매우 중요한 시간이었다.[51]

결국, 본문의 '제 10시'는 상징적으로 해석하기 보다는 실제적인 시간으로 이해되어야 한다. 이 시간은 유대인들이 사용한 시간 개념이 아니라, 당시 로마식 시간 계산법으로 계산해서 오전 10시이다. 이렇게 해석할 때 본문의 상황은 보다 잘 이해될 수 있고 자연스럽다.[52]

---

49. Bultmann, *John*, pp. 100-101.

50. 박수암,「요한복음」(서울: 대한기독교서회, 2002), p. 69.

51. R. Schnackenburg, *The Gospel according to John* (3 vols.; trans. K. Smyth, et al; Kent: Burns & Oates, 1968), I, p. 309; Moloney, *John*, p. 60; Koester, *Symbolism*, pp. 266-67.

52. 이상훈,「요한복음」(대한기독교서회창립 100주년기념 성서주석; 서울: 대한기독교서회, 1993), p. 95에서 39절의 '제 10시'를 "짐작하건대 제자의 입장에서 의미가 있어서 기록했을 것이다. 예수는 처음 이 두 제자를 기점으로 열 두 제자를 모으시기 때문이다."라는 애매모호한 입장과 해석을 하고, 분명한 견해를 밝히지 않는다.

3.2. 요한복음 4:6(제 6시)

요한복음 4:6을 직역하면 “그리고 그 곳에는 야곱의 우물이 있었다. 그러므로 여행에 지치신 예수께서 마침내 그 우물가에 앉으셨다. 때는 제 6시 쯤 이었다.”가 된다.[53] 이 본문에서 언급된 ‘제 6시’는 당시 로마인들의 시간 개념으로 이해하면 오전 아니면 오후 6시가 된다. 본문에 이어서 7절은 한 사마리아 여인이 이 우물로 물을 길으러 온 상황을 기록하고 있다. 이 지역에서 물을 긷는 시간은 오전 또는 오후 6시 경이 모두 가능한 시간이다. 그러나 본문에서 여행에 지치신 예수를 언급하면서 우물가에 앉아 있는 그가 그 우물로 물을 길으러 온 사마리아 여인에게 마실 물을 달라고 요청한다. 이러한 상황은 ‘제 6시’가 오전이 아니라 오후 6시에 더 적절해 보인다. 이 시간은 사마리아 여인이 우물로 물을 길으러 온 시간으로 이해하기에 자연스러운 시간이다. 또한 예수께서 하루 종일 자신의 여행에서 길을 걷느라 피곤에 지치신 모습과 목마름을 쉽게 이해할 수 있는 시간이다.[54] 또한 8절에서 예수의 제자들이 음식을 사러 동네로 들어갔다는 저자의 설명도 시간이 오후 6시 쯤이라는 정황을 뒷받침해 준다(참조. 4:27, 31).[55] 그러므로 본문에서 ‘제 6시’는 로마인들이 사용한 시간 개념으로 오후 6시가 적절해 보인다.

그러나 만일, 본문의 ‘제 6시’를 유대인들이 사용한 시간 개념으로 이해하여 정오인 낮 12시로 이해한다면, 이 시간은 여인이 우물로 물을 길으러 온 때에 적합하지 않다.[56] 특별한 경우가 아니면 이 지역에 사는

---

53. 요 4:6, ἦν δὲ ἐκεῖ πηγὴ τοῦ Ἰακώβ. ὁ οὖν Ἰησοῦς κεκοπιακὼς ἐκ τῆς ὁδοιπορίας ἐκαθέζετο οὕτως ἐπὶ τῇ πηγῇ· ὥρα ἦν ὡς ἕκτη.

54. Brown, *John*, I, p. 169; Barrett, *John*, p. 231.

55. Carson, *John*, p. 217; Köstenberger, *John*, pp. 148-49.

56. Morris, *John*, p. 228에서 ‘an unusual time for a woman to be drawing water’라고 언급하면서 이 시간 여인이 물을 길으러 오기에는 적합한 때가 아님을 밝히고 있다;

어느 누구도 태양이 내리쬐는 한 낮에 우물로 물을 길으러 오지 않기 때문이다. 본문의 '제 6시'를 유대인의 시간 개념으로 이해하고 있는 학자들 중에는 사마리아 여인이 이해하기 어려운 시간인 정오에 우물로 물을 길으러 온 이유를 요한복음 4:16-18에서 찾으려고 한다. 다시 말해서, 사마리아 여인이 이해하기 어려운 시간인 정오에 우물로 물을 길으러 온 것은 이 여인이 윤리 도덕적으로 부도덕하여 같은 사마리아 지역 마을에 사는 다른 사람들의 눈을 피하기 위한 것이라고 한다.[57] 그러나 사마리아 여인이 같은 동네의 다른 사람들의 눈을 의식하면서 살아왔고, 그러므로 우물로 물을 길으러 올 때도, 다른 사람들이 오지 않는 시간인 정오에 물을 길으러 왔다는 것은 4:16-18의 내용을 지나치게 해석한 것으로 생각된다. 사마리아 여인은 예수를 만난 후에 자기 동네로 가서 사람들에게 예수에 대하여 말하고 있다(요 4:28-29). 또한 같은 마을의 사람들도 그 사마리아 여인과 말하고 있다(요 4:42). 이것은 사마리아 여인이 한 동네에서 다른 사람들의 눈을 피해가면서 살고, 그들과 접촉을 피하고 고립된 삶을 살았다는 것을 암시하기 보다는, 오히려 자기 동네 사람들과 어떤 교제가 있었던 것을 분명히 시사하고 있기 때문이다.[58]

최근에 린컨A.T. Lincoln은 자신의 요한복음 주석에서 본문의 '제 6시'를 해석하면서, 창세기 29:7에서 야곱과 라헬이 우물가에서 만난 시간

Brown, *John*, I, p. 169; Keener, *John*, I, pp. 592-93을 참조하라.

57. 예를 들면, Morris, *John*, p. 228에서 'the woman had a bad reputation and the explanation may be very simple - she chose the time and the place to *avoid other women*'(이탤릭체는 필자의 강조).

58. 만일 사마리아 여인이 마을의 다른 사람들의 눈을 피해 수치스럽게 고립된 삶을 살고 있었다면, 예수를 만난 후에 그를 선지자로 인식한 것이 일부러 마을 사람들을 찾아가서 만날 충분한 이유가 될 수 있을까? 또한 사마리아 여인이 예배 처소와 관련하여 예수께 질문을 한 것(요 4:20-26)은 오히려 그 여인의 경건한 종교 생활을 간접적으로 암시하는 증거일 수 있다. 이 사마리아 여인은 자신의 동거인을 남편이라고 속이지 않았고, 다섯 번 결혼했던 사실도 부인하지 않았고 인정하고 있다(요 4:16-19).

이 한 낮이었기에, 예수와 사마리아 여인이 야곱의 우물가에서 만난 시간도 한 낮인 '정오'이었을 가능성을 시사하고 있다.[59] 그러나 린컨은 본문의 '제 6시'를 '정오'라고 주석하면서도 이 시간에 대하여 학자들 사이에 논쟁이 있음을 언급함으로 유대인들이 사용한 시간 개념으로 본문을 이해하는 것이 결정적인 것이 아님을 암시하고 있다. 쾨스텐버그A.J. Köstenberger도 최근에 출판된 자신의 요한복음 주석에서 본문의 '제 6시'를 '대략 정오'around noon의 시간이라고 설명하지만, "만일 하루의 시작이 해가 뜰 때부터를 의미한다면"if reckoning from the start of the day at sunrise이라는 조건을 제시하고 있다.[60] 쾨스텐버그 역시 본문의 '제 6시'가 유대인들이 사용한 시간을 의미하는지, 아니면 로마인들이 사용한 시간인지 쉽게 결정할 수 없음을 암시하고 있다. 바레트도 본문을 주석하면서 "요한이 사용한 시간 계산법에 대해서 확실하게 말할 수 없다."고 말한다.[61]

비록 본문에서 사용한 시간의 개념을 분명히 이해하는 것이 쉽지 않을지라도, 전후 문맥에서 말하고 있는 상황을 통해서 살펴볼 때, '제 6시'는 복음서의 저자가 유대인의 시간 개념으로 말하기 보다는, 당시 로마식 시간 계산법에 따라 오후 6시를 의미한다고 이해하는 것이 본문의 상황에 보다 잘 어울린다.[62]

---

59. A.T. Lincoln, *The Gospel according to St John* (BNTC; London: Continuum, 2005), p. 172.

60. Köstenberger, *John*, p. 147의 각주 23에서 자신과 같은 견해를 가진 여러 학자들(Walker, Bultmann, Barrett, Beasley-Murray, Witherington, Moloney 등)을 나열하고 있다. 그러나 Köstenberger는 Walker에 대한 잘못된 정보를 제공하고 있다. Walker는 예수가 사마리아 여인과 야곱의 우물가에서 만난 사건에서 언급된 '제 6시'를 정오로 이해하는 것은 적절하지 않다고 주장한다(Walker, 'Reckoning', pp. 69-70을 보라).

61. Barrett, *John*, p. 231.

62. Koester, *Symbolism*, p. 266에서 요 4:6의 '제 6시'에 대한 상징적 해석을 거부한다. 이와 다른 견해에 대하여 Bruns, 'Use of Time', pp. 285-90을 참조하라.

3.3. 요한복음 4:52(제 7시)

요한복음 4:52에서 언급된 '제 7시'는 왕의 신하의 아들이 죽어갈 때 예수께서 그 아버지의 요청을 받아드려서 기적적으로 그 아들을 고쳐 주신 사건에서 그 아들의 열이 떨어지고 살아난 시간을 언급할 때 사용되고 있다(참조. 요 4:46-54). 먼저 본문을 직역하면, "그래서 그[아버지]가 그[의 종]들에게 아이가 나아지기 시작한 시간을 물었다. 그러자 그들이 그[아버지]에게 말하기를, '어제 제 7시에 그[아이]의 열이 떨어졌다.'고 [대답]하였다."이다.[63] 본문에 언급된 시간은 당시 로마인들이 사용한 시간 개념으로 말하면 오전 또는 오후 7시가 된다. 이 시간 역시 전후 문맥 속에서 그 때가 오전인지 아니면 오후 시간을 의미하는지 결정할 수 있을 것이다.

이 치유 사건 속에서 왕의 신하가 예수를 만나서 자신의 아들의 병을 고쳐줄 것을 간청했을 때, 예수께서 그 요청을 받아들여 그 사람에게 '네 아들이 살아날 것'(요 4:50)이라고 말씀하신다. 왕의 신하는 예수의 치유의 말씀을 믿고, 하루가 지난 다음날 자신의 집으로 돌아가는 길에 자신의 종들을 만난다. 종들은 왕의 신하를 만났을 때 어제 '제 7시'에 그 주인의 아들이 살아났고 열이 떨어졌음을 말한다(요 4:51). 그렇다면 왕의 신하가 예수를 만난 시간은 '제 7시'이다. 본문에서 '제 7시'는 왕의 신하의 아들이 나은 시간이면서, 동시에 그 아버지가 예수께 '제 아이가 죽기 전에 살려 달라'고 요청한 후, 예수로부터 '네 아들이 살아날 것'이라는 말씀을 들은 시간이다. 다만 이 시간은 하루라는 날짜의 차이만 있을 뿐이다. 이 시간을 로마식 시간 계산법으로 하면 오후 7시가 된다. 왜냐하면 오전 7시는 왕의 신하가 예수를 찾아가 만난 시간으로

63. 요 4:52, ἐπύθετο οὖν τὴν ὥραν παρ' αὐτῶν ἐν ᾗ κομψότερον ἔσχεν· εἶπαν οὖν αὐτῷ ὅτι ἐχθὲς ὥραν ἑβδόμην ἀφῆκεν αὐτὸν ὁ πυρετός.

추측하기에는 너무 이른 아침이기 때문이다. 또한 왕의 신하가 예수를 만난 후 하루를 지체하고 다음 날 집으로 돌아간 것은 '제 7시'가 곧 바로 집으로 돌아가기에는 너무 늦은 오후 7시였음을 암시한다.

요한복음 4:46에 의하면 이 사건 속에서 왕의 신하의 아들이 병들어 있었던 곳은 가버나움Capernaum이고, 왕의 신하가 예수를 만나서 그 아들의 병을 치유해 달라고 요청한 장소는 갈릴리의 가나Cana of Galilee이다. 당시 사람들이 하루에 여행할 수 있는 최대한의 거리는 대략 30킬로미터 정도로 이 여행을 위하여 아침 일찍부터 목적지를 향해서 출발해야만 한다.[64] 그러나 팔레스타인 지역에서 그 당시 일반적으로 보통 사람이 하루에 20킬로미터를 걸어서 여행하는 것은 험난한 지형과 황량한 광야에 뜨겁게 내리쬐는 태양 을 고려할 때 쉽지 않은 일이다.[65] 갈릴리의 가나에서 가버나움까지의 거리는 대략 20킬로미터 정도이므로 이 정도의 거리를 걸어서 갈 때, 최소한 하루 낮 동안의 시간이 필요하다.[66] 더욱이 갈릴리의 가나에서 가버나움으로 여행을 할 경우에는 갈릴리의 언덕을 동쪽으로 가로질러 간 후, 계속해서 갈릴리 바다 쪽을 향하여 가파른 길을 내려가야 한다.[67] 그렇다면 왕의 신하는 예수의 말씀을 듣고 갈릴리의 가나에서 가버나움까지 여행을 위하여 그날 저녁을 가나에서 머물렀을 가능성이 있다. 왕의 신하는 야간 여행의 위험을 피한 후, 그 다음 날 아침 일찍이 여행을 하는 중에 자신의 종들을 만났다고 이해해야 한다. 이런 점에서 왕의 신하는 오후 7시쯤에 예수를 만나서 아들의 병을 낫게 해달라고 간청했고, 예수께서 그 간청을 들어주

---

64. Keener, *John*, I, p. 633.

65. Brown, *John*, I, p. 191.

66. Köstenberger, *John*, pp. 170-71.

67. Brown, *John*, I, p.191. 가나에서 가버나움으로 가는 길이 가파르게 내려가는 길이라는 암시는 47, 49, 51절에 사용된 헬라어 동사 καταβαίνω('내려가다')가 암시하고 있다.

셨으며, 왕의 신하는 그 다음 날 그의 종들을 통해 아들이 나은 시간이 어제 오후 7시쯤이라고 확인한 것이다.

그러나 본문의 '제 7시'를 유대인들이 사용한 시간 개념으로 이해할 때, 그 시간은 오후 1시가 된다. 그렇다면 왕의 신하는 자신의 아들이 병들어 있었던 하루 전날 오후 1시 경에 예수를 만나서 아들의 병 낫기를 간청한 것이다. 왕의 신하는 예수로부터 아들의 치유에 대한 말씀을 들은 후, 그 날 바로 갈릴리의 가나에서 가버나움으로 내려가지 않았다. 하루를 지체한 후, 그 다음날 그의 종들을 만난 상황이 된다. 이것은 왕의 신하가 그 아들의 병이 죽음의 문턱을 넘나드는 절박한 상황(49절) 가운데 예수께 찾아와 그 아들의 병 낫기를 간청한 것을 고려한다면, 그 아들이 살아날 것이라는 예수의 말씀을 들은 아버지가 곧 바로 가버나움으로 내려가지 않고 하루를 지체한 것을 이해하기 어렵다.[68] 가나에서 가버나움으로 여행을 출발하는 시간이 대략 오후 1시였다면, 거리상 그렇게 늦은 시간이 아니다. 또한 왕의 신하라는 신분을 고려했을 때 그가 걸어서 여행을 할 수도 있지만, 말이나 나귀 등 탈것을 이용했을 가능성도 있다.[69] 그렇다면 왕의 신하가 하루를 지체한 후 그 다음날 집으로 돌아간 것은 더욱 이해하기 어렵다.

모리스L. Morris역시 왕의 신하가 하루를 지체 한 후 그 다음날 가버나움으로 내려간 것을 이해하기 어렵다고 하면서 나름대로 그 이유를 찾고 있다. 모리스에 의하면 왕의 신하가 하루를 지체한 것은 그가 예수로부터 아들이 살아날 것이라는 확답을 이미 받았기 때문이다. 또한 왕의 신하는 예수를 처음 만났을 때의 절박한 상황에서 마음의 안정을 찾을 수 있었다. 그리고 실제적인 이유로 왕의 신하는 자신이 타고 다니

68. Morris, *John*, p. 258.

69. Morris, *John*, p. 258에서 왕의 신하가 말이나 나귀, 등 탈것을 사용했을 가능성을 언급한다.

는 말도 쉬게 해야 하기 때문에 서둘러 집으로 돌아갈 이유가 없었다.[70] 그러나 그 어떤 이유도 왕의 신하가 하루를 지체한 상황을 설명하기에는 부족하기 때문에 모리스는 '어제'(ἐχθὲς, '엑쎄스')라는 단어가 본문에 사용된 것이 이상하다고 생각한다.[71] 모리스의 '어제'에 대한 언급은 '제 7시'를 유대인의 시간 개념인 오늘날의 오후 1시로 이해했을 때 본문의 상황에 적합하지 않음을 암시한다.

이런 점들을 고려했을 때, 본문의 '제 7시'는 유대인의 시간 개념 보다는 당시 로마인들이 사용한 시간인 오후 7시로 이해하는 것이 왕의 신하가 하루를 지체한 후 집으로 돌아간 상황과 적절히 조화를 이룬다.[72]

3.4. 요한복음 19:14(제 6시)

요한복음 19:14에는 4:6과 동일한 표현인 '제 6시'가 언급되고 있다. 먼저 요한복음 19:14의 앞부분을 번역하면 "그리고 이 날은 유월절의 준비일 이었고, 때는 제 6시 쯤 이었다."이다.[73] 본문에서 복음서의 저자는 예수의 처형이 유월절 전날 즉, 유월절 양 잡는 날에 일어난 것으로 기록하고 있다(참조. 요 13:1). 이런 요한복음의 보도는 예수가 십자가에 달린 날을 유월절 당일로 해석하고 있는 공관복음과는 차이가 있다.[74] 그러면 본문의 '제 6시'는 몇 시를 의미하는가?

---

70. Morris, *John*, p. 258에서 왕의 신하가 서둘러 집으로 돌아가지 않은 것은 '의도적인 것이 아니었다.' ('the delay may have been accidental')고 말한다.

71. Morris, *John*, p. 258, '"Yesterday" would sound a little strange if used in the evening of an event that had occurred around midday'.

72. Bultmann, *John*, pp. 208-209에서 '제 7시'에 특별한 시간적 의미를 부여하지 않는다. Koester, *Symbolism*, p. 267에서 상징적 의미의 가능성을 잠시 언급하지만, 수용하지 않는다.

73. 요 19:14a, ἦν δὲ παρασκευὴ τοῦ πάσχα, ὥρα ἦν ὡς ἕκτη.

74. 예수가 마지막 만찬을 잡수신 날과 그가 십자가에 달려 죽은 날에 관한 공관복음과 요

본문에서 언급한 '제 6시'를 당시 로마인들이 사용한 시간 개념으로 이해하면 그 시간은 오전 6시이다. 이 시간이 오후 6시가 될 수 없는 이유는 분명한데, 본문의 전후 문맥이 예수의 고난을 설명하고 있고, 십자가 사형집행이 밤에 이루어 질 수 없기 때문이다(참조. 19:31).[75] 본문의 시간이 오늘날 시간으로 오전 6시쯤 이라고 추측할 수 있는 근거는 다음과 같다.

첫째, 요한복음 18:27에서 베드로가 세 번째 예수를 모른다고 부인했을 때 "곧 닭이 울었다"는 상황은 새벽 시간을 암시한다. 브라운R.E. Brown은 라흐그랑즈P. Largrange의 헌신적인 연구 조사를 언급하면서 그가 조사한 것에 의하면 "예루살렘에서 3월과 4월에 닭이 자연스럽게 우는 소리는 거의 대부분 새벽 3시에서 5시 사이이고, 닭 울음소리가 들린 가장 빠른 시간은 새벽 2시 30분이었다."는 기록을 소개한다.[76] 이런 연구 조사를 근거로 한다면 안나스Annas에 의해서 진행되어진 예수에 대한 심문과 베드로가 예수를 모른다고 부인한 것은 새벽 3시에서 5시경 사이에 끝이 난 것이다(참조. 18:12-27). 안나스가 이렇게 밤을 새워가면서 예수를 심문한 이유는 임박한 유월절 때문이었다.[77] 그렇다면 결국 예수에 대한 안나스의 심문은 밤을 새워 진행된 것으로 이해할 수 있고, 이 후에 곧 바로 이른 아침 시간에 예수를 빌라도Pilate에게 넘겨

한복음 사이의 차이에 대해서는 이 논문의 목적과 다른 주제이기에 논의를 생략한다.

75. 요 19:14의 '제 6시'는 요 4:6의 '제 6시'와는 상황이 다르기 때문에 오후 6시를 의미할 수 없다.

76. Brown, *John*, II, p. 828; Carson, *John*, p. 588; Bernard, *John*, II, p. 604에서 요 11:27의 닭 울음소리를 실제 닭 울음소리가 아니라, 당시에 사용하던 트럼팻 소리라고 이해하며, 이 소리는 세 번째 시간에 울려서 새벽 시간(자정에서 새벽 3시 사이)을 알리는 것으로 '닭 울음소리'(cockcrow)라는 이름을 가졌다고 한다. 그러나 이런 경우에도 그 시간의 차이는 실제 닭 울음소리와 차이가 없기에 시간을 추정하는데 문제가 되지 않는다.

77. A.N. Sherwin-White, *Roman Society and Roman Law in the New Testament* (Grand Rapids: Baker Book House, 1963), p. 45에서 'The Jews, because of the festival, were in a hurry'라고 말한다.

준 것이다(요 18:28).

둘째, 요한복음 18:28에 언급된 '새벽'(πρωΐ, '프로이')은 문자 그대로 '이른 시간'을 의미하며, 이것은 로마인들이 밤의 마지막 시기를 구분한 것으로 새벽 3시에서 6시 사이를 의미한다.[78] 이런 시간 설정은 안나스에 의해서 진행된 예수에 대한 심문이 끝나고, 곧 이어서 예수를 가야바에게 보낸 후, 다시 그를 빌라도의 공관 뜰로 끌고 간 상황을 잘 설명하고 있다. 빌라도가 예수를 심문하는 것은 이른 아침 시간 이었고 이 심문이 진행된 후, 결국 예수를 재판하게 되었을 때, 빌라도는 재판석에 앉아서 예수를 최종적으로 판결하여 그가 십자가 형벌을 받도록 한다(참조. 18:28-19:13). 빌라도가 예수를 심문하고 재판한 시간이 이른 아침 시간이 된 것은 유대인들의 요청에 의한 것으로 그들은 곧 닥아 올 유월절 때문에 시간이 매우 급했다.[79] 복음서의 저자는 예수가 최종 십자가 형벌의 재판 받은 시간을 언급하면서 '제 6시'라고 설명하고 있는데, 앞에서 언급한 상황을 고려한다면 그 시간은 오늘날 시간으로 오전 6시쯤이다.

셋째, 본문의 '제 6시'를 로마인들이 사용하는 시간 개념으로 이해하여 오전 6시로 해석할 때, 마가복음 15:25에서 언급하고 있는 '제 3시'(ἦν ὥρα τρίτη, '엔 호라 트리테')와 조화를 이룬다. 마가복음에서 '제 3시'는 유대인의 시간 개념을 의미하기 때문에 오늘날 시간으로 오전 9시쯤이다.[80] 브라운은 예수가 이른 아침 시간에 빌라도에게 재판을 받았다는 사실을 이해하기 어렵다고 한다.[81] 그러나 요한복음의 기록에

---

78. BDAG, p. 892; Brown, *John*, II, p. 844; Carson, *John*, p. 588을 참조하라.

79. Sherwin-White, *Roman Society*, p. 45에서 오전 6시쯤이 일반적으로 이해하기 어려운 시간(the unusual night session)이라고 동의한다.

80. R.T. France, *The Gospel of Mark: A Commentary on the Greek Text* (NIGTC; Grand Rapids: Eerdmans, 2002), pp. 644-45.

81. Brown, *John*, II, p. 883.

의하면 예수에 대한 안나스의 심문이 밤을 새워가면서 진행되었고, 이렇게 밤을 세워가며 심문한 이유는 임박한 유월절 때문이었다. 그 후에 예수가 가야바에게 넘겨지고 가야바는 임박한 유월절 때문에 서둘러 예수를 이른 아침 시간에 빌라도에게 넘겨주었다. 그렇다면 빌라도는 이른 아침에 예수를 심문한 것이다. 결국 빌라도는 아침 6시쯤에 예수를 십자가 형벌을 받도록 판결한 것으로 이해할 수밖에 없다.[82] 더욱이 본문의 '제 6시'를 로마인들이 사용한 시간으로 이해하여 오전 6시쯤이라고 한다면, 예수가 십자가에 매달리기 전까지 십자가를 짊어지고 걸어서 사형 집행 장소까지 가는 시간과 그 길을 가면서 예수께서 여러 가지 조롱과 모욕을 당한 시간이 3시간 정도 소요되었을 것이라는 추측이 가능하다.[83] 다시 말하면, 요한복음에서 기록된 오전 6시쯤은 예수께서 빌라도에게 재판을 받은 시간이다. 마가복음에 기록된 오전 9시쯤은 예수가 십자가에 못 박히신 시간이다. 그렇다면 오전 6시쯤부터 오전 9시쯤까지 세 시간 정도의 시간은 예수가 십자가를 짊어지고 사형 장소까지 걸어가면서 복음서에 묘사된 조롱과 모욕을 당한 시간으로 이해할 수 있다.[84]

만일, 본문의 '제 6시'를 유대인들이 사용한 시간 개념으로 이해한다면 오늘날 시간으로 정오가 되는데, 이 시간은 마가복음 15:25에 언급된 오전 9시와 조화를 이룰 수 없다. 또한 이 시간을 정오라고 이해한다면 이른 새벽에 예수가 빌라도의 공관 뜰에 끌려가서 아침부터 정오까지 심문을 받은 것이다(참조. 18:28). 그러나 요한복음에 기술된 빌라도의 예수에 대한 심문은 그렇게 오랜 시간을 필요로 하지 않는 것처럼

---

82. Sherwin-White, *Roman Society*, p. 45.

83. Plummer, *St. John*, pp. 341-41; W. Hendricksen, *The Gospel of John* (London: Banner of Truth Trust, 1954), pp. 420-21; Tasker, *John*, p. 209.

84. Miller, 'Time', pp. 158-63; A. Mahoney, 'A New Look at "the Third Hour" of Mk 15,25', *CBQ* 28 (1966), pp. 292-99를 참조하라.

보인다. 요한복음에는 예수가 십자가에 못 박히신 실제 시간에 대한 분명한 언급이 없다. 다만 '제 6시'에 빌라도에게 재판을 받으시고 십자가를 직접 짊어진 채 사형 장소까지 걸어가신 후 십자가에 못 박히신 것으로 기록하고 있다(참조. 19:18). 이런 상황들과 마가복음 15:25에 언급된 시간을 고려할 때 본문의 '제 6시'는 당시 로마인들이 사용한 시간 개념으로 오전 6시쯤이며, 이 시간은 예수의 십자가 사건을 설명하기에 매우 합리적이며 논리적인 근거를 마련해 준다.

4. 결론

지금까지 요한복음 1:39; 4:6, 52; 19:14에 명시적으로 언급된 시간은 당시 로마인들이 사용한 시간 개념을 의미하고 있음을 논증하였다. 요한복음의 저자가 로마의 사회 문화 및 정치적 영향을 고려한 흔적들이 복음서 안에서 발견되었고, 또한 저자가 이런 로마의 영향 속에 살고 있는 독자를 고려했던 증거들도 확인되었다. 이것은 복음서에 명시적으로 언급된 시간이 당시 로마식 시간 계산법에 의한 시간을 의미하고 있음을 시사한다. 그렇다면 요한복음 1:39의 '제 10시'는 오전 10시, 4:6의 '제 6시'는 오후 6시, 4:52의 '제 7시'는 오후 7시, 그리고 19:14의 '제 6시'는 오전 6시를 의미하며, 이렇게 각각의 시간을 이해할 때 본문의 문맥과 조화를 이루며 논리적인 해석을 가능하게 한다.

제 2 장

로고스의 개념과 기능

A New Perspective on John's Gospel

● 제 2 장 ●

로고스의 개념과 기능[1]

1. 서론

요한복음 1:1-18은 공관복음에서 예수의 탄생을 알리거나(눅 1:1-80), 예수의 족보와 탄생을 소개하고(마 1:1-25), 아니면 세례요한의 사역을 언급하면서(막 1:1-15) 복음서를 시작하는 것과는 달리 선재先在하신 로고스the pre-existent Logos를 소개하면서 복음서를 시작하고 있다. 이런 점에서 요한복음 1:1-18은 요한복음을 연구하는 학자들 사이에 가장 논쟁이 많은 본문 가운데 하나로 계속 연구의 대상이 되고 있다. 본문에는 로고스(ὁ λόγος)란 표현이 비교적 자주 등장하고 요한복음에서 어떤 기능을 갖고 있는 것처럼 보인다. 본문에 사용된 로고스의 개념과 기능은 무엇인가? 본문의 전체 구조는 본문 주해와 관련하여 어떻게 이해해야 하는가? 본문은 지금까지 소위 '요한복음의 서론'The Prologue of the Gospel of John으로 알려져 왔다. 그렇다면 본문은 요한복음의 전체 내용과 관련하여 '요한복음의 서론'으로 이해하기에 충분한가? 이런 질문들에 답하기 위하여 본문을 연구하되 역사-문예적 분석Historical

1. 이 글은 본래 '로고스의 개념과 기능(요한복음 1:1-18)' 이란 제목으로 『프로에클레시아』 7 (2005), pp. 34-57에 게재되었던 것을 수정 보완한 것이다.

Narrative Analysis방법을 사용하여 본문을 주해하려고 한다.[2]

첫째, 요한복음 1:1-18에 등장하는 '세례자 요한 본문'(6-8, 15절)을 어떻게 이해해야 하는지에 관하여 살펴 볼 것이다. 왜냐하면, 본문에서 세례자 요한이 등장하는 부분은 본문 전체의 자연스러운 문학적 흐름을 방해한다고 생각하고, 또한 이 부분들은 본문에서 특별한 기능이 없고 본문과 조화되지 않는다고 주장하기 때문이다.[3] 둘째, 요한복음 1:1-18에 나타나는 로고스의 개념과 기능을 중심으로 본문 전체를 석의 할 것이다.[4] 셋째, 요한복음 1:1-18은 요한복음의 전체 내용과 관련하여 소위 '요한복음의 서론'으로 충분한지를 간단하게 살펴볼 것이다. 이 논문에서 로고스의 개념과 기능을 고찰하되 제한된 본문을 중심으로 살펴보기 때문에 한계가 있음을 미리 밝혀둔다. 로고스의 개념과 기원 및 그 기능은 별도의 긴 논문이 필요한 요한복음의 중요한 주제이기 때문에 이 글에서는 본문 주해를 중심으로 간략하게 언급할 것이다.

2. 세례자 요한 등장 본문의 기능

세례자 요한 등장 본문(6-8, 15절)은 지금까지 주장되어 온 것처럼

---

2. 역사-문예적 분석(Historical Narrative Analysis)방법은 본문을 해석함에 있어서 문예적 접근을 하되 역사적 접근 방법을 무시하지 않으면서 본문의 의미를 해석하는 것이다. R.A. Culpepper, *Anatomy of the Fourth Gospel: A Study in Literary Design* (Philadelphia: Fortress Press, 1983), pp. 3-11을 참조하라.

3. 예를 들면, R. Bultmann, *The Gospel of John: A Commentary* (trans. G.R. Beasley-Murray, et al; Philadelphia: Westminster Press, 1971[1964]), pp. 13-18; R. Schnackenburg, *The Gospel according to John* (3 vols.; trans. K. Smyth, *et al*; Kent: Burns & Oates, 1968), I, pp. 221-24를 참조하라.

4. 이 글에서 '요한'은 요한복음의 본문 속에 명확하게 밝혀지지 않은 요한복음의 저자를 의미하며, 세례자 요한을 의미할 때는, 요한복음에서는 '세례자 요한'이란 표현을 전혀 사용하지 않았지만, 요한복음의 저자와 구별하기 위하여 '세례자 요한'으로 사용한다.

요한복음 1:1-18에서 본문 전체의 자연스러운 흐름을 막고 아무런 기능이 없는가? 먼저 이 질문에 답변하기 위하여 세례자 요한 등장 본문에 대한 지금까지의 주장을 간단하게 살펴본다. 요한복음 1:1-18에서 세례자 요한이 등장하는 부분들은 문맥의 흐름을 단절하는 것처럼 보이는 것이 사실이다. 본문에 등장하는 세례자 요한 등장 본문을 제거하고 본문을 읽으면, 다시 말해서, 요한복음 1:1-5, 9-14, 16-18의 순서대로 읽으면, 아주 자연스러운 문학적 흐름을 발견할 수 있다. 이런 점에서 불트만R. Bultmann은 세례자 요한이 등장하는 부분을 후대의 삽입으로 이해한다. 불트만은 세례자 요한에 관한 구절들은 복음서의 저자가 본래의 자료에 연결시켜서 9-13절의 주제를 시사示唆하면서 빛으로 오신 예수 그리스도를 증언하기 위한 세례자 요한의 증언을 설명적으로 6-8절에 삽입시킨 것으로 이해한다. 불트만은 세례자 요한의 구절들이 매우 중요한 것임을 인식하면서도 전체 사상의 줄거리와 유기적으로 결합되지 않는다는 이유로 세례자 요한 등장 본문을 삽입한 것으로 생각한다. 또한 불트만은 세례자 요한 등장 본문의 삽입 동기를 저자의 실제적이며 개인적인 것으로 이해하려고 한다.[5]

그러나 바레트C.K. Barrett는 세례자 요한 등장 본문을 본래의 텍스트에 삽입된 것으로 이해하기 보기보다는 저자의 의도적인 문학적 기술로 이해한다.[6] 왜냐하면 세례자 요한은 요한복음에서 예수 그리스도를 증언하는 매우 중요한 위치를 차지하고 있기 때문이다. 이미 언급했듯이 세례자 요한이 요한복음에서 예수 그리스도를 증언하는 자로서 매

---

5. Bultmann, *John*, pp. 13-18.

6. C.K. Barrett, *The Gospel according to St John: An Introduction with Commentary and Notes on the Greek Text* (London: SPCK, 2nd edn, 1978), p. 159; idem, 'The Prologue of St John's Gospel' in *New Testament Essays* (London: SPCK, 1972), pp. 26-48; M.D. Hooker, 'The Johannine Prologue and the Messianic Secret', *NTS* 21 (1974), pp. 40-58을 참조하라.

우 중요한 위치를 차지하고 있다는 사실은 이미 불트만도 분명하게 인식하고 있다. 그렇다면 세례자 요한 등장 본문은 저자의 문학적 기술로서 의도적으로 처음부터 기록된 것이고, 후대에 삽입된 것으로 간주 할 수 없다. 또한 본문이 요한복음의 저자가 의도적으로 기록한 것이라면 분명히 본문 전체의 구조 속에서 그 역할이 있을 것이다.

세례자 요한은 요한복음 1:19-34, 35-37, 40, 3:22-30, 4:1, 5:31-36, 10:40-42에 반복해서 등장한다. 세례자 요한은 분명히 어두움 가운데 사는 이 땅에 속한 사람들에게 예수 그리스도를 믿게 하기 위하여, 예수의 증인으로 이 세상에 왔다. 즉, 참 빛으로 오신 예수 그리스도를 증언하기 위하여 세례자 요한은 자신의 증거 사명을 수행하려고 이 땅에 보내진 하나님의 전권대사로 소개되고 있다. 이런 관점에서 요한복음의 저자는 공관복음의 저자들과는 달리 세례자 요한을 세례를 베푸는 자로서 이해하기 보다는 그리스도를 증언하기 위하여 먼저 온 자로 분명하게 소개하고 있다.

브라운R.E. Brown은 요한복음에서 세례자 요한은 세례를 베푸는 자로서 역할보다는 예수 그리스도를 증언하는 증인의 역할에 강조를 두고 있다고 주장한다.[7] 세례자 요한은 자신의 사명을 예수 그리스도의 증인으로 분명히 인식하고 있는 것을 요한복음 1:19-34에서도 분명히 찾아 볼 수 있다. 즉, 세례자 요한의 정체를 파악하기 위하여 예루살렘에서 파송된 제사장들과 서기관들이 세례자 요한에게 "네가 누구냐?"(요 1:19)고 묻는 질문에, 세례자 요한은 분명히 드러내어 말하고 숨기지 아니하기를 "나는 그리스도가 아니라"(요 1:20)고 분명하게 대답한다. 제사장들과 서기관들의 계속되는 질문 속에서 세례자 요한은 자신을

7. R.E. Brown, *The Gospel according to John* (2 vols.; New York: Doubleday, 1966), I, p. 9, "The Fourth Gospel stresses more the role of John the baptist as a witness than as a baptizer".

"주의 길을 곧게 하라고 광야에서 외치는 자의 소리"(요 1:23)라고 대답하면서 예수 그리스도를 증언해야 하는 자신의 증인의 직분을 분명하게 인식하고 있다. 세례자 요한은 예수를 증언하면서 "세상 죄를 지고 가는 하나님의 어린양"(요 1:29, 36)이라고 외친다. 세례자 요한이 예수 그리스도를 하나님의 어린양으로 소개 할 때 세례자 요한의 두 제자는 그의 말을 듣고 예수를 좇아간다(요 1:37). 세례자 요한의 말을 듣고 예수를 좇은 두 사람 중에 한 사람은 시몬 베드로의 형제 안드레였다(요 1:40). 또한 세례자 요한은 예수를 "성령으로 세례를 주는 이"로 증언하면서 "내가 보고 그(예수 그리스도)가 하나님의 아들이심을 증거하였다."고 말한다(요 1:33).

세례자 요한의 역할이 예수 그리스도를 하나님의 아들로 증언하는 증인이라는 사실은 요한복음 1:1-18에서 분명하게 드러나고 있다. 특히, 5절에서 세상에 오신 예수 그리스도를 빛으로 소개하면서 세례자 요한은 이 빛에 대하여 증언하러 온 자로 소개하고, 모든 사람들이 세례자 요한의 증거로 말미암아 예수 그리스도를 믿게 될 것을 암시한다. 이런 세례자 요한의 사명을 요한복음 5:35에서, "요한은 켜서 비취는 등불"이라고 묘사한다. 즉, 어두움에 사는 이 땅의 사람들을 참 빛으로 인도하기 위하여 켜서 비취는 등불의 역할이 세례자 요한의 역할이라고 말한다. 켜서 비취는 등불로서의 세례자 요한의 역할은 제한적이고 임시적이라는 암시를 준다. 이런 맥락에서 세례자 요한은 자신의 사명을 인식하면서 예수 그리스도는 "흥하여야 하겠고 나는 쇠하여야 하리라"고 자신의 역할을 분명하게 인식하고 있다. 이런 점에서 요한복음 1:1-18에 등장하는 세례자 요한 등장 본문(6-8, 15절)은 본문 전체의 구조 속에서 예수 그리스도를 증언하는 본문으로 매우 중요한 역할을 한다. 이런 사실은 본문의 구조를 살펴보면 더욱 분명하게 드러난다. 다음 장에서 요한복음 1:1-18의 구조를 살펴보면서 로고스의 개념과 기능을 중심으로 본문 전체를 주해하고, 예수 그리스도를 증언하는 증거자로서의 세례자 요한의 역할을 본문의 주해를 통해서 간략하게 다시 언급 할 것이다.

3. 요한복음 1:1-18의 구조와 석의

요한복음 1:1-18의 구조에 대해서 지금까지 다양한 분석과 주장들이 제기되었다.[8] 요한복음 1:1-18의 구조를 살펴 볼 때 어떤 리듬을 가진 시적 구조를 갖고 있는 것처럼 보인다.[9] 그러나 본문의 구조를 일정한 리듬을 가진 시적 구조로 이해하려고 할 때 세례자 요한의 등장 본문(6-8, 15절)은 이런 시적 구조를 파괴하는 것처럼 보이는 것이 사실이다. 그러므로 본문을 단순히 리듬을 가진 시적 구조로 보기에는 무리가 있다. 본문은 아래와 같은 교차대칭 구조the chiastic structure로 이해 할 수 있다.[10]

8. 지금까지 다양하게 제기된 본문의 구조에 대해서는 지면 관계상 언급을 생략한다. 요한복음 1:1-18의 구조 분석에 관한 자세한 논의는 다음을 참조하라. M. Endo, *Creation and Christology: A Study on the Johannine Prologue in the Light of Early Jewish Creation Accounts* (WUNT 2.149; Tübingen: Mohr Siebeck, 2002), pp. 182-205; R.A. Culpepper, 'The Pivot of John's Prologue', *NTS* 27 (1980-81), pp. 1-31; Brown, *John*, I, pp. 3-37; Barrett, *John*, pp. 159; idem, 'Prologue', pp. 26-48; Hooker, 'Johannine Prologue', pp. 40-58; J.F. McGrath, 'Prologue as Legitimation: Christological Controversy and the Interpretation of John 1:1-18', *IBS* 19, (1997), pp. 98-120; J.L. Staley, 'The Structure of John's prologue: Its Implications for the Gospel's Narrative Structure', *CBQ* 48 (1986), pp. 241-64.

9. C.S. Keener, *The Gospel of John: A Commentary* (2 vols.; Peabody: Hendrickson, 2003), I, pp. 334-37; Schnackenburg, *John*, I, pp. 225-26을 참조하라.

10. C.G. Kruse, *The Gospel according to John: An Introduction and Commentary* (Leicester: Inter-Varsity Press, 2003), pp. 59-60; C.H. Talbert, *Reading John: A Literary and Theological Commentary on the Fourth Gospel and the Johannine Epistles* (London: SPCK, 1992), pp. 66-79; J.L. Staley, *The Print's First Kiss: A*

A [1]태초에 말씀이 계시니라 이 말씀이 하나님과 함께 계셨으니 이 말씀
은 곧 하나님이시니라 [2]그가 태초에 하나님과 함께 계셨고 [3]만물이 그
로 말미암아 지은바 되었으니 지은 것이 하나도 그가 없이는 된 것이
없느니라 [4]그 안에 생명이 있었으니 이 생명은 사람들의 빛이라 [5]빛이
어두움에 비취되 어두움이 깨닫지 못하더라

B [6] 하나님께로서 보내심을 받은 사람이 났으니 이름은 요한이
라 [7] 저가 증거하러 왔으니 곧 빛에 대하여 증거하고 모든 사
람으로 자기를 인하여 믿게하려 함이라 [8]그는 빛이 아니요 이
빛에 대하여 증거하러 온자라

C [9] 참빛 곧 세상에 와서 각 사람에게 비취는 빛이 있었
나니 [10] 그가 세상에 계셨으며 세상은 그로 말미암아
지은바 되었으되 세상이 그를 알지 못하였고 [11] 자기
땅에 오매 자기 백성이 영접지 아니하였으나

D [12] 영접하는 자 곧 그 이름을 믿는 자들에게는
하나님의 자녀가 되는 권세를 주셨으니 [13] 이는
혈통으로나 육정으로나 사람의 뜻으로 나지
아니하고 오직 하나님께로서 난 자들이니라

C′ [14] 말씀이 육신이 되어 우리 가운데 거하시매 우리가
그 영광을 보니 아버지의 독생자의 영광이요 은혜와
진리가 충만하더라

Rhetorical Investigation of the Implied Reader in the Fourth Gospel (SBLDS 82; Atlanta: Scholars Press, 1988), pp. 52-57을 참조하라.

B′ [15] 요한이 그에 대하여 증거하여 외쳐 가로되 내가 전에 말하
기를 내 뒤에 오시는 이가 나보다 앞선 것은 나보다 먼저 계심
이니라 한 것이 이 사람을 가리킴이라 하니라

A′ [16] 우리가 다 그의 충만한데서 받으니 은혜 위에 은혜러라 [17] 율법은 모
세로 말미암아 주신 것이요 은혜와 진리는 예수 그리스도로 말미암아
온 것이라 [18] 본래 하나님을 본 사람이 없으되 아버지 품 속에 있는 독
생하신 하나님이 나타내셨느니라

요한복음 1:1-18은 A-B-C-D-C′-B′-A′의 교차대칭 구조로 이해할 수 있다. 그러므로 본문의 교차대칭 구조 속에서 A 단락은 1-5절을 포함하고 있으며 로고스를 소개하고 있다. A′ 단락은 16-18절을 포함하고 있으며 로고스가 육신을 입은 것을 묘사하면서 아버지의 독생자의 품속에서 그리스도로 말미암아 하나님을 계시했다고 말하고, A 단락과 대칭을 이루고 있다. B 단락은 6-8절을 포함하고 있으며 세례자 요한이 빛에 대하여 증언하는 자임을 보여준다. B′ 단락은 15절 한 절로 구성되며, 다시 한번 세례자 요한이 예수 그리스도를 증언하는 자임을 말하고, B 단락과 대칭을 이룬다. 마지막으로 C 단락은 9-11절을 포함하고 있고, 세상에 오신 참빛을 소개한다. C′ 단락은 14절 한 절로 구성되며, 로고스가 육신이 되어 우리 가운데 거주하심을 나타내고, C 단락과 대칭을 이룬다. 그리고 이런 교차대칭 구조의 중심에 D 단락인 12-13절이 위치하고 있다.[11]

이런 교차대칭 구조는 그 중심에 놓인 단락이 전체의 가장 중요한 핵심 내용을 담고 있음을 암시해 준다. D 단락은 로고스가 육신이 되었음

11. Kruse, *John*, pp. 60-61을 참조하라.

과 아울러 생명과 빛을 가져왔음을 강조하면서, 누구든지 로고스와 빛으로 오신 예수를 받아들이고, 예수의 이름을 믿으면 하나님의 자녀가 된다는 사실을 강조하고 있다. 이런 점에서 본문의 교차대칭 구조 중심에 있는 D 단락은 요한복음 전체의 기록 목적과 부합된다. 요한복음의 목적은 요한복음 20:30-31에 "예수께서 제자들 앞에서 이 책에 기록되지 아니한 다른 표적도 많이 행하셨으나 오직 이것을 기록함은 너희로 예수께서 하나님의 아들 그리스도이심을 믿게 하려 함이요 또 너희로 믿고 그 이름을 힘입어 생명을 얻게 하려 함이라"고 분명하게 기록하고 있다. 이런 교차대칭 구조의 각 단락을 중심으로 본문을 주해하면서 각 단락의 역할을 살펴보고, 로고스의 개념과 기능을 함께 고찰하면서 예수 그리스도를 증언하는 증거자로서의 세례자 요한의 역할을 살펴볼 것이다.

3.1. 요한복음 1: 1-5(A)

이 단락은 복음서의 시작으로 로고스의 사역과 인격적인 모습에 대하여 설명한다.[12] 1절의 '태초에 말씀이 계시니라'는 창세기 1:1을 회상하게 한다. 로고스는 '말씀'으로 번역할 수 있는데, 구약성경의 지혜문학(참조. 잠 8:23-36)과 유대교의 영향이 있었을 것이다. 하나님께서 창조이전에 계셨던 것처럼 로고스도 창세 이전에 계셨음을 분명히 밝힌다. 즉, 요한복음은 1:1에서 로고스의 선재先在 사상으로 시작을 한다. 또한 이 로고스는 하나님과 함께 존재했음을 밝힌다. 그리고 로고스는 곧 하나님 이었다고 고지한다. 2절은 서두에서 밝힌 로고스가 처음부터 하나님과 함께 계셨음을 다시 언급한다. 특히 2절에서 로고스는 의인

12. Carson, *John*, pp. 111-20; Schnackenburg, *John*, I, pp. 221-49; Keener, *John*, I, pp. 364-87.

화 되어 언급된다. 즉, "그가 태초에 하나님과 함께 계셨다."고 말한다. 1절과 마찬가지로 2절에서도 헬라어 전치사 πρός(프로스)가 사용되었다. 이것은 로고스가 하나님과 친밀한 관계를 갖고 있었던 것을 암시하며, 그런 친밀한 관계는 처음부터 시작되었음을 알려준다.[13] 3절은 "만물이 그로 말미암아 지은바 되었으니 지은 것이 하나도 그가 없이는 된 것이 없다."고 증거하며 로고스의 창조 사역을 밝혀준다. 즉, 모든 것이 로고스를 통해서 창조되었음을 언급하며, 로고스가 없이는 아무것도 창조되지 않았다고 한다. 창세기 1:1-31은 하나님의 창조의 사역을 보여주고 있는데, 이 창조 사역에 로고스가 함께 했음을 암시한다. 이와 유사한 언급은 골로새서 1:16-17과 히브리서 1:2에서도 찾아 볼 수 있다.

4절은 "그 안에 생명이 있었으니 이 생명은 사람들의 빛이라"고 하면서 로고스의 역할을 설명하고 있다. 로고스는 하나님의 생명을 함께 소유하고 있다고 한다. 그러나 로고스 안에 있는 신적 생명이 어떻게 인간 존재에게 빛을 비춰주는지에 대해서는 분명하게 설명하지 않는다. 로고스 안에 생명이 있음과 함께 로고스가 빛으로 소개되기 시작한다. 이런 점에서 이 빛은 하나님의 일반계시를 암시하는 것처럼 보인다(참조. 롬 1:19-20). 5절에서 빛이 어두움 가운데 비춰졌음을 선언한다. 이런 선언은 창세기에서 하나님이 창조 사역 가운데 빛을 창조하신 사건을 회상시킨다(참조. 창 1:3). 그러나 어두움은 그 빛을 깨닫지 못했다. 여기에 사용된 헬라어 동사 καταλαμβάνω('카타람바노')는 한글 개역 성경에서 '깨닫다'의 의미로 번역 되었지만, 본래의 의미는 '움켜잡다'를 의미한다. 또한 전투적인 의미로 '압도하다, 이기다'라는 의미도 있다. 더욱이 지적인 의미에서 '파악하다, 깨닫다'의 뜻으로 사용될 수

13. D.A. Carson, *The Gospel according to John* (Leicester: Inter-Varsity Press, 1991), pp. 113-118; Keener, *John*, I, pp. 367-74; Kruse, *John*, pp. 63-64를 참조하라.

있다.[14] 5절에 사용된 이 동사는 10절에 사용된 동사 γινώσκω('기노스코')의 의미인 '알아보다, 인식하다'와 11절의 παραλαμβάνω('파라람바노')의 의미인 '맞아들이다, 영접하다'와 관련된다.[15] 여기서 사용된 동사가 과거형으로 사용되어서 '로고스가 처음 세상에 오셨을 때 사람들이 깨닫지 못하고 그 로고스를 배척한 사실을 암시한다. 그러나 빛으로 오신 로고스는 과거뿐 만 아니라 현재에도 계속 비치는 것으로 오늘날의 독자에게도 계속 경고가 되고 있음을 암시한다.

3.2. 요한복음 1: 6–8(B)

이 단락은 세례자 요한의 사역을 설명한다. 즉, 세례자 요한은 예수가 로고스이심을 증언한다. 세례자 요한이 이 땅에 보내졌다는 것은 그 자체로서 예수의 선지자적 기능을 암시해 주는 역할도 한다.[16] 6절은 세례자 요한이 하나님으로부터 보내진 사람이라고 선언한다. 세례자 요한에 대하여 '하나님으로부터 보내진 사람'(ἀπεσταλμένος παρὰ θεοῦ, '아페스탈메노스 파라 떼우')이란 표현은 그를 선지자로 묘사하려는 의도가 있음을 알 수 있다. 그리고 그 이름을 분명하게 '요한'(ὄνομα αὐτῷ Ἰωάννης, '오노마 아우토 이오안네스')이라고 밝힌다. 이렇게 요한의 이름을 분명하게 언급하는 것은 예수의 이름이 요한복음에서 믿음과 관련해서 중요하게 사용될 것에 대한 암시이다.[17] 요한복음 1:12에서는 예수 그리스도의 이름을 믿는 자들은 누구든지 하나님의 자녀가 되는

---

14. BDAG, pp. 519-20; Keener, *John*, I. pp. 381-87; Beasley-Murray, *John*, p. 11; Carson, *John*, pp. 119-20을 보라.

15. BDAG, pp. 199-201을 보라.

16. Kruse, *John*, p. 64; Keener, *John*, I, pp. 388-93을 보라.

17. 요 1:12, 2:23, 3:18, 10:3, 12:28, 15:21, 17:6, 26을 보라.

권세를 준다고 선언한다.

7절은 세례자 요한의 역할을 묘사한다. 세례자 요한의 기능은 빛을 증언하러 온 사람이라고 선언한다. "저가 증거하러 왔으니 곧 빛에 대하여 증거하고 모든 사람으로 자기를 인하여 믿게하려 함이라"고 말한다. 다시 말해서 5절에서 암시한 빛으로서의 로고스를 증언하고, 자신의 증언을 통하여 모든 사람들이 로고스이신 그리스도를 믿게 하려는 것이다. 8절에서 세례자 요한의 정체에 대하여 분명하게 다시 밝히기를 요한은 빛이 아니라 그 빛을 증언하러 왔다고 선언한다. 앞에서 언급했듯이 요한복음에서 세례자 요한의 역할은 세례를 베푸는 자로서의 역할이 아니라 예수 그리스도를 증언하는 자로서의 역할을 강조한다.[18]

3.3. 요한복음 1:9-11(C)

이 세 번째 단락은 세상에 참 빛이 왔음을 선언하고 있다. 9절은 "참 빛 곧 세상에 와서 각 사람에게 비취는 빛이 있었다."고 선언한다. 한글개역 성경에 '참 빛'으로 번역된 헬라어 τὸ φῶς τὸ ἀληθινόν('토 포스 토 알레띠논')에서 ἀληθινος('알레띠노스')는 '진정한, 참된' 이란 의미로 요한복음 4:23, 6:32, 15:1, 17:3에서 각각 사용되었다.[19] 여기서 강조 되고 있는 것은 8절에서 언급한 것을 재강조하면서 세례자 요한이 빛이 아니라 로고스가 참된 빛이라고 선언하는 것이다. 9절에서 저자는 참 빛이 어떻게 세상에 왔는지 설명하지 않고, 14절에 가서 설명하고 있다. 9절에서 설명하는 것은 참 빛이 모든 사람들에게 빛을 비춰주었다고 설명하는 것이다.

---

18. 8절에서 세례자 요한의 정체를 밝힌 것에 대하여 Kruse, *John*, pp. 64-65를 참조하라.
19. BDAG, p. 43을 보라.

10-11절에서 5절의 상황을 좀 더 자세하게 설명하면서 세상에 많은 사람들이 빛이신 그분 예수 그리스도를 알아보지 못했다고 설명한다. 빛으로 오신 예수께서 세상에 계셨고 세상이 예수 그리스도로 말미암아 창조되었지만 세상 즉, 어두움 가운데 있는 세상의 사람들이 예수를 알아보지 못했음을 밝히고 있다. 10절에 사용된 헬라어 κόσμος('코스모스')가 '세상'을 의미하지만, 헬라인들에게는 '우주'를 의미한다.[20] 요한복음에서 '코스모스'는 영적 어두움에 있는 세상 사람들을 암시하는 말로 자주 사용되고 있다(참조. 요 3:16, 12:31). 11절에서는 좀 더 구체적으로 로고스이신 예수 그리스도가 이 세상에 오신 것을 말한다. 이것은 14절에서 다시 설명되고 있다. 예수 그리스도가 자기 땅에 오셨지만 세상 사람들은 그를 영접하지 아니하였다. 여기서 11절의 '자기 땅'(εἰς τὰ ἴδια, '에이스 타 이디아')이란 표현은 요한복음의 다른 곳(요 16:32, 19:27)에서도 사용되고 있는데, 11절에서는 비극적 아이러니tragic irony를 연출하려고 사용되고 있다.[21] 즉, 예수께서 창조하신 자기 소유의 땅에 왔음에도 불구하고 사람들은 그분을 영접하지 않았음을 보여준다.[22]

3.4. 요한복음 1:12-13(D)

이 단락은 요한복음 1:1-18의 전체 교차대칭 구조 속에서 핵심 단락

---

20. BDAG, pp. 561-63을 보라.

21. 예수가 자기 땅에 왔지만 그를 영접하지 않았다는 사실은 예수를 구약에 나타난 거절된 선지자 전통(the rejected prophet motif)속에서 묘사하려는 저자의 의도가 있는 것처럼 보인다. Sukmin Cho, *Jesus as Prophet in the Fourth Gospel* (NTM 15; Sheffield: Sheffield Phoenix Press, 2006), pp. 159-64를 참조하라.

22. Keener, *John*, I, pp. 395- 99; Carson, *John*, pp. 124-25; Schnackenburg, *John*, I, pp. 255-61; Brown, *John*, I, pp. 28-30; L. Morris, *The Gospel according to John: The English Text with Introduction, Exposition and Notes* (Grand Rapids: Eerdmans, 2nd edn, 1995), pp. 95-97을 보라.

으로 그 메시지의 내용이 매우 강조되고 있다. 이 단락에서 언급된 것은 요한복음의 목적(요 20:30-31)을 포함하고 있다. 즉, 로고스이신 예수 그리스도를 만나는 사람들은 그를 믿고 하나님의 자녀가 될 수 있고 영원한 생명을 즐길 수 있음을 암시하고 있다.[23]

12절은 빛이신 로고스를 받아들이지 않는 사람들과는 대조적으로 '영접하는 자 곧 그 이름을 믿는 자들에게는 하나님의 자녀가 되는 권세를 주셨다'고 선언한다. 12절에서 사용된 헬라어 ἔλαβον('엘라본')은 λαμβάνω('람바노')의 과거로 한글 개역 성경에서 '영접하다'로 번역되었지만, 문맥 속에서 그 의미는 그의 이름 즉, 예수의 이름을 믿는 것(τοῖς πιστεύουσιν εἰς τὸ ὄνομα αὐτοῦ, '토이스 피스테우신 에이스 토 오노마')을 뜻한다.[24] 어떤 사람의 이름을 믿는다는 것은 그 사람과 인격을 믿는 것이다. 왜냐하면 이름은 그 사람과 인격을 나타내기 때문이다. 예수 그리스도를 믿는 것은 그의 가르침과 그가 계시한 하나님의 계시를 받아들이는 것이다. 요한복음은 반복해서 예수의 증거를 믿는 자들과 믿지 않는 자들을 언급하고 있다.[25] 12절에서 사용된 헬라어 ἐξουσίαν('엑수시안')은 한글 개역 성경에서 '권세'라고 번역하였는데, 그 의미는 '능력' 또는 '권리'를 뜻하며 요한복음에서 두 가지 의미가 모두 사용되고 있다.[26] 로고스이신 예수는 하나님의 자녀가 되는 능력을 부여하시는 분으로 묘사한다. 그러나 13절에서 그 능력은 하나님으로부터 주어진다는 사실을 언급한다.

13절은 요한복음의 믿음과 영생의 개념에 대하여 매우 중요한 사실을 진술하고 있다. 즉, 인간은 하나님의 자녀로 태어나야만 한다는

---

23. Carson, *John*, pp. 125-26; Keener, *John*, I, pp. 399-405를 참조하라.

24. BDAG, pp. 583-85를 보라.

25. 요 3:11, 32-33, 5:34, 12:48, 17:8를 참조하라.

26. 요 1:12, 5:27, 10:18, 17:2, 19:10-11을 참조하라.

사실이다. 그러나 하나님의 자녀가 되는 것은 단순한 자연적이며 생물학적인 탄생의 결과가 아님을 선언한다. 13절에서 사용된 헬라어 αἱμάτων('하이마톤')은 한글 개역 성경에서 '혈통'으로 번역되었는데, '피'를 의미한다.[27] 고대에는 출산의 개념을 어머니와 아버지의 피가 섞여서 발생하는 것이라고 이해했다.[28] 아마도 이 '피'라는 단어의 사용은 이런 사실을 배경으로 하고 있는 것처럼 보인다. 즉, 하나님의 자녀가 되는 것은 이렇게 생물학적인 '혈통'으로 태어나는 것이 아님을 말하고 있다. 또 하나님의 자녀가 되는 것은 남편의 의지나 인간의 결정에 의한 것도 아님을 '육정으로'(ἐκ θελήματος ἀνδρὸς, '에크 뗄레마토스 안드로스')란 표현을 통해서 선언하고 있다. 13절은 하나님의 자녀는 생물학적인 인간의 방법이 아니라 하나님의 방법으로 하나님께로부터 출생해야 함을 강조하고 있다. 그러므로 요한은 분명하게 하나님의 자녀는 ἐκ θεοῦ ἐγεννήθησαν('에크 데우 에겐네떼산'), 즉 '하나님으로부터 출생'해야 함을 말하고 있다. 독자는 하나님으로부터 출생하는 것에 대하여 보다 분명하게 이해하기 위하여 요한복음 3:1-21까지 기다려야 한다. 즉, 요한복음 3:1-21은 하나님으로부터 출생하는 것이 무엇인지를 니고데모와 예수의 대화를 통해서 구체적으로 보여준다.

3.5. 요한복음 1:14(C')

이 단락은 한 절로 구성되어 있다. 그렇지만 14절은 9-11절과 대칭을 이루며, 어떻게 로고스가 세상에 왔는지에 대하여 매우 중요한 진리를 선포하고 있다.[29] 하나님과 함께 있었던 로고스는 성육신하여 로

27. BDAG, pp. 26-27를 참조하라.

28. Kruse, *John*, p. 67을 보라.

29. Carson, *John*, pp. 126-30; Schnackenburg, *John* , I, pp. 265-73; Keener, *John*, I,

고스의 존재 양식을 변화시켰음을 선언한다. 그 결과 로고스는 우리와 함께 거주하게 되었다. 여기서 사용된 헬라어 ἐσκήνωσεν('에스케노센')은 '텐트를 치다, 장막을 치다, 살다, 거주하다'(σκηνόω, '스케노오')라는 의미를 담고 있다.[30] 이 단어는 출애굽기 40:34-38을 회상하도록 한다. 즉, 하나님께서는 이스라엘의 진중에 계셔서 자신을 계시하셨다. 요한은 14절에서 '에스케노센'이란 단어를 사용함으로 로고스가 '임마누엘'(마 1:23)로 우리 가운데 거하심을 분명히 암시하고 있다. 요한은 자신을 다른 사람들과 함께 언급하기 위하여 '우리'(ἡμῖν, '헤민')라는 일인칭 복수 대명사를 사용한다. 14절에서 인간이 되신 로고스는 자신의 '영광'을 보여 주신다. 한글 개역 성경에서 '영광'이라고 번역된 헬라어 단어 δόξαν('독산')의 사용은 하나님의 임재를 암시하고 있다(참조. 출 40:34-35). 요한은 성육신하신 말씀이신 로고스의 영광을 보았다고 증언한다. 그런데, 그 영광은 오직 하나 뿐이신 그분의 영광, 즉, 예수 그리스도의 영광이었다. 요한복음의 저자는 이 사실을 표현하기 위하여 μονογενοῦς('모노게누스')라는 독특한 단어를 사용한다.[31] 이 단어는 하나님 아버지로부터 오신 성육신하신 로고스의 유일성을 강조 하고 있다. 요한복음은 유일하고 독특한 로고스의 영광을 요한복음 전체를 통해서 반복적으로 언급하고 있다.[32] 14절에서 요한복음의 저자는 '은혜와 진리가 충만한 것'(πλήρης χάριτος καὶ ἀληθείας, '플레레스 카리토스 카이 알레떼이아스')을 보고 증언한다. '은혜와 진리'(χάριτος καὶ ἀληθείας,

---

pp. 406-412를 참조하라.

30. BDAG, pp. 929를 보라.

31. 14절에서 사용된 μονογενοῦς에 대해서 Kruse, *John*, pp. 70-71; M. Theobald, *Die Fleischwerdung des Logos* (Neutestamentliche Abhandlungen; Mnster: Aschendorff. 1988); G. Pendrick, 'μονογενής', *NTS* 41 (1995), pp. 587-600을 참조하라.

32. 요 5:36, 37, 43, 6:42, 57, 8:16, 18, 42, 12:49, 13:3, 14:24, 16:28, 17:21, 25, 20:21을 참조하라.

'카리토스 카이 알레떼이아스')라는 표현은 신약성경 전체에서 2회 사용되고 있는데, 바로 요한복음 1:14, 17에서 사용되고 있다. 특히 '은혜'는 요한복음 전체에서 오직 세 번 사용되고 있는데, 요한복음 1:14, 16, 17에서 말씀이 육신이 된 것과 관련해서 사용되고 있다. 이런 사실은 하나님의 은혜의 본질이 성육신하신 로고스로 말미암아 나타났다는 진리를 암시해 주기 때문이다.

3.6. 요한복음 1:15(B')

이 단락도 바로 앞 단락(요 1:14)과 마찬가지로 한 절로 구성된다. 15절 한 절로 구성된 이 단락(B')은 6-8절로 이루어진 단락(B)과 대칭을 이루며, 세례자 요한의 증언을 다시 한번 기술하고 있다.[33] 15절에서 세례자 요한이 매우 중요한 공적 선언을 하고 있음을 암시한다. 특히 공적 선언과 관련된 헬라어 동사 κράζω('크라조')는 '외치다'라는 의미로 흔히 구약의 선지자들이 공적 선언을 외치는 것을 암시하고 있다.[34] 요한복음에서는 예수께서 성전에서 진리를 공적으로 선포하실 때 이 단어가 사용되었다(참조. 요 7:28, 37, 12:44). 세례자 요한이 공적으로 선언하고 있는 것은 '성육신 하신 로고스' 즉, 예수 그리스도이시다. 누가복음 1:24-31에 의하면 예수는 세례자 요한보다 6개월 늦게 태어난 것이 분명하다. 그러나 세례자 요한은 예수를 '나보다 앞선 자'(ὁ ὀπίσω μου ἐρχόμενος ἔμπροσθέν μου, '호 오피소 무 엘코메노스 엠프로스뗀 무')라고 증언하고, 자신보다 '먼저 계신 자'(πρῶτός μου ἦν, '프로토스 무 엔')라고 선언한다. 특히 세례자 요한이 예수를 자신보다 먼저 계신 자로 선언한 것은 1절과 관련해서 이해해야 한다. 세례자 요한은 창조 이전

33. Carson, *John*, pp. 130-31; Keener, *John*, I, p. 419를 참조하라.

34. BDAG, pp. 563-64를 보라.

에 로고스로서 하나님과 함께 존재하셨던 예수의 선재先在 사상을 이미 인식하고 있었던 것처럼 보인다.

3.7. 요한복음 1:16–18(A')

이 단락은 처음 단락(A)인 1-5절과 대칭을 이루고 있다. 16절은 14절에서 요한복음의 저자가 일인칭 복수 대명사를 사용하여 자신을 다른 사람과 함께 언급했던 것처럼 동일한 일인칭 복수 대명사를 사용하고 있다. 요한의 경험은 '그의 충만'(τοῦ πληρώματος αὐτοῦ, '투 플레로마토스 아우투')으로 이것은 곧 '은혜 위에 은혜'라고 한다. '은혜 위에 은혜'(χάριν ἀντὶ χάριτος, '카린 안티 카리토스')라는 표현은 직역하면 '은혜에 은혜' 또는 '은혜 대신 또 다른 은혜' 또는 '다른 것으로 대치된 은혜'이다.[35] 요한의 이 표현은 한 가지 은혜에서 다른 은혜로 이어지는 연계가 아니라 하나님의 은혜를 받는데 있어서 지속적으로 커지는 능력을 암시하는 것처럼 보인다.

17절은 16절에서 사용된 '은혜 위에 은혜'의 의미를 설명하고 있다. 즉, 예수로 말미암아 주어진 '은혜와 진리'는 모세로 말미암아 주어진 '율법'을 능가한다는 것이다. 17절에서 로고스의 정체는 분명하게 '예수 그리스도'라고 선언한다. 즉, 로고스는 성육신 하신 예수 그리스도이시다. 로고스의 개념은 이 땅에 육신을 입고 오신 하나님이신 예수 그리스도를 의미한다. 이것은 예수 그리스도로 말미암아 '은혜와 진리'가 이 세상에 주어졌음을 선언하는 것이다. 18절은 예수로 말미암아 주어진 '은혜와 진리'가 모세로 말미암아 주어진 '율법'을 능가한다는 것을 설명하고 있는 것처럼 보인다. 즉, 아무도 하나님을 본 사람이 없지

35. Keener, *John*, I, pp. 420-26; Carson, *John*, pp. 131-37; Schnackenburg, *John*, I, pp. 275-81을 참조하라.

만, 하나님 아버지 품속에 있었던 오직 하나이신 예수 그리스도가 성육신하여 하나님을 계시하고 있음을 선언한다. 분명히 예수 그리스도로 말미암아 나타난 계시는 모세를 능가한다. 모세는 하나님을 보지 못했다(참조. 출 33:19-20). 그러나 예수는 하나님을 보았고, 하나님을 알 수 있도록 자신을 통하여 계시하신다. 18절은 로고스의 기능이 하나님을 보여주는 것임을 암시한다. 18절에서 사용된 μονογενὴς θεός('모노게네스 떼오스')란 표현은 예수가 하나님의 하나밖에 없는 유일한 분이심을 선언하는 것이다.[36] 18절에서 사용된 ἐξηγήσατο('엑세게사토')는 본래 '아주 자세하게 목록을 제시하다' 또는 '자세하게 설명하다'라는 의미로 영어에서 exegesis 또는 exposition의 의미이다.[37] 18절은 하나님 아버지 품속에 있었던 오직 하나 뿐인 유일하신 예수께서 자신의 인격과 말씀 그리고 사역을 통하여 하나님을 보여준다고 선언한다. 예수 그리스도의 인격과 말씀 그리고 사역은 요한복음 전체를 통해서 구체적으로 언급되고 있다. 그러므로 요한복음의 주요 관심은 기독론에 관한 것이며, 어두운 세상에 사는 사람들이 그리스도 예수를 믿어 영원한 생명을 얻는 것이다(요 20:30-31). 이 마지막 단락(A′)은 첫 단락(A)인 1-5절과 분명하게 대칭을 이루면서 '로고스는 하나님이셨다'라고 증언한다. 또한 창조 이전에 하나님과 함께 계셨던 로고스가 성육신하셨음을 선언하는 것이다.

36. Kruse, *John*, pp. 70-71; Theobald, *Fleischwerdung*, p. 250 note 206; Pendrick, 'μονογενής', pp. 587-600을 보라.

37. BDAG, p. 434를 참조하라.

4. 요한복음 서론으로서의 본문의 기능

요한복음 1:1-18은 요한복음 서론으로서 기능을 적절히 수행하고 있는가? 요한복음의 서론으로 알려진 요한복음 1:1-18은 실제로 요한복음 전체를 통해서 계속 나타나는 중요한 주제들을 포함하고 있는 것이 사실이다. 예를 들면, 예수의 선재Jesus' pre-existence 사상이 요한복음 1:1에 나타나고 동일한 주제가 17:5, "아버지여 창세전에 내가 아버지와 함께 가졌던 영화로써 지금도 아버지와 함께 나를 영화롭게 하옵소서." 에서 나타난다.[38] 예수와 하나님과의 연합 사상the idea of Jesus' union with God은 요한복음 1:1과 8:58, 10:30, 20:28에 등장한다.[39] 그리스도 안에서의 생명의 도래the coming of life in Jesus 사상 역시 요한복음 1:4과 5:26, 6:33, 10:10, 11:25-26, 20:28에 나타난다. 그리스도 안에서 빛의 도래 사상the idea of the coming of light in Jesus도 요한복음 1:4, 9과 3:19, 8:12, 12:46에서 찾아 볼 수 있고, 빛과 어두움의 갈등the conflict between light and darkness은 요한복음 1:5과 3:19, 8:12, 12:35, 46에 등장한다. 예수 그리스도를 믿는 것believing in Jesus Christ은 요한복음 1:7, 12에 언급되었는데, 이 주제는 요한복음 전체를 통해서 반복적으로 나타난다(요 2:11, 3:16, 18, 36, 5:24, 6:69, 11:25, 14:1, 16:27, 17:21, 20:25). 예수를 거부하는 사상the concept of the rejection of Jesus은 요한복음 1:10, 11에서 소개되었는데, 동일한 주제가 요한복음 4:44, 7:1, 8:59, 10:31, 12:37-40,

---

38. 예수의 선재(Jesus' pre-existence) 사상에 대하여 다음을 참조하라. Schnackenburg, *John*, I, pp. 494-506; R.G. Hamerton-Kelly, *Pre-Existence, Wisdom, and the Son of Man: A Study of the Idea of Pre-Existence in the New Testament* (SNTSMS 21; Cambridge: The University Press, 1973), pp. 197-242.

39. 예수와 하나님과의 연합 사상(the idea of Jesus' union with God)에 대하여 다음을 참조하라. M.L. Appold, *The Oneness Motif in the Fourth Gospel: Motif Analysis and Exegetical Probe into the Theology of John* (WUNT 2.1; Tübingen: J.C.B. Mohr [Paul Siebeck], 1976), pp. 18-47.

15:18에 계속 등장한다. 하나님으로부터 태어난다는 사상인 신적출생divine regeneration은 요한복음 1:13에서 언급되었고, 같은 사상이 요한복음 3:1-21에서 좀 더 구체적으로 다시 나타난다.[40] 예수의 영광the glory of Jesus이란 주제도 요한복음의 핵심 주제 가운데 하나인데 요한복음 1:14에서 등장한 이후에 12:41, 17:5, 22, 24에 나타나고,[41] 그리스도 안에서 하나님의 은혜와 진리the grace and truth of God in Jesus라는 주제 역시 요한복음 1:14, 17에 언급된 이후에 4:24, 8:32, 14:6, 17:17, 18:38에 다시 반복해서 나타난다. 예수와 모세 및 율법에 대한 언급도 요한복음 1:17에 나타난 후에 1:45, 3:14, 5:46, 6:32, 7:19, 9:29에 다시 등장한다. 오직 예수 그리스도만이 하나님을 보았다는 사상은 요한복음 1:18에 소개되고, 동일한 사상이 6:46에 다시 나타난다. 마지막으로 예수가 드러낸 하나님 아버지의 계시는 요한복음 1:18에 언급되고 같은 주제가 3:34, 8:19, 38, 12:49-50, 14:6-11, 17:8에 반복해서 소개된다.[42] 이런 관점에서 요한복음 1:1-18은 어느 정도 요한복음 서론으로서의 역할을 한다고 볼 수 있을 것이다. 그러므로 대부분의 학자들이 요한복음 1:1-18을 요한복음의 서론The Prologue of John's Gospel으로 취급하고 있다.[43]

그러나 요한복음 전체에서 중요하게 다루어지는 예수 그리스도의 정체를 드러내는 여러 가지 다양한 호칭에 관해서는 요한복음 1:1-18에

---

40. 이 주제와 관련해서 필자의 논문 '영생과 하나님의 나라: 요한복음 3:1-12',『프로에클레시아』 7 (2005), pp. 67-91를 참조하라.

41. 예수의 영광(the glory of Jesus)이란 주제에 관해서는 다음을 참조하라. T.C.D. Kruijf, 'The Glory of the Only Son (John i 14)', in *M. C. Rientsma (ed.), Studies on John: Presented to Professor Dr. J.N. Sevenster on the Occasion of His Seventieth Birthday* (Leiden: E.J. Brill, 1970), pp. 111-123.

42. Kruse, *John*, p. 38을 보라.

43. 예를 들면, G.R. Beasley-Murray, *John* (WBC; Nashville: Thomas Nelson, 2nd edn, 1999), pp. 1-17; Carson, *John*, pp. 111-13; Keener, *John*, I, p. 364; Schnackenburg, *John*, I, pp. 221-32; Brown, *John*, I, pp. 3-37.

모두 등장하지 않는다. 이런 점에서 요한복음 1:1-18은 요한복음 서론으로서의 역할을 적절히 수행한다고 볼 수 없다. 오히려 그리스도의 명칭과 관련해서는 요한복음 1:1-51 전체를 살펴봐야 한다. 요한복음 1:19-51에는 예수의 정체와 대비되어 예수를 드러내는 인물들인 엘리야, 모세가 등장하고(요 1:21, 25, 41), 예수의 정체와 신분 및 사역을 드러내는 중요한 다른 명칭들 즉, '그리스도'(요 1:20, 25, χριστός, '크리스토스'), '그 선지자'(요 1:21, 25, ὁ προφήτης, '호 프로페테스'), '하나님의 어린양'(요 1:29, 36, ὁ ἀμνὸς τοῦ θεοῦ, '호 암노스 투 데우'), '내 뒤에 오시는 이'(요 1:15, 27, 30, o` ovpi,sw mou evrco,menoj, '호 오피소 무 엘코메노스'), '성령으로 세례를 주는 이'(요 1:33, ὁ βαπτίζων ἐν πνεύματι ἁγίῳ, '호 밥티존 엔 프뉴마티 하기오'), '랍비'(요 1:38, 39, ῥαββί, '랍비'), '메시야'(1:41, Μεσσία, '메시야'), '모세가 율법에 기록하였고 여러 선지자가 기록한 이'(요 1:45, ὃν ἔγραψεν Μωϋσῆς ἐν τῷ νόμῳ καὶ οἱ προφῆται εὑρήκαμεν, '혼 에그랍센 모우세스 엔 토 노모 카이 호이 프로페타이 유레카멘'), '요셉의 아들 나사렛 예수'(요 1:45, Ἰησοῦν υἱὸν τοῦ Ἰωσὴφ τὸν ἀπὸ Ναζαρέτ, '이예순 휘온 투 이요셉 톤 아포 나자렡'), '하나님의 아들'(요 1:34, 49, ὁ υἱὸς τοῦ θεοῦ, '호 휘오스 투 데우), '이스라엘의 임금'(요 1:49, βασιλεὺς εἶ τοῦ Ἰσραήλ, '바시레우스 에이 투 이스라엘'), '인자'(요 1:51, ὁ υἱὸς τοῦ ἀνθρώπου, '호 휘오스 투 안뜨로푸')가 나타난다.

특히 예수의 정체와 신분 및 그 사역에 관련된 예수의 명칭들은 요한복음 전체에서 반복적으로 등장한다. '그리스도'라는 명칭은 요한복음 1:20, 25에 나타난 이후에 3:28, 4:25, 29, 7:26, 27, 31, 41, 42, 10:24, 11:27, 12:34, 20:31에 반복해서 나타난다. 특히 요한복음 20:31에 등장하는 '그리스도'의 명칭은 요한복음의 전체 목적과 관련해서 중요한 요한 기독론의 주제로 등장한다. 또 다른 명칭인 '그 선지자'는 요한복음 1:21, 25에 나타난 후에 요한복음 4:19, 44, 6:14, 7:40, 52, 9:17에 등장하여 요한복음의 선지자 기독론에 관한 중요한 기여를 한다.[44] 예수에 대한 호칭으로 '하나님의 어린양'이란 명칭은 요한복음 1:29, 36에 등장한 이후에 다시 나타나지 않지만 요한복음 10장과 18-19장에서 예수 그리스도의 구속 사역과 관련해서 중요한 역할을 한다.[45] '내 뒤에 오시는 이'라는 표현은 요한복음 1:15, 27, 30에 사용된 후에 요한복음 3:31(2회), 6:14, 11:27, 12:13에서 기독론적 명칭으로 사용되고 있다.[46]

예수에 대한 또 다른 표현인 '성령으로 세례를 주는 이'는 요한복음 1:33에 사용된 이후에 요한복음 3장에서 중생과 관련해서 중요한 역할을 한다. 예수의 제자들이 자주 사용한 호칭, '랍비'는 요한복음 1:38, 39에서 사용된 이후에 3:2, 26, 4:31, 6:25, 9:2, 11:8에서 계속 사용되고, '메시야'는 요한복음 1:41에 등장한 후에 4:25에 다시 나타난다. '모세가 율법에 기록하였고 여러 선지자가 기록한 이'(요 1:45)란 표현은 요한복음 전체에서 '나를 보내신 이'라는 주제와 관련해서 중요한 역할을 하며, '요셉의 아들 나사렛 예수'(요 1:45)라는 표현은 요한복음 6:42에 다시 등장하여 예수의 지리적, 생물학적 출신의 기원을 밝혀준다.

마지막으로 예수의 신분과 관련된 '하나님의 아들'(요 1:34, 49)이란 표현은 요한복음 5:25, 10:36, 11:4, 27, 20:31 (참조. 요 19:7)에 반복해서 나타나는 요한 기독론의 중요한 주제이고,[47] '이스라엘의 임금'(요

44. 요한복음의 선지자 기독론에 관해서는 필자의 책, Cho, *Jesus as Prophet*을 참조하라.

45. '하나님의 어린양'이란 명칭과 관련해서 다음을 참조하라. J. D'Souza, *The Lamb of God in the Johannine Writings* (Allahabad: St. Paul, 1968); G.L. Carey, 'The Lamb of God and Atonement Theories', *TynB* 32 (1981), pp. 97-122; F. Gryglewicz, 'Das Lamm Gottes', *NTS* 13 (1966-67), pp. 133-46.

46. '내 뒤에 오시는 이'(ὁ ὀπίσω μου ἐρχόμενος)에 대하여 다음을 참조하라. J. Schneider, 'ἔρχομαί κτλ', *TDNT*, II, pp. 666-84.

47. '하나님의 아들'에 관하여 다음을 참조하라. J. Ashton, *Understanding the Fourth Gospel*(Oxford: Oxford University Press, 1991), pp. 292-329; O. Cullmann, *The Christology of the New Testament* (trans. S.C. Guthrie & C.A.M. Hall; Philadelphia: Westminster Press, rev. edn, 1963), pp. 270-305.

1:49)이란 예수의 명칭은 요한복음 12:13에 다시 한번 사용되고 있지만, 예수를 '왕'으로 호칭하는 표현은 요한복음 6:15, 12:13, 15, 18:33, 37(2회), 39, 19:3, 12, 14, 15(2회), 19, 21(2회)에 계속 사용되고 있다.[48] 요한복음에서 '인자'란 명칭은 모두 13회 나타나는데 요한복음 1:51에 처음 나타난 이후에 3:13-14, 5:27, 6:27, 53, 62, 8:28, 9:35, 12:23, 34(2회), 13:31에서 반복해서 사용되고 있다.[49] 이런 관점에서 요한복음 1:1-18이 요한복음의 서론 역할을 한다고 보기보다는 요한복음 1:1-51 전체가 요한복음의 서론 역할을 하고 있는 것으로 보인다.

5. 결론

지금까지 로고스의 개념과 기능에 관하여 요한복음 1:1-18을 중심으로 본문을 주해하며 관찰하였다. 본문 주해에 앞서 첫째, 요한복음 1:1-18속에 나타나는 세례자 요한 등장 본문의 역할을 살펴보았는데, 그 본문들은 전체의 구조 속에서 6-8절(B 단락)과 15절(B′ 단락)이 서로 대칭을 이루고 있음을 보았다. 또한 이 교차대칭 구조 속에서 세례자 요한의 역할이 빛으로 오신 로고스를 증언하는 것이며, 로고스가 성육신 하신 예수 그리스도라는 사실을 증언하는 매우 중요한 역할을 하

48. 요한복음에서 16회 사용된 βασιλεύς에 관해서 다음을 참조하라. Appold, *Oneness Motif*, pp. 76-77; E.K. Broadhead, *Naming Jesus: Titular Christology in the Gospel of Mark* (JSNTSS 175; Sheffield: Sheffield Academic Press, 1999), pp. 75-77.

49. 요한복음의 인자(The Johannine Son of Man)에 관해서는 다음을 참조하라. F.J. Moloney, *The Johannine Son of Man* (BSR 14 Rome: RAS, 2nd edn, 1978); R. Rhea, *The Johannine Son of Man* (ATANT 76; Zürich: Theologischer Verlag, 1990); D. Burkett, *The Son of the Man in the Gospel of John* (JSNTSS 56; Sheffield: JSOT Press, 1991); idem, *The Son of Man Debate: A History and Evaluation* (SNTSMS 107; Cambridge: Cambridge University Press, 1999); Ashton, *Understanding*, pp. 337-73.

고 있음을 발견하였다. 둘째, 본문의 전체 주해 속에서 로고스는 창조 이전에 하나님과 함께 계셨다는 사실과 하나님과 동등하신 분이심을 고찰하였다. 또한 로고스는 하나님과 함께 창조의 사역에 동참했음을 암시해 준다. 특히, 로고스는 성육신하신 예수 그리스도이시며, 그 기능은 하나님을 계시하는 것임을 살펴보았다. 셋째, 마지막으로 요한복음 1:1-18이 요한복음 전체의 서론으로서 그 역할을 하는지를 살펴보았는데, 본문은 요한복음의 서론으로서 충분하지 못하고 오히려 예수의 명칭들이 더욱 많이 등장하는 19-51절을 포함한 요한복음 1:1-51 전체가 요한복음의 서론으로서 충분한 역할을 한다는 것을 확인하였다.

제 3 장

세례자 요한과 예수

A New Perspective on John's Gospel

● 제 3장 ●

세례자 요한과 예수[1]

1. 서론

이 글의 목적은 요한복음 1:19-28의 문학적 구조와 그 기능을 요한복음 1:1-18과 관련해서 고찰하는 것이다. 요한복음 1:1-18은 요한복음서의 서론The Prologue of John's Gospel[2]으로 지금까지 이해되어져 왔다.

1. 이 글은 '요한복음 1:19-28의 문학적 구조와 기능' 이라는 제목으로 은퇴 기념 논총 출판위원회(편집),「한국교회의 신학 인식과 실천: 유강 김영재박사 은퇴 기념 논총」(수원: 합동신학대학원출판부, 2006), pp. 248-65에 게재되었던 것을 수정 보완한 것이다.

2. 요한복음의 서론 연구는 최근까지 계속 되고 있다. 요한복음 서론 연구를 위하여 다음을 참조하라. S.W. Need, 'Re-Reading the Prologue: Incarnation and Creation in John 1.1-18', *Theology* 106 (2003), pp. 397-404; C.G. Müller, 'Der Zeuge und das Licht. Joh 1,1-4,3 und das Darstellungsprinzip der su,gkrisij', *Bib* 84 (2003), pp. 479-509; M. Endo, *Creation and Christology:A Study on the Johannine Prologue in the Light of Early Jewish Creation Accounts* (WUNT 2.149; Tübingen: Mohr Siebeck, 2002); E. Harries, *Prologue and Gospel: The Theology of the Fourth Gospel* (JSNTSS 107; Sheffield: Sheffield Academic Press, 1994); C.A. Evans, *Word and Glory: On the Exegetical and Theological Background of John's Prologue* (JSNTSS 89; Sheffield: JSOT Press, 1993); J.G. van der Watt, 'The Composition of the Prologue of John's Gospel: The Historical Jesus Introducing Divine Grace', *WTJ* 57 (1995), pp. 311-32; J. Painter, 'Theology, Eschatology and the Prologue of John', *SJT* 46 (1993), pp. 27-42; W. Carter, 'The Prologue and John's Gospel: Function, Symbol and Definitive Word', *JSNT* 39(1990), pp. 35-58; T.H. Tobin, 'The Prologue of John and Hellensitic Jewish Speculation', *CBQ* 52 (1990), pp. 252-69; F. Genuyt, 'Le prologue de Jean', *SémB* 49 (1988), pp. 15-34; J.L. Staley, 'The Structure of John's Prologue: Its Implication for the Gospel's Narrative Structure', *CBQ* 48 (1986), pp. 241-64;

그러므로 요한복음 1:19-28의 내용은 복음서의 서론과는 아무런 관련이 없이 완전히 구별되어지는 내용으로 취급되어져 왔다.

요한복음 1:1-18은 복음서의 서론으로 충분한가? 요한복음 1:19-28은 복음서의 서론과 전혀 관련이 없는 것인가? 만일 1:19-28이 복음서의 서론과 관련이 있다면 어떤 점에서 관련이 있고 그 기능은 무엇인가? 이런 질문들에 답변하기 위하여 첫째, 요한복음의 서론으로 알려진 1:1-18과 1:19-28의 관계를 살펴 볼 것이다. 둘째, 요한복음 1:19-28에 나타나는 반복적인 표현과 24절에 언급된 '바리새인들'(τῶν Φαρισαίων, '톤 화리사이온', the Pharisees)은 요한복음의 저자가 아닌 다른 사람에 의해서 재편집되어 본래의 위치에서 환치換置된 것을 암시하는 증거로 사용될 수 있는지를 조사할 것이다. 마지막으로 셋째, 요한복음 1:19-28의 내용을 석의적으로 살펴 볼 것이다.

이 글에서 요한복음 1장의 내용 전체를 지면관계상 자세히 취급하지는 않을 것이다. 그러나 이 논문의 목적과 관련해서 필요한 부분은 제한적으로 언급할 것이다. 요한복음 1:1-18의 내용과 배경은 이 글에서 집중적으로 고찰하지 않고 지금까지 연구 결과를 토대로 요한복음 1:19-28과의 관련성만을 언급할 것이기에 복음서의 서론에 대한 포괄적인 이해에 한계가 있음을 미리 밝혀둔다.[3]

R.A. Culpepper, 'The Pivot of John's Prologue', *NTS* 27 (1980), pp. 1-31; M.D. Hooker, 'John the Baptist and the Johannine Prologue', *NTS* 16 (1970), pp. 354-58; C.K. Barrett, *The Prologue of St John's Gospel* (London: Athlone Press, 1971); H. Ridderbos, 'The Structure and Scope of the Prologue to the Gospel of John', *NovT* 8 (1966), pp. 180-201; O.J.F. Seitz, 'Gospel Prologue: A Common Pattern?', *JBL* 83 (1964), pp. 262-68; J.A.T. Robinson, 'The Relation of the Prologue to the Gospel of St John', *NTS* 9 (1963), pp. 120-29; E. Haenchen, 'Probleme des johanneischen Prologs', *ZTK* 60 (1963), pp. 305-34.

3. 요 1:1-18에 대한 좀 더 자세한 언급은 조석민, '로고스의 개념과 기능: 요한복음 1:1-18', 『프로에클레시아』 7 (2005), pp. 34-57을 참조하라.

2. 요한복음 1:19-28과 1:1-18의 관계

독자가 요한복음의 서론으로 알려진 1:1-18을 처음 읽은 후 계속 1:19-28을 읽으면 두 부분은 차이가 있음을 알 수 있다. 왜냐하면 요한복음의 서론으로 알려진 부분이 문학 장르에 있어서 시적인 요소가 있고, 요한복음 1:19-28은 이야기 형태로 구성되어 있어서 두 부분이 단절된 것처럼 보이기 때문이다. 그렇지만 다음의 몇 가지 이유로 요한복음의 서론은 요한복음 1:1-18에서 끝나지 않고 1:19-28에 계속되고 있는 것처럼 보이며, 이런 관점에서 두 부분은 서로 긴밀히 연결되어 있는 것처럼 보인다.

첫째, 19절의 헬라어 접속사 καί('카이')의 사용은 요한복음의 서론이 1:1-18에서 단절되지 않고 계속 되고 있음을 시사한다. 요한복음에서 헬라어 접속사 '카이'의 사용이 공관복음서와 비교해 볼 때 보다 빈번하게 사용되었고, 때때로 본래의 의미와 상관없이 무의미하게 사용된 것이 사실이지만, 이런 점을 감안하더라도 19절의 헬라어 접속사 '카이'는 앞뒤의 두 문단을 연결해 주는 고리 역할을 하는 것이 분명하다. 신약성경에서 '카이'는 접속사로 사용되어 단어와 단어의 연결, 어구와 어구의 연결, 또는 절과 절을 연결하기 위해 사용될 뿐만 아니라, 보다 긴 문단과 문단을 서로 연결하는데 사용되기도 한다.[4] 헬라어 접속사 '카이'가 글 속에 사용되어 두 요소를 연결할 때, 연결되어지는 두 요소는 동등同等한 상태임을 암시한다.[5] 포터S.E. Porter에 의하면 헬라어 접

4. V.S. Poythress, 'The Use of the Intersentence Conjunctions DE, OUN, KAI, and Asyndeton in the Gospel of John', *NovT* 26 (1984), pp. 312-40 (316).

5. S.E. Porter, *Idioms of the Greek New Testament* (Biblical Languages, Greek 2; Sheffield: JSOT Press, 1992), pp. 211-12; F. Blass and A. Debrunner, *A Greek Grammar of the New Testament and Other Early Christian Literature* (trans. and ed., R.W. Funk; Chicago: Chicago University Press, 1961), pp. 227-29; M. Zerwick, *Biblical Greek* (Rome: Pontificio Istituto Biblico, 3rd edn, 1963), pp. 152-56; J.H.

속사 '카이',의 용법은 글 속에서 자연스러운 연결(순접, 順接), 또는 반의적 연결(역접, 逆接)에 사용되어지고, 때때로 강조의 의미로 사용되어지기도 한다.[6] 포이쓰러스V.S. Poythress는 요한복음에서 '카이'가 강조의 의미로 사용되어질 때 그 의미는 '…조차, …라도even', '…도, 또한also', '실로, 참으로indeed'인데, 그럴 경우에도 '카이'가 본래 갖고 있는 연결의미의 기능은 남아있다고 주장한다.[7] 19절에 사용된 '카이'는 영어 번역 성경, 예를 들면, King James Version(이후 KJV), Revised Standard Version(이후 RSV) 그리고 New American Bible(이후 NAB)에서는 번역이 되었지만, New English Bible(이후 NEB), New Revised Standard Version(이후 NRSV), Revised English Version(이후 REV) 그리고 New Jerusalem Bible(이후 NJB)등에서는 그 번역이 생략되었다. 이것은 19절의 '카이'가 반의적 의미adversative sense나 강조의 의미emphatic sense로 사용되지 않고 연결의 의미connective sense로 사용되었음을 시사해 준다. 헨켄E. Haenchen은 "19절은 복음서의 서론과 연결되며 '카이'에 의하여 변환 구절transitional verse인 18절과 연결된다."고 말한다.[8] 이런 관점에서 19절에 사용된 '카이'는 1:19-28과 복음서의 서론으로 알려진 부분을 연결시키고 있다고 볼 수 있다.

둘째, 요한복음 1:6-8과 15절에 나타나는 세례자 요한의 증언에 관한 주제는 요한복음 1:19-28과 복음서의 서론으로 알려진 부분이 서로 밀접하게 연결되어 있음을 암시해 준다. 요한복음 1:19-28의 전체 문단은 19절에서 '그리고 이것은 [세례자]요한의 증언이다'라는 진술

Moulton *et al*. *A Grammar of New Testament Greek* (4 vols.; Edinburgh: T. & T. Clark, 1929), II, pp. 420-23을 보라.

6. Porter, *Idioms*, p. 211.

7. Poythress, 'Use of the Intersentence', p. 211.

8. E. Haenchen, *John* (2 vols.; trans. R.W. Funk; Philadelphia: Fortress Press, 1984), I. p. 143.

과 더불어 시작하고 있다.[9] 그러므로 '세례자 요한의 증언'은 요한복음 1:19-28의 핵심 주제이다. 그렇지만 '세례자 요한의 증언'이라는 주제는 이 문단에서 처음 나타나는 것이 아니라 이미 요한복음 1:6-8과 15절에 소개되었다. 요한복음 1:6-8과 15절은 세례자 요한이 빛에 대하여 증언하기 위하여 왔고, 이 증언은 요한복음 1:1-18에서 예수 그리스도와 관련해서 매우 중요한 역할을 하고 있음을 암시하고 있다. 그러므로 앞에서 언급된 '세례자 요한의 증언'이라는 주제는 요한복음 1:19-28에서 다시 등장하며 보다 발전된 형태 속에서 좀 더 구체적으로 증언의 당사자를 진술하고 있다.[10] 요한복음에서 증언의 주제the theme of witness는 복음서 저자의 특별한 관심의 대상으로 복음서 전체를 통하여 계속 언급되고 있다.[11] 바레트C.K. Barrett는 요한복음 1:19-28이 요한복음 1:6-8과 15절에 언급된 세례자 요한의 암시와 연결된다고 말한다.[12] 이런 점에서 요한복음 1:6-8과 15절, 그리고 1:19-28에서 발견되는 세례자 요한의 증언은 분명히 요한복음의 서론으로 알려진 부분이 1:18에서 끝나는 것이 아니라 계속되고 있음을 시사해 주고 있다.

셋째, 요한복음 1:1-18에 사용된 여러 기독론적 호칭들christological

---

9. 헬라어 성경은 한글 번역 성경과는 다르게 19절에서 καὶ αὕτη ἐστὶν ἡ μαρτυρία τοῦ Ἰωάννου라는 진술로 시작하고 있다. 이 글에서 헬라어 성경은 Nestle-Aland, *Novum Testamentum graece* 27판을 의미하며, 성경 본문의 한글 번역은 필자의 사역이다. 한글 번역에서 '[세례자]요한'이라고 번역한 것은 요한복음의 저자로 알려진 '요한'과 구별하기 위함이다.

10. A.A. Trites, *The New Testament Concept of Witness* (SNTSMS 31; Cambridge: Cambridge University Press, 1977), p. 9; R. Schnackenburg, *The Gospel according to St John* (3 vols.; trans. K. Smyth *et al*.; Kent: Burns & Oates, 1968), I, p. 286.

11. 예를 들면, 요한복음 1:6-8, 15, 19-34 (세례자 요한의 증언), 35-51(첫 제자들의 증언); 2:1-11(첫 표적의 증거); 2:12-25 (부활의 증거); 3:1-21(유대인의 선생으로 대표되는 니고데모 앞에서 예수의 증언). 보다 자세한 내용은 다음을 참조하라. Trites, *Witness*, pp. 78-124.

12. C.K. Barrett, *The Gospel according to St John: An Introduction with Commentary and Notes on the Greek Text* (London: SPCK, 2nd edn, 1978), p. 171.

declarations, 예를 들면, '빛', '내 뒤에 오실 자', '나 보다 먼저 오신 자', 등은 요한복음 1:19절 이하에 계속 등장하며 두 부분이 서로 밀접한 관계가 있음을 암시하고 있다. 특히 요한복음 1:15에 사용된 '내 뒤에 오실 자'(ὁ ὀπίσω μου ἐρχόμενος, '호 오피소 무 엘코메노스')라는 표현은 여러 기독론적 호칭 가운데 하나로 요한복음 1:27에서도 발견된다.[13] 세례자 요한이 요한복음 1:15에서 '내 뒤에 오실 자'라고 소개한 그리스도는 요한복음 1:27에서 "그는 내 뒤에 오실 자이지만, [나는] 그분의 신발 끈을 풀 만한 자격도 없다."라는 설명으로 처음보다 구체적으로 소개되고 있다.[14] 요한복음 1:1-18에 소개된 기독론적 호칭들은 요한복음 1:19-51에서 계속 나타나고 있는데, 이 부분은 요한복음 1:19-28의 보다 넓은 문맥으로 간주될 수 있으며,[15] 여기서 요한복음에 사용된 거의 대부분의 기독론적 호칭들이 발견된다.[16] 요한복음의 첫 부분에서 사용된 다양한 기독론적 호칭들은 복음서 전체를 통해서 그 의미가 확장, 발전되고 있는 것처럼 보인다.[17] 스몰리S.S. Smalley는 요한복음 1장

13. 요한복음에서 기독론적 호칭의 하나로 사용된 ὁ ἐρχόμενος는 1:9에서 처음 예수의 신분과 관련하여 사용되어진 후, 15절과 27절에 다시 나타나고, 그 이후 3:31; 6:14; 11:27; 12:13에 사용되었다. J. Schneider, 'ἐρχόμενος κτλ', *TDNT*, II, pp. 666-84를 참조하라.

14. Haenchen, *John*, I, p. 120; N.T. Wright, *The New Testament and the People of God* (Christian Origin and the Question of God , vol. 1; Minneapolis: Fortress Press, 1992), p. 412에서 말하기를 "when the narrative seems to concentrate on a small focal point, it contains the seeds of the larger picture which makes John the book it is".

15. G.R. Beasley-Murray, *John* (WBC 36; Nashville: Thomas Nelson, 2nd edn, 1999), pp. 18-31에서 Beasley-Murray는 요한복음 1:19-51을 "Testimonies to Jesus: The Witness of John the Baptist and the Early Disciples"이라는 제목아래 하나의 완전한 단락으로 고려하고 있다. D.A. Carson, *The Gospel according to John* (Leicester: IVP, 1991), pp. 141-66에서 Carson 역시 요한복음 1:19-51을 "Prelude to Jesus' Public Ministry"라는 제목아래 하나의 완전한 단락으로 간주한다.

16. S.S. Smalley, *John: Evangelist and Interpreter* (Exeter: Paternoster Press, 2nd edn, 1998), pp. 135-39; Schnackenburg, *John*, I, p. 285를 보라.

17. 요한복음에 사용된 다양한 기독론적 호칭들과 그 호칭들의 확장, 발전된 의미에 관한

전체가 이 복음서의 서론을 구성하고 있으며, 이런 점에서 요한복음의 서론은 1:18에서 단절되지 않고 1:51까지 계속되고 있다고 주장한다.[18]

그러므로 앞에서 언급한 이런 점들을 고려한다면, 요한복음 1:19-28은 복음서의 서론으로 간주된 부분(요 1:1-18)에서 언급되고 있는 신학적 명제들과 요한복음 1:29-51에 계속적으로 등장하는 다양한 기독론적 언급에 의하여 설명되고 있는 예수 사역의 이야기를 연결시키는 교량 역할을 하고 있는 것처럼 보인다.[19] 즉, 복음서의 서론으로 간주되어 온 요한복음 1:1-18이 복음서 전체의 기독론적 성격을 묘사하고 있다면, 요한복음 1:19-28은 복음서의 부가적 서론the auxiliary prologue of the Gospel의 한 단락으로 세례자 요한의 역할을 묘사하고 있으며, 다양한 기독론적 명칭을 통해서 예수의 역할을 설명하고 있다고 말할 수 있다.[20] 브로디T.L. Brodie는 요한복음 1:19-28은 "[복음서] 서론의 사려 깊은 연속"a careful continuation of the prologue이라고 주장한다.[21] 1:19-28은 복음서의 계속되는 서론의 한 부분으로 복음서 전반에 영향을 주고 있으며, 이런 문학 구조는 복음서 저자의 문학적 기술로 고려될 수 있다. 이런 관점에서 요한복음의 서론으로 알려진 1:1-18과 1:19-28은 서로 밀접하게 연결되어 있고, 더욱이 1:29-51과도 긴밀하게 연결되어 있기 때문에 요한복음 1장 전체를 서론으로 이해해야 한다.

연구는 별도의 좀 더 깊은 연구가 요구된다.

18. Smalley, *John*, pp. 136-37.

19. Beasley-Murray, *John*, pp. 18-19를 보라.

20. E. Hoskyns, *The Fourth Gospel* (ed. F.N. Davey; London: Faber and Faber, 2nd edn, 1947), p. 167, "the author of the Gospel has bound the two parts so carefully together, therefore, John 1.19-51 forms a subsidiary prologue to the whole Gospel".

21. T.L. Brodie, *The Gospel according to John: A Literary and Theological Commentary* (Oxford: Oxford University Press, 1993), p. 151.

3. 반복적 표현과 '바리새인들'의 사용

요한복음 1:19-28에서 사용된 반복적 표현(19, 24, 25절)과 '바리새인들'(24절)이라는 단어는 쉽게 발견된다. 어떤 학자들은 한 단락 안에서 반복적으로 나타나는 표현들은 본래의 성경 본문이 재편집되어 본래의 위치로부터 환치換置된 증거라는 가설을 주장한다. 이들은 이 단락의 최초 자료the original source를 찾아보려는 노력을 기울이며, 현재의 본문을 재구성 또는 재편집하려는 시도를 한다.[22] 그러므로 요한복음 1:19-28에 나타나는 반복적인 표현들과 '바리새인들'이라는 단어가 본래 위치로부터 환치換置, displacement되어 재편집된 증거로 고려될 수 있는지를 고찰해 볼 것이다.

3.1. 반복적인 표현들

요한복음 1:19-28은 두 부분, 즉, 19-23절과 24-28절로 나눌 수 있다. 첫째 단락은 세례자 요한의 정체성과 관련해서 질문하는 부분이고, 둘째 단락은 세례자 요한의 물세례 사역의 동기에 대하여 질문한 것이다. 본문에 사용된 두 질문은 서로 밀접하게 연관되어 있다. 두 단락의 구분은 반복적 표현에 의해서 확연히 구분되어진다. 예를 들면, 19절에 사용된 "유대인들이 제사장들과 레위인들을 예루살렘으로부터 그[세례자 요한]에게 파송했다"(ἀπέστειλαν πρὸς αὐτὸν οἱ Ἰουδαῖοι ἐξ Ἱεροσολύμων ἱερεῖς καὶ Λευίτας)라는 표현과 24절에 사용된 "그들은 바리새인들로부터 파송되었다"(ἀπεσταλμένοι ἦσαν ἐκ τῶν

22. B. Lindars, *The Gospel of John* (NCBC; Grand Rapids: Eerdmans, 1972), p. 101을 보라.

Φαρισαίων)라는 부분이며,[23] 19절의 "그들은 그[세례자 요한]에게 질문했다"(ἐρωτήσωσιν αὐτόν, '에로테소신 아우톤')와 25절의 "그들은 그[세례자 요한]에게 질문했다"(ἠρώτησαν αὐτόν, '에로테산 아우톤')라는 표현이다. 어떤 학자들은 이런 반복적 표현들을 현재의 성경 본문이 재편집되어 환치換置된 증거로 이해하였다.

예를 들면, 불트만R. Bultmann은 현재의 성경 본문이 재편집되어 환치換置되었다는 편집 가설을 전제로 환치된 본문의 본래 순서the original order를 재구성하여 19-21절 다음에 25, 26, 31, 33-34절 그리고 그 뒤에 28-30절이 뒤따르는 것이 본래의 성경 본문 형태라고 주장한다. 불트만은 환치된 본문의 본래 순서를 재구성하고 남는 구절들 즉, 22-24절 그리고 27절은 공관복음의 전승으로부터 교회의 편집자the ecclesiastical redactor가 본래의 성경 본문에 추가하여 본문을 재구성한 것으로 생각한다.[24] 반 이어셀B.M.F. van Iersel은 불트만의 편집 가설의 대부분을 추종하면서, 다만 19b절 뒤에 24-25a절을 위치시키고, 그 다음에 19c-22a, 25b-26, 31, 33b-34, 28, 35-36절을 뒤따르도록 현재의 성경 본문을 재구성한다.[25] 그러나 이런 편집 가설들은 현재의 성경 본문 이해에서 발생하는 문제들을 어느 정도 해결할 가능성이 있지만, 현재의 성경 본문을 적절히 이해하는데 큰 도움을 주지 못한다.[26] 더욱이

23. 요 1:24의 '바리새인들'이라는 표현과 관련된 여러 문제들은 다음 장에서 자세히 논할 것이다.

24. R. Bultmann, *The Gospel of John: A Commentary* (Philadelphia: Westerminster Press, 1971), pp. 84-85를 참조하라. Bultmann의 "the ecclesiastical redactor" 가설에 대한 자세한 논의를 D.M. Smith, *The Composition and Order of the Fourth Gospel: Bultmann's Literary Theory* (New Heaven: Yale University Press, 1965), pp. 214-15에서 참조하라.

25. B.M.F. van Iersel, 'Tradition und Redaktion in Joh 1,19-36', *NovT* 5 (1962), pp. 245-67을 보라.

26. R. Kysar, 'The Eschatology of the Fourth Gospel: A Correction of Bultmann's Redactional Hypothesis', *Perspective* 13 (1972), pp. 23-33.

이런 편집 가설들은 현재의 성경 본문에 대한 환치換置가 어떻게 발생했는지에 대한 질문에 대하여 적절한 답변을 주지 못한다. 결국, 편집 가설들은 문제를 해결하는 만큼 오히려 또 다른 문제를 발생시키고 있다. 더욱이 앞에서 언급한 편집 가설들을 뒷받침해 줄 수 있는 가장 분명하고 객관적인 증거가 성경 본문에 대한 사본 상의 증거인데, 현재까지 그와 같은 사본 상의 증거textual evidence는 전혀 발견되지 않고 있다.

또 다른 학자들은 현재의 성경 본문에 사용된 반복적인 표현들이 각기 다른 자료의 사용 때문이라고 생각한다. 이들은 현재의 성경 본문에 사용된 본래의 자료the original source를 찾아보려는 시도의 하나로 공관복음서를 조사한다. 윌리암스F.E. Williams는 요한복음 1:19-28을 누가복음 3:15-22에 대한 요한의 각색a Johannine dramatization으로 간주한다.[27] 이런 고찰은 요한복음의 어떤 부분이 공관복음의 전승으로부터 우리에게 알려진 다양한 모습을 반영한다는 가설에 입각한 것이다. 윌리암스의 주장에 의하면 '누가복음 3:15-22은 요한복음 1:19-28의 구조를 제공한 것'이 된다.[28] 다드C.H, Dodd는 요한복음 1:19-28과 누가복음 3:15-22 사이의 유사성을 언급했으나, 요한복음의 내용은 독립된 전승에서 기인했으며, 공관복음과는 전혀 다른 자료가 사용되었음을 주장한다. 그 이유는 요한복음 1:26-27에 나타나는 세례자 요한의 예언적 언어들이 공관복음의 내용과 전혀 관련이 없기 때문이다. 또한 요한복음에 언급된 세례자 요한의 엘리야 역할은 공관복음에 나타난 엘리야의 기능과 전혀 다르기 때문이다.[29]

윌리암스와는 달리, 린다스B. Lindars는 요한복음이 대체적으로 누가

27. F.E. Williams, 'Fourth Gospel and Synoptic Tradition: Two Johannine Passages', *JBL* 86 (1967), pp. 311-19를 보라.

28. Williams, 'Fourth Gospel', p. 317.

29. C.H. Dodd, *Historical Tradition in the Fourth Gospel* (Cambridge: Cambridge University Press, 1963), pp. 251-69를 보라.

복음 보다는 마가복음의 순서를 따르고 있다고 생각한다.[30] 린다스의 이런 추측은 마가복음의 순서와 유사하게 요한복음 1:19-28에 세례자 요한의 장면이 나타나고, 요한복음 1:29-51에 예수의 세례가 언급되며 적은 숫자이지만 예수의 제자들이 등장하기 때문이다. 그러나 예수의 세례 이후에 즉시 그가 광야에서 40일 금식한 장면은 요한복음에서 발견되지 않는다. 그러므로 비록 요한복음의 본문에 세례자 요한이 등장하지만 이 복음서가 대체적으로 마가복음의 순서를 따르고 있다는 주장은 설득력이 없다. 이런 관점에서 요한복음과 공관복음에서 각각 발견되는 서로 유사한 내용들은 요한복음의 저자가 공관복음서에서 그 내용을 빌려왔다고 이해하기 보다는 아마도 잘 알려진 공통의 자료 well-known common sources를 사용했기 때문이라고 추측하는 것이 더욱 설득력이 있어 보인다.[31]

그렇다면 요한복음 1:19-28에 반복적인 표현이 사용된 이유는 무엇인가? 본문에 등장하는 반복적인 표현은 처음 보기에는 문제가 있는 것처럼 생각된다. 그러나 이것은 많은 사람들이 문학 작품 속에 등장하는 동양적 감각을 이해하지 못하기 때문이라고 생각된다. 즉, '심미적 강조 속에 등장하는 반복의 내재적 즐거움에 대한 동양적 감각'을 이해하지 못한 이유이다.[32] 일반적으로 문학 작품 속에서 발견되는 반복적 표현의 사용은 여러 문학기술 중 하나이다. 이런 점에서 본문에 사용된 반복적인 표현은 요한의 문학기술Johannine literary technique로 이해할 수 있다. 왜냐하면 이런 반복적인 표현의 사용은 요한복음 전체를 통해서

---

30. Lindars, *John*, p. 100.

31. 요한복음과 공관복음의 관계에 대해서는 다음을 참조하라. D.M. Smith, *John Among the Gospels* (South Carolina: University of South Carolina Press, 2nd edn, 2001); A. Denaux (ed.), *John and the Synoptics*, (BETL 101; Leuvan: Leuvan University Press, 1992).

32. R. Alter, *The Art of Biblical Narrative* (New York: Basic Books, 1981), p. 88.

계속 발견되기 때문이다. 므라쿠질G. Mlakuzhyil은 "반복적인 표현의 사용은 요한복음의 특징적인 모습"이라고 말한다.[33] 듀 란J.A. du Rand 역시 요한복음에서 발견되는 반복적인 표현은 문학적 표현 방법으로 본문 속에서 중요한 역할을 한다고 언급한다.[34] 이런 점에서 앞에서 살펴본 요한복음 1:19-28에 사용된 반복적 표현들은 현재의 성경 본문이 재편집되어 환치換置된 증거가 아니라 요한의 문학 기술로 이해되어져야 한다.

3.2. '바리새인들'

요한복음 1:24에 나타나는 '바리새인들'(τῶν Φαρισαίων, '톤 화리사이온')의 등장은 전체 문맥과 관련해서 그 의미가 애매모호한 점이 있다. 그러므로 어떤 학자들은 이것을 현재의 성경본문에 대한 재편집의 증거중 하나로 간주하기도 한다. 예를 들면, 불트만은 24절의 '바리새인들'의 언급을 교회의 편집자the ecclesiatical redactor가 공관복음의 전승으로부터 얻은 자료를 추가하여 편집한 것으로 간주한다.[35] 전통적으로 24절은 KJV에서 "And they which were sent were of the Pharisees" ('그리고 보내진 그들은 바리새인들이었다')라고 번역되었다. 이런 번역의 가능성은 대부분의 사본에서 생략된 24절의 헬라어 관사 οἱ('호이')와 관련이 있다.[36] 그러나 동일한 본문을 NRSV에서는 "Now

---

33. G. Mlakuzhyil, *The Christocentric Literary Structure of the Fourth Gospel* (AnBib 117; Rome: Pontificio Istituto Biblico, 1987), p. 108.

34. J.A. du Rand, 'Repetitions and Variations - Experiencing the Power of the Gospel of John as Literary Symphony', *Neot* 30 (1996), p. 64.

35. Bultmann, *John*, p. 90.

36. 예를 들면, 요 1:24의 헬라어 관사 οἱ는 P^{55}, P^{66}, P^{75} 등의 사본에서 현재의 성경 본문과 같이 생략되었고, a*, A*, B, C* 등의 사본에서는 관사가 첨가되었다.

they had been sent from the Pharisees"('지금 그들은 바리새인들로부터 파송되었다')라고 번역하였다. 24절의 헬라어 관사는 예루살렘 공회의 역사적 배경과 관련해서 생략되는 것이 더 적절해 보인다.

요한복음 1:19은 파송받은 대표자들이 제사장들과 레위인들로 구성되어 있다는 것과 예루살렘으로부터 파송되었음을 알려준다. 19절에 등장하는 '예루살렘'은 단순히 대표자들이 파송된 장소만 언급하는 것이 아니라, 어떤 권위를 암시하는 것처럼 보인다. 만일 이런 추론이 사실이라면 그 권위는 예루살렘 공회를 암시하는 것이 거의 확실하다. 왜냐하면 당시 예루살렘에는 공회the Sanhedrin가 있었기 때문이고, 그 공회는 대제사장, 장로들, 서기관들, 그리고 다른 구성원들 즉, 백성들의 신망을 받는 일반 지도자들로 구성되었기 때문이다(참조. 막 15:1). 그러나 그 당시에 예루살렘 공회는 대제사장이 주도권을 행사하고 있었다. 그러므로 비록 바리새인들이 공회에서 어느 정도 영향을 미치는 구성원 가운데 일부이지만, 그들은 공회에서 결정적인 영향력을 행사할 만큼 충분한 세력은 아니었다.[37] 그러므로 바리새인들이 제사장들과 레위인들로 구성된 대표자를 파견했다는 것은 거의 불가능한 일이다.

요한복음의 어떤 사본에 헬라어 관사 '호이'가 1:24에 생략되었을지라도, 이 성경 본문은 다음 세 가지 중 하나로 번역이 가능하다. 첫째, 전통적인 KJV 번역과 유사하게 '파송된 그들은 바리새인들이었다'라고 번역될 수 있다. 즉, 전체 대표자들은 바리새인들로 구성되었다고 간주하는 것이다. 그러나 이런 경우는 가능성이 매우 희박한데 그 이유는 앞에서 언급한 것처럼 예루살렘의 공회의 역사적 배경 때문이

37. 공회(the Sanhedrin)에 관하여 다음을 참조하라. A.J. Saldarini, 'Sanhedrin', in D.N. Freedman (ed.), *Anchor Bible Dictionary* (6 vols.; New York: Doubleday, 1992), V, pp. 975-80; C.E. Hayes, 'Sanhedrin', in R.J. Zwi Werblowsky and G. Wigoder (eds), *Oxford Dictionary of the Jewish Religion* (Oxford: Oxford University Press, 1997), pp. 606-607.

다.[38] 둘째, 필립스Philips의 영어 번역 성경과 같이 "Now some of the Pharisees had been sent to John"('지금 바리새인들 가운데 몇 사람이 요한에게 파송되어졌다')라고 번역하는 것이다. 이런 번역은 두 번째 대표자의 파송을 의미하는 것으로 요한복음 1:19에 소개한 대표자들과 다른 경우를 의미하는 것이다. 그러나 이런 번역 역시 가능성이 희박하다. 그 이유는 25절에 등장하는 대표자들의 질문은 19-23절에서 언급한 질문들과 세례자 요한의 대답을 알고 있음을 암시하고 있기 때문이다.[39] 슈낙켄버그R. Schnackenburg는 24절의 '바리새인들'은 '새로운 대표자들을 의미하는 것이 아니라, 19절에 언급된 예루살렘으로부터 파송된 동일한 대표자들을 의미한다'고 말한다.[40] 불트만도 24절을 설명적인 언급으로 이해하지만, 두 번째 대표자들의 파송을 암시하는 것이 아님을 분명히 인정한다.[41]

셋째, 예루살렘 공회의 역사적 배경을 어느 정도 반영하는 번역으로 NRSV의 경우 "Now they had been sent from the Pharisees"('지금 그들은 바리새인들로부터 파송되었다')라고 하였다(참조. NEB, REB, NAB, NJB). 카슨D.A. Carson은 '비록 바리새인들이 예루살렘 공회와 다른 유대 지도자들에게 영향력을 행사하지 않았지만, 공식적인 대표자들을 세례자 요한에게 파송할 때 바리새인들의 영향력을 의식하기에는 충분했다'고 생각한다.[42] 또한 린컨A.T. Lincoln은 19절에 언급된 예루살렘으로부터 파송된 제사장들과 레위인들이 바리새인들일 가능성을 말하며, 24절의 '바리새인들'은 19절의 '유대인들'과 같은 의미의 표현으로

---

38. Haenchen, *John*, I, p. 145.

39. Bultmann, *John*, p. 90; Carson, *John*, p. 144.

40. Schnackenburg, *John*, I, p. 292.

41. Bultmann, *John*, p. 91.

42. Carson, *John*, p. 144.

요한복음에서 종교적 권위를 가진 집단을 암시한다고 말한다(참조. 요 3:1; 7:32, 35; 9:13-18).[43] 그러므로 마지막 셋째 번역이 19절의 '유대인들'과 조화를 이루며, 예루살렘 공회의 역사적 배경을 반영하기 때문에 가장 적절한 것으로 생각된다. 이런 점에서 24절의 '바리새인들'이라는 언급은 19절에 등장하는 '유대인들'에 대한 보충적인 정보를 제공하는 것으로 이해해야 하며, 본래의 성경 본문을 재편집한 증거로 사용될 수 없다.[44]

4. 요한복음 1:19-28의 석의

요한복음의 저자는 세례자 요한의 역할을 1:6-8과 15절에서 이미 간략하게 소개한 후 이제 본 단락에서 그리스도와 관련해서 본격적으로 세례자 요한의 정체와 역할을 설명한다. 본 단락에서 세례자 요한은 그리스도와 관련해서 자신이 메시야가 아님을 분명히 밝히고 있고, 이사야의 예언대로 자신이 메시야를 증언할 증인임을 밝힌다.

4.1. 세례자 요한의 정체 (19-23절)

본 단락은 세례자 요한의 정체와 관련하여 '네가 누구냐?'라는 질문이 전체 내용의 핵심이다. 이 단락을 시작하면서 복음서 저자는 이미 간략하게 언급된(참조. 요 1:6-8, 15) 세례자 요한의 역할과 관련하여

---

43. A.T. Lincoln, *The Gospel according to St John* (BNTC; London: Continuum, 2005), p. 112.

44. Lindars, *John*, p. 105; Brodie, *John*, p. 151; H. Ridderbos, *The Gospel of John: A Theological Commentary* (trans. J. Vriend; Grand Rapids: Eerdmans, 1997), p. 66.

본 단락의 전체 목적이 무엇인지를 분명히 밝히고 있다. 19절은 요한복음에서 세례자 요한의 역할이 예수 그리스도의 증인임을 밝히고 있다(참조. 눅 1:13-17). 요한복음에서 '유대인들'에 대한 언급이 19절에 처음 등장한다. 여기서 '유대인들'은 예루살렘의 종교 지도자들을 의미하는 것으로, 24절에서는 '바리새인들'로 표현되기도 한다.[45] '유대인들'은 세례자 요한의 정체에 대하여 자신들이 지금까지 고대하던 메시야와 관련해서 대표자들을 파송한다. 예루살렘으로부터 파송된 대표자들은 '제사장들과 레위인들'로 구성되어있다. 요한복음에서 제사장과 레위인이 함께 등장하는 것은 이 본문이 처음이며 마지막이다. 예루살렘으로부터 파송된 대표자들의 질문은 요한의 정체와 관련된 것이다. 예루살렘 공회에서 대표자들을 파송하여 세례자 요한에게 질문하게 한 배경은 당시 편만한 메시야 대망 사상과 깊은 관련이 있다.[46] 그 이유는 대표자들의 계속되는 질문과 세례자 요한의 대답에서 암시되고 있다. 즉, 20-21절에서 첫째, 세례자 요한은 자신이 그리스도가 아님을 분명히 밝히고 있다(20절). 둘째, 그는 엘리야도 아님을 분명히 말한다(21절). 셋째, 그는 '그 선지자도' 아님을 말한다(21절). 세례자 요한의 대답은 예수 당시에 다양한 메시야 대망 사상이 팽배했음을 보여주는 좋은 증거이다.

예수 당시에 유대인들이 기름부음 받은 자를 고대하고 있었다는 사실은 이미 잘 알려져 있다. 세례자 요한은 이런 정황 속에서 자신이 그리스도가 아니며 오히려 그리스도를 위해 길을 예비하는 자라는 사실을 명백히 밝히고 있다. 또한 구약 성경에 언급된 엘리야는 예수 당시에 메시야를 위해 길을 예비할 것이라는 사상도 분명히 존재했음을 보

---

45. Lincoln, *John*, p. 112; Brown, *John*, I, pp. 46-50.

46. A.J. Köstenberger, *John* (BECNT; Grand Rapids: Baker Academic, 2004), pp. 60-61.

여준다(참조. 왕하 2:11; 말 3:1; 4:5-6).[47] 21절의 '그 선지자'는 신명기 18:5에 언급된 모세와 같은 선지자를 암시하고 있다.[48] 유대인들의 생각에는 세례자 요한의 역할이 '메시야'이거나 아니면 '엘리야', 또는 '그 선지자' 중 하나라고 생각했을 가능성이 있다. 만일 세례자 요한의 정체가 이 세 가지 역할 중 하나가 아니라면 거짓 선지자일 가능성도 고려했던 것으로 보인다(참조. 요 7:25-52). 결국, 세례자 요한은 예루살렘으로부터 파송된 대표자들의 질문에 모두 부정적인 대답을 한 후, 자신의 정체를 23절에서 밝히고 있다. 세례자 요한의 부정적인 대답은 요한복음에서 그리스도의 정체를 독자들이 분명히 인식하도록 돕는 역할을 한다. 결국, 세례자 요한은 선지자 이사야 40:3의 예언을 인용하여 자신의 정체를 밝힌다.[49] 세례자 요한은 자신의 역할과 정체성이 그리스도를 증언하는 것임을 분명히 인식하고 있었다.

4.2. 세례자 요한의 사역(24-28절)

본 단락은 세례자 요한의 사역인 물세례 베푸는 것과 관련하여 질문하는 내용이 핵심이다. 24절의 '바리새인들'은 앞에서 이미 언급한 것처럼 19절에 등장한 '유대인들'에 대한 부가적 정보로 이해할 수 있다. 그렇다면 제사장들과 레위인들을 예루살렘에서 파송한 유대인들은 공회의 일원인 바리새인들이었을 가능성이 있음을 암시하고 있다.[50] 25절은 세례자 요한이 자신의 정체를 '메시야', '엘리야', 그리고 '그 선지자'와 동일시하지 않고 부정하였기에(참조. 요 1:20-21) 계속되는 질문

---

47. Lincoln, *John*, p. 110-12; Köstenberger, *John*, pp. 60-61.

48. Brown, *John*, I, pp. 49-50; Köstenberger, *John*, pp. 60-61.

49. Brown, *John*, I, pp. 50-51.

50. Lincoln, *John*, p. 112; Köstenberger, *John*, pp. 63-64.

으로 세례자 요한의 공적 사역에 대한 질문이다. 그러므로 이 질문과 관련해서 '메시야', '엘리야', '그 선지자'가 세례를 베풀 것이라는 기대는 하지 말아야 한다(참조. 요 3:22-23; 4:1-2). 25절은 세례자 요한이 공개적으로 세례를 베풀었음을 분명히 알려주는 최초의 언급이다. 세례자 요한의 세례가 물세례라는 사실을 언급하고 있는 것은 그리스도께서 성령으로 세례를 베푸실 분이심을 대조적으로 미리 암시하려는 의도가 있다(참조. 막 1:8).[51] 그리스도께서 성령으로 세례를 베푸실 것이라는 구체적인 언급은 요한복음 1:33에 나타난다.

26절에 세례자 요한이 예루살렘에서 파송된 대표자들에게 예수 그리스도를 소개하면서 '너희 가운데 너희가 알지 못하는 사람'이라고 설명하고 있는데, 이것은 요한복음 1:5, 10절의 내용을 반영하고 있다. 요한복음 1:31, 33에 의하면 세례자 요한도 예수가 물세례를 받을 때 성령이 강림하는 것을 직접 보기 전까지는 예수가 누구인지 알지 못했다(참조 요 1:34).[52] 이런 관점에서 세례자 요한의 물세례 사역은 예수의 정체를 구체적으로 알게 되는 접촉점으로 이해될 수 있다. 27절에 나타나는 세례자 요한의 언급은 마가복음 1:7과 유사하다. 세례자 요한은 예수 그리스도와 비교되고 있는 자신이 누구인지를 분명히 인식하고 있었음을 시사한다. 27절에 사용된 '내 뒤에 오실 분'(ὁ ὀπίσω μου ἐρχόμενος, '호 오피소 무 엘코메노스')이라는 표현은 예수 그리스도 정체를 암시하는 것으로 1:30에 좀 더 구체적으로 언급되고 있다.[53] 복음서의 저자가 28절에 '베다니'라는 장소를 언급한 것은 사건의 역사성을 부여하려는 의도가 있다. 즉, 구체적인 장소인 '베다니'를 언급함으로 세례자 요한과 예루살렘으로부터 파송된 대표자들 사이에 있었던 질문

---

51. Barrett, *John*, p. 174.

52. Brown, *John*, I, pp. 55-67을 보라.

53. Barrett, *John*, pp. 174-75; Brown, *John*, I, pp. 51-54.

과 대답이 역사적 사건임을 시사한다. 그러나 현재 '요단 강 건너편 베다니'의 정확한 위치는 확정되지 않았다.[54]

5. 결론

지금까지 요한복음 1:19-28을 복음서의 서론으로 알려진 1:1-18과 관련해서 살펴보았다. 첫째, 요한복음 1:19-28은 복음서의 서론으로 알려진 부분과 밀접하게 연결되어 있다. 더욱이 요한복음 1:1-18은 요한복음 전체의 서론으로는 충분하지 않고, 요한복음 1:19-28과 그 뒤에 따라오는 1:29-51 전체를 포함해야 적절하다.[55] 특히, 요한복음 1:19-28에 언급된 세례자 요한의 그리스도에 대한 증인 역할은 복음서의 서론으로 알려진 1:1-18을 연결하는 교량 역할을 한다. 둘째, 요한복음 1:19-28에 나타나는 반복적인 표현과 24절에 언급된 '바리새인들'은 복음서의 저자가 아닌 다른 사람에 의해서 재편집되어 본래의 위치에서 환치換置된 것을 암시하는 증거로 사용될 수 없다. 본문에 나타나는 반복적인 표현은 복음서 저자의 문학 기법으로 이해해야 하며, 24절의 '바리새인들'은 19절에 등장하는 '유대인들'에 대한 추가 정보로 이해할 수 있다. 셋째, 요한복음 1:19-28에서 세례자 요한은 그리스도와 관련해서 자신의 정체와 역할을 분명히 인식하고 있으며, 그 역할은 그리스도를 증언하는 증인임을 알 수 있다.

---

54. Köstenberger, *John*, pp. 65-66을 보라.

55. 요 1:29-51의 본문 이해와 요 1:19-28과의 관련성 문제와 요한복음 1장 전체의 서론 역할은 좀 더 깊이 연구할 과제이다.

제 4 장

요한복음의
표적 사건과 의미

A New Perspective on John's Gospel

● 제 4 장 ●

요한복음의 표적 사건과 의미

1. 서론

요한복음에 기록된 예수의 표적은 요한복음을 연구하는 학자들에게 오랫동안 연구의 대상이 되어왔다.[1] 요한[2]은 자신의 복음서에서 예수께서 행하신 기적 사건을 간추려 소개하고 있다(참조. 요 20:30-31).[3] 공관복음서와 달리 요한은 예수의 기적 사건을 표적表蹟이라고 호칭하면서 예수께서 행하신 기적 사건들을 소개한다. 요한복음에서 예수의 기적

---

1. R.T. Fortna, *The Gospel of Signs: A Reconstruction of the Narrative Source Underlying the Fourth Gospel* (SNTSMS 11; Cambridge: Cambridge University Press, 1970); idem, *The Fourth Gospel and Its Predecessor: From Narrative Source to Present Gospel* (Philadelphia: Fortress Press, 1988); G. van Belle, *The Signs Source in the Fourth Gospel: Historical Survey and Critical Evaluation of the Semeia Hypothesis* (Leuven: Leuven University Press, 1994); C. Welck, *Erzählte Zeichen: Die Wundergeschichten des Johannesevangeliums literarisch untersucht. Mit einem Ausblick auf Joh 21* (WUNT 2.69; Tübingen: J.C.B. Mohr[Paul Siebeck], 1994); Sukmin Cho, *Jesus as Prophet in the Fourth Gospel* (NTM 15; Sheffield: Sheffield Phoenix Press, 2006)을 보라.
2. 이 글에서 '요한'은 요한복음 본문 안에서 분명히 언급되지 않은 요한복음의 저자를 의미하며, 전통적으로는 사도 요한으로 이해되고 있다.
3. 요 20:30-31에서 저자는 예수께서 행하신 표적이 요한복음에 기록된 것보다 더 많음을 암시하면서 목적을 가지고 의도적으로 예수께서 행하신 표적을 선택하여 이 복음서에 소개하고 있음을 분명히 밝히고 있다. S.S. Smalley, *John: Evangelist and Interpreter* (Carlisle: Paternoster Press, 2nd edn, 1998), p. 129.

사건을 소개하면서 사용된 '표적'이라고 번역된 헬라어 σημεῖον('세메이온')은 공관복음서 기자들이 소개하는 예수의 기적 사건과 비교해 볼 때 어떤 의도가 있는 것처럼 보인다. 더욱이 요한복음에 소개된 예수께서 행하신 표적들은 예수의 신분을 드러내는 것과 매우 밀접한 관계가 있는 것처럼 보인다. 그러므로 이 글에서 요한복음의 표적의 의미를 살펴보며, 복음서의 표적 사건들을 통해서 저자가 암시하고 있는 예수의 정체성과 그 기독론적 기능Christological role을 연구하려고 한다.

요한이 소개하고 있는 예수의 표적은 어떤 기능이 있는가? 요한복음에 기록된 예수의 표적이 암시하고 있는 예수의 신분은 무엇인가? 이런 질문들에 적절히 대답하기 위하여 역사-문예적 분석Historical Narrative Analysis[4] 방법을 사용할 것이다. 첫째, 요한이 예수께서 행하신 기적 사건을 표현할 때 사용한 헬라어 '세메이온'의 의미를 고찰할 것이다. 둘째, 요한복음에 기록된 예수의 표적 사건은 모두 몇 개인가를 논의할 것이다. 셋째, 요한복음에 기록된 표적들의 의미를 기독론과 관련하여 복음서에 기록된 순서대로 하나씩 차례대로 살펴볼 것이다. 넷째, 요한복음에 기록된 예수의 표적이 암시하고 있는 예수의 신분을 살펴보며, 그 의미를 고찰해 볼 것이다.[5]

---

4. 역사-문예적 분석(Historical Narrative Analysis)방법은 본문을 해석함에 있어서 문예적 분석 방법을 사용하되 역사 비평적 분석 방법을 무시하지 않으면서 본문의 의미를 해석하는 것이다. M.W.G. Stibbe, *John as Storyteller: Narrative Criticism and the Fourth Gospel* (SNTSMS, 73; Cambridge: Cambridge University Press, 1992), pp. 67-92; R.A. Culpepper, *Anatomy of the Fourth Gospel: A Study in Literary Design* (Philadelphia: Fortress Press, 1983), pp. 3-11; S. Motyer, *Your Father the Devil? A New Approach to John and 'the Jews'*(Carlisle: Paternoster Press, 1997), pp. 8-34; Cho, *Jesus as Prophet*, pp. 53-67을 참조하라.
5. 이 글에서 요한복음에 나타난 기독론을 다루는 것이지만, 요한의 기독론 중에서 한 부분을 다루는 것이기 때문에 그 한계가 있음을 미리 밝혀둔다.

2. 요한복음에 사용된 '표적'의 의미

요한복음에서 예수의 기적 사건을 묘사하면서 '표적'(σημεῖον, '세메이온')이라는 헬라어가 17회 사용되고 있다. 한글 번역 성경은 헬라어 '세메이온'을 모두 '표적'으로 번역하였다.[6] 요한복음에서 요한은 예수의 많은 기적 사건 중에서 몇 개를 선택하여 편집하면서(참조. 요 20:30), 그 기적 사건들을 표현하기 위하여 '세메이온'('표적', sign)이라는 단어를 사용한다. 이것은 공관복음과 큰 대조를 보이는 것으로 공관복음에서는 일반적으로 예수께서 행하신 기적 사건을 '두나미스'(δύναμις, '이적', miracle)라는 단어를 사용하여 묘사하고 있다.[7] 그러므로 요한복음에 사용된 '세메이온'이라는 단어는 요한의 특별한 의도가 있는 것처럼 보인다. 요한에게 있어서 예수의 기적 사건은 단순히 예수의 놀라운 신비한 능력을 보여주는 기적 사건 정도가 아니라, 또 다른 의도가 있는 것으로 추측된다. 그러면, 요한복음에서 예수의 기적 사건을 묘사하는데 사용된 '세메이온'이라는 단어의 사용 의도는 무엇인가?

첫째, 요한이 예수께서 행하신 기적 사건을 '두나미스'라는 단어를 사용하지 않고, '세메이온'이라는 어휘를 사용한 것은 분명히 예수의 기적 사건이 암시하는 어떤 '상징적 의미'를 위하여 이 단어를 선택한 것으로 보인다.[8] 그 상징적인 의미는 '세메이온'이라는 단어를 사용하므로 기적을 행하신 예수의 정체를 드러내려는 저자의 의도처럼 보인다.[9] 요한

---

6. 요 2:11, 18, 23; 3:2; 4:48, 54; 6:2, 14, 26, 30; 7:31; 9:16; 10:41; 11:47; 12:18, 37; 20:30.

7. 예를 들면, 막 5:30; 6:5; 눅 5:17; 6:19; 8:46; 9:1을 보라.

8. R. Bultmann, *The Gospel of John: A Commentary* (trans. G.R. Beasley-Murray; Philadelphia: Westminster Press, 1971[1964]), p. 114를 보라.

9. 이 문제는 뒤에서 요한복음의 기적 사건을 다루면서 계속 논의될 것이다.

이 예수의 기적 사건과 관련하여 사용한 헬라어 '세메이온'의 사전적 의미는 (1)'표적' 또는 '어떤 것을 알리기 위한 특별한 표시, 암시, 표'이고, (2)'놀라운 능력이나 기적, 예언을 통해서 암시하는 어떤 사건'이다.[10] 이런 사전적 의미에 의하면 '세메이온'으로 묘사된 기적 사건은 그 기적 사건 자체가 목적이 아니라, 그 기적 사건을 통하여 암시하고, 지시하는 어떤 것에 더 큰 비중과 의미를 두고 있는 것이 분명하다.

둘째, 요한복음에서 예수의 기적 사건을 묘사하면서 '세메이온'을 사용한 것은 그 기적 사건 자체를 묘사하는데 목적이 있기 보다는 이 기적 사건에 뒤이어 따라오는 예수의 담화Jesus' discourse를 소개하기 위한 일종의 도입처럼 보인다. 왜냐하면 요한복음에서 예수의 기적이 행해진 뒤에는 거의 대부분 예수의 담화 설교가 뒤따라 나오고 있기 때문이다. 갈릴리 가나에서 행하신 두 번의 기적 사건(요 2:1-11; 4:46-54)을 제외하고는 모든 기적 사건 뒤에 예수의 담화가 설교처럼 뒤따라 나오고 있다.[11] 38년 된 병자를 고쳐주신 사건(요 5:1-18) 뒤에는 심판과 영생에 대한 예수의 담화(요 5:19-47)가 뒤따라 나온다. 오병이어의 기적 사건(요 6:1-15) 뒤에는 하늘로부터 내려온 생명의 떡에 관한 예수의 담화가 계속 된다. 태어나면서 눈먼 사람을 눈 뜨게 한 사건(요 9:1-10:21) 다음에는 목자의 비유에 대한 예수의 담화가 계속 된다. 그리고 죽은 나사로를 살리신 사건(요 11:1-44) 뒤에는 예수의 죽음에 대한 긴 담화가 요한복음 후반에 계속되고 있다.

---

10. BDAG, pp. 920-21; *TDNT*, VII, pp. 200-61을 참조하라.

11. 갈릴리 가나의 두 표적 사건에 뒤따르는 예수의 담화와 관련하여 첫째 표적은 요한복음 3장의 니고데모와 예수의 대화가 담화를 대신하고, 두 번째 표적은 4장의 사마리아 여인과 예수의 대화가 예수의 담화를 대신하고 있는 것처럼 보인다. 왜냐하면 요한복음 2-4장의 문학적 구조는 2:1-12(A), 2:13-25(B), 3:1-21(C), 3:22-36(D), 4:1-42(C′), 4:43-45(B′), 4:46-54(A′)으로 이해할 수 있는데, 이런 구조를 교차대칭구조(chiastic structure)라고 한다. 이 구조에서 (A)에 뒤따르는 예수의 담화를 (C)라고 한다면, (A′)에 뒤따르는 예수의 담화는 (C′)이기 때문이다.

3. 요한복음에 기록된 표적 사건의 수(數)

요한복음에 기록된 예수의 표적 사건의 수는 모두 몇 개인가? 요한복음에 기록된 예수께서 행하신 기적 사건들이 모두 몇 개인가는 계속 논란이 되고 있다. 예를 들면, 스몰리S.S. Smalley는 요한복음에서 예수의 표적 사건을 여섯이라고 주장하고 있고,[12] 다드C.H. Dodd는 일곱 표적을 주장하고 있다.[13] 그런가 하면 요한복음 21:1-14에 기록된 사건을 표적으로 간주하기도 한다.[14] 이런 견해 차이가 있지만, 요한복음에 소개되고 있는 기적 사건 중에서 (1)물이 변하여 포도주가 된 표적 사건(요 2:1-11), (2)왕의 신하의 아들을 고쳐주신 표적 사건(요 4:46-54), (3)38년 된 병자를 고쳐주신 표적 사건(요 5:1-47), (4)오병이어의 표적 사건(요 6:1-15), (5)태어나면서 눈먼 사람을 고쳐주신 표적 사건(요 9:1-10:21), 그리고 (6)죽은 나사로를 다시 살리신 표적 사건(요 11:1-44)에 대해서는 요한복음의 표적 사건으로 대부분의 학자들이 동의하고 있다.

다만, 요한복음 6:16-21에 기록된 예수께서 물 위를 걸으신 사건과 21:1-14에 기록된 예수의 일곱 제자들이 디베랴 바다에서 153마리의 물고기를 잡은 사건에 대해서 학자들 사이에 이견異見이 있다. 즉, 이 두

---

12. Smalley, *John: Evangelist and Interpreter*, pp. 129-32. 요한복음의 여섯 표적 사건은 (1)물이 변하여 포도주가 된 표적(요 2:1-11), (2)왕의 신하의 아들을 고쳐주신 표적(요 4:46-54), (3)38년 된 병자를 고쳐주신 표적(요 5:1-47), (4)오병이어(伍餠二魚)의 표적(요 6:1-15), (5)태어나면서 눈먼 사람을 고쳐주신 표적(요 9:1-10:21), 그리고 (6)죽은 나사로를 다시 살리신 표적(요 11:1-44)을 의미한다. 그러나 Smalley가 일곱 표적을 언급할 때는 요 21:1-14에 기록된 153 마리의 물고기를 잡은 사건을 포함시킨다.

13. C.H. Dodd, *The Interpretation of the Fourth Gospel* (Cambridge: Cambridge University Press, 1953), pp. 297-389; Morris, *Jesus is the Christ*, p. 23을 보라. 일곱 표적은 Smalley가 주장하는 여섯 표적에 요 6:16-21의 사건을 추가한 것을 의미한다. 그러나 Koenstenberger는 요 6:16-21의 사건 대신에 요 2:13-22에 기록된 예수의 성전 사건을 표적으로 으로 간주한다. A.J. Koestenberger, *John* (BECNT; Grand Rapids: Baker Academic, 2004), pp. 89-90을 보라.

14. Smalley, *John: Evangelist and Interpreter*, pp. 131-32.

기적 사건을 요한복음의 표적 사건으로 앞에서 열거한 여섯 표적 사건과 동일하게 취급할 수 있는지에 대한 문제를 제기하고 있는 것이다. 예수께서 물위를 걸으신 사건과 디베랴 바다에서 예수의 일곱 제자들이 물고기 153 마리를 잡은 사건은 다른 여섯 표적과 같이 동일하게 예수께서 행하신 표적으로 간주할 수 있는가? 이 질문에 대답하기 위하여 먼저, 예수께서 물위를 걸으신 사건(요 6:16-21)을 간략하게 살펴 본 후, 이어서 디베랴 바다에서 예수의 제자들이 물고기 153마리를 잡은 사건을 표적으로 이해할 수 있는지 고찰할 것이다.

3.1. 예수께서 물 위를 걸으신 사건(요 6:16-21)[15]

예수께서 물위를 걸으신 사건은 오병이어의 표적 사건 다음에 뒤이어서 나오는 사건이다. 이 사건에 대하여 스몰리는 요한복음 6:19에 묘사된 예수께서 '바다 위를 걸으신'(ἐπὶ τῆς θαλάσσης, '에피 테스 딸라세스') 사건은 요한복음에 묘사된 다른 표적 사건과 다르기 때문에 함께 표적으로 취급할 수 없다고 주장한다. 특히 스몰리는 요한복음 6:19에 묘사된 '에피 테스 딸라세스'(ἐπὶ τῆς θαλάσσης)의 의미가 모호하다고 하며, '에피'(ἐπί)의 의미는 바다의 '표면 위'on가 아니라 '바닷가' 또는 바다의 '가장자리'beside를 의미할 수 있기 때문에 요한이 묘사하고 있는 표적의 범주에 포함할 수 없다고 주장한다. 물론, 요한복음 6:19에 사용된 헬라어 전치사 '에피'의 의미가 '가장자리'를 의미할 수 있는 것이 사실이다. 예를 들면, 요한복음 21:1에서 ἐπὶ τῆς θαλάσσης τῆς Τιβεριάδος('에피 테스 딸라세스 테스 티베리아도스')는 '디베랴 바다 곁

15. 요 6:16-21의 보다 자세한 연구에 관해서는 필자의 '예수께서 갈릴리 바다 위를 걸으셨는가? 요한복음 6:16-21의 석의적 연구', 『성경과 교회』3권 1호 (2005), pp. 150-71을 보라.

에서' 또는 '디베랴 바닷가에서'라고 번역할 수 있다.

그렇지만 요한복음 6:19에 사용된 헬라어 전치사 '에피'의 의미는 문맥에 의해서 결정되어야 한다. 첫째, 19절에 사용된 '에피'의 의미는 '가장자리'beside 보다는 '위에'on라는 의미가 문맥적으로 적합한 것으로 보인다. 왜냐하면, 예수의 제자들은 이미 '노를 저어 십 여리 쯤 간' 상태이다. 제자들이 배를 타고 노를 저어간 거리는 약 이십오에서 삼십 스타디온(ὡς σταδίους εἴκοσι πέντε ἢ τριάκοντα, '호스 스타디우스 에코시 판테 헤 트리아콘타')이다. 이 거리를 오늘날의 단위로 계산하면 약 5-6 킬로미터 정도의 거리를 노를 저어 간 상태이다. 그렇다면 제자들이 탄 배가 거의 갈릴리 바다의 가운데 부근에 떠있는 상황을 암시한다.[16] 왜냐하면 갈릴리 바다의 동쪽에서 서쪽까지의 폭이 가장 넓은 쪽은 약 24 킬로미터이기 때문이다.

둘째, 19절에 의하면 예수의 제자들이 배를 타고 노를 저어 이미 십 여리 쯤 간 상태에서 그들이 타고 있는 '배 가까이로 예수께서 다가오고 있는 중 이었다'(Ἰησοῦν περιπατοῦντα ἐπὶ τῆς θαλάσσης καὶ ἐγγὺς τοῦ πλοίου, '이예순 페리파톤타 에피 테스 딸라세스 카이 엥구스 투 프로이우'). 제자들은 예수께서 그들이 탄 배에 가까이 다가오는 것을 알고 두려워 했다(ἐφοβήθησαν, '에호베뗴산'). 제자들이 자신들의 선생인 예수께서 배 가까이 온 것을 보고 두려워한 것은 예수께서 바다의 가장자리, 즉 해변을 걸어가다가 제자들에게 나타나신 것이 아님을 분명히 보여주는 것이다. 예수의 제자들이 탄 배는 바다의 한 가운데로 이미 향하고 있었고, 바로 바다의 한 가운데에 있었을 때 예수께서 그들에게 다가오신 것이기에 그들은 상식적으로 이해하기 어려운 일이 벌어진 것을 깨닫고 두려워 한 것이다.

---

16. R.E. Brown, *The Gospel according to John* (2 vols.; New York: Double day, 1966-70), I, pp. 251-52.

셋째, 본문 19절에 사용된 헬라어 전치사 '에피'가 21절에 다시 등장하는데 그 의미는 '위에'이다. 그러므로 21절의 '에피 테스 게스'(ἐπὶ τῆς γῆς)는 '땅위에 이르렀다'로 번역된다. 이런 점에서 요한복음 6:19에 사용된 '에피'의 의미를 '가장자리'beside로 해석할 이유가 없다. 또한 요한복음 17:4의 '에피 테스 게스'(ἐπὶ τῆς γῆς, '땅 위에서')와 20:7에 사용된 '에피 테스 케화레스 아우투'(ἐπὶ τῆς κεφαλῆς αὐτοῦ, '그의 머리 위에')는 모두 '에피'의 의미를 '곁에서'beside가 아닌 '위에'on의 의미로 사용하고 있다.[17] 이런 점에서 요한복음 6:16-21의 이야기는 예수께서 물 위를 걸으신 기적 사건을 기록한 것이다.

예수께서 물위를 걸으신 이야기는 기적 사건이지만 요한복음의 저자가 표적이라고 부르는 다른 기적 사건들과 비교할 때 적어도 두 가지 점에서 차이가 있다. (1)이 기적 사건에 대하여 복음서의 저자는 '세메이온'이라는 단어를 사용하지 않았다. 이것은 저자가 이 기적 사건을 표적이라고 부르는 예수의 다른 기적 사건들과 구별하고 있음을 암시한다. 이런 점에서 복음서 저자는 예수께서 물 위를 걸으신 사건을 앞에서 언급한 다른 표적 사건들과 동일하게 취급하지 않았다. (2)이 기적 사건은 예수께서 제자들을 향한 자신의 초자연적 행위를 제자들에게만 나타낸 사건이다. 이 기적 사건은 다른 사람들이 목격할 수 없었고, 이런 점에서 예수의 제자들을 위한 기적 사건이다. 이 기적 사건을 통해서 예수는 제자들에게 하나님 되심을 직접 목격하도록 보여주신 것이다. 이런 점에서 예수께서 물위를 걸으신 이야기는 기적 사건이지만, 복음서 저자가 표적이라고 부르는 다른 기적 사건들과 함께 동일한 범주에 포함하기 어렵다.[18]

---

17. G.R. Beasley-Murray, *John* (WBC; Nashville: Thomas Nelson, 2nd edn, 1999), pp. 89-90을 보라.

18. 그러나 Dodd는 이 사건을 분명하게 하나의 표적으로 간주하고 다른 표적과 함께 예수

3.2. 디베랴 바다에서 153마리의 물고기를 잡은 사건(요 21:1–14)

요한복음 21:1-14의 이야기는 분명히 예수께서 행하신 기적 사건이다.[19] 그러나 이 기적 사건을 앞에서 언급한 예수의 다른 표적 사건들과 비교해 볼 때 다음과 같은 차이가 발견된다. 첫째, 이 사건은 예수께서 부활하신 이후의 사건으로 분명히 앞에서 열거한 표적 사건과 시간적으로 차이가 있고, 그 의미도 차이가 있는 것처럼 보인다.

둘째, 이 기적 이야기 역시 요한복음 6:16-21에 기록된 기적 사건과 같이 '세메이온'이라는 단어를 전혀 사용하지 않고 사건을 기술하고 있다. 이것은 복음서의 저자가 이 사건 자체를 앞에서 열거한 예수의 표적 사건과 구별하려는 의도가 있음을 시사한다.

셋째, 더욱이 요한복음 21장은 많은 학자들이 요한복음의 본래의 한 부분이 아니라고 주장하며, 여기에 언급된 기적 사건은 앞에서 언급된 표적이라고 부르는 기적 사건들과 차이가 있다고 주장한다.[20] 물론 요한복음 21장이 본래 복음서의 한 부분인지에 대한 논의는 그렇게 간단히 논의할 내용은 아니다.[21] 이미 앞에서 열거한 이유로 디베랴 바다에서 153마리의 물고기를 잡은 기적 사건은 요한복음에 기록된 다른 표적 사건들과 구별하여 취급되어야 하며, 요한복음의 표적 사건에 포함

께서 행하신 요한복음의 일곱 표적으로 간주하고 있다. Dodd, *Interpretation*, pp. 297-389를 보라.

19. D.A. Carson, *The Gospel according to John* (Leicester: Inter-Varsity Press, 1991), pp. 668-75; L. Morris, *The Gospel according to John* (Grand Rapids: Eerdmans, 2nd edn, 1995), pp. 758-66; F.J. Moloney, *The Gospel of John* (Sacra Pagina 4; Collegeville, Liturgical Press, 1998), pp. 548-53을 보라.

20. R. Schnackenburg, *The Gospel according to St John* (3 vols.; Tunbridge Wells: Burns & Oates, 1968-1982), III, pp. 341-74; Carson, *John*, pp. 665-68; Morris, *John*, pp. 757-58; Moloney, *Gospel of John*, pp. 545-47을 보라.

21. Carson, *John*, pp. 665-68; Morris, *John*, pp. 757-58을 보라.

시키지 않아야 할 것이다.

요약하면 요한복음에 기록된 예수의 기적 사건은 모두 여덟 사건으로 (1)물이 변하여 포도주가 된 표적 사건(요 2:1-11), (2)왕의 신하의 아들을 고쳐주신 표적 사건(요 4:46-54), (3)38년 된 병자를 고쳐주신 표적 사건(요 5:1-47), (4)오병이어伍餠二魚의 표적 사건(요 6:1-15), (5)태어나면서 눈먼 사람을 고쳐주신 표적 사건(요 9:1-10:21), (6)죽은 나사로를 다시 살리신 표적 사건(요 11:1-44), (7)예수께서 물위를 걸으신 기적 사건(요 6:16-21), (8)제자들이 물고기 153마리를 잡은 기적 사건(요 21:1-14)이다. 그 중에서 마지막 두 사건은 '세메이온'(표적)이라는 단어를 직접 사용하지 않았기에 요한복음의 표적 사건은 모두 여섯이라고 말할 수 있다.

4. 요한복음의 표적 사건

요한복음에 기록된 여섯 표적 사건을 기록된 순서대로 하나씩 살펴보며, 예수께서 행하신 기적 행위의 목적이 무엇인지를 그의 정체성과 관련하여 간략하게 고찰할 것이다. 그러나 예수의 표적 사건을 분석함에 있어서 그 표적 자체와 관련된 미세한 부분들은 여기서 충분히 다루지 못할 것이다. 왜냐하면, 예수의 표적 사건 전체를 고찰하는 이유가 예수의 정체성을 확인하는 것과 관련되어 있기 때문이다. 그러므로 각각의 표적에 나타나는 여러 가지 자세한 사항들은 이 글에서 생략되어질 것이며 표적 사건을 통하여 저자가 드러내고자하는 예수의 신분과 관련해서만 요약적으로 간단히 살펴볼 것이다.[22] 요한복음에 기록된 예

22. 요한복음의 표적과 관련하여 선지자로서의 예수의 정체성에 대하여 Sukmin Cho, *Jesus as Prophet*, pp. 95-120, 171-229를 참조하라. 요한복음의 표적 연구에 대해서

수의 기적 사건을 복음서 저자가 '세메이온'(표적)으로 표현한 것은 앞에서 이미 논의 한 것과 같이 이 사건을 통해서 예수의 선지자적 정체가 드러나기를 의도했기 때문이며 그 증거는 아래와 같다.

4.1. 물이 변하여 포도주가 된 표적(요 2:1–11)[23]

요한복음에 기록된 물이 변하여 포도주가 된 기적 사건은 구약의 선지자들의 기적 행위와 비교될 수 있다. 첫째, 이 사건은 구약 성경의 엘리사 선지자가 여리고Jericho에서 첫 번째 행한 기적 사건인 오염된 물을 단물로 바꾼 기적 사건과 비교될 수 있다(참조. 왕하 2:19-22). 둘째, 물이 변하여 포도주가 된 사건은 마라Marah에서 모세가 행한 쓴물을 단물로 바꾼 사건과 비교될 수 있다(참조. 출 15:22-27). 구약 성경의 두 기적 사건은 요한복음에서 물이 변하여 포도주가 된 기적 사건처럼 모두 물과 관련되어 있는 것이 특징이다. 셋째, 이 사건은 엘리야 선지자가 시돈Sidon의 사르밧Zarephath에서 기름과 밀가루의 기적(참조. 왕상 17:8-16)을 베푼 사건과 엘리사 선지자가 한 선지자의 과부에게 기름을 풍성하게 베푼 기적 사건(참조. 왕하 4:1-7)과도 어느 정도 관련되어 있는 것처럼 보인다. 왜냐하면 물이 변하여 포도주가 된 기적 사건이 음식과 관련되었기 때문이다.

는 Fortna, *Gospel of Signs*; idem, *Fourth Gospel*; Belle, *Signs Source*; Welck, *Erzählte Zeichen*를 참조하라.

23. Cho, *Jesus as Prophet*, pp. 98-100; 조석민, '요한복음 2:1-12에 기록된 기적 사건의 의미', 『성경과 교회』5 (2007), pp. 153-80을 참조하라.

요한복음 2:1-11	열왕기상 17:8-16	열왕기하 4:1-7
예수의 모친으로 한 여인이 등장함 (3-5절)	시돈의 사르밧 과부가 등장함(9절)	한 선지자의 과부가 등장함(1절)
예수께서 물을 길어 부으라고 명령하심(7-8절)	엘리야가 사르밧 과부에게 음식과 기름을 가져오도록 명령함(13절)	엘리사가 선지자의 과부에게 그릇을 빌려오도록 명령함(3-4절)
돌로 된 물 항아리가 등장 (7-8절)	돌 항아리와 병이 등장 (12-16절)	그릇과 병이 등장(2-6절)
풍성한 포도주 (8-10절)	풍성한 기름과 밀가루 (14-15절)	풍성한 기름(5-6절)

이런 관점에서 요한복음에 기록된 갈릴리 가나에서 물이 변하여 포도주가 된 사건은 당시 유대인들에게 구약 성경의 엘리야와 엘리사 선지자 및 모세를 회상하게 하기에 충분한 사건이라고 말할 수 있다. 예수께서 물이 변하여 포도주가 되게 하신 사건을 통해서 예수 주변의 유대인들은 즉시 예수를 선지자로 이해하는데 별 어려움이 없었을 것이 분명하다. 이미 유대인들에게 메시야 대망 사상은 팽배해 있었고, 이런 상황을 요한복음 1:19-28에서 반증해 주기 때문이다. 유대인들은 세례자 요한의 정체를 확인하면서 '네가 그리스도인가?', '네가 엘리야인가?' '네가 그 선지자인가?'라고 질문했는데, 이것은 당시 유대인들 가운데 팽배한 여러 가지 메시야 사상을 암시하는 것이다. 결국 물이 변하여 포도주가 된 기적 사건은 예수를 엘리야, 엘리사, 또는 모세와 같은 선지자로 이해하도록 만든 것이며, 요한복음의 저자는 이 기적 사건을 이런 점에서 '세메이온'(표적)이라고 부른 것이다.

4.2. 왕의 신하의 아들을 고쳐주신 표적(요 4:46-54)[24]

요한복음 4:46-54에 기록된 유사한 기적 사건이 공관복음에도 등장한다(참조. 마 8:5-13; 눅 7:1-10). 그러나 공관복음의 사건은 요한복음의 이야기와 비슷하지만 서로 전혀 다른 사건으로 보인다. 요한복음에 기록된 이 기적 사건은 엘리야 선지자가 사르밧 과부의 아들을 살려낸 기적을 회상하게 한다(참조. 왕상 17:17-24). 또한 이 기적 사건은 엘리사 선지자가 수넴 여인의 아들을 살려낸 기적 사건을 회상시키기에 충분하다(참조. 왕하 4:8-37).

요한복음 4:46-54	열왕기상 17:17-24	열왕기하 4:8-37
왕의 신하의 아들	사르밧 과부의 아들	수넴 여인의 아들
왕의 신하의 아들이 죽음에 이르도록 앓고 있음(47절)	사르밧 과부의 아들이 병들고 결국 죽음(17절)	수넴 여인의 아들이 죽음(18-30절)
왕의 신하가 예수께 요청함(49절)	사르밧 과부가 엘리야에게 아들의 죽음으로 분냄(18절)	수넴 여인이 엘리사에게 아들을 살려달라고 함(27-31절)
예수께서 왕의 신하의 아들을 살려내고, 왕의 신하의 가족이 믿음(50-53절)	엘리야가 사르밧 과부의 아들을 살려내고 엘리야에게 하나님의 사람이라고 고백함(19-24절)	엘리사가 수넴 여인의 아들을 살려냄(33-37절)

이 표적 사건은 예수를 엘리야 또는 엘리사와 같은 선지자로 이해하도록 하는 기능을 갖고 있음을 암시한다. 유대인들에게 엘리야와 엘리사는 기적을 행한 구약의 선지자들 가운데 가장 인상적으로 그들의 기억 속에 남아있는 선지자들이다. 특히 엘리야 선지자는 죽지 않고 산채로 하늘로 올라갔다는 기록과 함께 유대인들 가운데 아직도 그 엘리야의 나타남을 기대하고 있기 때문이다(참조. 말 4:5; 마 11:14; 17:10-11;

24. Cho, *Jesus as Prophet*, pp. 100-103을 참조하라.

막 9:11; 눅 9:8, 19; 요 1:21, 25). 왕의 신하는 자신의 아들이 죽지 않고 살아난 것에 대하여 그 나은 시간을 확인하면서 예수를 능력을 행하는 선지자 중의 하나로 분명히 이해한 것을 알 수 있다. 이런 점에서 예수께서 갈릴리 가나에서 왕의 신하의 아들을 고쳐주신 표적 사건은 유대인들에게 예수를 선지자로 이해하도록 하는 표적임을 짐작할 수 있다.

4.3. 38년 된 병자를 고쳐주신 표적(요 5:1-47)[25]

요한복음에서 예수께서 38년 된 병자를 고친 사건과 유사한 사건은 공관복음에도 소개되고 있다(참조. 막 2:1-12; 마 9:1-8; 눅 5:17-26). 그러나 공관복음의 기적 사건은 요한복음과 유사하지만 전혀 다른 사건이다. 요한복음에 기록된 이 기적 사건을 통해서 첫째, 예수의 초능력이 입증되었다. 왜냐하면 예수는 이 환자의 병이 38년이나 된 오래된 병임을 이미 아셨기 때문이다(5-6절; 참조. 요 1:47-48; 4:18). 예수의 이런 초자연적 능력은 구약의 선지자들에게서 자주 발견된다. 다시 말하면, 구약의 엘리사(참조. 왕하 2:3-6; 4:27; 5:25-27), 이사야(참조. 사 40:1-55:13), 아모스(참조. 암 9:1-15) 선지자들에게서 이런 초자연적 능력이 발견된다. 둘째, 예수께서 38년 된 병자를 고치셨을 때 그의 권위있는 말씀 한 마디로 고치셨다(8절). 이것은 앞에서 언급한 갈릴리 가나의 두 표적 사건(참조. 요 2:1-11; 4:46-54)과 관련해서 생각할 때 매우 독특한 사건으로 예수의 권위가 실제적으로 드러난 사건이다. 38년 된 병자를 말씀으로 고쳐주신 예수의 권위는 구약의 선지자들이 하나님의 말씀의 권위를 드러낸 것과 비교된다. 예수께서 말씀의 권위를 통해서 38년된 병자를 고쳐주신 기적 사건은 이와 유사한 일을 행한 구

25. Cho, *Jesus as Prophet*, pp. 103-106을 참조하라.

약 선지자들을 회상하게 한다. 비록 38년 병자가 예수의 권위 있는 말씀을 통하여 기적적으로 치료되었을 때, 예수를 선지자로 분명하게 호칭하지 않았지만 구약의 선지자들과 비교하여 예수의 신분을 생각했을 가능성은 매우 높다.

4.4. 오병이어(五餠二魚)의 표적(요 6:1–15)[26]

요한복음에 기록된 오병이어의 기적은 공관복음에도 모두 나타나는 유일한 사건이다(참조. 마 14:13-21; 막 6:32-44; 눅 9:10b-17). 요한복음에 기록된 오병이어의 기적 사건에서 첫째, 3절에 언급된 예수께서 올라가신 산을 언급하면서 '그 산'(τὸ ὄρος, '토 호로스')이라고 표현하며 헬라어 관사를 사용한 것은 모세가 율법을 받을 때 올라갔던 산을 회상시키기에 충분하다(참조. 출 19:20; 14:1-2; 사 34:2-4). 복음서의 저자는 단순하게 '산'이라고 말할 수 있음에도 불구하고 공관복음과는 다르게 '그 산'이라고 표현하고 있기 때문이다.

둘째, 4절에서 유대인의 명절인 '유월절'을 언급한 것은 예수께서 모세와 같은 종말론적 선지자the Mosaic eschatological prophet의 신분임을 암시하려는 의도로 보인다. 동일한 기적 사건에 대하여 언급하면서 공관복음은 시간의 언급이 구체적으로 나타나지 않는다(참조. 마 14:15; 막 6:35; 눅 9:12). 이런 점에서 복음서의 저자는 의도적으로 '유월절'을 언급한 것이라고 생각된다. 그 이유는 이 사건을 통해서 예수의 신분을 모세와 같은 선지자로 보이려는 의도가 있었기 때문이다.

셋째, 요한복음의 오병이어 기적은 아래의 도표에서 볼 수 있듯이 열

---

26. Cho, *Jesus as Prophet*, pp. 212-20; 조석민, '요한복음에 기록된 오병이어 표적 사건의 의미', 류호준 편집,「하나님 나라를 위한 성경신학: 황창기박사 정년 퇴임 기념논문집」(서울: 선학사, 2007), pp. 71-90을 참조하라.

왕기하 4:42-44에 기록된 선지자 엘리사의 기적과 매우 흡사한 부분이 많다. 두 기적 사건은 양이 적은 음식이지만 많은 사람들이 배부르게 먹고도 많이 남았다는 점에서 유사성이 있다. 두 기적 사건에서 모두 보리떡이 사용된 점은 두 기적 사건을 연결하고 있다.

요한복음 6:1-15	열왕기하 4:42-44
풍성한 음식의 기적을 위한 재료: 보리떡 5개와 물고기 2 마리를 한 소년으로부터 제공 받음 (9절)	풍성한 음식의 기적을 위한 재료: 20개의 보리떡과 자루에 담은 채소를 바알살리사(Baal-shalishah)에서 온 사람으로부터 제공 받음(42절)
5,000명이 배부르게 먹음(10절)	100명이 먹음(43-44절)
먹고 남은 음식이 12 광주리가 됨(13절)	먹고 남은 음식이 있음(43-44절)

넷째, 요한복음은 예수께서 베풀어주신 기적의 떡과 생선을 먹은 많은 사람들이 아무런 망설임 없이 곧 바로 예수를 '참으로 세상에 오실 그 선지자'(ἀληθῶς ὁ προφήτης ὁ ἐρχόμενος εἰς τὸν κόσμον, '알레또스 호 프로페테스 호 엘코메노스 에이스 톤 코스몬')라고 인식하고, 그를 '그 선지자'라고 불렀다. 기적의 떡과 물고기를 먹은 백성들이 예수를 '그 선지자'로 분명하게 호칭한 것은 그들이 신명기 18:15-18에서 언급한 '모세와 같은 선지자'의 약속을 기억하고 있었다는 증거이다. 이것은 가장 명시적으로 요한복음 안에서 많은 사람들이 예수를 선지자 가운데 한 사람으로 이미 인식하고 있었다는 객관적 증거이다. 다시 말하면, 이것은 오병이어라는 기적 사건을 통해서 일순간에 예수를 '그 선지자'로 호칭한 것이 아니라, 그 동안 예수의 표적을 통해서 그의 신분이 혹시 '선지자'가 아닐까라는 의구심과 함께 미궁 속에 빠져 있다가 마침내 이 사건을 통해서 발화되었다고 말할 수 있기 때문이다.

4.5. 태어나면서 눈먼 사람을 고쳐주신 표적(요 9:1–10:21)[27]

태어나면서 눈먼 사람을 고쳐주신 기적 사건에서 예수는 선지자로 부각되고 있다. 그 이유는 첫째, 태어나면서 눈먼 사람이 눈을 떠서 볼 수 있게 된 이후에 예수를 분명하게 선지자로 인식하고 호칭하기 때문이다(참조. 요 9:17). 지금까지 창세 이후로 사람의 눈을 뜨게 한 사람이 없었는데, 예수께서 나면서 눈먼 사람의 눈을 뜨게 해주었기에 이 사람은 그를 위대한 선지자로 인식한 것이다. 둘째, 예수께서 태어나면서 눈먼 사람을 고치실 때 31절("하나님이 죄인의 말을 듣지 아니하시고 경건하여 그의 뜻대로 행하는 자의 말은 들으시는 줄을 우리가 아나이다.")에서 중보기도intercessory prayer를 드렸음이 암시되고 있다.[28] 이것은 예수께서 이 기적 사건과 관련해서 구약의 선지자처럼 중보 기도를 드린 것으로 이해될 수 있기에 그의 선지자 신분을 암시한다. 셋째, 요한복음 9:35에서 예수께서 사용하신 '인자'the Son of Man란 용어는 다니엘 선지자의 배경 보다는 에스겔 선지자가 사용한 '사람의 아들'과 관련되어 있는 것처럼 보이기 때문이다.[29] 넷째, 선한 목자의 비유(참조. 요 10:1-18)는 9장의 사건과 긴밀하게 연결되어 있는데(참조. 요 10:20-21), 이 비유를 통해서 예수는 구약의 선지자들처럼 바리새인들을 경고하고 있기에 예수의 선지자 신분을 암시하고 있다. 목자의 비유에 나타난 예수의 경고(요 10:1-2, 8, 10)는 구약 선지자의 경고와 비슷하고, 예수께서 사용하신 이중 아멘Double Amen은 선지자의 말씀 형태prophetic speech mode처럼 보이기 때문이다. 더욱이 선한 목자의 죽음은 구약 성경의 거

27. Cho, *Jesus as Prophet*, pp. 187-202를 참조하라.

28. Cho, *Jesus as Prophet*, pp. 194-95.

29. R. Rhea, *The Johannine Son of Man* (ATANT 76; Zürich: Theologischer Verlag, 1990), pp. 43-48, 55-57; Cho, *Jesus as Prophet*, pp. 196-98를 참조하라.

부된 선지자 전통the rejected-prophet tradition을 암시하고 있는 것처럼 보이기 때문이다.[30]

4.6. 죽은 나사로를 다시 살리신 표적(요 11:1–44)[31]

요한복음의 기적 사건 가운데 절정을 이루고 있는 표적은 나사로의 사건이다. 이 기적 사건은 앞에서 언급한 엘리야가 사르밧 과부의 아들을 살려낸 것과 유사한 성격이 있다(참조. 왕상 17:17-24). 또한 선지자 엘리사가 수넴 여인의 아들을 살려낸 사건과 비슷한 내용이다(참조. 왕하 4:8-37).

요한복음 11:1–44	열왕기상 17:17–24	열왕기하 4:8–37
베다니에 거주하는 한 가족의 일원인 나사로가 죽음	사르밧에 거주 하는 한 과부의 가족으로, 그 아들이 죽음	수넴에 거주하는 수넴 여인의 한 가족인 그 아들이 죽음
예수가 기적을 행함	선지자 엘리야가 기적을 행함	선지자 엘리사가 기적을 행함
예수께서 하나님께 기도함(41-42절)	엘리야 선지자가 하나님께 기도함(20-21절)	엘리사 선지자가 주게 기도함(33절)
나사로가 살아남(43-44절)	과부의 아들이 살아남(22-23절)	수넴 여인의 아들이 살아남(34-35절)

죽었던 나사로가 다시 살아난 사건을 통해서 유대인들은 예수의 정체를 그들이 알고 있는 기적을 행하는 선지자로 이해하기에 조금도 부족함이 없었다. 죽었던 나사로가 다시 살아난 것을 목격한 많은 유대인들은 예수를 구약의 위대한 선지자 가운데 한 사람이라고 생각하기에 충분했다. 그 결과 예수께서 죽은 나사로를 다시 살리신 기적 사건을

30. Cho, *Jesus as Prophet*, pp. 159-64를 보라.

31. Cho, *Jesus as Prophet*, pp. 106-111을 보라.

본 많은 유대인이 그를 기적을 행하는 선지자처럼 믿고 따르게 되었다 (참조. 요 11:45).

요약하면, 요한복음의 여섯 표적 사건들은 모두 예수의 선지자적 정체성과 관련이 있다. 이것은 예수의 표적 사건들이 모두 예수의 선지자적 신분을 드러내기 위하여 사용되었기 때문이다. 이것을 단적으로 보여주는 것이 요한복음 저자의 기적 사건에 대한 해석으로 저자는 예수의 기적 사건을 단순히 '기적'이라고 말하지 않고 '세메이온'(표적)이라는 독특한 표현을 사용한 것이다. 요한복음의 여섯 표적들이 암시하고 있는 예수의 신분은 구약의 선지자와 같은 '선지자'이다. 그러나 복음서의 저자는 예수가 구약의 선지자 가운데 한 사람 정도가 아니라, 선지자 가운데 마지막에 오실 메시야와 같은 종말론적 선지자The final eschatological prophet, 다시 말하면 하나님의 아들, 메시야로 이 땅에 오셨음을 강조하는 것이다. 결국 요한복음에 기록된 예수의 기적 사건은 '표적'으로 구약의 선지자들을 회상하도록 했고, 선지자로서의 예수를 인식하도록 했으며, 군중들은 그를 선지자로 인식하여 때로는 명시적으로 '선지자'로 호칭했다.

요약하면, 요한복음의 저자가 예수께서 행하신 기적 사건을 '표적'으로 말하고 있는 것은 선지자로서의 예수의 신분을 묘사하기 위한 요한의 의도라고 생각된다. 첫째, 여섯 개의 기적 사건을 요한은 독특한 헬라어 단어인 '세메이온'을 사용해서 호칭하고 있는데, 이것은 요한복음에 기록된 기적 사건이 예수와 관련하여 그의 선지자적 신분을 암시적으로 보여주고 있다. 둘째, 여섯 개의 기적 속에서 예수는 모세와 같은 선지자로, 때로는 엘리야와 같은 선지자로, 또는 엘리사와 같은 선지자로 묘사되고 있다. 셋째, 예수께서 베푸신 오병이어의 기적에서는 기적의 떡과 생선을 먹은 많은 사람들이 예수를 '참으로 세상에 오실 그 선지자'(요 6:15)로 인식하고 있다. 또한 태어나면서 눈먼 사람의 눈을 예수께서 기적적으로 눈뜨게 하셨을 때, 그 사람은 예수를 '선지자'(요 9:17)로 호칭하였다. 그러므로 요한복음에서 저자는 예수의 표적 사건을 통해서 암시적으로 예수를 선지자로 인식하도록 의도하였다고 볼 수 있고, 또는 명시적으로 예수에 대하여 '선지자'라는 호칭을 사용한 사실을 통하여 선지자로서의 예수의 모습으로 그려내고 있다고 할 수 있다.

5. 선지자로서 예수의 역할

요한복음에서 선지자로서의 예수의 역할은 무엇인가? 요한복음에서 예수를 구약의 선지자처럼 보이도록 묘사한 이유는 첫째, 요한복음을 통하여 예수를 하나님의 아들 그리스도로 인식하고 고백하도록 하기 위한 교량적 역할을 위한 기독론의 교육적 기능Didatic Christological Role이 있다고 이해할 수 있다. 즉, 유대인들이 예수를 하나님의 아들, 그리스도, 메시야로 이해하기에는 너무도 큰 간격이 있기에 예수의 정체를 이해하기 위한 어떤 중간 단계로서 유대인들에게 친숙한 선지자 개념과 직분을 통하여 예수를 하나님의 아들 그리스도로 인식하도록 하려는 의도가 있었던 것으로 생각되기 때문이다.

둘째, 요한복음에 나타난 기독론에서 기독론적 균형을 이루기 위한 목적으로 선지자로서의 예수의 모습을 소개하고 있다고 말할 수 있다. 요한복음은 복음서의 시작부터 로고스 기독론으로 시작하고 있기 때문에 예수를 하나님으로 인식하도록 하는 고기독론High-Christology의 역할만 편중偏重될 수 있다. 이런 상황에서 요한복음의 기독론 인식에 있어서 균형을 유지하기 위하여 선지자 기독론Prophet Christology을 의도적으로 발전 시켰다고 이해할 수 있다. 이런 점에서 선지자 기독론은

변증적 기능Apologetic Christological role이 있다고 할 수 있을 것이다. 선지자 기독론은 저기독론Low-Christology에 해당하는데, 고기독론High-Christology과 관련하여 기독론적 균형을 이룰 수 있고, 영지주의의 영향으로 인한 가현 기독론Docetic Christology의 영향을 줄일 수 있는 효과가 있다.[32]

6. 결론

요한복음에 기록된 예수의 기적 사건은 모두 여덟이지만, 그 중 표적 사건은 (1)물이 변하여 포도주가 된 표적 사건(요 2:1-11), (2)왕의 신하의 아들을 고쳐주신 표적 사건(요 4:46-54), (3)38년 된 병자를 고쳐주신 표적 사건(요 5:1-47), (4)오병이어伍餠二魚의 표적 사건(요 6:1-15), (5)태어나면서 눈먼 사람을 고쳐주신 표적 사건(요 9:1-10:21), (6)죽은 나사로를 다시 살리신 표적 사건(요 11:1-44)으로 모두 여섯 이다. 이 여섯 표적 사건은 복음서의 저자가 '세메이온'(표적)이라는 단어를 사용하여 표적이라고 분명히 명시하고 있다.

요한복음의 여섯 표적 사건은 예수의 선지자적 신분을 나타내 보이고자하는 저자의 의도가 있음을 확인하였다. 요한은 예수의 기적 사건을 독특하게 '표적'이라고 호칭하였다. 여섯 표적 사건은 예수가 선지자로서의 모습을 지니고 있음을 직간접적으로 암시하고 있다. 여섯 표적 중에서 두 표적 사건, 오병이어伍餠二魚의 표적 사건(참조. 요 6:1-15)과 태어나면서 눈먼 사람을 고쳐주신 표적 사건(참조. 요 9:1-10:21)에서 예수를 '선지자'로 직접 호칭하고 있다. 이것은 저자가 예수의 신분

32. Cho, *Jesus as Prophet*, pp. 272-84를 참조하라.

을 구약의 선지자와 같은 선지자로 인식하도록 하려는 의도가 있음을 알 수 있다.

요한복음에서 선지자로서의 예수의 모습은 요한의 기독론에서 균형을 이루기 위한 기능을 하며, 유대인들에게 예수가 하나님의 아들, 그리스도이심을 깨닫게 하는 교육적 기능을 한다. 선지자 기독론Prophet Christology을 통하여 요한은 요한복음 안에서 가현 기독록Docetic Christology의 부정적 영향을 불식시키고, 요한복음 전체에서 예수를 하나님의 아들, 그리스도로 소개하며, 구약에 예언된 마지막 선지자(참조. 신 18:15-18), 곧 메시야로 묘사하려는 것임을 알 수 있다.

제 5 장

요한복음의 첫째 표적

A New Perspective on John's Gospel

● 제 5 장 ●

요한복음의 첫째 표적[1]

1. 서론

요한복음 2:1-12에 기록된 예수의 첫 번째 기적 사건의 의미는 요한복음에 나타나는 다른 기적 사건들을 이해하는데 중요한 열쇠의 역할을 할 수 있을 것으로 생각된다. 예수께서 갈릴리 가나에서 물이 변하여 포도주가 되게 하신 첫 번째 기적 사건의 의미는 무엇인가? 이 질문에 설득력 있는 대답을 제시하기 위하여 첫째, 요한복음 2:1-12을 번역할 것이며, 번역과 관련하여 필요한 경우 본문 비평에 관하여 간략하게 언급하고, 다른 번역본들의 번역을 참조할 것이다.[2] 둘째, 본문 석의를 위하여 먼저 본문의 전후 문맥文脈과 구조를 살펴볼 것이다. 셋째, 요한복음에 기록된 예수의 첫 번째 기적 사건의 의미를 고찰하기 위하여 본문을 석의할 것이다. 마지막으로 본문 석의와 요한복음 전체의 구조와 신학의 토대 위에서 요한복음에 기록된 갈릴리 가나에서 예수의 첫 번

1. 이 글은 '요한복음 2:1-12에 기록된 기적 사건의 의미'라는 제목으로 『성경과 교회』 5권 1호 (2007), pp. 153-80에 게재된 것을 기초로 하여 내용을 대폭 수정한 것이다.

2. 본문 번역은 직역을 하되 한글 어법에 맞게 번역하며, 본문의 의미를 보다 명확히 할 필요가 있어서 의미상의 번역을 추가할 경우 꺽쇠 괄호 '[ ]'를 사용한다. 다른 번역본들의 참조에서 한글 번역본은 개역판, 개역개정판, 새 번역판으로, 그리고 영어 번역본은 King James Version (KJV), New International Version (NIV), New Revised Standard Version (NRSV), New Jerusalem Bible (NJB)로 제한한다.

째 기적 사건의 의미를 고찰할 것이다.[3]

2. 요한복음 2:1-12의 번역

1 그리고 셋째 날에 갈릴리 가나에 결혼 잔치가 있었다. 그리고 그곳에 예수
의 어머니도 있었다. 2 그러나 예수와 그 제자들도 그 결혼 잔치에 초청을 받
았다.[4] 3 그리고 포도주가 떨어졌을 때,[5] 예수의 어머니가 그[예수]에게 말했
다.
"그들에게 포도주가 없다."

4 그리고 예수가 여자에게 말했다.

---

3. 요한복음 전체의 구조와 신학에 대한 자세한 논의는 지면 관계상 이 글에서 생략하며, 이것을 위하여 다음을 참조하라. Sukmin Cho, *Jesus as Prophet in the Fourth Gospel* (NTM 15: Sheffield: Sheffield Phoenix Press, 2006), pp. 9-33; D.M. Smith, *The Theology of the Gospel of John* (NTT; Cambridge: Cambridge University Press, 1995); S.S. Smalley, *John: Evangelist and Interpreter* (Carlisle: Paternoster Press, 2nd edn, 1998), pp. 141-57.

4. 본문 2절에서 '그러나 … 도'는 헬라어 δὲ καί를 번역한 것이다.

5. 3절의 "포도주가 떨어졌을 때"(ὑστερήσαντος οἴνου)는 몇몇 증거들(α; ιτά β φφ2 ς ρ σψρημγ ϵτη)에서 "혼인잔치의 포도주가 떨어져 저희에게 포도주가 없는지라; 그러자 … "(οἶνον οὐκ ϵἶχον ὅτι συνϵτϵλέσθη ὁ οἶνος τοῦ γάμου· ϵἶτα)로 수정되었다. 두 개의 구 라틴어 증거(ιτϵ 1)에서는 그 상황을 "초대받은 사람들의 큰 무리로 인하여 포도주가 떨어지는 일이 벌어졌다."(et factum est per multam turbam vocitorum vinum consummari)고 묘사한다. 영어 번역본 중에서 NJB는 수정된 본문을 선택하여 'And they ran out of wine, <u>since the wine provided for the feast had all been used</u>, and the mother of Jesus said to him, "they have no wine."'으로 번역하였다. 그러나 현재 헬라어 성경(NA 27th ed..과 UBS 4th ed.) 본문에 채택된 짧은 문장은 앞에서 언급되지 않은 모든 번역본의 증거를 받을 뿐만 아니라, P66, 75 aa와 지금까지 알려진 모든 대문자와 소문자 사본의 지지를 받는다. B.M. Metzger, *A Textual Commentary on the Greek New Testament* (Stuttgart: Deutsche Bibelgesellschaft, 2nd edn, 1994), pp. 172-73; G.R. Beasley-Murray, *John* (WBC; Nashville: Thomas Nelson, 2nd edn, 1999), p. 32를 보라.

"여자여, 나와 당신에게 [이 일이] 무슨 상관이 있는가?[6] 내 때는 아직 오지
않았다."[7]

5 그의 어머니가 돕는 자들[8]에게 말했다.
"그가 너희에게 무슨 말을 하든지 행하라."

6 그리고 그곳에 유대인의 정결 예식을 위하여 [물] 두 세통을 담을 수 있는
돌로 만든 물항아리 여섯이 있었다.[9] 7 예수께서 그들에게 말씀하셨다.
"그 물항아리에 물을 채우라."

그래서 그들이 아귀까지 채웠다. 8 그리고 그[예수]가 그들에게 말했다.
"지금 물을 떠서 그 결혼 잔치 주인[10]에게 갖다 주어라."
그래서 그들이 갖다 주었다. 9 그래서 그 결혼 잔치 주인은 포도주가 된 그

---

6. 예수의 대답은 τί ἐμοὶ καὶ σοί를 번역한 것이다. 한글 개역 개정판은 "나와 무슨 상관이 있나이까"로, 새 번역판은 "그것이 나와 당신에게 무슨 상관이 있습니까?"로 원문에 없는 '그것이'란 의미를 추가하여 번역하였다. 영어 번역본들은 다음과 같이 번역했다. NRSV: 'What concern is that to you and to me?, NIV: Why do you involve me? KJV: What have I to do with thee? 동일한 표현이 사용된 막 5:7과 눅 8:28를 참조하라.
7. Beasley-Murray, *John*, p. 32 참조하라.
8. 한글 개역 개정판에 '하인'으로 번역된 헬라어는 διάκονος로 '종(servant), 도우미(helper), 사역자(minister), 집사(deacon)'의 의미가 있다. BDAG, pp. 230-31을 참조하라.
9. 6절의 '돌로 만든 물항아리'는 li,qinai u`dri,ai를 번역한 것으로 복수 조사('들')를 생략한 것은 복수의 의미가 '여섯'에 포함되어 있기 때문이다. 한글 번역본 중에서 개역 개정판은 '돌 항아리'로, 새 번역판은 필자와 동일하게 '돌로 만든 물항아리'로 번역하였다. 영어 번역본 중에서 KJV는 'waterpots of stone'으로, NRSV는 'stone water jars'로 번역하였다.
10. '결혼 잔치 주인'으로 번역한 헬라어 단어는 ἀρχιτρίκλινος로 한글 개역 개정판은 '연회장'으로, 새 번역판은 '잔치를 맡은 이'로, KJV은 'the governor of the feast'로, NRSV는 'the steward'로 번역하였다. 헬라어 단어 ἀρχιτρίκλινος는 'head steward, head waiter, butler'로, 주인을 위하여 잔치를 책임진 사람을 의미한다. BDAG, p. 139를 참조하라.

물을 맛보았다. 그러나 그[결혼 잔치 주인]는 어디서 났는지 알지 못하였으나 물을 떠다 준 그 돕는 자들은 알았다. 그 결혼 잔치 주인이 신랑을 불렀다.
10 그리고 그[결혼 잔치 주인]는 그들에게 말했다.
"모든 사람들이 처음에 좋은 포도주를 내놓는다. 그리고 사람들이 취한 후에 낮은 것을 내놓는다. 당신은 지금까지 좋은 포도주를 간직해 두었다."

11 이것은 예수께서 갈릴리 가나에서 행하신 표적들 가운데 첫 표적이며, 그
[예수]가 그의 영광을 나타내셨고, 그의 제자들이 그를 믿었다.
12 그 후에 예수께서 그 어머니와 형제들과 제자들과 함께 가버나움으로 내려가셨고 그곳에 여러 날 머물지는 않았다.

3. 요한복음 2:1-12의 문맥과 구조

3.1. 요한복음 1:19-51과 2:1-12과의 관계

요한복음 2:1-12의 석의에 앞서 이 단락의 문맥과 구조를 이해하는 것이 본문 해석을 위하여 매우 중요하다. 요한복음 2:1-12은 앞 단락인 요한복음 1:19-51과 어떤 연결 고리가 있는가? 아니면 독립된 단락인가? 이 질문에 대하여 서로 대조되는 두 가지 견해를 간략하게 살펴보고 각각의 주장을 비평적으로 검토하면서 대안적 해답을 제시할 것이다.

첫째, 비슬리-머레이G.R. Beasley-Murray는 요한복음 1:19-51과 2:1-12 사이에 연결 고리가 있음을 어느 정도 인식하고 있다. 그는 그 연결 고리를 요한복음 2:1의 '셋째 날'에서 찾았다. 비슬리-머레이는 '셋째 날'이 요한복음 1:19-51에 등장하는 '날'과 관련 것으로 이해하고 빌립과

나다나엘을 부른 날을 계산하여 요한복음 2:1에서 '셋째 날'로 표현한 것으로 이해하면서 앞 단락과 연결 고리로 제시한다. 또한 예수께서 요한복음 1:51에서 '진실로 진실로 너희에게 이르노니 하늘이 열리고 하나님의 사자들이 인자 위에 오르락 내리락 하는 것을 보리라'고 나다나엘을 향하여 말씀하신 약속은 요한복음 2:1-12의 물이 포도주가 된 기적 사건에서 성취된 것이라고 이해한다.[11] 비슬리-머레이의 주장에서 요한복음 2:1의 '셋째 날'은 빌립과 나다나엘을 부른 날을 계산하여 언급한 것인지에 대해서는 논란의 여지가 많다.[12] 또한 예수의 첫 번째 기적 사건은 요한복음 1:51에서 언급한 예수의 약속이 성취된 것이 아니라, 나다나엘의 신앙 고백 후에 곧 바로 그에게 말씀하신 요한복음 1:50의 '내가 너를 무화과나무 아래에서 보았다 하므로 믿느냐 이 보다 더 큰 일을 보리라'고 말씀하신 예언의 성취로 이해하는 것이 적절하다.

둘째, 몰로니F.J. Moloney는 비슬리-머레이의 견해와는 다르게 요한복음 2:1-12과 요한복음 1:19-51과 연결 고리가 없다고 주장한다. 그 이유는 요한복음 2:1의 '셋째 날'이 앞 단락인 요한복음 1:19-51에 계속 언급된 '날들'(29, 35, 43절)의 주제에 대한 종결을 암시하고, 요한복음 2:1의 '갈릴리'라는 장소는 새로운 단락의 시작을 알리는 것이라고 주장한다.[13] 그러나 요한복음 2:1의 '셋째 날'의 언급은 요한복음 1:43의 '이튿날'과 연결을 의도적으로 암시하는 것처럼 보인다. 왜냐하면 앞 단락에서 '이튿날'을 언급한 이후에 예수께서 빌립을 만나시고, 이어서 나다나엘과 대화 속에서 다른 날들에 대한 정보가 제시되지 않고 요한복음 2:1에서 '셋째 날'을 말하고 있기 때문이다. 또한 요한복음 2:1의 '갈릴리'라는 장소는 오히려 두 단락을 연결하는 중요한 역할을 한다.

---

11. Beasley-Murray, *John*, p. 31.

12. '셋째 날'에 대해서는 1절 석의에서 자세히 다룰 것이다.

13. F.J. Moloney, *The Gospel of John* (SPS 4; Collegeville: Liturgical Press, 1998), p. 63.

왜냐하면 요한복음 1:43에서 예수께서 갈릴리로 나가려 하시다가 빌립을 만나서 그를 부르셨고, 그 이후에 나다나엘을 부르신 후, 요한복음 2:1에 의하면 예수는 결국 처음 의도한대로 지금 갈릴리 가나에 계시기 때문이다.

요약하면, 요한복음 2:1-12은 1:19-51과 밀접하게 연결되어 있음을 알 수 있다.[14] 요한복음 1:47-49에서 나다나엘은 예수께서 자신을 이미 알고 계셨고, 더욱이 빌립이 나다나엘을 부르기 전에 예수께서 자신이 무화과나무 아래에 있을 때에 보았다는 대답을 듣고, 예수의 초자연적 능력에 놀라서 예수에 대한 신앙고백을 한다. 이 신앙고백을 한 나다나엘에게 '이 보다 더 큰 일을 보리라'고 예언하신 것이다. 예수께서 나다나엘에게 예언하신 '그 큰 일'은 직접적으로는 갈릴리 가나의 결혼잔치에서 물이 포도주가 되는 기적 사건을 일으키시고 영광을 받으실 일을 암시하며, 간접적으로는 십자가 사건을 통해서 영광을 받으실 것을 암시한다.[15] 이런 점에서 요한복음 2:1-12은 바로 앞 단락인 나다나엘을 제자로 부르신 사건과 밀접하게 연결되어 있으며, 특히 요한복음 1:43과 2:1의 갈릴리라는 장소와 요한복음 1:50에 언급된 예수의 예언의 성취라는 점에서 하나의 독립된 단락이라기보다는 요한복음 1:19-51과 서로 긴밀히 연결되어 있다고 할 수 있다. 그렇지만 예수의 첫 번째 기적 사건의 시작이라는 점과 이 사건이 갈릴리 가나라는 장소에서

14. 요 1:19-51과 2:1-12이 연결 고리가 있다고 주장하는 점에서 필자와 유사한 견해이지만, 요 1:19-2:11을 시내산 사건의 유대적 해석(출 19-24장)이란 시각으로 이해한 색다른 주장에 관하여 B. Olsson, *Structure and Meaning in the Fourth Gospel: A Text-Linguistic Analysis of John 2:1-11 and 4:1-42* (trans. J. Gray; CBNTS 6; Uppsala, Sweden: CWK Gleerup Lund, 1974), pp. 102-109를 참조하라.

15. 필자와 유사한 견해를 R.E. Brown, *The Gospel according to John* (2 vols.; New York: Doubleday, 1966-70), I, p. 88; 최홍진, 「요한복음」(서울: 한국장로교출판사, 2006), p. 95; 김동수, 「요한신학 렌즈로 본 요한복음」(서울: 솔로몬, 2006), p. 63에서 볼 수 있다. 그러나 김동수는 '더 큰 일'을 예수의 신적 본질에 무게를 두어 요 1:51에 언급된 예수의 자기 계시가 '큰 일'이라고 암시하고 있는 점에서 차이가 있다.

발생했다는 점에서 새로운 단락의 시작으로 이해할 수 있다. 특히 요한복음 4:46-54에 기록된 갈릴리 가나에서 발생한 예수의 두 번째 기적 사건을 함께 고려할 때, 요한복음 1:19-51과의 연결 고리가 있어서 예수의 첫 번째 기적 사건을 이해하는 데 매우 중요하지만, 요한복음 2:1-12을 새로운 단락의 시작으로 '가나에서 가나'라는 큰 구조 속에서 이해할 필요도 있다.

3.2. 요한복음 2:1-12의 구조

본문 석의에 앞서 요한복음 2:1-12의 전체 문학 구조를 보다 넓은 문맥 구조 속에서 이해할 필요가 있다. 요한복음 2:1-12은 요한복음 2:1-4:54이라는 보다 넓은 문학구조의 한 단위로 이해할 수 있다.[16] 본문은 요한복음 2:1-4:54의 전체 구조 속에 제일 첫 단락을 구성한다. 전체의 구조는 예수의 첫 번째 표적(2:1-11)과 두 번째 표적(4:46-54)을 통해서 인클루지오inclusio를 구성하면서 다음과 같이 교차대칭 구조chiastic structure의 모습을 보여준다.

(A) 요 2:1-12　갈릴리 가나의 첫째 표적

　　(B) 요 2:13-25　예수의 성전 사건

16. R.D. Witherup, 'The Wedding at Cana', *BT* 44 (2006), pp. 145-50; Moloney, *John*, pp. 63-64. Moloney와는 달리 Beasley-Murray는 요 2:1-4:42까지를 한 단위로 묶어서 '예수 안에 있는 새로운 질서의 계시'(The Revelation of the New Order in Jesus)라는 주제로 이해하고, 요 4:43-5:47을 또 다른 단위로 묶어서 '예수, 생명과 심판의 중재자'(Jesus the Mediator of Life and Judgment)라는 주제로 이해한다(Beasley-Murray, John, pp. 31-81). 구조와 관련해서 요 1:19-2:12을 한 단위로 이해하기도 한다. C.H. Talbert, *Reading John: A Literary and Theological Commentary on the Fourth Gospel and the Johannine Epistles* (London: SPCK, 1992), pp. 80-94; Olsson, Structure and Meaning, pp. 102-109; K. Wengst, *Das Johannesevangelium* (2 vols.; TKNT; Stuttgart: W. Kohlhammer, 2000), I, pp. 77-105를 참조하라.

(C) 요 3:1-21 예수와 유대인 남자(니고데모)

(D) 요 3:22-36 예수와 세례자 요한

(C′) 요 4:1-42 예수와 사마리아인 여자

(B′) 요 4:43-45 예수의 선지자적 자의식

(A′) 요 4:46-54 갈릴리 가나의 둘째 표적

이 교차대칭구조의 중심축을 형성하는 (D)단락인 요한복음 3:22-36은 전체 구조의 핵심 메시지를 담고 있다. 이 단락의 중심 메시지는 세례자 요한의 예수에 대한 증언으로 예수는 하늘로서 내려오신 분이시며, 만물 위에 계신 분이시고, 영생을 주시는 분이라는 것이다(31, 36절). (A)단락인 요한복음 2:1-12이 갈릴리 가나에서 발생한 예수의 첫 번째 기적 사건을 언급하고 있고, 대칭이 되는 (A′)단락인 요한복음 4:46-54은 예수의 두 번째 기적 사건이 그의 첫 번째 기적 사건과 동일한 장소라는 점에서 두 사건은 '가나에서 가나'Cana to Cana까지라는 문학구조를 형성하고, 이 구조에서 인클루지오inclusio가 발견된다.[17] 요한복음의 저자는 인클루지오라는 문학적 구조를 사용하여 예수가 갈릴리 가나라는 동일한 장소에서 두 번에 걸쳐 기적을 베푸신 사실을 강조하면서 그의 정체를 간접적으로 드러내고 있다. 예수의 정체와 관련해서 저자가 갈릴리 가나의 기적 사건을 표현하고 있는 단어는 요한복음 2:11과 4:54의 '표적'(σημεῖον, '세메이온')이다. 저자가 예수의 기적 사건을 묘사하면서 사용한 '표적'이란 단어는 기적 사건 자체의 의미보다는 그 기적 사건을 넘어서 그 기적 사건이 암시하는 것을 독자가 이해하도록 촉구하고 있다.

---

17. Moloney, *John*, p. 64; P.-B. Smit, 'Cana-to-Cana or Galilee-to-Galilee: A Note on the Structure of the Gospel of John', *ZNW* 98 (2007), pp. 143-49; C.S. Keener, *The Gospel of John: A Commentary* (2 vols.; Peabody: Hendrickson, 2003), I, p. 492를 참조하라.

요한복음 2:1-4:54을 하나의 문학 단위로 하는 문학 구조 속에서 2:1-12의 개요는 다음과 같이 요약될 수 있다. 첫째, 1-2절에서 기적 사건의 장소인 갈릴리 가나와 등장인물들인 예수의 어머니, 예수, 예수의 제자들이 등장한다. 둘째, 3-5절에서 기적 사건이 발생할 것이라는 암시를 예수의 어머니를 통해서 보여주며, 이 사건에서 첫 번째 대화자로 등장하여 예수께 대화를 시도하고, 이에 대한 예수의 반응을 기술하고 있다. 이 대화 속에서 기적 사건이 발생할 것이라는 상황을 예측하도록 연출하고 있다. 셋째, 6-8절은 복음서 저자의 독자를 위한 설명으로 시작하여, 결혼 잔치를 '돕는 자들'에게 명령하시는 예수와 이 명령에 순종하는 '돕는 자들'의 행동을 통하여 기적 사건이 실제로 어떻게 발생한 것인지를 독자가 이해하도록 묘사하고 있다. 넷째, 9-10절은 결혼 잔치 주인의 말을 통해서 기적 사건이 실제로 발생했음을 증언하고 있다. 다섯째, 11-12절은 이 기적 사건에 대한 저자의 설명적 요약과 사건 이후에 대한 상황을 간략하게 기술한다.

이런 개요를 중심을 요한복음 2:1-12의 구조를 다음과 같이 대칭 구조로 분석할 수 있다.[18]

(A) 2:1-2(갈릴리 가나, 예수의 어머니, 예수, 예수의 제자들)

    (B) 2:3-5(포도주, 예수의 어머니, 예수, 돕는 자들)

        (C) 2:6-8(물항아리, 예수, 물, 돕는 자들)

    (B′) 2:9-10(물로 된 포도주, 결혼 잔치의 주인, 신랑, 돕는 자들)

---

18. 이상훈, 「요한복음」(대한기독교서회창립 100주년기념 성서주석; 서울: 대한기독교서회, 1993), pp. 105-105; Jean-Bosco M. Bulembat, 'Head-Waiter and Bridegroom of the Wedding at Cana: Structure and Meaning of John 2.1-12', *JSNT* 30 (2007), pp. 56-63은 필자와 동일한 구조 분석을 하고 있다. 매우 유사하지만 조금 다른 구조를 제시한 Beasley-Murray, *John*, p. 33을 참조하라. 보다 자세한 구조 분석을 위하여 Olsson, *Structure and Meaning*, pp. 77-94을 보라.

(A′) 2:11-12(갈릴리 가나, 예수의 어머니, 예수, 예수의 제자들)

이 대칭 구조 속에서 중심축이 되는 (C)단락은 전체 기적 사건의 핵심으로 기적을 베푸시는 사역을 통해서 예수의 정체를 암시하며, 독자에게 예수가 누구인가라는 질문에 대한 해답을 제시한다. (A)단락과 (A′)단락은 '갈릴리 가나'라는 기적을 일으킨 장소와 등장인물들, 예수의 어머니, 예수, 예수의 제자들을 통해 인클루지오의 구조를 형성하면서 이 사건이 하나의 독립된 사건임을 확인시켜 준다.[19] (B)단락과 (B′)단락은 포도주가 모자랐을 때, 물이 변하여 포도주가 되었다는 기적 사건을 묘사한다. 이 두 단락을 통해서 먼저 (B)단락에서 포도주가 모자란 것을 예수의 어머니가 발견하고 예수께 언급하고 있고, (B′)단락은 예수의 명령을 따라 결혼 잔치를 돕는 자들이 물을 길어 물 항아리에 채운 후, 그 물을 떠서 결혼 잔치의 주인에게 갖다 준다. 그 주인은 물로 된 포도주를 맛보고 품질이 '좋은 포도주'인 것을 신랑을 불러 증언

19. (A′)단락에서 12절이 기적 사건에 포함될 수 있는지에 대한 논란이 있을 수 있다. 다시 말하면 12절을 기적 사건의 단락에 포함 시킬 경우 이 기적 사건에 처음에 등장하지 않은 인물들인 '예수의 형제들'이 포함되고, '가버나움'이라는 장소와 '여러 날'이라는 언급이 전체의 구조에 어울리지 않는 것이 사실이다. 그러나 12절은 기적 사건의 결말을 제시하면서 다음 사건과 긴밀하게 연결시키는 역할을 하는 전환 구절이기에 기적 사건에 포함시키는 것이 적절하다고 생각된다. 12절과 관련하여 다음을 참조하라. Beasley-Murray, *John*, pp. 33-36; C.K. Barrett, *The Gospel according to St John* (London: SPCK, 2nd edn, 1978), pp. 188-89, 194; Moloney, *John*, pp. 65-74; R. Bultmann, *The Gospel of John: A Commentary* (trans. G.R. Beasley-Murray. Oxford: Basil Blackwell, 1971), p. 114 n. 4; C.G. Kruse, *The Gospel according to John: An Introduction and Commentary* (Leicester: InterVarsity Press, 2003), pp. 91-96; D.S. Kulandaisamy, 'The First "Sign" of Jesus at the Wedding at Cana: An Exegetical Study on the Function and Meaning of John 2.1-12', *Marianum* 68 (2006), pp. 17-116. 12절을 기적 사건의 단락에 포함시키지 않는 견해에 대하여 다음을 참조하라. L. Morris, *The Gospel according to John* (NICNT; Grand Rapids: Eerdmans, 2nd edn, 1995), pp. 164-65; Brown, *John*, I, pp 112-13; R. Schnackenburg, *The Gospel according to John* (3 vols.; trans. K. Smyth, et al.; Kent: Burns & Oates, 1968), I, pp. 341-43; Keener, *John*, I, pp. 517-18.

하고 있다.[20] 물이 변하여 좋은 포도주가 되었음을 결혼 잔치의 주인의 입을 통해 분명히 증언하고 있다. 이 기적의 핵심에 예수가 자리 잡고 있음을 (C)단락이 보여준다. 그러므로 (C)단락은 이 구조에서 볼 수 있듯이 이 기적 사건의 핵심 단락이다.

4. 요한복음 2:1-12의 석의

4.1. 기적 사건의 서론(1-2절)

예수의 첫 번째 기적 사건은 언제, 어디서 발생했는가? 이 질문에 대하여 1절은 '셋째 날'에 '갈릴리 가나'의 '결혼 잔치'에서 발생했음을 명확히 보도하고 있고, 그곳에 예수의 어머니도 있었다고 기록한다. 2절은 또 다른 등장인물들을 분명히 설명하고 있는데, 그들은 예수와 그의 제자들이고, 이들은 초대를 받았다고 기술한다.

1절에 등장하는 '셋째 날'은 기적 사건의 전개에 있어서 예수께서 갈릴리로 가시는 길에 빌립과 나다나엘을 부르신 사건(요 1:43)과 묵시적 연결을 시도하려는 저자의 의도가 있는 것으로 보인다. 그렇지만 요한복음 1:19-51에 언급된 날들은 대략 4일의 경과를 암시하고(요 1:29, 35, 43), 요한복음 2:1의 '셋째 날'과 자연스럽게 연결되지 않기 때문에 어떤 기준에서 이 날을 묘사하고 있는 것인지 분명히 알 수 없다.[21] 그러나 본문의 '셋째 날'에 대하여 상징적 해석을 할 이유와 근거도 분

20. Bulembat, 'Head-Waiter and Bridegroom', pp. 56-63을 참조하라.

21. Kruse, *John*, p. 91; Keener, *John*, I, pp. 496-98; T.E. Phillips, '"The Third Fifth Day?" John 2:1 in Context', *ExpTim* 115 (2004), pp. 328-31.

명히 제시할 수 없기 때문에 이런 해석은 배제되어야 한다.[22] 키너C.S. Keener는 본문의 '셋째 날'이 결혼 잔치의 특별한 날을 의미할 수 없고, 한 주의 세 번째 날도 아니며, 다만 예수와 그의 제자들이 초대를 받고 결혼 잔치가 베풀어지는 그곳에 도착한 날을 의미할 뿐이라고 이해한다.[23]

복음서 저자가 '갈릴리 가나'라는 잘 알려지지 않은 장소를 언급하고 있는 것은 결혼 잔치의 역사적 신빙성을 제공하려는 의도로 보인다.[24] 어떤 사건을 소개하기에 앞서 이미 잘 알려진 갈릴리라는 장소보다, 사람들에게 잘 알려지지 않은 작은 지역인 가나를 구체적으로 언급함으로 저자가 사건이 일어난 지역의 지리에 해박한 지식이 있다는 사실과 이 사건이 역사적 사실이라는 것을 강조하고 있다. 1절에서 갈릴리 가나의 혼인 잔치에 '예수의 어머니도 있었다.'는 복음서 저자의 기록은 이 결혼 잔치가 예수의 어머니와 어떤 관계가 있음을 암시한다. 또한 예수의 어머니는 초대를 받았을지라도 손님으로라기보다는 신랑 가족의 관계 속에서 이미 결혼 잔치에 가서 협력하고 있었던 것으로 보인다. 그러나 2절에 의하면 예수의 어머니와 달리 예수와 그의 제자들은 초대를 받아 그곳에 간 것으로 이해된다.

---

22. '셋째 날'의 상징적 해석에 대해서는 다음을 참조하라. Moloney, *John*, pp. 66-67.

23. Keener, *John*, I, p. 496. Keener는 각주 38, 39에서 1세기 당시 팔레스타인의 결혼 풍습에 처녀의 결혼은 넷째 날에 결혼을 하며, 과부는 다섯 번째 날에 결혼을 했다는 정보를 제공한다.

24. '갈릴리'보다 잘 알려지지 않은 '가나'라는 장소는 요한복음 전체에서 모두 4회 언급되고 있다(요 2:1, 11; 4:46; 21:2). 가나가 현재 어떤 장소와 일치하는지에 대해서는 의견이 둘로 나누어져 있다. 그 장소는 Kefar-Kenne 아니면 Khirbet-Qanah라는 주장이다. 두 장소가 모두 현재의 나사렛(Narareth)에서 멀지 않은 거리(약 12 킬로미터)에 있어서 당시에는 걸어서 갈 수 있는 거리였다. Keener, *John*, I, pp. 495-96; Kruse, *John*, p. 91을 참조하라.

4.2. 예수의 어머니와 예수의 대화(3-5절)

본문에서 예수의 어머니와 예수의 대화는 기적 사건의 발생과 어떤 관계가 있는가? 이 기적 사건의 발단은 3절에서 '포도주가 떨어졌을 때'라는 묘사에서 출발한다. 이런 표현은 이 상황이 매우 당황스럽고 급박한 것임을 알려준다. 팔레스타인의 결혼 잔치에서 포도주가 모자라는 상황은 주인을 매우 당황스럽게 만드는 것으로 흔치 않은 이례적인 일이다.[25] 이런 상황은 기적 사건이 이미 배태되어지고 있음을 암시하고 있다. 3절에서 예수의 어머니가 '포도주가 떨어졌을 때', 그 사실을 가장 먼저 알고 이 일에 관여한 사람이라는 사실과, 결국 예수의 어머니가 3절에서 예수께 직접 '그들에게 포도주가 없다.'고 말한 것은 이 결혼 잔치가 예수의 어머니와 관계가 깊은 사람의 결혼 잔치임을 강력히 시사하고 있다. 이것은 1절에 예수의 어머니가 이미 그 결혼 잔치에 있었다는 사실 속에서 어느 정도 암시되고 있다. 크루스C.G. Kruse는 '아마도 예수의 어머니가 자신의 가족과 그 결혼 잔치의 신랑 가족과의 관계에서 신랑 가족의 포도주가 떨어진 황당한 상황을 해결하기 위하여 어떤 행동을 취해야 한다는 의무감을 느꼈다.'고 설명한다.[26]

3절에서 예수의 어머니가 예수에게 '그들에게 포도주가 없다.'고 말한 것은 예수에 대한 어떤 심리적 기대가 있었던 것을 암시한다. 예수의 어머니의 심리적 기대는 현재의 포도주가 떨어진 상황을 예수가 해결할 수 있으리라는 어떤 긍정적인 기대가 분명하다. 예수의 어머니에게 이런 기대가 없었다면 포도주가 없는 상황을 가장 먼저 예수께 말할 이유가 없었을 것이기 때문이다. 예수에 대한 이런 심리적 기대는 예수의 어머니가 성령으로 예수를 잉태하여 출산함으로 하나님의 기적을

25. Kruse, *John*, pp. 91-92; Moloney, *John*, p. 71.

26. Kruse, *John*, p. 92.

체험한 신비한 사건과 결코 무관하지 않을 것이다(참조. 마 1:18-25; 눅 1:26-56). 그렇다면 예수의 어머니는 결혼 잔치에 포도주가 떨어진 상황을 예수에게 말했을 때, 그를 자신의 아들로서 대하기보다는 기적을 행사하는 자a miracle worker로 이해한 것으로 생각할 수 있다.[27] 그렇지만 예수의 어머니는 예수께 결혼 잔치에 포도주가 떨어진 상황과 관련해서 직접적인 요청은 하지 않고 상황을 알려주었을 뿐이다.

그렇지만 예수는 어머니의 말을 어떤 요청의 수준에서 이해한 것처럼 보인다. 왜냐하면 4절에서 예수는 그의 어머니의 말에 '여자여, 나와 당신에게 [이 일이] 무슨 상관이 있는가? 내 때는 아직 오지 않았다.'고 대답하기 때문이다. 예수가 자신의 어머니를 '여자여'(γύναι, '귀나이') 라고 호칭한 것은 현대인들의 귀에 거슬리는 말로 들리는 것이 사실이다. 그러나 '여자여'란 호칭은 예수가 그의 어머니를 경멸하거나 비하한 호칭이 아니다.[28] 또한 신약성경에서 '여자여'란 호칭은 여자들에게 인사를 할 때 사용되고 있다(요 4:21; 20:13, 15, 참조. 요 8:10; 마 15:28; 눅 13:12; 22:57; 고전 7:16).[29] 예수는 십자가 위에서 자신의 죽음을 내다보며 자신의 어머니를 사랑하는 제자에게 부탁하면서도 동일한 호칭을 사용한다(요 19:26).

예수가 자기 어머니에게 '나와 당신에게 [이 일이] 무슨 상관이 있는가?'라고 대답한 것은 신랑의 가족과 예수의 가족이 서로 잘 아는 가까운 관계였을 것이라는 추측을 불식시키는 것처럼 보인다. 그러나 예수가 '나와 당신에게 [이 일이] 무슨 상관이 있는가?'(τί ἐμοὶ καὶ σοι, '티 에모이 카이 소이')라고 그의 어머니에게 대답한 것은 단순히 신랑 가

27. Keener, *John*, I, p. 505.

28. Bulembat, 'Head-Waiter and Bridegroom', pp. 55-73을 보라.

29. Keener, *John*, I, pp. 504-505; J.N. Rhodes, 'What Do You Want from Me?', *BibTrans* 52 (2001), pp. 445-47; J.C. O'Neill, 'Jesus' Reply to his Mother at Cana of Galilee', *IBS* 23 (2001), pp. 28-35를 참조하라.

족과의 관계를 부정하는 의미라기보다는 포도주가 떨어진 당황스러운 문제에 대하여 예수가 직면한 당혹스러운 상황을 암시하는 것처럼 보인다.[30] 예수의 대답은 여기서 멈추지 않고 '내 때는 아직 오지 않았다.' 고 계속해서 대답한다. 예수가 4절에 언급한 '내 때'('헤 호라 무', ἡ ὥρα μου)는 자신이 고난을 받고 십자가 위에서 죽고 다시 살아나서 하나님의 구원 역사를 성취하게 될 십자가 사건을 의미한다.[31] 그러므로 '내 때'는 예수의 십자가 사건이 시작되기 전까지인 예수의 고별 설교와 기도(요 14:1-17:26) 속에 나타나지만, 그 이후 요한복음 18:1 이후에는 전혀 나타나지 않는다.

예수가 '내 때'(ἡ ὥρα μου, '헤 호라 무')를 언급하면서 '아직 오지 않았다'고 말한 것은 그 '때'가 지금은 아니지만, 다가오고 있음을 인식하고 있다는 암시이다. 그렇다면 예수의 이어진 대답 속에서 그는 결혼 잔치에 포도주가 떨어진 상황을 어머니를 통해서 알게 된 이후, 그 문제로부터 도피하려는 것이 아닌 것처럼 보인다. 왜냐하면 예수가 그의 어머니에게 "내 때가 아직 오지 않았다."고 말한 것은 결혼 잔치에 포도주가 떨어진 상황과 관련해서 대답한 것이라기보다는 자신의 죽음을 내다보며 대답한 것이기 때문이다.[32] 예수가 자신의 죽음을 암시하며 언급한 '내 때'는 요한복음 전체에서 모두 9회 사용되고 있으며,[33] 그 중에서 첫 번째이다. 전체 아홉 번 중에서 처음 세 번(요 2:4; 7:30; 8:20)

---

30. Keener, *John*, I, p. 506. 동일한 헬라어 표현(τί ἐμοὶ καὶ σοί)이 막 5:7과 눅 8:28에서 발견되는데, 그 의미는 요한복음과 동일하다. 또한 칠십인역(LXX)에서는 같은 표현이 삿 11:12, 왕상 17:18, 왕하 3:13, 대하 35:21, 등에 사용되었다. 헬라어 표현의 번역과 해석에 대하여 Moloney, *John*, p. 71을 참조하라.

31. Moloney, *John*, p. 72; Keener, *John*, I, p. 507.

32. 예수의 '내 때가 아직 이르지 않았다.'는 대답을 포도주가 떨어진 상황과 연결시키려고 할 때, 결혼 잔치는 '천국 잔치'의 비유라는 상징성을 갖게 된다. 그러나 복음서의 저자는 결혼 잔치를 상징적으로 말하고 있는 것이 아니라 실제 상황으로 묘사하고 있다.

33. 예수가 자신의 죽음을 암시하면서 언급한 '때'는 요 2:4; 7:30; 8:20; 12:23, 27〈2회〉; 13:1; 16:32; 17:1에 나타난다.

은 예수의 때가 아직 오직 않았음을 말하고, 나머지 여섯 번(요 12:23, 27〈2회〉; 13:1; 16:32; 17:1)은 이미 그 때가 왔다고 말한다. 이런 점에서 요한복음의 예수는 자신의 죽음을 이미 인식하고 있고, 그 죽음을 향하여 한 걸음씩 움직이는 모습으로 묘사되고 있다.

예수의 어머니는 예기치 않은 예수의 대답을 들었음에도 불구하고, 포도주가 떨어진 상황에서 예수께서 무엇인가를 할 것이라는 기대를 버리지 않은 것이 사실이다. 왜냐하면 예수의 어머니는 5절에서 결혼 잔치를 돕는 자들에게 "그(예수)가 너희에게 무슨 말을 하든지 행하라."고 명령하고 있기 때문이다.[34] 예수의 어머니가 결혼 잔치를 돕는 자들에게 내린 명령은 아직까지 예수에 대한 심리적 기대를 버리지 않았음을 분명히 암시한다. 예수의 어머니는 예수가 결혼 잔치에 포도주가 떨어진 상황을 기적적인 어떤 일을 행하여 해결할 것이라는 기대를 갖고 있었기 때문에 결혼 잔치를 돕는 자들에게 명령하고 있다.[35] 결국 예수의 어머니와 예수의 대화는 복음서의 독자에게 예수가 기적을 행사하게 될 것과 그 어머니가 기대하고 있는 기적이 곧 가시화 될 것임을 미리 예견하도록 한다.

4.3. 예수의 명령과 돕는 자들의 순종(6–8절)

이 단락은 기적 사건의 전체 내용 중 핵심 부분이다. 복음서의 저자는 6절에서 유대인의 정결 예식을 설명하고 있다. 결혼 잔치에 "[물] 두세통을 담을 수 있는 돌로 만든 물항아리 여섯이 있었다."는 저자의 설명과 함께 돌로 만든 물항아리의 용도가 유대인의 정결 예식을 위한 것

---

34. Schnackenburg, *John*, I, p. 331; B.F. Westcott, *The Gospel according to St John* (London: John Murray, 1908), p. 37.

35. Keener, *John*, I, p. 509.

이라고 해설한다(참조. 요 3:25; 11:55; 18:28). 저자가 '유대인의 정결 예식'이라고 표현하고 있는 것은 유대인의 문화와 종교적 풍습에 익숙하지 않은 사람들을 고려하고 있다는 표시이다.[36] 왜냐하면 유대인이라면 정결 예식에 대한 이해가 있고, 돌로 만든 물항아리의 용도가 바로 이런 정결 예식을 위한 것이기에 굳이 설명할 필요가 없기 때문이다.

복음서 저자는 본문에 언급된 '유대인의 정결 예식'에 사용될 물이 곧 포도주로 변화 될 것임을 독자에게 강력히 암시하고 있다. 또한 포도주로 변화될 물의 량은 물항아리의 수용 능력과 비례할 것임을 암시한다. 복음서 저자는 물항아리에 수용할 수 있는 물의 량이 여섯 물항아리를 모두 합해서 약 150 리터나 된다고 설명하고 있다.[37] 돌로 된 물항아리의 숫자를 상징적으로 이해할 필요도 근거도 없다. 돌 항아리가 한 집에 여섯이나 있었다는 것은 이례적인 일로 아마도 결혼 잔치를 위하여 잠시 빌려온 것으로 이해할 수 있다.[38]

7절에서 예수는 결혼 잔치를 돕는 자들에게 "그 물항아리에 물을 채우라."고 말한다. 그래서 그들이 물항아리의 아귀까지 채웠다. 결혼 잔치를 돕는 자들은 예수의 어머니가 5절에서 '그[예수]가 너희에게 무슨 말을 하든지 행하라.'고 명령한 것을 잊지 않고 성실히 수행했음을 알려준다. 돌로 된 물항아리에 물이 가득 채워진 후에 예수는 8절에서 "지금 물을 떠서 그 결혼 잔치 주인에게 갖다 주라."고 명령한다. 그래서 그들이 갖다 주었다. 결혼 잔치를 돕는 자들은 예수의 모든 명령에 적극적으로 순종했다. 그러나 아직 기적 사건의 결과는 보고되지 않고 있다. 기적 사건의 결과는 9-10절에서 확인될 것이다.

---

36. R.A. Culpepper, *Anatomy of the Fourth Gospel: A Study in Literary Design* (Philadelphia: Fortress Press, 1983), pp. 219-22를 보라.

37. Moloney, *John*, p. 72; Barrett, *John*, p. 192를 참조하라.

38. Kruse, *John*, p. 93; Moloney, *John*, pp. 68, 72; Keener, *John*, I, pp. 509-13을 참조하라.

4.4. 기적 사건의 확인(9–10절)

이 단락은 먼저 기적 사건의 결과를 기술하고 있다. 그 결과는 기적을 직접 체험한 사람을 통해서 확인시켜 주고 있다. 9절에서 결혼 잔치의 주인은 돕는 자들이 물항아리에서 떠다 준 물을 맛본 후에 신랑을 부른다. 그리고 10절에서 그 주인은 신랑에게 '모든 사람들이 처음에 좋은 포도주를 내놓는다. 그리고 사람들이 취한 후에 낮은 것을 내놓는다. 당신은 지금까지 좋은 포도주를 간직해 두었다.'[39]라고 말함으로 복음서를 읽는 독자에게 기적이 일어났음을 알게 한다. 그러나 돕는 자들이 떠다 준 물로 된 좋은 포도주를 마시고 나서 신랑에게 말하고 있는 사람은 물이 변하여 포도주가 된 사실을 전혀 모르고 있다. 이것은 일종의 아이러니로 요한의 문학적 기술로 이해할 수 있다.[40] 9절에서 복음서의 저자는 설명하기를 그 결혼 잔치의 주인은 물로 된 포도주를 맛보고도 포도주가 어디서 났는지 알지 못하였다고 해설한다. 물이 변하여 좋은 포도주가 된 사실은 오직 예수와 물을 떠다 준 돕는 자들만 알고 있었다. 그러나 이들 가운데 아무도 물로 된 포도주를 마셔보지 못했다. 기적을 전혀 몸으로 체험하지 못한 사람들이 기적을 이미 알고 있는 것이다(참조. 요 20:29).

복음서를 읽는 독자는 분명히 물이 변하여 포도주가 되었다는 사실을 알고 있지만, 언제, 어떻게 물이 변하여 좋은 포도주가 되었는지 알 수 없다. 다시 말해서 물이 변하여 포도주가 된 시점이 물을 물항아리에 갖다가 부었을 때인지, 물항아리에 있는 물을 떠서 결혼 잔치의 주

---

39. Keener, *John*, I, pp. 513-14; Moloney, *John*, pp. 68-69; Kruse, *John*, pp. 93-95; Olsson, *Structure and Meaning*, p. 62를 참조하라.

40. Moloney, *John*, pp. 72-73; P.D. Duke, *Irony in the Fourth Gospel* (Atlanta: John Knox Press, 1985), pp. 83-84를 보라.

인에게 가져다주었을 때인지, 물을 받은 사람들이 입을 대고 마실 때인지 전혀 알 수 없다. 복음서 저자는 이 부분에 관심이 없는 듯하다. 또한 물이 포도주로 어떻게 변했는지에 대해서도 복음서 기자는 침묵한다.[41] 이것은 이 기적 사건의 핵심이 물이 언제 어떻게 포도주로 변했는지에 있지 않음을 암시한다.

4.5. 기적 사건의 요약 및 후기(11-12절)

복음서 기자는 11절에서 이 기적 사건을 요약하면서 그 의미를 간접적으로 암시하고 있다. 12절은 기적 사건 이후에 대한 설명으로 예수께서 그 어머니와 형제들과 제자들과 함께 가버나움으로 내려가셨다는 것과 예수가 가버나움에 오래 머물지 않았다는 저자의 설명이다. 12절은 예수의 처음 기적 사건과 긴밀한 연결 보다는 독립된 설명처럼 보인다. 그러나 갈릴리 가나의 기적 사건 이후에 대한 설명과 함께 다음에 이어지는 예수의 성전 사건을 연결하는 기능을 갖고 있기 때문에 예수의 처음 기적 사건에 포함시킬 필요가 있다. 11절에서 복음서 저자가 암시하고 있는 예수의 첫 번째 기적 사건의 이해는 다음과 같다.

첫째, 복음서 저자는 이 기적 사건이 예수께서 갈릴리 가나에서 행하신 표적들 가운데 '첫 표적'(ἀρχὴν τῶν σημείων, '알켄 톤 세메이온')이라고 기술한다.[42] 여기서 '첫 표적'이란 의미는 예수께서 갈릴리 가나 지역에서 행하신 첫 번째 표적이란 의미이다.[43] 예수께서 행하신 첫 번째

---

41. Moloney, *John*, p. 69.

42. 예수께서 행하신 첫 번째 기적은 마태의 경우 8:1-4에 기록된 한 나병환자를 깨끗하게 해준 사건이며, 마가는 1:21-28에서 가버나움에서 더러운 귀신들린 사람을 고쳐주신 사건이다. 누가도 4:31-37에서 마가와 동일한 사건을 예수의 첫 번째 기적 사건으로 기록하고 있다.

43. 갈릴리 가나에서 예수께서 행하신 두 번째 표적은 요 4:46-54에 기록되어 있다. 갈릴

기적 사건을 통해서 요한은 예수가 누구인지 그 정체성을 드러내려는 시도를 한다.[44] 이것은 복음서 저자가 이 기적 사건을 통해서 예수께서 그의 '영광'(δόξα, '독사')을 나타내셨다고 표현한 것과도 밀접한 관계가 있다.

둘째, 복음서 저자는 이 기적 사건을 통해서 예수가 그의 영광을 나타내셨다고 기술한다. 예수의 '영광'이란 표현은 예수께서 자신을 계시하신 것을 의미한다.[45] 요한복음에서 '영광'이란 단어는 요한복음 1:14에서 이미 사용된 것으로 그 의미는 하나님의 영광이 예수 안에서 현시되었음을 표현한 것이다. 예수의 영광은 하나님과 본질적인 관계와 그의 순종에 근거한다. 그리고 이 영광은 예수께서 4절에 '내 때'를 언급한 것과 관련이 있는 것으로 예수의 수난과 죽음을 통해서 성취되는 영광을 의미한다(참조. 요 7:39; 12:16, 23; 13:31-32).[46] 이런 점에서 첫 번째 예수의 기적 사건과 계속 이어지는 요한복음 2:13-22에 기록된 예수의 성전 사건은 예수의 죽음을 내다보면서 서로 긴밀하게 연결되어 있다.[47] 요한복음서 저자는 예수의 성전 사건을 독자들에게 설명하면서

리 지역에서 행하신 예수의 세 번째 표적 사건으로 요 21:1-14의 사건을 언급하기도 하지만, 이 사건은 σημεῖον이란 단어가 전혀 사용되지 않았다. R.T. Fortna, *The Fourth Gospel and Its Predecessor: From Narrative Source to Present Gospel* (Philadelphia: Fortress Press, 1988), pp. 65-79를 참조하라.

44. 복음서 저자가 표적으로 기록하고 있는 예수의 첫 번째 기적 사건의 의미는 제 4장 '요한복음 2:1-12의 기적의 의미'에서 보다 상세히 논의할 것이다.

45. W. Nicol, *The Sēmeia in the Fourth Gospel: Tradition and Redaction* (NovTSup 32; Leiden: E.J. Brill, 1972), pp. 119-22를 보라.

46. Barrett, *John*, pp. 164-67; D.A. Carson, *The Gospel according to John* (Leicester: Inter-Varsity Press, 1991), p. 175; Keener, *John*, I, pp. 515-16; Brown, *John*, I, pp. 503-504; Morris, *John*, pp. 163-64를 보라.

47. 요 2:13-22에 기록된 예수의 성전 사건이 공관 복음에서는 예수의 수난과 십자가 사건 바로 전에 기록되어 있고(마 21:12-13; 막 11:15-18; 눅 19:45-46), 예수는 이 성전 사건으로 체포되고 고난을 받고 십자가 위에서 죽는 것으로 묘사되고 있다. 그러나 요한복음에서 예수의 죽음은 요 11:1-53에 기록된 나사로 사건이 그 발단이 되고 있다. 이와 관련된 자세한 논의는 Carson, *John*, pp. 175-84; Morris, *John*, pp. 166-80;

"예수는 성전 된 자기 육체를 가리켜 말씀하신 것"(요 2:21)이라고 분명하게 예수의 죽음과 연결시켜서 말한다. 그렇다면 본문의 기적 사건은 예수의 영광을 향한 첫 걸음으로서의 사건임을 암시한다고 말할 수 있다. 예수의 영광을 향한 사건은 그가 십자가의 죽음을 향하여 한 걸음씩 나아가는 것이다. 이런 점에서 본문의 기적 사건은 예수의 정체와 십자가를 통해서 이루실 그의 구원 사역과 밀접한 관련이 있다고 말할 수 있다.

셋째, 이 기적 사건을 통해서 예수의 제자들이 그를 믿었다는 저자의 설명이다.[48] 그러나 여기서 예수의 제자들의 믿음은 진정한 의미에서 예수를 하나님의 아들, 그리스도로 믿은 것은 아니다. 복음서 저자는 요한복음 2:23에서 "죽은 자 가운데서 살아나신 후에야 제자들이 이 말씀하신 것을 기억하고 성경과 예수께서 하신 말씀을 믿었더라." 고 분명히 말한다. 그렇지만 예수의 제자들은 예수께서 '기적을 행하는 자'miracle worker라는 사실은 감지하였을 개연성이 있고, 그러므로 구약의 선지자들이 기적을 행한 것처럼 예수를 선지자 가운데 한 사람 정도로 생각했을 가능성은 있다.[49] 이것을 복음서 저자는 예수의 제자들이 그의 첫 번째 기적을 보고서 그를 믿었다고 표현한 것으로 이해할 수 있다.[50] 그러나 복음서 저자는 '예수의 제자들이 그를 믿었다'는 표현을 통해서 독자들이 예수의 첫 표적 사건을 통해서 그를 하나님의 아들, 메시야로 알고 믿어서 영생을 얻도록 하기 위한 목적이 있음을 간접적으로 시사한다(참조. 요 20:31).

Keener, *John*, I, pp. 517-31을 참조하라.

48. Morris, *John*, pp. 163-64를 참조하라.

49. Cho, *Jesus as Prophet*, pp. 98-100; E.W. Klink, 'What Concern Is That to You and to Me? John 2:1-11 and the Elisha Narratives', *Neot* 39 (2005), pp. 273-87을 참조하라.

50. Carson, *John*, pp. 175, 184.

5. 요한복음 2:1-12의 기적 사건의 의미

요한복음 2:1-12에 기록된 예수의 첫 번째 기적 사건의 의미는 무엇인가?[51] 일반적으로 알려진 이 기적 사건의 의미는 복음서 기록 당시 유대교와 기독교 사이의 종교적 논쟁 속에서 먼저 나타난 종교인 유대교보다 나중에 예수를 통해 주어진 기독교가 훨씬 더 우월하다는 것을 의미하는 것으로 이해되어져 왔다.[52] 이런 해석의 근거를 요한복음 2:10의 '모든 사람들이 처음에 좋은 포도주를 내놓는다. 그리고 사람들이 취한 후에 낮은 것을 내놓는다. 당신은 지금까지 좋은 포도주를 간직해 두었다.'에서 찾으며, 이 기적 사건의 주요 강조점은 먼저 나온 포도주보다 나중 나온 포도주가 좋은 포도주라고 주장한다.[53] 그러나 복음서 저자는 물이 변하여 포도주가 된 것 자체에 무게를 두지 않고 있는 것 같다. 복음서 저자는 언제, 어떻게 물이 변하여 포도주가 되었는지는 관심이 없는 것처럼 어떤 정보도 제공하지 않기 때문이다. 그러므로 이 기적 사건의 의미는 저자가 11절에서 표현하고 있는 '표적'(σημεῖον, '세메이온')에서 확인되어야 할 필요가 있다.

복음서 저자는 이 기적을 예수께서 갈릴리 가나에서 행하신 표적들 가운데 첫 '표적'이라고 묘사한다. 복음서 저자가 사용한 '세메이온'이

51. 요 2:1-12의 기적 사건의 의미에 대해서 초대 교회의 교부들과 중세 시대의 해석에 대한 간략한 정보는 다음을 참조하라. M. Edwards, *John* (BBC; Oxford: Blackwell, 2004), pp. 35-40.

52. Keener, *John*, I, pp. 492-95, 517-18; Carson, *John*, pp. 166-67; M. Hengel, 'The Interpretation of the Wine Miracle at Cana: John 2:1-11', in L.D. Hurst and N.T. Wright (eds.), *The Glory of Christ in the New Testament: Studies in Christology in Memory of George Bradford Caird* (Oxford: Clarendon, 1987), pp. 83-112; Olsson, *Structure and Meaning*, pp. 97-102를 보라.

53. P. Perkin, 'John' in R.E. Brown, et al (eds.), *The New Jerome Biblical Commentary* (London: Geoffrey Chapman, 1989), pp. 953-54; Keener, *John*, I, pp. 492-95, 517-18; Carson, *John*, pp. 166-67.

란 헬라어 단어의 사전적 의미는 (1)'표적'sign 또는 '어떤 것을 알리기 위한 특별한 표시, 암시, 표'이고, (2)'놀라운 능력이나 기적, 예언을 통해서 암시하는 어떤 사건'을 의미한다.[54] 이런 사전적 의미에 의하면 '표적'으로 묘사된 예수의 기적 사건들은 그 기적 사건들 자체가 목적이 아니라, 그 기적 사건들을 통하여 암시하고, 지시하는 어떤 것에 더 큰 비중과 의미를 두고 있는 것이 분명하다. 요한복음에서 '세메이온'이라는 단어는 모두 17회 사용되고 있는데, 한글 번역 성경에서는 이 단어를 모두 '표적'이라고 번역하였다.[55] 이것은 공관복음과 큰 대조를 보이는 것으로 공관복음에서는 일반적으로 예수께서 행하신 기적 사건들을 묘사하면서 '두나미스'(δύναμις)라는 단어를 사용하고 있고, 모두 '이적' 또는 '기적'miracle이라고 번역한다.[56] 그러므로 요한복음에서 예수가 행한 기적 사건을 묘사하면서 저자가 사용한 '세메이온'은 특별한 의도가 있는 것처럼 보인다.

요한이 예수께서 행하신 기적 사건들을 '두나미스'라는 단어를 사용하지 않고, '세메이온'이라는 어휘를 사용한 것은 분명히 예수의 기적 사건들이 암시하는 어떤 '상징적인 의미'를 위하여 이 단어를 선택한 것으로 보인다.[57] 다시 말해서 요한이 사용한 '표적'이란 단어의 상징적인 의미는 기적을 행하신 예수의 정체를 드러내려는 저자의 의도로 보인다.[58] 그러므로 저자가 예수의 기적 사건을 묘사하면서 '세메이온'을 사용한 것은 그 기적 사건 자체를 묘사하는데 목적이 있기 보다는 이

54. BDAG, pp. 920-21; *TDNT*, VII, pp. 200-61을 참조하라.

55. 요 2:11, 18, 23; 3:2; 4:48, 54; 6:2, 14, 26, 30; 7:31; 9:16; 10:41; 11:47; 12:18, 37; 20:30.

56. 예를 들면, 막 5:30; 6:5; 눅 5:17; 6:19; 8:46; 9:1을 보라.

57. Bultmann, *John*, p. 114에서 "σημεῖον is not a mere demonstration, but a spoken directive, a symbol" 이라고 한다. Morris, *John*, p. 163, n. 42.

58. 이런 논의와 관련해서 Cho, *Jesus as Prophet*, pp. 96-120, 187-202, 212-20; Klink, 'What Concern', pp. 273-87을 보라.

기적 사건을 통해서 암시되는 예수의 정체를 드러내기 위한 수단으로 보인다.[59] 결국 저자가 이 사건에서 예수의 기적 사건을 '표적'으로 묘사하고 있는 이유는 예수의 기적 사건이 공관복음과는 달리 그 기적 자체에 목적이 있지 않고,[60] 그 기적을 행하신 예수의 정체에 초점이 맞추어져 있음을 암시하려는 의도가 있다.

그렇다면 물이 변하여 포도주가 된 표적 사건이 암시하는 예수의 정체는 무엇인가? 예수는 이 기적 사건을 통해서 '기적 행하는 자'로서의 정체를 분명히 각인할 수 있었는데, 이런 점에서 그는 구약의 선지자 중 한 사람과 비슷하다는 사실이다. 예수께서 행하신 물이 변하여 포도주가 된 표적 사건은 구약 선지자들의 기적 사건들과 비교될 수 있다. 첫째, 엘리사가 여리고Jericho에서 첫 번째 행한 기적 사건인 오염된 물을 단물로 바꾼 기적 사건과 비교될 수 있다(왕하 2:19-22).[61] 둘째, 마라Marah에서 모세가 행한 쓴물을 단물로 바꾼 사건과 비교할 수 있다(출 15:22-27). 두 기적 사건 모두 물과 관련되어 있는 것이 특징이다. 셋째, 엘리야가 시돈Sidon의 사르밧Zarephath에서 기름과 밀가루의 기적(왕상 17:8-16)을 베푼 사건과 엘리사의 기름을 풍성하게 베푼 기적(왕하 4:1-7)과 관련되어 있는 것처럼 보인다.[62]

---

59. 요한복음에서 갈릴리 가나에서 행하신 두 번의 기적 사건(요 2:1-12; 4:46-54)을 제외하고는 모든 기적 사건 뒤에 예수의 담화가 설교처럼 뒤따라 나오고 있다. Morris, *Jesus is the Christ*, pp. 20-42의 'the Relation between the Signs and the Discourse'를 참조하라.

60. 공관복음서에 기록된 예수의 기적 사건들은 대부분 사탄의 세력과 대비되는 하나님 나라의 실체를 드러내는데 사용되고 있다. 이와 같은 논의에 대해서 C. Brown, *Miracles and the Critical Mind* (Exeter: Paternoster Press, 1984), pp. 293-325를 보라.

61. Klink, 'What Concern', pp. 273-87을 참조하라.

62. T.L. Brodie, *The Crucial Bridge: The Elijah-Elisha Narrative as an Interpretive Synthesis of Genesis-Kings and a Literary Model for the Gospels* (Collegeville: Liturgical Press, 2000); P. Hinnebusch, *Jesus, the New Elijah: An Inspiring New Insight into the Person of Jesus* (Ann Arbor: Servant Books, 1978)를 참조하라.

요한복음 2:1-12	열왕기상 17:8-16	열왕기하 4:1-7
예수의 모친으로 한 여인이 등장함 (3-5절)	시돈의 사르밧 과부가 등장함(9절)	한 선지자의 과부가 등장함(1절)
예수께서 물을 길어 부으라고 명령하심(7-8절)	엘리야가 사르밧 과부에게 음식과 기름을 가져오도록 명령함(13절)	엘리사가 선지자의 과부에게 그릇을 빌려오도록 명령함(3-4절)
돌로 된 물 항아리가 등장 (7-8절)	돌 항아리와 병이 등장 (12-16절)	그릇과 병이 등장(2-6절)
풍성한 포도주 (8-10절)	풍성한 기름과 밀가루 (14-15절)	풍성한 기름(5-6절)

요약하면 예수께서 행하신 첫 번째 기적 사건은 표적으로서 그 기적 사건 자체에 의미가 있는 것이 아니라, 그 기적 사건을 통해서 이해되어지는 예수의 정체에 목적이 있다. 그러므로 이 기적 사건을 통해서 예수는 그의 정체를 드러내며 예수를 하나님의 아들, 메시야로 이해하도록 하려는 일차적 목적이 있다. 그러나 예수를 하나님의 아들, 메시야로 인식하기 위하여 하나의 징검다리가 필요한데, 그것이 '표적 행하는 자'로서의 예수, 곧 구약의 선지자로서의 모습이다. 구약의 선지자로서의 예수의 모습은 결국 그를 선지자 중의 한 사람으로 이해한 사람들을 하나님의 아들, 그리스도로 이해하도록 안내하는 역할을 할 것이기 때문이다.[63]

6. 결론

지금까지 요한복음 2:1-12에 기록된 예수의 첫 번째 기적 사건의 의미를 밝히기 위하여 첫째, 요한복음 2:1-12의 본문을 여러 다른 번역들

63. 이에 대한 자세한 논의는 Cho, *Jesus as Prophet*, pp. 254-84를 참조하라.

과 비교 검토하면서 비평적으로 참조하여 번역하였다. 둘째, 본문의 문맥과 문학 구조를 언급한 후 석의하여 그 의미를 도출하였다. 마지막으로 본문 석의와 요한복음 전체의 구조와 신학의 토대 위에서 요한복음에 기록된 갈릴리 가나에서 예수의 첫 번째 기적 사건의 의미를 고찰하였다. 논의를 요약하면 예수가 갈릴리 가나에서 행하신 물이 변하여 좋은 포도주가 되게 한 기적 사건의 의미는 이 사건을 '표적'으로 이해한 복음서 저자의 설명인, "예수께서 이 첫 표적을 갈릴리 가나에서 행하여 그의 영광을 나타내시며 제자들이 그를 믿으니라."(요 2:11)에 잘 드러난다. 이 기적 사건은 단순한 초자연적 사건이 아니라, 예수께서 갈릴리에서 행하신 처음 표적sign으로 자신의 죽음을 통해 드러낼 그의 영광을 간접적으로 나타내고, 그를 하나님의 아들, 메시야로 알고 믿어서 영생을 얻도록 하기 위한 것이다(참조. 요 20:31).

제 6 장

영생과 하나님 나라

A New Perspective on John's Gospel

● 제 6 장 ●

영생과 하나님 나라[1]

1. 서론

요한복음 3:1-21에 묘사된 예수와 니고데모의 이야기는 하나의 예술적인 문학 단위를 이루고 있는 것처럼 보인다. 이 글에서는 요한복음 3:1-21을 주해하되 영생(영원한 생명)과 하나님 나라를 중심으로 본문을 관찰하려고 한다. 특히 요한복음 3:1-21은 에베소서 2:1-10과 더불어 영생의 주제를 설명하는데, 신약성경에서 가장 적절한 본문 중 하나라고 생각된다.[2] 왜냐하면, 영생과 구원에 대한 주제를 사람들이 피부로 느낄 수 있도록 일상의 삶에서 경험할 수 있는 '생물학적 탄생'과 '선물'의 비유를 사용하여 각각 설명하고 있기 때문이다.

---

1. 이 글은 본래 '영생과 하나님의 나라(요한복음 3:1-21)'란 제목으로 『프로에클레시아』 7 (2005), pp. 67-91에 게재되었던 것을 수정 보완한 것이다.

2. 에베소서 2:1-10에 관해서는 A.T. Lincoln, *Ephesians* (WBC; Dallas, TX: Word Books, 1990), pp. 83-121; P.T. O'Brien, *The Letter to the Ephesians* (PNTC; Leicester: Apollos, 1999), pp. 153-81; R. Schnackenburg, *The Epistle to the Ephesians: A Commentary* (trans. H. Heron; Edinburgh: T & T Clark, 1991), pp. 86-101을 참조하라. 배재욱, 「초기 유대교와 신약성경의 중생」(서울: 대한기독교서회, 2008), pp. 185-99; idem. '요한복음의 중생',『신약논단』 10권 2호 (2003), pp. 327-65, 배재욱은 "요 3:1-21(특히 1-8절)은 신약 성경의 중생개념을 이해하는데 있어서 가장 좋은 자료이다. 왜냐하면 여기에 요한의 중생의 비밀이 펼쳐지고 있기 때문이다."라고 말한다(p. 348).

본문을 주해하기에 앞서 먼저 역사-문예적 분석Historical Narrative Analysis[3] 방법을 사용하여 본문의 문학적 구조를 살펴 볼 것이다. 첫째, 요한복음 3:1-21의 구조를 관찰하면서 니고데모 이야기의 시작과 끝을 고찰 할 것이다. 둘째, 본문의 구조 분석에서 다루어진 각 단락별로 영생과 하나님 나라의 의미를 중심으로 본문 전체를 주해 할 것이다. 셋째, 요한복음 3:16-21을 말하고 있는 주인공이 누구인지를 고찰 할 것이다.

이 글의 목적은 요한복음 3:1-21을 석의하는 것이며, 그 석의 과정 속에서 영생과 하나님 나라의 의미를 다루기 때문에, 영생과 하나님 나라에 대한 주제에 대하여 심도 있는 논의가 제한되어 있음을 미리 밝혀 둔다. 요한복음에서 언급된 영생과 하나님 나라의 의미는 또 다른 하나의 논문을 요구하는 주제이므로 이 글에서는 본문을 따라 간략하게 언급할 것이다.

2. 요한복음 3:1-21의 문학적 구조

예수와 니고데모 이야기의 시작과 끝은 어디인가? 예수와 니고데모의 이야기는 요한복음 3:1에서 시작하는 것이 아니라, 2:23에서 시작되는 것처럼 보인다. 그리고 예수와 니고데모이야기의 끝은 3:36이 아니라, 곧 이어 논의 될 것이지만, 3:21에서 종결되고 있는 것으로 보인다. 요한복음을 연구한 많은 주석가들과 학자들은 요한복음 2:23-25이 니

3. 역사-문예적 분석(Historical Narrative Analysis)방법은 본문을 해석함에 있어서 문예적 접근을 하되 역사적 접근 방법을 무시하지 않으면서 본문의 의미를 해석하는 것이다. Sukmin Cho, *Jesus as Prophet in the Fourth Gospel* (NTM 15; Sheffield: Sheffield Phoenix Press, 2006), pp. 53-67을 참조하라.

고데모 이야기의 서론적인 역할을 하고 있다는 사실에 동의한다.[4] 요한복음 2:23-25에서 우리는 니고데모 이야기의 정황 즉, 시간과 장소, 그리고 등장인물들을 발견하게 된다. 요한복음 2:23에서 '예루살렘' 이라는 도시의 이름이 언급되고, '유월절'이라는 절기가 나타난다. 이런 정황은 이미 요한복음 2:13에서 언급된 것이다. 모리스L. Morris는 요한복음 2:23-25이 요한[5]에 의하여 삽입되었고, 그 이유는 유월절에 예루살렘에서 예수의 사역을 증명하기 위함이라고 주장한다.[6] 이런 점에서 요한복음 2:23-25은 '교량구절'bridge passage이라고 간주 할 수 있으며, 그 역할은 2장과 3장을 연결해 주며, 3장의 서론적 역할을 담당한다.[7]

요한복음에 자주 나타나는 교량구절은 계속되는 두 부분을 연결시켜 주며, 앞부분의 결론과 뒷부분의 서론 역할을 한다.[8] 요한복음 2:23-25

---

4. R. Schnackenburg, *The Gospel according to John* (3 vols.; trans. K. Smyth, et al.; Kent: Burns & Oates, 1968), I, p. 360; B. Witherington III, *John's Wisdom: A Commentary on the Fourth Gospel* (Louisville: Westminster John Knox Press, 1995), p. 92; R.E. Brown, *The Gospel according to John* (2 vols.; New York: Doubleday, 1966), I, pp. 126-27; G. Mlakuzhyil, *The Christocentric Literary Structure of the Fourth Gospel* (AnBib 117; Roma: Pontificio Istituto Biblico, 1987), p. 105; R. Bultmann, *The Gospel of John: A Commentary* (trans. G.R. Beasley-Murray, et al.; Philadelphia: Westminster Press, 1971[1964]), p. 130; G.R. Beasley-Murray, *John* (WBC; Nashville: Thomas Nelson, 2nd edn, 1999), pp. 45-46; T.L. Brodie, *The Gospel according to John: A Literary and Theological Commentary* (Oxford: Oxford University Press), pp. 190-96; J. Ashton, *Understanding the Fourth Gospel* (Oxford: Clareden, 1991), p. 374에서 Ashton은 '(니고데모)의 이야기는 실제로 2:23-25에서 시작한다.'고 말한다.

5. 이 글에서 '요한'은 요한복음의 본문 속에 명확하게 명시되지 않은 요한복음의 저자를 의미하며, 전통적으로 요한복음의 저자는 사도 요한이라고 이해하고 있다.

6. L. Morris, *The Gospel according to John: The English Text with Introduction, Exposition and Notes* (Grand Rapids: Eerdmans, 2nd edn, 1995), p. 205.

7. Mlakuzhyil, *Christocentric Literary Structure*, p. 104; F.J. Moloney, *The Gospel of John* (SPS, 4; Collegeville: Liturgical Press, 1998), p. 90을 보라.

8. Mlakuzhyil, *Christocentric Literary Structure*, pp. 104-106을 보라. 교량구절에 대한 다른 예는 요 1:42, 4:27-30, 4:1-3, 5:14-18, 13:31-38, 15:9-11, 18:12-14 그리고 20:24-25 등이다.

의 교량구절 속에서 첫째, 요한복음 2:25과 3:1에 사용된 ἄνθρωπος('안뜨로포스', '사람')는 하나의 '고리 언어'a hook-word로 앞뒤에 계속되는 두 부분을 연결시켜 준다.[9] 둘째, 요한복음 2:23에 사용된 "많은 사람이 그 이름을 믿었다"(πολλοὶ ἐπίστευσαν εἰς τὸ ὄνομα αὐτοῦ, '폴로이 에피스테우산 에이스 토 오노마 아우투')는 표현은 3:18의 "그 이름을 믿는 자"(ὁ πιστεύων … εἰς τὸ ὄνομα, '호 피스테우온 … 에이스 토 오노마')에 대한 전주곡으로 사용되었다(참조. 요 2:22; 3:12, 15, 16). 셋째, 요한복음 2:23에 사용된 표현인 "그 행하시는 표적"(τὰ σημεῖα ἃ ἐποίει, '타 세메이아 하 에포이에이')은 3:2에서 니고데모가 예수께 사용한 표현과 연결된다. 다시 말하면, 요한복음 2:23에 사용된 σημεῖον('세메이온', '표적')은 2:23을 반영한 것이다. 넷째, 마지막으로 요한복음 3:2에서 니고데모가 사용한 일인칭 복수 οἴδαμεν('오이다멘', '우리는 안다')의 사용은 요한복음 2:23에 등장하는 많은 사람들의 대표자의 의미로 사용되었을 가능성이 있다. 요약하면 예수와 니고데모의 이야기는 분명히 요한복음 2:23에서 시작하며, 2:23-25은 교량구절로 예수와 니고데모 이야기의 서론 역할을 한다.

그렇다면, 요한복음 2:23에서 시작한 니고데모의 이야기는 어디서 끝나는가? 예수와 니고데모의 이야기는 요한복음 3:21에서 끝나는 것처럼 보인다. 대다수의 많은 학자들은 요한복음 3:21에서 니고데모의 이야기가 끝나는 것으로 보지만,[10] 이 견해에 동의하지 않는 학자들도

---

9. J.W. Pryor, *John: Evangelist of the Covenant People* (London: Darton, Longman and Todd, 1992), pp. 18, 191 note 34; Witherington III, *John's Wisdom*, pp. 89-90, 92, 380 note 1; Mlakuzhyil, *Christocentric Literary Structure*, p. 105을 보라.

10. Morris, *John*, pp. 228-39; D.A. Carson, *The Gospel according to John* (Leicester: Inter-Varsity Press, 1991), pp. 203-208; K. Grayston, *The Gospel of John* (London: Epworth Press, 1990), pp. 34-40; Mlakuzhyil, *Christocentric Literary Structure*, pp. 198-99, 311; M.W.G. Stibbe, *John* (Sheffield: JSOT Press, 1993), pp. 53-61; Beasley-Murray, *John*, pp. 45-54; J.N. Sanders and B.A. Mastin, *A Commentary on the Gospel*

있다. 예를 들면, 버나드J.H. Bernard, 불트만R. Bultmann 등은 니고데모의 이야기가 3:36에서 끝나는 것으로 이해한다.[11] 이들은 모두 요한복음 3장의 내용이 부분적으로 서로 잘못 연결되어 있다고 생각한다.[12] 그러나 슈낙켄버그R. Schnackenburg는 요한복음 3장의 내용이 부분적으로 서로 잘못 연결되어 있다고 생각하지만, 니고데모의 이야기가 3:21에서 끝난다고 주장한다.

예수와 니고데모의 이야기가 요한복음 3:21에서 끝난다고 주장하는 이유는 다음과 같다. 첫째, 요한복음 3:22에 사용된 μετὰ ταῦτα('메타 타우타', '이 후에')는 요한복음 3:22이하의 내용이 니고데모의 이야기에 포함되지 않는다는 사실을 보여준다. 요한복음 3:22에 사용된 '메타 타우타'(μετὰ ταῦτα)는 요한이 자주 사용하는 표현으로 한 단락에서 다른 단락으로 변화를 표시할 때 사용되는 특별한 표현이다.[13] 요한복음에서 이 표현은 새로운 단락을 소개할 때 사용되었다(참조. 요 3:22, 5:1, 14, 6:1, 7:1, 19:38, 21:1). 요한복음에서 '메타 타우타'와 유사한 표현으로 μετὰ τοῦτο('메타 투토', '그 후에')가 사용되기도 한다(참조. 요 2:12, 11:7, 11, 19:28). 요한복음에서 두 표현의 용법은 모두 동일하게 새로운 단락을 소개할 때 사용된다.

---

according to St John (Black's New Testament Commentaries; London: Adam & Charles Black, 1968), pp. 132-37; Witherington III, *John's Wisdom*, pp. 107-114; Ashton, *Understanding*, pp. 374-77.

11. J.H. Bernard, *A Critical and Exegetical Commentary on the Gospel according to St John* (2 vols.; ICC; Edinburgh: T & T Clark, 1928), I, pp. 123-27; Bultmann, *John*, pp. 167-72; Schnackenburg, *John*, I, pp. 410-18.

12. 필자는 이들의 견해를 수용할 수 없다. 왜냐하면, 첫째, 이들은 현재의 본문을 현재의 상태로 이해하는데 실패했기 때문이다. 둘째, 이들의 대안은 문제를 해결하기 보다는 오히려 새로운 문제를 더욱 야기 시킨다. 셋째, 이들이 제기한 문제가 사본에서 발견되어 증거 자료로 제시된 적이 없기 때문이다. Schnackenburg, *John*, I, pp. 360-63에서 요한복음 3장의 순서를 1-12, 31-36, 13-21 그리고 22-30절로 제시한다. Bultmann, *John*, 1971, pp. 131-33, 170-75; Bernard, *John*, I, pp. xxiii-xxiv을 보라.

13. Bernard, *John*, I, pp. cviii, 127을 보라.

둘째, 요한복음 2:23에서 시작한 니고데모의 이야기는 3:21에서 끝날 때 완벽한 하나의 서사 단락a complete narrative unit을 형성한다. 벤 위더링턴Ben Witherington III에 의하면 니고데모의 이야기는 세례자 요한의 이야기(요 3:22-36)와 역평행逆平行, an inverted parallelism을 이룬다.[14] 그러므로 요한복음 3:22-36은 니고데모의 이야기에 속하지 않는다. 앞에서 언급한 것처럼 요한복음 3:22은 '메타 타우타'(μετὰ ταῦτα)로 시작하면서 새로운 내용인 세례자 요한의 이야기를 언급한다.

셋째, 마지막으로 요한복음 3:22에서 예수가 제자들과 함께 "유대 땅으로"(εἰς τὴν Ἰουδαίαν γῆν, 에이스 텐 유다이안 겐) 장소를 이동한 기록은 그 장소가 어떤 장소이던 간에 새로운 단락이 시작되며, 예수와 니고데모의 이야기가 이미 끝이 났음을 암시하고 있다. 요한복음 3:22-36은 예수 그리스도에 대한 세례자 요한의 두 번째 증언을 소개하고 있다. 또한 장소도 지금까지 니고데모와 예수의 대화가 예루살렘에서 진행된 것이라면, 요한복음 3:22부터는 예수께서 제자들과 함께 새로운 장소, 즉 '유대 땅으로' 이동한 사실을 알려준다.[15] 예수가 제자들과 함

---

14. Witherington III, *John's Wisdom*, p. 92에서 두 본문을 다음과 같이 분석한다.

(1)보고	2:23-25	(1)보고	3:22-24
(2)대화	3:1-12	(2)대화	3:25-30
(3)독백/주석	3:13-21	(3)독백/주석	3:31-36

그러나 필자는 Witherington III의 견해에 전혀 동의하지 않는다. 왜냐하면 예수와 니고데모의 대화는 12절에서 끝나지 않고, 15절에서 끝나기 때문이다. 이 부분은 후에 다시 논의 할 것이다.

15. 요한복음 3:22의 "예수께서 제자들과 유대 땅으로 가서"는 앞에서 언급된 예수와 니고데모의 대화의 장소인 예루살렘과 관련해서 이해하기 쉽지 않은 본문이다. 그러므로 Bultmann은 본문의 자연스러운 이해를 위하여 요한복음 3:22-30을 현재의 위치에서 2:12뒤로 옮겨놓고 생각하고, 3:31-36을 3:21뒤로 순서를 변경한다. Bultmann, *John*, pp. 167-72를 보라. 본문을 이렇게 바꾸어 놓았을 때, 예수의 여행 일정은 여행 장소와 관련해서 이해할 수 있도록 만들어 주는 것이 사실이다. 그러나 앞의 내용과 연결해서 생각할 때 '유대 땅으로'는 예루살렘으로부터 주변지역으로 옮겨간 것을 의미하는 것처럼 보인다. C.K. Barrett, *The Gospel according to St John: An Introduction with Commentary and Notes on the Greek Text* (London: SPCK, 2nd edn, 1978), p. 201을 보라.

께 새로운 장소로 이동한 사실은 새로운 단락이 시작되었음을 암시한다. 그러므로 니고데모의 이야기는 요한복음 2:23에서 시작하여 3:21에서 끝난다고 할 수 있다. 이런 관점에서 요한복음 3:1-21에 소개된 니고데모의 이야기는 다음과 같이 요한복음 2:23-25을 포함하여 네 단락으로 문단을 나눌 수 있다.

(1) 2:23-25 니고데모 이야기의 서론
(2) 3:1-10 영생에 대한 니고데모와 예수의 대화
(3) 3:11-15 예수의 독백
(4) 3:16-21 예수의 독백을 통한 요한의 주해

네 부분으로 나누어진 각 단락을 다음 장에서 영생과 하나님 나라를 중심으로 각각 주해할 것이다.[16]

3. 요한복음 3:1-21의 석의

3.1. 영생에 대한 니고데모와 예수의 대화(1-10절)

1-10절의 단락은 영생에 대한 니고데모와 예수의 대화이다. 1절은 니고데모(Νικόδημος, '니코데모스')의 신분이 '유대인의 관원'임을 알려주고, 그가 '바리새인'(τῶν Φαρισαίων, '톤 화리사이온')이라는 사실도 소개하고 있다.[17] 니고데모가 바리새인이며 동시에 '유대인의 관원'(ἄρχων

16. 그러나 요한복음 2:23-25의 니고데모 이야기의 서론은 생략할 것이다. 요한복음 3:1-21의 구조에 대하여 Ashton, *Understanding*, pp. 374-77을 참조하라.

17. 니고데모는 요한복음 7:50-52과 19:39-42에도 다시 등장한다.

τῶν Ἰουδαίων, '알콘 톤 이유다이온')이라고 소개된 것은 그가 산헤드린의 회원임을 암시하는 것이다.[18]

2절은 니고데모가 예수를 찾은 시간이 '밤'(νυκτός, '뉙토스')이라고 기술한다. 그러나 그가 왜 밤에 예수를 찾아 왔는지 그 이유는 밝히지 않고 있다. 그가 밤에 예수를 찾아 온 이유는 여러 가지로 설명될 수 있으나 대부분 추측에 의존하고 있어서 신빙성이 없다.[19] 요한복음에서 '밤'이란 단어가 사용되었을 때 자주 부정적인 의미와 영적 어두움의 상태를 내포하고 있다는 사실은 니고데모가 밤에 예수를 찾아온 이유를 어느 정도 설명해 주는 것처럼 보인다. 즉, '밤'이란 단어는 니고데모가 예수를 찾은 시간과 관련하여 사용되면서 독자로 하여금 니고데모의 영적 어두움의 상태를 볼 수 있도록 열어놓은 창문으로 이해 할 수 있다. 그렇다면 니고데모는 영적 어두움의 상태에서 예수를 찾아 온 사람으로 이해할 수 있다. 니고데모는 예수께 먼저 말을 하기 시작하면서 '우리는 안다'(οἴδαμεν, '오이다멘')라는 1인칭 복수를 2절에서 사용한다. 이 표현에 대해서 여러 가지 견해들이 있지만, 니고데모가 '우리는 안다'는 표현을 사용한 것은 그가 자신이 속한 바리새파 또는 유대인 전체를 암시하면서 사용하는 표현처럼 보인다.[20] 2절은 계속해서 니고데모가 예수를 어떻게 이해하고 있는지에 대하여 묘사하고 있다. 즉, 니고데모는 예수를 '랍비'(ῥαββί)라고 호칭하면서 '하나님께로부터 온 선생'(ἀπὸ θεοῦ ἐλήλυθας διδάσκαλος, '아포 쎄우 엘레류싸스 디다스칼로스')으로 이해하고 있다. 니고데모가 예수를 '하나님께로부터 온 선생'으로

---

18. Barrett, *John*, p. 204; C.G. Kruse, *The Gospel according to John: An Introduction and Commentary* (Leicester: InterVarsity Press, 2003), p. 104; C.S. Keener, *The Gospel of John: A Commentary* (2 vols.; Peabody: Hendrickson, 2003), I, pp. 535-36을 보라.

19. Barrett, *John*, pp. 204-5; Kruse, *John*, pp. 104-5; Keener, *John*, I, p. 536을 참조하라.

20. Schnackenburg, *John*, I, pp. 365-66을 보라.

인식하고 있다는 사실은 그가 예수를 당시의 '율법선생' 이상으로 이해하고 있음을 암시하고 있다. 이런 니고데모의 인식의 근거는 그가 예수께서 행하신 표적들을 알고 있다는 사실에 기초하고 있다. 아마도 예수께서 행하신 표적들은 요한복음 2:1-11의 표적을 의미하거나, 요한복음 2:23에서 언급한 다른 표적들을 의미할 수 있다.[21] 예수께서 행하신 표적은 그가 하나님께로부터 보냄을 받은 인물이라는 것을 암시하고 있다. 또한 니고데모가 인식하고 있는 예수께서 행하신 표적은 보통 사람들이 행할 수 있는 표적이 아니라는 것이다. 그러므로 니고데모는 "하나님이 함께 하시지 아니하시면 당신의 행하시는 이 표적들을 아무라도 할 수 없다."(2절)고 말한다. 니고데모는 예수를 당시의 '기적을 행하는 자'a miracle worker 정도로 이해하지 않고, 적어도 구약성경에서 기적을 행한 선지자 중의 하나로 이해하고 있는 것처럼 보인다. 왜냐하면 니고데모는 예수를 '랍비'라고 호칭하면서 동시에 "당신은 하나님께로서 오신 선생인줄 아나이다."라고 말하기 때문이다. '하나님께로서 왔다'(ἀπὸ θεοῦ, '아포 데우')는 표현은 그 자체가 선지자를 보내신 하나님의 사역을 암시하는 표현으로 이해 할 수 있다.[22]

3절은 예수의 말씀으로 시작한다. 예수는 "진실로 진실로 네게 이르노니"(ἀμὴν ἀμὴν λέγω σοι, '아멘 아멘 레고 소이')라는 표현을 사용하시므로 자신의 권위를 나타내 보이신다. 이런 이중 아멘Double Amen의 사용은 요한의 독특한 표현으로 신약 성경의 다른 곳에서 그 예를 찾아볼 수 없다. 요한복음에서 이중 아멘은 예수께서 중요한 가르침을 시작하실 때 자주 사용한 표현이다.[23] 예수께서는 이중 아멘을 사용하시면서 니고데모에게 '만일 사람이 거듭나지 아니하면'(ἐὰν μή τις γεννηθῇ

21. 요 3:2과 2:23에 사용된 '표적'(σημεῖα)은 단수가 아니라 복수이다.

22. Brown, *John*, I, p. 137을 보라.

23. Schnackenburg, *John*, I, pp. 366-68; Cho, *Jesus as Prophet*, pp. 164-69를 보라.

ἄνωθεν, '에안 메 티스 겐네쎄 아노덴') 하나님 나라를 볼 수 없다고 말씀하신다. 3절에서 사용된 표현 γεννηθῇ ἄνωθεν('겐네쎄 아노덴')은 두 가지로 번역될 수 있는 용어로 첫째는 '위로부터 태어나다', 둘째는 '새롭게 태어나다'로 번역 할 수 있다. 왜냐하면 '아노덴'(ἄνωθεν)이란 단어가 두 가지 의미를 함의하고 있기 때문이다. 즉, '위로부터'와 '새롭게, 처음부터'의 두 가지 의미를 갖고 있기 때문이다.[24] 어떤 의미가 본문에 타당한 것인가를 결정하기란 쉽지 않다. 그러나 분명한 것은 자연적 출생이 아닌 '중생'의 의미를 나타내고 있는 것이 분명하다.

3절의 예수께서 하신 말씀과 더불어 우리는 니고데모가 예수를 찾아온 이유를 추측해 볼 수 있다. 즉, 니고데모가 밤에 예수를 찾아온 것은 그가 '거듭남'에 관심이 있기 때문이며, 또한 '하나님께로부터 오신' 예수로부터 영생에 대한 확신을 갖기 위함이라고 추측할 수 있다. 예수께서는 니고데모가 어떤 질문도 하기 전에 먼저 그가 질문한 것에 답변하듯이 니고데모에게 말씀하고 있다. 즉, 예수의 말씀은 '어떻게 하면 하나님 나라를 볼 수 있습니까?' 또는 '누가 하나님 나라를 볼 수 있습니까?' 라는 질문을 전제로 한 말씀으로 보이기 때문이다. 그렇다면 니고데모는 '하나님 나라를 보는 것'에 관심을 갖고 예수를 밤에 찾아 온 것이며, 밤은 1절에서 언급한 것처럼 그의 영적 어두움의 상태 즉, 하나님 나라를 볼 수 없을지도 모른다는 불안한 마음을 암시하고 있다고 볼 수 있다. 그러나 이와는 반대로 니고데모가 바리새인이며 유대인의 관원이라는 신분으로 소개되고 있는 것은 적어도 그 자신과 자신이 속한 바리새파 사람들 그리고 유대인들은 하나님 나라를 볼 수 있다는 확신을

24. BDAG, p. 92 에서 ἄνωθεν의 의미를 첫째, 'in extension from a source that is above, from above', 둘째, 'from a point of time marking the beginning of something, *from the beginning*', 셋째, 'at a subsequent point of time involving repetition, again'이라고 정의한다. 또 다른 한 가지 의미('for a long time'의 의미)를 더 언급하고 있지만 본문과는 거리가 멀다.

확인하기 위하여 예수를 찾아왔다고 생각 할 수도 있다. 어떤 이유에서 니고데모가 예수를 찾아왔던지 예수께서는 니고데모의 영적 필요성을 분명히 인식하고 있음을 그에게 말씀하신 '사람이 거듭나지 아니하면 하나님 나라를 볼 수 없다'는 표현에서 찾아 볼 수 있다.[25]

4절에 의하면 니고데모는 3절의 예수께서 하신 말씀을 분명히 생물학적 출생으로 이해한 것이 분명하다. 그러므로 니고데모는 예수의 말씀에 반응하기를 "사람이 늙으면 어떻게 날 수 있삽나이까 두 번째 모태에 들어갔다가 날 수 있삽나이까"라고 어리석은 질문을 한다. 그러나 예수께서는 니고데모의 이해가 잘못 되었음을 분명히 지적하신다. 4절에서 니고데모는 예수의 말씀을 오해하고 있다. 니고데모의 반문에서 우리는 그가 어느 정도 나이가 든 사람임을 알 수 있다. 니고데모가 "사람이 늙으면 어떻게 날 수 있삽나이까?"라고 질문했기 때문이다.[26]

5절은 예수께서 자신의 가르침을 오해한 니고데모에게 다른 각도에서 '거듭남'을 설명하고 있음을 보여준다. 5절과 3절은 다음과 같이 평행을 이루고 있다.

3절 사람이 거듭나지 아니하면 하나님 나라를 볼 수 없느니라
5절 사람이 물과 성령으로 나지 아니하면 하나님 나라에 들어갈 수 없느니라

(3b) ἐὰν μή τις γεννηθῇ ἄνωθεν οὐ δύναται ἰδεῖν τὴν βασιλείαν τοῦ θεοῦ

(5b) ἐὰν μή τις γεννηθῇ ἐξ ὕδατος καὶ πνεύματος,οὐ δύναται εἰσελθεῖν εἰς τὴν βασιλείαν τοῦ θεοῦ

---

25. Schnackenburg, *John*, I, pp. 369-71을 보라.

26. Kruse, *John*, p. 106; Barrett, *John*, p. 208을 보라.

이 평행 구절에 의하면 '거듭나는 것'(3절)은 '물과 성령으로 태어나는 것'(5절)이고, '하나님 나라를 보는 것'(3절)은 '하나님 나라에 들어가는 것'(5절)이다. 요한복음에 '하나님 나라'라는 표현은 요한복음 전체에서 오직 3절과 5절이 뿐이다.[27] 그러나 요한복음에서는 '하나님 나라에 들어가는 것'또는 '하나님 나라를 보는 것'과 동일한 의미로 '영생'이 사용되고 있다. 이런 점에서 '하나님 나라'와 '영생'은 서로 교환하여 사용할 수 있는 표현임을 암시하고 있다. 그렇다면 요한복음에서 자주 사용되고 있는 '영생'이란 표현은 공관복음에서 사용된 '하나님 나라'를 의미하는 표현이라고 할 수 있다. 이런 점에서 요한복음은 '하나님 나라'를 '영생'으로 표현하여 하나님 나라의 본질을 알려주고 있다고 말 할 수 있다.

5절에서 '물과 성령으로 난다'(γεννηθῇ ἐξ ὕδατος καὶ πνεύματος, '게네쎄 엑스 휘다토스 카이 프뉴마토스')는 표현은 요한복음에서 이해하기 어려운 구절중 하나이다. 그러므로 지금까지 여러 가지 견해가 제시 되었다. 그러나 본문에서 '물과 성령'은 모두 동일한 한 가지 사실을 의미하고 있는 것처럼 보인다. 즉, '거듭나지' 아니하면 하나님 나라에 들어갈 수 없음을 말하는 것으로 보인다. 이것은 8절에 의하면, '성령으로 태어나는' 하나의 출생을 의미하는 것으로 이해 할 수 있다. 그 이유는 다음과 같다.

첫째, 위에서 언급한 3절과 5절의 평행 구절에 의하면 3절의 '거듭나는 것'은 곧 5절의 '물과 성령으로 나는 것'과 평행을 이루고 그 결과는 모두 동일하게 하나님 나라를 보는 것, 또는 하나님 나라를 들어가는 것이기 때문에 '물과 성령으로 나는 것'은 두 종류의 서로 다른 출생을 의미하는 것이 아니라 하나의 출생 곧, '거듭나는 것'을 의미한다. 하나

---

27. '하나님 나라'와 유사한 의미로 예수께서 사용하신 표현인 '내 나라'(ἡ βασιλεία ἡ ἐμὴ) 라는 표현이 요 18:36에 3회 사용되고 있다.

의 출생은 8절에 의하면 '성령으로 나는 것'을 암시한다.

둘째, 요한복음 3:5의 '물과 성령으로' 에서 물과 성령은 모두 하나의 전치사 ἐξ('엑스')의 지배를 받고 있기 때문에 두 개념을 하나로 묶어 주는 역할을 한다. 또한 헬라어 접속사 καί('카이', '그리고, 과 또는 와')는 설명적epexegetical 접속사로서 사용되었기 때문에 물은 성령을 의미하는 것으로 '물 즉, 성령으로'라고 번역해야 한다.[28] 요한문헌에서 '카이'(καί)의 설명적 용법은 자주 발견되는 요한의 용례이다.[29] 그러므로 요한복음 3:5의 '물'은 곧 성령을 의미한다.[30]

셋째, '물'은 성령의 깨끗케 하심, 즉 성령의 정화사역을 물로 나타냈다고 이해할 수 있기 때문이다. '물'이 성령으로 비유되고 있는 것은 요한복음 4:14과 요한복음 7:38-39에서 볼 수 있다. 특히, 요한복음 7:39에서 요한은 '생수'가 곧 '성령'을 의미한다고 주석하고 있다.

넷째, 물을 성령으로 이해하는 것은 전체 성경의 가르침과도 조화를 이루고 있다. 즉, 인간의 거듭남은 물세례에 의한 것이 아니라 오직 성령의 역사에 의해서 이루어진다는 사상이다. 그러므로 이것은 3절에서 말한 '거듭남'을 다시 설명해 주고 있다. 만일 '물'을 '물세례'로, 그리고 '성령'을 '성령세례'로 해석하면, 구원이 물세례에 의해서 가능하다는 결론에 이르게 되는데, 이것은 성경 전체의 구원사상과 조화를 이룰 수 없다.[31]

6절은 자연적 출생과 영적 출생을 비교하고 있다. 즉, 생물학적 출생

---

28. F. Blass and A. Debrunner (ed. R.W. Funk), *A Greek Grammar of the New Testament and Other Early Christian Literature* (Chicago: University of Chicago Press, 1961), p. 228을 보라.

29. 요 1:16, 4:23, 계 1:19, 2:2, 19, 3:17을 보라.

30. J. Calvin, *The Gospel according to St John 1-10* (Grand Rapids: Eerdmans, 1961), p. 68.

31. Barrett, *John*, pp. 205-8; Kruse, *John*, pp. 106-8을 보라.

으로는 하나님 나라에 들어갈 수 없고, 영적 출생을 통해서만 하나님 나라에 들어 갈 수 있음을 강조하고 있다. 요한은 영적 출생을 이미 요한복음 1:12-13에서 언급한 것으로, "영접하는 자 곧 그 이름을 믿는 자들에게는 하나님의 자녀가 되는 권세를 주셨으니 이는 혈통으로나 육정으로나 사람의 뜻으로 나지 아니하고 오직 하나님께로서 난 자들이니라"라고 말한다. 요한복음 1:12-13의 영적 출생 곧, 하나님의 자녀가 되는 것은 요한복음 3:1-21의 예수와 니고데모의 대화를 통해서 좀 더 구체적으로 설명되어진다.

7절에서 예수는 니고데모에게 바리새인으로 당연히 알고 있어야 할 '중생'에 대하여 다시 한번 강조하고 있다. 8절에서 예수는 '거듭나는 것'이 성령으로 태어나는 것이라고 가르치면서 성령으로 태어나는 것을 헬라어 πνεῦμα('프뉴마')의 언어 유희word play를 통해서 설명하고 있다. 헬라어 '프뉴마'(πνεῦμα)와 히브리어 רוּחַ(루아흐)는 모두 '영' 또는 '바람'의 두 가지 의미로 각각 사용될 수 있다.[32] 9-10절에 의하면 니고데모는 이런 사실 조차도 모르고 있었던 것을 시사한다. 10절에서 예수는 니고데모를 '이스라엘의 선생'(ὁ διδάσκαλος τοῦ Ἰσραὴλ, '호 디다스칼로스 투 이스라엘')으로 호칭하면서 그가 당연히 '중생', 곧 '하나님 나라에 들어가는 것'을 알고 있어야 함을 강조한다. 결국, 요약하면 1-10절에서 예수는 니고데모에게 '영생'의 의미를 가르치면서 '영생'은 '거듭나는 것'(3, 7절), '하나님 나라를 보는 것'(3절), '하나님 나라에 들어가는 것'(5절), '물과 성령으로 태어나는 것'(5절), '성령으로 태어나는 것'(8절)으로 반복해서 설명하고 있다.

32. BDB, pp. 924-26; Barrett, *John*, pp. 210-11; Kruse, *John*, p. 108을 보라.

3.2. 예수의 독백(11-15절)

이 단락(11-15절)에서 주목할 것은 화자가 1인칭 단수에서 복수로 변경된 것이다. 11절은 예수의 권위를 드러내는 이중 아멘으로 시작된다. 예수는 자신의 말을 '내가 안다'라고 말하지 않고, '우리가 안다'(οἴδαμεν, '오이다멘')고 말한다. 이것은 2절의 니고데모가 사용한 '우리가 안다'(οἴδαμεν, '오이다멘')와 동일한 표현이다. 그렇다면 예수는 니고데모를 가르치시면서 그가 이미 사용했던 동일한 표현을 다시 니고데모에게 의도적으로 사용하고 있는 것처럼 보인다. 예수께서 니고데모가 사용한 동일한 표현을 사용하신 이유는 니고데모와 그가 속한 바리새파 그리고 유대인들이 '영생'에 대하여 알고 있는 것이 잘못되었음을 분명하게 지적하기 위한 의도 때문인 것처럼 보인다.[33]

12절은 '땅의 일'(τὰ ἐπίγεια, '타 에피게이아')과 '하늘의 일'(τὰ ἐπουράνια, '타 에푸라니아')이 비교되고 있다. '땅의 일'은 니고데모에게 하나님 나라에 들어가는 것을 자연적 출생에 비교한 예수의 말씀(3절)을 의미하는 것처럼 보이고, '하늘의 일'은 '물과 성령으로 출생하는 것'(5절), '성령으로 출생하는 것'(8절) 자체를 의미하는 것 같다. 뿐만 아니라, '하늘의 일'은 요한복음 3:16에서 좀 더 구체적으로 설명되고 있다. 또한 '하늘의 일'은 '땅의 일'로 경험되어지고 있는데, 이런 사실은 요한복음 1:14, 18에서 언급되고 있다. 요한복음 1:12-13에 의하면 '하늘의 일'은 하나님의 자녀가 되는 것으로, 이것은 '혈통으로나 육정으로나 사람의 뜻으로 나지 아니하고 오직 하나님께로부터' 출생해야 가능한 것이다.[34]

13절은 '하늘의 일'을 구체적으로 설명하려는 예수 자신에 대한

---

33. Schnackenburg, *John*, I, pp. 375-77; Kruse, *John*, p. 109를 보라.

34. Schnackenburg, *John*, I, pp. 377-79; Kruse, *John*, p. 110을 참조하라.

언급이다. 즉, '하늘의 일'은 '하늘에서 내려온 자'(ὁ ἐκ τοῦ οὐρανοῦ καταβάς, '호 에크 투 우라누 카타바스')만이 분명하게 설명할 수 있음을 암시한다. '하늘에서 내려온 자'는 '인자'(ὁ υἱὸς τοῦ ἀνθρώπου, '호 휘오스 투 안뜨로프')라고 말하며, 오직 '인자'만이 '하늘에 올라간 자'(ἀναβέβηκεν εἰς τὸν οὐρανὸν, '아나베베켄 에이스 톤 우라논')라고 단언한다.[35] '하늘에서 내려온 자'라는 표현에서 인자만이 '하늘에 올라간 자'일 뿐만 아니라 본래 하늘에 계신 자임을 암시하고 있다. 인자가 본래 하늘에 계신자 임을 요한복음 1:51은 분명하게 보여준다. 요한복음 1:51에서 예수께서는 "하늘이 열리고 하나님의 사자들이 인자 위에 오르락 내리락하는 것을 보리라"고 말씀하신다.

14-15절은 '인자'의 수난을 모세가 광야에서 놋 뱀을 든 사건(민 21:4-9)과 비교하며 암시하고 있다. 14절에서 사용된 헬라어 ὑψόω('휩쏘오')는 이중적 의미가 있는데, 하나는 '들리워 올라간다'이고, 다른 하나는 '영광을 얻다, 명예를 얻다'이다.[36] 14절의 '인자가 들려야 하리니'(οὕτως ὑψωθῆναι δεῖ τὸν υἱὸν τοῦ ἀνθρώπου, '후토스 휩쏘떼나이 데이 톤 휘온 투 안쓰로프')라는 표현은 직접적으로 예수의 십자가 사건을 의미하고 있다(참조. 요 8:28, 12:32). 뿐만 아니라, 십자가 사건을 통해서 영광을 얻으실 것을 암시하고 있다(참조. 요 12:23, 13:31-32).

15절에서 '인자'가 들려야 하는 사건이 '영생'과 관련되어 있음을 암시하고 있다. 14-15절은 '인자'를 믿는 자만이, 다시 말해서 십자가에 달리신 예수를 믿는 자만이, 영생을 소유할 수 있음을 광야에서 불 뱀에 물려 죽어가는 사람들에게 모세가 놋 뱀을 만들어 장대에 매달았을

35. Barrett, *John*, pp. 212-13; 요한복음의 인자에 관한 자세한 논의는 다음을 보라. F.J. Moloney, *The Johannine Son of Man* (Roma: Ras, 2nd edn, 1978); D. Burkett, *The Son of Man in the Gospel of John* (JSNTSS 56; Sheffield: JSOT Press, 1991).

36. BDAG, pp. 1045-46.

때 그 놋 뱀을 쳐다본 사람만이 살아난 사건을 통해서 설명하고 있다.[37] 11-15절에서 예수께서는 니고데모에게 구약의 사건을 비유로 사용하면서 영생 곧, 하나님 나라에 들어가는 것을 설명하고 있다.[38]

3.3. 예수의 독백을 통한 요한의 주석(16-21절)[39]

16절은 구원의 보편 진리를 제시하고 있다. 16절의 '하나님이 세상을 이처럼 사랑하사 독생자를 주셨으니 이는 저를 믿는 자마다 멸망치 않고 영생을 얻게 하려 하심이니라'는 요한복음 1:12-14, 17을 다시 설명하고 있는 것처럼 보인다.[40] 17절은 16절에 언급된 하나님이 독생자를 주신 이유를 다시 한번 더 설명하고 있다. 16절에서 '영생을 얻는 것'은 17절에서 '구원을 받는 것'으로 설명된다. 16-17절에서 언급된 '하나님께서 그 아들을 보내신 것은 세상을 심판하기 위함이 아니라'는 표현은 요한복음 8:15, 26, 12:47에서도 나타난다. 그러나 요한복음 5:22, 30은 예수께서 사람들을 심판하실 것을 암시하고 있다. 그러므로 서로 상반되는 두 명제는 모순처럼 보인다. 이런 모순을 어떻게 해결할 수 있을까? 16-17절은 하나님께서 아들을 보내신 일차적 목적이 세상을 사랑하셔서 그 아들 예수를 믿는 자들이 멸망치 않고 영생을 얻게 하는데 있다는 의미이다. 하나님께서는 자신이 세상을 심판하시는 것이 아니라는 사실을 분명히 선포하고 있다. 그러나 마지막 심판은 그 아들 예수께 맡기고 있다(요 5:22). 그렇지만 마지막 심판을 그 아들

37. Barrett, *John*, pp. 213-215; Kruse, *John*, pp. 110-11을 보라.

38. Kruse, *John*, pp. 111-13을 참조하라.

39. 요한복음 3:16-21이 예수의 독백을 통한 요한의 주석이라는 주장은 다음 장에서 논의될 것이다.

40. Barrett, *John*, pp. 215-16; Kruse, *John*, pp. 113-15를 보라.

예수께 맡긴 이유도 '모든 사람으로 아버지를 공경하는 것 같이 아들을 공경하게 하려 하심'이 목적이다(요 5:23).[41] 그러므로 예수께서 요한복음 5:24에서, "내 말을 듣고 나 보내신 이를 믿는 자는 영생을 얻었고 심판에 이르지 아니하나니 사망에서 생명으로 옮겼느니라."고 선언한다. 하나님께서 그 아들 예수를 세상에 보내신 근본 목적은 세상이 구원을 받게 하기 위함이다. 16-17, 19절에 사용된 '세상'(κόσμος, '코스모스')은 요한복음에서 부정적 의미로 '이 땅의 불신자들'을 암시한다(참조. 요 1:5). 즉, 세상은 그 아들 예수를 '알지 못하는 자들'(요 1:10)이고 예수를 '영접하지 아니한 사람들'(요 1:11)이다.[42]

18절은 구원과 심판이 이미 시작된 사실을 암시한다. 18절에 사용된 '벌써'(ἤδη, '에데')는 하나님이 보내신 독생자 예수의 이름을 믿으면 이미 구원을 얻은 것이며, 믿지 않으면 이미 심판을 받은 것이라는 종말론적 선언으로 구원과 심판이 이미 이 땅에 현존하고 있음을 시사하고 있다. 19-21절은 심판의 과정을 설명하고 있다. 19절은 요한복음 1:4-5의 교훈을 다시 언급한다. 19절에서 사람들이 '어두움을 더 사랑하는' 이유가 20절에서 설명되고 있다. 20절은 어두움을 더 사랑하는 이 사람들은 '악을 행하는 자'이며, 빛으로 말미암아 자신의 행위가 들어날까 염려하고 있는 사람들이라고 선언한다. 21절은 '빛을 미워하는 자'와 대조적으로 '빛을 사랑하는 자'를 언급하면서, '빛을 사랑하는 자'는 곧 '진리를 좇는 자'라고 설명한다. 또한 '진리를 좇는 자'는 '하나님 안에서 행하는 자'라고 설명하면서 행함이 곧 심판의 근거가 된다는 사실을 밝히고 있다. 요한복음 5:29은 "선한 일을 행한 자는 생명의 부활로 악한 일을 행한 자는 심판의 부활로 나오리라"라고 선언하면서 행위 심판을 시사하고 있다. 19-21절은 심판이 사람들의 행하는 행위를 통

41. Kruse, *John*, pp. 115-16을 참조하라.

42. Schnackenburg, *John*, I, pp. 398-400을 참조하라.

해서 이미 시작되고 있음을 암시한다.[43] 16-21절은 영생의 의미를 심판과 구원을 통해서 분명하게 드러내고 있다.

4. 요한복음 3:16-21의 화자(話者)[44]

요한복음 3:16-21을 말하고 있는 주인공은 누구인가? 전통적으로 이 문제에 대하여 두 가지 전혀 다른 견해가 있다. 하나는 요한복음 3:16-21이 예수의 독백이라는 주장이고, 다른 하나는 요한복음을 기록한 요한의 말이라는 주장이다. 먼저 전통적인 두 견해를 살펴보고 본문의 대화의 주인공을 제안할 것이다.

4.1. 예수의 독백

이 주장은 예수와 니고데모의 대화가 15절에서 끝나지 않고 계속된다는 전제하에 본문에서 예수의 담화가 계속된다고 생각하는 것이다. 이렇게 주장하는 이유는 다음과 같다. 첫째, 16절에 사용된 헬라어 '가르'(γάρ, '왜냐하면')가 앞에서 시작된 니고데모와 예수의 대화의 계속을 암시하는 연결 단어라고 보기 때문이다. 이것에 근거해서 허치슨G. Hutchson은 예수가 앞에서 언급한 '영생'(14-15절)을 16-21에서 구체적으로 설명하고 있다고 본다.[45] 다시 말해서, 예수가 영생을 언급한

---

43. Schnackenburg, *John*, I, pp. 403-9; Kruse, *John*, p. 117; Barrett, *John*, pp. 217-19를 참조하라.

44. 이 단락의 논의는 필자의 석사학위 논문의 한 부분에 기초한 것이다. Sukmin Cho, "John 3.16-21: A Study of Its Themes and Overall Function" (Bristol: University of Bristol, Unpublished MA thesis, 1997), pp. 12-17을 참조하라.

45. G. Hutchson, *The Gospel of John* (London: Banner of Truth, 1657), p. 47을 보라.

11-15절의 내용이 다시 16-21절에서 좀 더 구체적으로 예수에 의해서 부연 설명되고 있다고 주장하면서, 그 근거로 '가르'가 16절에 사용되었기 때문이라는 것이다. 이와 유사하게 헹스텐버그E.W. Hengestenburg도 주장하기를 예수의 말씀이 15절에서 끝났다는 증거가 없다고 말한다. 헹스텐버그가 이렇게 주장하는 이유도 허치슨과 동일하게 '가르'의 사용 때문이다.[46] 거스리D. Guthrie는 16절의 '가르'가 앞에서 시작한 예수와 니고데모의 대화가 계속되고 있음을 보여주며, 16절부터 예수의 독백이 시작된다고 생각한다.[47] 그러나 '가르'의 사용을 근거로 이런 주장들을 하는 것은 설득력이 없다. 비록 '가르'가 앞뒤의 두 문장 또는 문맥을 연결시켜주는 역할을 할 수 있다고 할지라도 16절의 경우는 적합하지 않다. 요한복음에서 때때로 '가르'의 사용은 저자의 설명과 주석을 소개할 때 나타나며, 그 후에 예수의 직접적인 교훈이 따라오기도 한다(요 4:8, 6:64, 13:11). 다른 경우에는 '가르'가 저자의 주석을 소개할 때 사용되기도 한다(요 2:25, 5:13, 6:6, 7:39, 20:9).[48]

둘째, 예수가 사용한 표현들이 요한복음 3:16-21에서 발견된다고 생각하기 때문이다. 예를 들면, 고데(F.L. Godet)는 16-21절에서 예수와 니고데모가 '하늘의 것'heavenly things에 대하여 계속 대화하고 있다고 주장한다.[49] 고데의 이런 주장의 근거는 (1)19절의 과거시제는 11절

---

46. E.W. Hengestenburg, *Commentary on the Gospel of St John* (2 vols.; Minneapolis: Klock & Klock, 1980[1865]), I, p. 183.

47. D. Guthrie, 'John' in D. Guthrie *et al*, *New Bible Commentary* (Leicester: Inter-Varsity Press, 3rd edn, 1970), pp. 926-67, 특히 p. 937; Brown, *John*, I, pp. 136-37을 보라, 브라운은 말하기를 "verse 16 is not to be completely dissociated from 14-16 in theme; and once again 16 starts with a connective ga,r that works against any theory of a new speaker"(p. 149).

48. M. Steele, 'Where Does the Speech Quotation End in John 3:1-21?', *Notes on Translation* 2 (1988), 51-58, esp. p. 54를 보라.

49. F.L. Godet, *Commentary on John's Gospel* (Grand Rapids: Kregel, 1978), pp. 394-96.

의 비난과 같이 예수의 입에서 나온 말이라고 보기 때문이다. (2)16절과 18절에서 사용된 헬라어 단어 '모노게네스'(μονογενής)를 예수가 사용하지 않은 용어라고 주장하는 것은 전혀 고려할 것이 못된다. 그 이유는 3절과 5절에서 사용된 '거듭남, 물과 성령으로 거듭남'이란 표현도 예수의 다른 이야기 속에서 발견되지 않기 때문이다. 그러나 고데의 주장은 다음과 같은 이유에서 동의할 수 없다. (a)11절은 분명히 ἀμὴν ἀμὴν λέγω σοι('아멘 아멘 레고 소이')로 시작하는데 '아멘 아멘'(ἀμὴν ἀμὴν)은 예수의 권위있는 말씀 선포의 방법으로 확실히 예수의 말씀이 분명하다. 그러나 19절의 과거시제 동사들, ἐλήλυθεν('엘레류쎈'), ἠγάπησαν('헤가페산'), 그리고 ἦν('헨')은 11절과 관련하여 예수가 사용한 동사들이라는 어떤 암시가 없다. (b)또한 16절과 18절에 사용된 '모노게네스'(μονογενής)란 단어는 요한복음을 기록한 요한의 용어이다. 왜냐하면 이 단어는 예수의 정체와 관련하여 요한복음에서 오직 요한에 의해서만 사용되었기 때문이다(요 1:14, 18, 참조. 요일 4:9).[50] 그러므로 예수의 말씀은 요한복음 3:15에서 끝나고, 16-21절은 예수의 독백으로 볼 수 없다.

4.2. 요한복음 저자의 설명

에라스므스Erasmus이래 많은 요한복음 학자들은 요한복음 3:16-21이 요한복음을 기록한 요한의 말이라고 주장하였다.[51] 이들의 주장에

50. Carson, *John*, p. 203; Morris, *John*, p. 228, note 70; Bernard, *John*, I, p. 117. Bultmann, *John*, p. 153, note 1에서 불트만은 16절과 18절의 μονογενής는 요한 자신의 용어라고 주장한다. 헬라어 단어 μονογενής에 관한 자세한 논의는 F. Buchsel, 'μονογενής', *TDNT*, IV, pp. 737-41을 참조하라.

51. B.F. Westcott, *The Gospel according to St John* (London: John Murray, 1908), pp. 118-19; Bernard, *John*, I, p. 117; Morris, *John*, p. 228, note 70; Bultmann, *John*, p. 130, 153 note 1을 보라.

의하면 예수와 니고데모의 대화는 15절에서 이미 끝났다. 이들의 주장은 다음의 이유로 앞에서 언급한 주장 보다 좀 더 설득력이 있어 보인다. 첫째, 16절의 οὕτως γάρ('후토스 가르')는 요한 자신의 설명이 시작되고 있음을 암시하기 때문이다. 이런 표현은 요한이 요한복음에서 자주 사용하는 표현이다.[52] 그러므로 예수의 독백은 15절에서 끝난다. 둘째, 요한복음 3:16-21은 전형적인 요한의 표현과 용어들이 사용되고 있기 때문이다. 예를 들면, μονογενής('모노게네스', 요 3:16, 18, 참조 요 1:14, 18), πιστεύειν εἰς τὸ ὄνομα('피스테우에인 에이스 토 오노마', '그 이름을 믿는 것', 요 3:16, 18, 참조. 1:12, 2:23), ὁ ποιῶν τὴν ἀλήθειαν('호 포이온 텐 알레데이안', '진리를 행하는 자', 요 3:21)은 요한이 사용한 용어와 표현들이다. 모리스는 '피스테우에인 에이스 토 오노마'(πιστεύειν εἰς τὸ ὄνομα)와 '호 포이온 텐 알레떼이안'(ὁ ποιῶν τὴν ἀλήθειαν)이란 표현은 예수의 말씀에서 발견되지 않고 요한의 말 속에서만 발견된다고 말한다.[53] 더욱이 브라운은 '피스테우에인 에이스 토 오노마'는 믿음을 나타내는 요한의 독특한 표현이라고 주장한다.[54] 셋째, 과거시제 동사들, ἔδωκεν('에도켄', 요 3:16), ἀπέστειλεν('아페스테이렌', 요 3:17), ἐλήλυθεν('엘레류뗀', 요 3:19)은 요한 자신의 회고임을 암시하기 때문이다. 버나드J.H. Bernard는 이 과거 시제 동사들이 과거의 큰 사건을 회고하고 있는 저자 요한 자신의 회고를 위하여 사용되었다고 주장한다.[55] 타운스E. Towns는 16절의 ἠγάπησεν('헤가페센')과 ἔδωκεν('에도켄')은 '십자가 사건 후의 상황'postcrucifixion context에서 보다 잘 이해될 수 있

52. 요 2:25, 3:16, 3:24, 4:44, 6:6, 71, 7:39, 등을 참조하라.

53. Morris, *John*, p. 228, note 1.

54. Brown, *John*, I, p. 512.

55. Bernard, *John*, I, p. 117.

는 단어라고 주장한다.[56] 이런 이유에서 요한복음 3:16-21이 요한의 말이라고 주장하는 것은 앞에서 언급한 것보다 설득력이 있어 보이는 것이 사실이다. 그러나 본문의 내용은 예수의 독백이 계속되는 것처럼 보이기 때문에 이 주장도 만족할 만한 것은 아니다. 그러므로 앞에서 언급한 두 견해보다 만족스러운 대안을 제시해 보려고 한다.

4.3. 예수의 독백을 통한 요한의 주석

요한복음 3:16-21은 앞에서 살펴본 것처럼 예수의 독백이 계속되고 있는 것처럼 보인다. 그러나 동시에 예수의 독백은 곧 요한의 주석처럼 보이기도 한다. 요한복음을 기록한 요한은 예수의 입술로 자신의 주석을 말하고 있는 것처럼 보인다. 이러한 방법은 요한복음 안에서 발견되는 요한의 문학적 방법Johannine literary techniques가운데 하나로 이해할 수 있다. 본문에서는 니고데모와 예수의 대화 속에 등장하는 여러 가지 신학적 주제들이 계속되고 있다. 예를 들면, '하나님의 사랑'(요 3:13-14, 16), '믿음'(요 3:8, 11-12, 15, 16, 18), '영원한 생명'(요 3:3, 5, 15, 16), '심판'(요 3:3, 5, 18-21)이란 주제들이다. 이런 관점에서 요한복음 3:16-21은 예수와 니고데모의 대화에서 완전히 분리되어진 것은 아니라고 생각된다. 그러므로 11절에서 시작된 예수의 독백은 15절에서 끝난 것이 아니라 요한복음 3:16-21에서도 계속되고 있으며, 동시에 예수의 입술을 통해서 요한이 자신의 주석을 이 본문에서 말하고 있는 것처럼 보인다. 그러면 어떻게 요한은 예수의 입술을 통해서 자신의 주석을 말하는 것이 가능한가?

---

56. E. Towns, *The Gospel of John: Believe and Live* (Old Tappan: Fleming H. Revell, 1990), p. 81; Morris, *John* p. 228에서 모리스는 타운스와 비슷한 견해를 보이면서 16절과 관련하여 "the death on the cross appears to be spoken of as past, and there are stylistic indications that John is speaking for himself"라고 언급한다.

요한복음 3:16-21은 요한의 주석이며 동시에 이 주석에서 예수의 독백이 계속되고 있다는 암시를 16절에 사용된 '후토스 가르'(οὕτως γάρ)에서 발견할 수 있다. 특히 16절에 사용된 '가르'는 두 가지 기능을 갖고 있는 것처럼 보인다. 즉 16절의 '가르'는 본문의 문맥 속에서 '계속성'과 '설명'의 기능을 동시에 보여주고 있다.[57] 이런 점에서 16절에 사용된 '가르'는 요한의 주석이 시작되고 있음을 알리는 표시이며, 동시에 요한복음 3:1-15에 나타난 예수와 니고데모의 대화의 계속을 알리는 신호이다.[58] 16절에 사용된 '가르'가 본문의 문맥 속에서 두 가지 기능을 갖고 있는 이유는 니고데모가 예수의 가르침을 오해하고 있기 때문이다. 특히 니고데모의 오해는 예수께서 가르친 거듭남의 주제이다. 예수와 니고데모의 대화 속에서 거듭남의 주제에 대한 니고데모의 오해는 예수로 하여금 니고데모의 오해를 바로잡도록 좀 더 깊이 있는 가르침을 베풀 필요를 느끼게 한다.[59]

그러므로 요한복음 3:16-21에서 거듭남의 주제가 한 차원 높게 설명되어지고 그 의미를 확장시키고 있다. 그러므로 예수는 니고데모와의 대화 속에서 이미 가르친 거듭남 즉, 하나님 나라에 들어감에 대한 주제(요 3:1-10)를 '영생'과 관련해서 요한복음 3:11-15에서 다시 요약하여 가르친다. 그러나 니고데모는 여전히 예수의 가르침을 분명하게 이해하지 못하고 있기 때문에, 예수께서는 좀 더 명확하게 니고데모의 오해를 수정할 필요를 느낀 것 같다. 그러므로 예수께서는 요한복음

---

57. 16절에 사용된 ga,r의 계속성은 이 글의 4.1. 예수의 독백에서 이미 언급되었고, 설명적 기능은 4.2. 요한복음의 저자의 설명에서 부분적으로 언급되었다. BDAG, pp. 189-90; V.S. Poythress, 'The Use of the Intersentence Conjunctions *DE, OUN, KAI* and Asyndeton in the Gospel of John', *NovT* 26(1984), pp. 312-40, 특히 pp. 319-20을 참조하라.

58. S.E. Porter, *Idioms of the Greek New Testament* (Sheffield: Sheffield Academic Press, 1992), pp. 207-8을 보라.

59. B. Lindars, *John* (Sheffield: JSOT Press, 1990), p. 41을 참조하라.

3:16-21에서 니고데모의 오해를 시정하기 위하여 이미 다루어진 주제, '거듭남'을 설명하고, 동시에 요한은 예수의 입술을 통해서 자신의 주석을 말한다.

본문에서 요한은 예수의 독백을 자신의 주석으로 사용하고 있으며, 예수의 가르침이 계속되고 있음을 간접적으로 암시하고 있다. 요한이 요한복음 3:16-21에서 예수의 독백을 자신의 주석에서 사용하고 있다는 암시는 15-16절에서 발견된다.[60] 예수와 니고데모의 대화 속에 등장한 대화의 주제는 '중생'이다. 즉, '하나님 나라에 들어가는 것'(요 3:3-5, 7-8)이다. 그러나 니고데모는 거듭남의 의미를 오해하였다. 예수는 니고데모의 오해를 시정하기 위하여 결국 '하나님 나라'를 15절에서 '영생'으로 바꾸어서 설명한다. 예수께서 '하나님 나라'를 '영생'으로 바꾸어서 설명한 후에 요한은 두 가지 표현을 16-21절에서 동일한 의미로 사용한다. 이것은 아래와 같이 15절과 16절 후반부의 평행 구조를 통해서 나타난다.

15절	저를 믿는 자마다	영생을 얻게 하려 하심이라
16절 b	저를 믿는 자마다 (멸망치 않고)	영생을 얻게 하려 하심이니라

15 ἵνα πᾶς ὁ πιστεύων ἐν αὐτῷ ἔχῃ ζωὴν αἰώνιον

16b ἵνα πᾶς ὁ πιστεύων εἰς αὐτὸν μὴ ἀπόληται ἀλλ' ἔχῃ ζωὴν αἰώνιον

이 평행 구절은 '예수의 목소리와 요한의 목소리가 하나가 되고 있음'을 분명히 암시하고 있다.[61] 이것이 예수의 독백과 요한의 주석

---

60. Carson, *John*, p. 204를 보라.

61. D.M. Smith, *The Theology of the Gospel of John* (NTT; Cambridge: Cambridge

이 하나가 되는 전환점the turning point이다. 요한은 16절에서 ζωὴν αἰώνιον('조에 아이오니온', '영생')을 중생의 의미로 사용한다. 그러나 이것은 예수가 5절에서 언급한 τὴν βασιλείαν τοῦ θεοῦ('텐 바시레이안 투 떼우', '하나님의 나라')를 15절에서 '영생'으로 바꾸어서 설명한 것이다. 즉, 요한의 예수the Johannine Jesus는 요한의 입술을 통하여 말씀하고 있고, 동시에 요한은 예수의 입술을 통하여 자신의 주석을 말하고 있는 것이다. 결국 요한복음 3:16-21을 말하고 있는 주인공은 요한이며, 동시에 예수도 요한의 입술을 통해서 말씀하시며 니고데모의 오해를 시정시키고 있다. 이런 점에서 요한복음 3:16-21은 예수와 니고데모의 대화의 한 부분이 된다.

5. 결론

지금까지 요한복음 3:1-21을 살펴보았다. 첫째, 니고데모의 이야기의 시작과 끝이 어디인지를 고찰했다. 니고데모의 이야기는 요한복음 2:23에서 시작하여 3:21에서 끝나고 있음을 보았다. 둘째, 요한복음 3:1-21을 영생과 하나님 나라에 초점을 맞추어 본문 전체를 주해하며 살펴보았다. '영생'은 '하나님 나라'와 바꾸어 쓸 수 있는 단어로 요한복음에서 '영생'은 공관복음에서 '하나님 나라'를 의미한다. 하나님 나라의 본질은 영생이다. 셋째, 마지막으로 요한복음 3:16-21을 언급한 주인공이 누구인지를 조사하였다. 요한복음 3:16-21은 요한의 주석이며, 요한은 예수의 입술로 말하고 있고, 동시에 예수께서도 요한의 입술을 통해서 말씀하시며 니고데모의 오해를 시정시키고 있다. 예수의

University Press, 1995), p. 26.

목소리와 요한의 목소리가 하나가 되는 전환점은 요한복음 3:15-16의 평행 구절이다.

제 7 장

요한복음의 사마리아 종교

A New Perspective on John's Gospel

● 제 7 장 ●

요한복음의 사마리아 종교[1]

1. 서론

이 글은 요한복음에 암시된 사마리아 종교[2]에 대하여 '타헤브'(תהב, Taheb)를 중심으로 살펴보고, 해당 본문을 석의하려는 것이다. 타헤브를 가장 잘 암시해주고 있는 신약성서 본문은 요한복음 4:19의 "그 여인이 그[예수]에게 말하되, '주여, 내가 이해하기로 당신은 그 선지자입니다.'"와 4:25의 "그 여인이 그[예수]에게 말하되, '나는 그리스도라고 부르는 메시야가 오실 것을 압니다. 그분이 오시면 우리에게 모든 것을

---

1. 이 글은 필자의 '사마리아 종교의 타헤브(Taheb)'『Cannon & Culture』6 (2009), pp. 123-49에 게재되었던 것을 수정 보완한 것이다.

2. 이 글에서 '사마리아 종교'는 사마리아인들이 고백한 신조를 근거로 신앙생활을 했던 종교를 의미하며 현재 그 내용을 사마리아 문헌에서 어느 정도 확인할 수 있다. '사마리아 종교'에 관하여 R.T. Anderson and T. Giles, *The Keepers: An Introduction to the History and Culture of the Samaritans* (Peabody: Hendrickson, 2002), pp. 117-33을 참조하라. 신약성서에 등장하는 '사마리아'(Σαμάρεια, Samaria) 또는 '사마리아인'(Σαμαρίτης, Samaritan)이란 단어는 공관복음서와 사도행전에 집중해서 나타난다. 공관복음서 가운데 '사마리아인'라는 단어는 마태복음 10:5에 한 번 사용되었지만, 마가복음에는 두 단어 모두 단 한 번도 전혀 언급되지 않았다. 누가복음은 '사마리아'가 1회(17:11), '사마리아인'이 3회(눅 9:52; 10:33; 17:16) 사용되었고, 사도행전에는 '사마리아'가 7회(행 1:8; 8:1, 5, 9, 14; 9:31; 15:3), '사마리아인'이 1회(행 8:25) 등장한다. 요한복음은 '사마리아'가 3회(요 4:4, 5, 7), '사마리아인'이 6회(요 4:9⟨3회⟩, 39, 40; 8:48) 사용되었다. 문상희 「사도행전 주석」(서울: 연세대학교출판부, 1999), pp. 161-62.

알려 주실 것입니다.'"이다.[3] 요한복음의 이 본문들은 사마리아 종교의 타헤브에 대한 지식과 이해가 없으면 해석적 오류를 범할 여지가 많은 본문이다. 이런 점에서 타헤브에 관한 연구는 신약성서 해석과 관련하여 큰 의미가 있을 것으로 기대한다. 이 연구를 위하여 첫째, 사마리아인 및 사마리아 종교에 관하여 개괄적으로 간략하게 고찰할 것이다. 둘째, 사마리아 종교, 특히 사마리아 신학의 종말론에 등장하는 타헤브의 의미와 역할을 살펴볼 것이다. 셋째, 신약성서에 암시된 타헤브에 관하여 요한복음 4:19과 4:25의 의미를 해석하며 논의할 것이다.

사마리아 종교에 등장하는 타헤브의 정체를 파악하기 위해서는 이와 관련된 여러 자료들의 도움을 얻어야 한다.[4] 그 자료들 가운데 일차 자료는 사마리아 오경the Samaritan Pentateuch,[5] 사마리아 탈굼the Samaritan

3. 요한복음 4:19, 25의 한글 번역은 필자의 사역(私譯)이며, 이 본문들과 관련된 타헤브에 관하여 이 글 뒷부분에서 다루어 질 것이다. 이 글에서 신구약성서의 인용은「개역개정」을 사용하며, 기타 번역을 사용할 경우 그것을 언급할 것이다.

4. 사마리아 종교와 관련된 자료들은 다음과 같다. J.-P. Rothschild, 'Samaritan Manuscripts: A Guide to the Collections and Catalogues', in A.D. Crown (ed.), *The Samaritans* (Tübingen: J.C.B. Mohr[Paul Siebeck], 1989), pp. 771-94; R.T. Anderson, 'Samaritans', in D.N. Freedman (ed.), *The Anchor Bible Dictionary* (6 vols.; New York: Doubleday, 1992), V, pp. 940-47; B.K. Waltke, 'Samaritan Pentateuch', in *Anchor Bible Dictionary*, V. 945-46; A.L. Loewenstamm, 'Samaritan Chronology', in *Encyclopaedia Judaica* (16 vols.; Jerusalem: Keter, 1972), XIV, pp. 748-52; J. Bowman, *Samaritan Documents Relating to their History, Religion and Life* (Pittsburgh Original Texts and Translations Series 2; Pittsburgh, PA: Pickwick Press, 1977); J.A. Montgomery, *The Samaritans, the Earliest Jewish Sect: Their history, Theology, and Literature* (Eugene: Wipf & Stock, 2006[1907]).

5. R.T. Anderson and T. Giles, *Tradition Kept: The Literature of the Samaritans* (Peabody: Hendrickson, 2005), pp. 3-47; Waltke, 'Samaritan Pentateuch', in *Anchor Bible Dictionary*, V. pp. 945-46을 참조하라. 사마리아 오경은 히브리어 본문의 교정판이다. 사마리아 오경에 사용된 히브리어 서체는 마소라 본문에 사용된 네모꼴 히브리어 서체(square script), 일명 앗시리아 서체(Assyrian script)가 아니라, 페니키아-고대 히브리어 서체(Phoenician-Old Hebrew script), 즉 고대 히브리어 서체(paleo-Hebrew script)로 씌어져 있다. 마소라 본문과 사마리아 오경을 비교해볼 때 약 6,000여 곳의 차이가 있으나 철자상의 차이가 그 주종을 이루고, 다르다고 해도 본문의 의미상 다른 것은 그리 많지 않다. 마소라 본문과 다른 6,000여 곳 중에서 1,900여 곳은 70인역과 일치

Targum,[6] 메마르 말카Memmar Marqah,[7] 예식서와 관련된 문헌들Liturgical Works,[8] 아세이티르Asatir,[9] 사마리아 여호수아the Samaritan Joshua,[10] 사마리아 역대기the Samaritan Chronicles,[11] 등이다.[12] 하지만 이 연구는 앞에서 언급한 이 모든 문헌들을 전부 다루지 않을 것이다. 그 이유는 이 문헌들 가운데 어떤 자료들은 매우 늦은 시기에 작성되었기에 이 연구와 직접적으로 관련이 없기 때문이다. 예를 들면, 사마리아 여호수아는 이 책의 가장 오래된 부분이 14세기 후반에 기록된 것으로 매우 늦은 연대이기 때문이다.[13] 사마리아 오경의 경우 약 150개의 자료가 현존해 있는데, 몇 부분은 부분적인 상태로 남아 있고, 이 자료의 작성 시기는 9세기부터 금세기 초기에 까지 이른다.[14] 물론 사마리아 종교와 관련된

한다. 마소라 본문과의 차이점 중에서 극히 일부는 사마리아 사람들의 신학을 반영하는 고의적 변경도 있다(예를 들면, 출 20:17 끝부분에 그리심 산(the Mount Gerizim)에 성소를 지으라는 말이 첨가됨). Kyung-Rae, Kim, "Studies in the Relationship between the Samaritan Pentateuch and the Septuagint" (Unpublished PhD Thesis; Jerusalem: Hebrew University, 1994), pp. 17-20, 311-30을 참조하라.

6. Montgomery, *Samaritans*, pp. 290-93; Anderson, 'Samaritans', p. 945를 참조하라.

7. J. Macdonald (ed. and trans.), *Memar Marqah: The Teaching of Marqah* (Beihefte zur Zeitschrift für die alttestamentliche Wissenschaft 84; 2 vols.; Berlin: Alfred Töpelmann, 1963); Anderson, *Tradition Kept*, pp. 265-358을 참조하라.

8. A.E. Cowley, *The Samaritan Liturgy* (2 vols.; Oxford: Oxford University Press, 1909)을 참조하라.

9. A. Tal, 'Asatir', in A.D. Crown, R. Pummer and A. Tal (eds.), *A Companion to Samaritan Studies* (Tübingen: J.C.B. Mohr, 1993), pp. 226-28을 참조하라.

10. Anderson, *Tradition Kept*, pp. 49-142를 참조하라.

11. Anderson, *Tradition Kept*, pp. 221-61; Loewenstamm, 'Samaritan Chronology', *Encyclopaedia Judaica*, XIV, pp. 748-52를 참조하라.

12. Sukmin Cho, *Jesus as Prophet in the Fourth Gospel* (New Testament Monographs 15; Sheffield: Sheffield Phoenix Press, 2006), pp. 83-84를 보라.

13. J. Bowman, *The Samaritan Problem: Studies in the Relationships of Samaritanism, Judaism, and Early Christianity* (Pittsburgh Theological Monograph Series 4; Pittsburgh, PA: Pickwick Press, 1975), p. 15를 보라.

14. Anderson, 'Samaritans', p. 945를 보라.

자료들이 비록 늦은 기록 연대를 보여주는 것이 분명하지만, 그 내용은 역사적으로 오래된 내용들이며 사마리아 종교의 초기 모습을 담고 있는 것도 사실이다. 이런 점에서 거의 대부분의 사마리아 종교와 관련된 문헌들은 중요한 정보를 제공하는 것도 사실이다. 하지만 이 글의 목적과 허락된 지면 및 필자의 한계로 매우 제한적인 문헌 자료를 사용하여 사마리아 종교의 타헤브에 관하여 개괄적이면서도 기초적인 연구 결과를 제공하여 신약성서의 사마리아 관련 본문 해석에 작은 디딤돌을 마련하고자 한다.

2. 사마리아인과 사마리아 종교

2.1. 사마리아인의 기원

'사마리아인'의 기원은 언제부터 시작되었는가? 사마리아인들의 기원에 대하여 확실하게 규정하여 말하기는 어렵다. 먼저 '사마리아인들'과 관련이 있는 단어인 '사마리아'의 기원을 살펴보면, '사마리아'라는 이름은 '쇼메론'(שמרון)의 앗시리아Assyria 형태인 '사메리나'Samerina로 티글랏-필레세르Tiglath-pileser의 비문에 처음 등장한다. '사마리아'라는 단어는 아람어로 '샤메라인'Shamerain이고, 그리스어로는 '사마레이아'(Σαμαρία) 또는 '사마리테스'(Σαμαρίτης)이다.[15] '사마리아'라는 단어와 관련된 사마리아인들은 '사메림'(שמרם)에서 비롯되었는데, 이것은 구약성서 열왕기하 17:29의 '쇼메로님'(שמרנים)에서 나온 것이 아니다. '사메림'은 히브리어 '쇼메림'(שמרים)에 해당하는 '사마리아인들'이란 의미

15. Montgomery, *Samaritans*, pp. 317-18을 보라.

이다. 히브리어 '쇼메림'은 '준수자들'遵守者, observers, keepers이란 의미이다. 사마리아인들은 거룩한 율법을 지키는 자들이란 의미로 '준수자들'이라고 불렀다.[16] 사마리아인의 기원에 대해서는 여러 견해들이 있지만 다음 세 가지로 요약할 수 있다.

첫째, 사마리아인들 자신의 견해로 이들은 스스로를 이스라엘 사람이라고 부르며, 기원전 11세기경의 사사시대로부터 시작된 고대 이스라엘의 중심을 이루던 신실한 사람들의 직계 후손이라고 믿는다.[17] 이들의 주장에 의하면 이스라엘의 배교는 일찍이 엘리 제사장 시대인 기원전 11세기경부터 시작되었는데(참조. 삼하 2:22-34), 그 당시 제의의 중심이 그리심Gerizim에서 실로Shilo로 옮겨졌고(참조. 삼상 4:1-11), 결국에는 실로에서 예루살렘으로 옮겨졌기 때문에 배교하게 되었다고 생각한다(참조. 삼하 6:1-15). 이런 관점에서 자신들을 북왕국 이스라엘의 남은 자로 보지 않고, 북왕국과 공존했던 '구별된 무리'로 이해한다.[18] 이런 점에서 사마리아인들은 오경만을 권위 있는 경전으로 수용하고 있는데, 자신들의 기원과 관련하여 중요한 근거를 제공하기 때문이다.

둘째, 유대인들은 사마리아인들의 기원을 열왕기하 17장에서 찾고 있으며, 특히 25-26절에 초점을 맞추고 있다.[19] 열왕기하 17:24-41의 기록에 의하면 앗시리아는 기원전 722년 북왕국 이스라엘을 정복한 후에 사마리아 지역에 구다Cuthah를 포함하여 수많은 메소포타미아 성읍의 사람들을 이주시켜 이 지역을 식민지로 삼았다. 사마리아 지방에 이주한 여러 나라의 백성들은 본국에서 가져온 우상숭배 신앙과 이스라

16. Montgomery, *Samaritans*, pp. 318-19을 보라.

17. Anderson, *Keepers*, pp. 10-13을 보라.

18. Anderson, 'Samaritans', in *Anchor Bible Dictionary*, V, p. 941; J. Neusner and W. Scott (eds.), *Dictionary of Judaism in the Biblical Period 450 B.C.E. to 600* C.E. (Peabody: Hendrickson, 1996), p. 613을 보라.

19. Anderson, *Keepers*, pp. 13-17을 보라.

엘의 신앙을 함께 받아들였다(왕하 17:41). 이들 가운데 '구다 사람'이라고 불리던 사람들의 자손이 후대에 사마리아인이 되었다고 주장한다.[20] 에스라 4:1-24; 10:1-44과 느헤미야 4:1-23; 6:1-9에 기록된 유다와 사마리아인 사이의 적대 관계는 두 집단이 오래 전부터 분리되었음을 암시한다.

셋째, 요세푸스Josephus의 기록에서 주장하는 사마리아인의 기원이다. 요세푸스의 기록에 의하면 페르시아 시대 말기에 제사장 므낫세Manasseh가 예루살렘에서 추방되었는데, 그리스 시대가 시작된 직후에 그의 장인 산발랏(Sanballat)이 그를 위해 그리심 산에 성소를 지어주었다는 것이다.[21] 시간이 지난 후에 예루살렘에서 온 다른 제사장들이 그곳에서 므낫세와 합류했다고 주장한다.[22] 이런 점에서 요세푸스는 사마리아 제사장의 합법성을 제사장직의 계승이라는 점에서 어느 정도 인정한 것으로 보인다. 요세푸스는 사마리아인들이 그리심 산에 위치하고 있는 세겜Shechem을 수도로 삼고 살았으며, 알렉산더Alexander가 유대인들을 우대하는 것을 보고 자기들도 유대인인 척하기로 했다고 기록하면서 사마리아인들의 성품을 매우 부정적으로 기록하고 있다.[23]

사마리아인의 기원에 대하여 앞에서 언급한 세 가지 서로 다른 견해는 정확하게 그 기원을 반영하지 못하고 있다는 점에 대부분의 학자들이 동의한다. 특히 신약성서에 기록된 사마리아인들의 상황은 지금까지 이해되어진 것보다 훨씬 후대에 발전된 형태라는 점과 유대인과 사마리아인의 분리된 상황도 이전의 주장들이 암시했던 것만큼 명백하지

---

20. Anderson, 'Samaritans', in *Anchor Bible Dictionary*, V, p. 941을 보라.

21. Josephus, *Jewish Antiquities*, XI, pp. 302-312, 340-47을 보라. 한글 번역본『요세푸스』(4 vols; 서울: 생명의 말씀사, 1987), II, pp. 54-55, 59-60을 보라.

22. Anderson, 'Samaritans', in *Anchor Bible Dictionary*, V, pp. 941-42를 보라.

23. Josephus, *Jewish Antiquities*, XI, p. 340을 보라. 한글 번역본 『요세푸스』 II, p. 59를 보라.

않다는 주장이 학자들의 일치된 견해이다(참조. 마 10:5; 눅 9:52; 10:33; 17:16; 요 4:3-42; 8:48; 행 8:4-25).[24]

윌리암슨H.G.M. Williamson은 사마리아인의 기원에 대한 논의와 관련하여 열왕기하 17장의 기사가 저평가될 필요가 있음을 주장한다.[25] 윌리암슨의 주장은 어느 정도 설득력이 있다. 그 이유는 첫째, 열왕기하 17:29의 '사마리아 사람들'로 번역된 히브리어 단어는 단지 '사마리아 지역이나 그 도시에 거주하는 사람들'을 의미하는 것으로 이해해야 문맥에 어울리기 때문이다. 둘째, 더욱이 후대의 사마리아인들이 사마리아와 관련되었다는 증거가 없기 때문이다. 사마리아인들에 대한 가장 초기의 언급은 그들이 세겜Shechem에 거주하였다는 것이다.[26] 집회서Sirach 50:26은 "사마리아산에 사는 주민들과 불레셋인들, 그리고 세겜에 사는 어리석은 자들이 그들이다."(「공동」)라고 기록하고 있다(참조. 마카베오하〈2 Maccabees〉 5:22-23; 6:2). 또한 요세푸스의 기록에 의하면 그들을 '세겜 사람들'the Shechemites이라고 부르고 있기 때문이다.[27] 셋째, 후대의 사마리아 종교 및 관습은 에스라 4장과 열왕기하 12장에 나타나는 이방의 영향과 전혀 무관하기 때문이다. 윌리암슨은 그리스 시대 초기에 세겜에 정착한 사람들이 정확하게 누구인지 확실하지 않다고 말하면서, 한 가지 가능성으로 이들이 앗시리아에 유배되지 않은 북 이스라엘 원주민들(참조. 대하 30:1-27; 34:6; 렘 40:5)의 후손들로 그들 가운데 종교적 순수성을 유지하려는 사람들이 우리가 현재 알 수 없

24. H.G.M. Williamson, 'Samaritans', in J.B. Green, et al (eds.), *Dictionary of Jesus and the Gospels* (Leicester: Inter Varsity Press, 1992), p. 726을 보라.

25. Williamson, 'Samaritans', pp. 724-28을 참조하라.

26. 사마리아와 세겜의 지역에 대하여 Montgomery, *Samaritans*, pp. 13-23을 참조하라.

27. Josephus, *Jewish Antiquities*, XI, pp. 340-47; XII, p. 10을 보라. 한글 번역본『요세푸스』, II, pp. 59-60, 64; R.J. Coggins, *Samaritans and Jews: The Origins of Samaritanism Reconsidered* (Oxford: Basil Blackwell, 1975), pp. 101-15를 참조하라.

는 어떤 이유로 세겜에 정착했을 것이라고 주장한다.

신약시대의 사마리아인들은 북쪽으로는 갈릴리와 남쪽으로는 유대 사이에 위치한 사마리아 중앙 산지 곳곳에 흩어져 거주하던 종족들이었다. 이들은 실제로 고대 세겜지역에 인접한 그리심 산에 신앙의 초점을 두고 있었다. 사마리아인들이 그리심 산에 예배 처소를 세운 것은 그들이 종교적 권위를 부여하고 있는 사마리아 오경의 신명기 11:26-29과 27:1-8에 근거한 것이다. 그러므로 사마리아인들은 세겜을 내려다보는 그리심 산 위에 사마리아 성전을 건축했다(참조. 요 4:20).[28]

2.2. 사마리아 종교

사마리아인들의 종교에 대하여 획일적으로 말하기 어려운 점이 있는데, 그 이유는 당시에 서로 다른 많은 종교 분파가 존재했었기 때문이다. 이서S.J. Isser는 사마리아인들에게 도시데우스Dositheus가 A.D. 1세기 초의 종말론적 인물로서 신명기 18:15, 18의 '모세와 같은 선지자'라는 말씀을 자신에게 적용했다고 주장한다.[29] 이서에 의하면 도시데우스는 이미 오래전에 형성되었던 사마리아인들의 한 분파에서 두드러진 인물이 되었다고 주장한다. 이 사마리아 분파는 회당 중심의 평신도 운동으로서 유대교 내의 바리새파 운동과 유사한 것이었고, 사두개파와 닮은

28. 사마리아 성전은 BC 128년 요한 힐카누스(John Hyrcanus)가 세겜을 점령했을 때 파괴됐다. G.R. Beasley-Murray, *John* (Word Biblical Commentary; Nashville: Thomas Nelson, 2nd edn, 1999), p. 61을 보라. 퍼비스(J.D. Purvis)는 그리심 산의 성전 파괴가 사마리아인들의 분노를 일으키기에 충분했고, 이것이 계기가 되어 사마리아 오경의 서체와 철자법이 시작되었으며, 결정적으로 사마리아 오경 본문의 전승과 수정을 통하여 자체의 고유한 역사를 시작하게 되었다고 주장한다. J.D. Purvis, 'The Samaritans and Judaism', in R.A. Kraft and G.W.E. Nickelsburg (eds.), *Early Judaism and its Modern Interpreters* (Philadelphia: Fortress Press, 1986), pp. 81-98을 참조하라.

29. S.J. Isser, *The Dositheans: A Samaritan Sect in Late Antiquity* (Studies in Judaism in Late Antiquity 17; Leiden: E.J. Brill, 1976), p. 163을 보라.

정통적인 제사장 집단이며 그리심 산에 중심을 둔 사마리인들과 대립되는 위치에 있었다.

사마리아인들의 종교를 언급하면서 당시 유대인들과 사마리아인들의 접촉에 대하여 평가할 때도 매우 조심스러울 필요가 있는 것은 서로 성격이 다른 많은 분파가 존재했기 때문이다. 우리가 얻을 수 있는 것은 단편적인 지식으로 당시 다양한 분파들의 모습을 제대로 확인하기 어렵다. 요한복음 4:9에 언급한 사마리아인들과 유대인들의 접촉에 관한 평가도 하나의 단편적인 지식임을 전제할 필요가 있다. 요한복음 4장에서 사마리아 여인이 우물가에서 예수를 만났을 때, "물을 좀 달라"(7절)는 예수의 요청을 받고 당황스러워할 때, 저자는 그 이유를 9절에서 설명하고 있다. 요한복음의 저자는 그 당시 유대인과 사마리아인 사이에 종교, 사회, 문화적인 면에서 깊은 간격과 갈등이 첨예하게 존재했다는 정보를 "유대인이 사마리아인과 상종하지 아니함 이러라."(οὐ γὰρ συγχρῶνται Ἰουδαῖοι Σαμαρίταις)는 설명을 통해 제공한다.[30] 바레트C.K. Barrett와 모리스L. Morris는 자신들의 요한복음 주석에서 이 설명을 AD 65년경 또는 66년경의 유대인 정결법의 규정으로 이해한다.[31] 당시 유대인들은 사마리아인의 딸들은 갓난아기 때부터 월경을 한다고 생각했기에 사마리아 여자들은 항상 부정한 상태에 있다고 가정하는 것이 안전하다는 고정 관념이 있었다.[32] 이런 관점에서 유대인

---

30. 요 4:9에서 사용된 헬라어 동사 '수그크라오마이'(sugcra,omai)의 뜻은 '...을 다루다'가 아니라, '...와 함께 사용하다', '...와 함께 통용하다'의 의미로 사용되었다. BDAG, pp. 953-54; L. Morris, *The Gospel according to John*. (NICNT; Grand Rapids: Eerdmans, rev. edn, 1995), p. 229 각주 22를 보라.

31. C.K. Barrett, *The Gospel According to St John: An Introduction with Commentary and Notes on the Greek Text* (London: SPCK, 2nd edn, 1978), pp. 232-33; Morris, *John*, p. 229.

32. *Mishnah*, Niddah 4:1, "The daughters of Samaritans are menstruants from their cradle." 이 글에서 Mishnah는 H. Danby, *The Mishnah: Translated from the Hebrew with Introduction and Brief Explanatory Notes* (London: Oxford University Press,

들은 사마리아인들과 항아리를 함께 사용하지 않는다는 원칙이 생겨나게 되었다. 유대인들과 사마리아인들은 이런 사회 문화적 관습을 서로 잘 알고 있었다.

사마리아인들의 신앙에 대해서 사마리아 오경 및 기타 문헌들을 통해서 알 수 있는 정보는 그 문헌들이 기록된 시기보다 오래된 것으로 이해할 수 있다. 비록 사마리아와 관련된 문헌들의 기록이 그렇게 오래된 것이 아니지만, 그 내용 속에 들어있는 신조와 신앙 행위들은 문헌이 기록되기 이전의 시기에 존재했던 초기 형태의 사마리아 종교와 신앙의 모습을 보여주는 것이 분명하다.[33] 사마리아인들의 신앙은 그들의 가장 기초적인 신조의 고백 속에 잘 드러난다. 사마리아인들은 신앙을 고백할 때, "우리는 오직 하나님 만 믿으며, 그분의 종, 아므람의 아들 모세와 거룩한 율법, 그리고 그리심 산을 믿으며, 복수와 보상의 날을 믿는다."[34]고 말한다.

사마리아인들의 신앙은 분명한 한 분 하나님만을 믿었으며, 그분의 창조 사역과 그분이 다스리는 천사를 믿었다.[35] 사마리아인들은 유대인들처럼 하나님 한 분을 예배하였다. 사마리아인들은 모세가 하나님의 계시를 드러내는 중간 역할을 하는 유일한 선지자로 믿었다.[36] 사마리아인들의 유일한 경전은 사마리아 오경으로 여기에 언급된 그리심

1933)를 사용한다.

33. F. Dexinger, 'Samaritan Eschatology', in A.D. Crown (ed.), *The Samaritans* (Tübingen: J.C.B. Mohr, 1989), p. 267을 보라.

34. J. Macdonald, *The Theology of the Samaritans* (London: SCM Press, 1964), p. 49, "We believe only in God and in Moses, the son of Amram, his servant, and in his sacred law, and in the Mount Gerizim and in the day of punishment and reward." 사마리아 종교의 신조에 대하여 Anderson, *Keepers*, 117; Montgomery, *Samaritans*, p. 207을 비교해 보라.

35. Montgomery, *Samaritans*, pp. 207-24; 사마리아 신학에 관한 자세한 논의는 Macdonald, *Theology of the Samaritans*을 참조하라.

36. Montgomery, *Samaritans*, pp. 225-32를 참조하라.

산을 거룩한 장소로 믿었다.[37] 사마리아인들은 종말에 관한 신앙을 갖고 있었고, 세상 끝 날에 있을 사마리아 메시야the Samaritan Messiah에 대한 기대 사상을 갖고 있었으며, 구약성서에 기록된 여호와의 날The Day of Yahwe처럼 그들은 세상 끝에 올 복수의 날the Day of Vengeance과 보상의 날the Day of Recompense을 믿고 기다렸다.[38] 사마리아 종교에서 메시야는 곧 타헤브로 묘사되었으며, 사마리아인들은 타헤브가 종말에 나타날 것을 믿고 고대했다.[39] 사마리아 종교의 타헤브는 천지 창조 후 6,000년이 되었을 때 그리심 산에 예배 처소를 회복할 것이며, 그 후 사마리아인들을 축복하기 위하여 새로운 통치가 시작될 것으로 믿고 있었다.[40] 사마리아 종교의 종말론 속에서 타헤브가 차지하는 비중은 매우 크며, 종말론의 대부분은 타헤브의 역할에 대한 묘사이다.[41]

요약하면 사마리아인들의 종교 속에 등장하는 신앙의 내용은 다음과 같다. 첫째, 사마리아인들의 신은 유일신이신 하나님 한 분이다. 둘째, 모세는 유일한 하나님의 선지자이다. 셋째, 사마리아 종교에서 오경만이 유일무이唯一無二한 불변하는 하나님의 계시이다. 넷째, 사마리아 종교에서 그리심 산이 유일한 성소聖所이다. 다섯째, 천지창조 후 6,000년이 되었을 때 그리심 산의 성소와 사마리아인의 번영을 회복하는 타헤브가 나타나 새로운 통치를 시작할 것이다.[42]

---

37. 그리심(Gerizim)에 관하여 Montgomery, *Samaritans*, pp. 234-39를 참조하라.

38. Macdonald, *Theology of the Samaritans,* pp. 380-90을 보라.

39. Macdonald, *Theology of the Samaritans*, pp. 362-71; Montgomery, *Samaritans*, pp. 239-51; Dexinger, 'Samaritan Eschatology', pp. 272-76을 보라.

40. Dexinger, 'Samaritan Eschatology', pp. 266-92; Montgomery, *Samaritans*, pp. 239-51을 참조하라.

41. Montgomery, *Samaritans*, pp. 239-51, 몽고메리는 사마리아 종교의 종말론을 논하면서 전체 분량 13쪽에서 타헤브에 관하여 6쪽을 할애하였다. Macdonald, *Theology of the Samaritans*, pp. 357-90 특히 362-71에 묘사된 타헤브를 보라. Dexinger, 'Samaritan Eschatology', pp. 266-92 특히 272-76을 참조하라.

42. 사마리아 종교의 신조(creed)를 요약하면 유일신(Monotheism), 모세, 토라(Torah),

3. 타헤브의 의미와 역할

3.1. 타헤브의 의미

사마리아 종교에서 타헤브의 사상은 사마리아 종교의 종말론과 거의 모든 면에 깊은 관련이 있다.[43] 사마리아 종교의 종말론에 등장하는 '타헤브'(תהב, Taheb)는 그 단어의 어원이 히브리어 '수브'(שוב)와 동등한 사마리아 아람어the Samaritan Aramaic로 그 의미는 '귀환'return 또는 '회복'restore이다. 이런 점에서 타헤브는 두 가지 의미를 내포하고 있다. 첫째, 타헤브는 회복자란 의미가 있고, 둘째, 귀환자라는 의미가 동시에 내포되어 있다. 회복자라는 의미의 타헤브는 사마리아 메시야이다. 그는 기적의 사역을 증명하는 표시로 모세의 지팡이를 들고 올 것이며, 제사장이 아니라 선지자가 될 것이다. 귀환자라는 의미의 타헤브는 백성을 변화시킬 것이며 그들을 회개시키는 존재임을 암시한다.[44] 이와 같은 타헤브의 개념과 사상의 배경은 말라기 4:5-6, "보라 여호와의 크고 두려운 날이 이르기 전에 내가 선지자 엘리야를 너희에게 보내리니 그가 아버지의 마음을 자녀에게로 돌이키게 하고 자녀들의 마음을 그들의 아버지에게로 돌이키게 하리라 돌이키지 아니하면 두렵건대 내가 와서 저주로 그 땅을 칠까 하노라 하시니라."에 등장하는 엘리야에서 비롯되었다.[45]

사마리아 종교의 타헤브가 마지막에 나타날 사마리아 메시야로 등장

그리심 산, 복수와 보상의 날(Day of Vengeance and Recompense)에 관한 것으로 특히, 종말에 있을 복수와 보상의 시기에 타헤브의 역할이 묘사되고 있다. Anderson, *Keepers*, pp. 117-25; Montgomery, *Samaritans*, pp. 204-51을 보라.

43. Dexinger, 'Samaritan Eschatology', p. 272를 보라.

44. Montgomery, *Samaritans*, pp. 246-47을 보라.

45. Montgomery, *Samaritans*, p. 247을 보라.

하는 배경은 사마리아 오경의 신명기 18:15, “네 하나님 여호와께서 너희 가운데 네 형제 중에서 너를 위하여 나와 같은 선지자 하나를 일으키시리니 너희는 그의 말을 들을지니라.”와 18절 “내가 그들의 형제 중에서 너와 같은 선지자 하나를 그들을 위하여 일으키고 내 말을 그 입에 두리니 내가 그에게 명령하는 것을 그가 무리에게 다 말하리라.”에서 찾아 볼 수 있다. 유스너J. Neusner와 스코트W. Scott가 편집한 유대주의 사전에 의하면 타헤브는 사마리아인들 가운데 종말론적 존재로 신명기에 나타나는 모세와 같은 선지자의 개념이라고 정의하며, 이것은 일찍이 유대인과 기독교인의 영향 때문이라고 생각한다.[46] 결국 사마리아 종교에서 타헤브는 사마리아 오경의 신명기 18:15-18에 약속된 ‘모세와 같은 선지자’로 사마리아인들은 이 약속을 믿고 타헤브를 사마리아 메시야로 소망하며 기다려 온 것이다. 하지만 사마리아 종교와 문화 속에서 야곱의 모습이 때때로 사마리아 종교의 종말론Samaritan Eschatology 속에서 마지막에 올 선지자 타헤브로 간주되기도 했다.[47] 이런 점에서 사마리아 메시야인 타헤브는 언제나 모세와 같은 선지자와 동일시 되지는 않았고, 드물지만 때때로 야곱의 모습과도 비교되었다(참조. 요 4:12).

3.2. 타헤브의 역할

사마리아 문헌들 가운데 어떤 문헌도 타헤브의 정체에 대한 모든 요소들을 전부 묘사하고 있지 않으며, 일관된 묘사를 찾아보기도 어렵다.

---

46. Neusner and Scott, *Dictionary of Judaism*, p. 613; Montgomery, *Samaritans*, pp. 247-48을 보라.

47. F. Dexinger, *Der Taheb: Ein “messianischer” Heilsbringer der Samaritaner* (Salzburg: O. Müller, 1986), 43; idem, ‘Samaritan Eschatology’, p. 272를 참조하라. A.D. Crown, ‘F. Dexinger, “Der Taheb”’, *JQR* 80 (1989), pp. 139-41을 참조하라.

덱싱거F. Dexinger가 자신의 책에서 요약한 것을 간략하게 살펴보면 타헤브는 야곱의 자손으로, 또는 셋Seth의 자손으로, 또는 비느하스Pinhas의 자손으로, 또는 모세의 자손으로, 또는 노아의 자손으로 묘사되었다.[48] 타헤브의 이름은 알려지지 않았지만 신명기 18:18에 근거하여 모세와 같은 존재일 것이라고 이해한다. 타헤브가 어느 때에 나타날지 알려지지 않았으나, 그가 나타나실 때 회개는 모든 사람들에게 반드시 요구되는 필수 조건이다.[49] 타헤브는 동쪽으로부터 그리심 산으로 올 것이며, 그는 아론의 지팡이와 만나 그리고 거룩한 언약궤를 가지고 올 것이다.[50] 타헤브가 오실 때에 하나님이 기뻐하시지 않는 일들은 끝이 나며, 하나님이 기뻐하실 일들이 시작될 것이다.[51] 타헤브는 선지자이며, 진리를 계시할 것이다.[52] 하지만 타헤브는 왕으로도 묘사되었고, 두 번째 왕국을 세울 것이며, 전 세계를 통치할 것으로도 묘사되고 있다.[53] 타헤브에 대한 이와 같은 묘사는 그의 정체성과 함께 그의 역할을 암시하고 있다.

타헤브의 종말론적 모습과 관련하여 신명기 18:18에 묘사된 것은 본래 사마리아 사상이 아니라 주전 2세기경에 시작된 유대인의 일반적인 사상이었다. 하지만 사마리아 종교의 타헤브는 '모세와 같은 선지자'의 사상에서 그 모습을 찾아 볼 수 있다. 사마리아 오경의 출애굽기 20장은 그리심과 관련된 '모세와 같은 선지자'가 등장한다.[54] 이런 점에

48. Dexinger, *Der Taheb*, pp. 43, 81, 89, 171; idem, 'Samaritan Eschatology', p. 272를 보라.

49. Dexinger, *Der Taheb*, pp. 43, 71, 87, 119을 보라.

50. Dexinger, *Der Taheb*, pp. 50, 56, 90을 보라.

51. Dexinger, *Der Taheb*, p. 92를 보라.

52. Dexinger, *Der Taheb*, pp. 90, 117을 보라.

53. Dexinger, *Der Taheb*, pp. 89, 90, 91, 95을 보라.

54. Dexinger, 'Samaritan Eschatology', pp. 275-76을 보라.

서 타헤브의 사상은 사마리아 오경을 근거로 출애굽기 20장과 신명기 18:18에서 발전된 사상이그 배경이라고 이해할 수 있다. 몽고메리J.A. Montgomery의 주장에 의하면 타헤브의 가장 중요한 역할은 천년왕국을 소개하는 것으로 이때는 악의 힘과 하나님이 마지막 최후의 전쟁을 하는 시기로 어려움을 겪을 때이다. 천년왕국이 시작되는 때는 세상의 종말로 타헤브가 온 세상을 통치할 것이며, 세상의 구주가 되실 것이다(참조. 요 4:42).[55] 타헤브의 역할은 참된 예배를 회복할 것이며, 하나님을 두려워하는 참된 신앙을 회복시킬 것이고, 진리를 계시할 것이다(참조. 요 4:25).[56] 타헤브는 사마리아 종교의 종말론적 선지자로 묘사되었으며, 사마리아 사람들은 그를 세상 끝 날에 올 마지막 사마리아 메시야인 선지자로 고대하고 있었다. 타헤브가 선지자로 묘사될 때 모세와 같은 선지자로 등장하는 것을 사마리아 문헌에서 자주 볼 수 있다.[57]

요약하면 타헤브의 정체는 사마리아 문헌에서 여러 모습으로 묘사되었으며, 그 여러 모습 속에서 그의 역할을 짐작하게 한다. 타헤브의 역할은 그 단어의 의미에서 볼 수 있듯이 회복자로서 그리심 산에 예배처소를 회복하며, 참된 예배를 드리게 할 것이고, 진리를 계시하는 것이다. 타헤브는 귀환자로서 사람들로 하여금 회개하고 돌아오게 하는 것이다. 타헤브는 사마리아 문헌 속에서 사마리아 메시야로, 또한 모세와 같은 선지자로, 세상 마지막 때에 나타나 그 역할을 감당하는 존재로 묘사되고 있다.

55. Montgomery, *Samaritans*, pp. 249-50을 보라.

56. Macdonald, *Theology of the Samaritans*, pp. 362-65를 보라.

57. Cho, *Jesus as Prophet*, pp. 85-87을 참조하라.

4. 신약성서에 암시된 타헤브

서론에서 언급한 대로 신약성서에 타헤브가 암시된 본문은 요한복음 4:19과 4:25이다.[58] 이 본문들이 어떤 점에서 사마리아 종교의 타헤브를 암시하고 있는가?

4.1. 요한복음 4:19과 타헤브

요한복음 4:19에서 "그[사마리아] 여인이 그[예수]에게 말하되, '주여, 내가 이해하기로 당신은 그 선지자입니다.'"(λέγει αὐτῷ ἡ γυνή· κύριε, θεωρῶ ὅτι προφήτης εἶ σύ)라고 고백한다. 이것은 사마리아 여인이 자신의 종교인 사마리아 종교와 문화 속에서 기다려온 종말론적 선지자인 타헤브의 이미지를 예수에게서 발견했기 때문이다. 그 이유는 사마리아 여인이 사마리아 종교와 문화의 전통 속에서 살아온 사람이라는 증거가 요한복음 4장에서 다음과 같이 분명하게 드러나기 때문이다.

첫째, 사마리아 여인은 우물가에서 예수를 만났을 때, "물을 좀 달라"(7절)는 예수의 요청을 받았다. 사마리아 여인은 자신이 사마리아 종교 및 문화와 전통 속에서 사는 사람이기에 유대인인 예수께서 자신에게 물을 달라는 요청이 적절하지 않음을 말한다. 이런 상황에 대하여 저자는 9절에서 그 이유를 설명한 것이다. 사마리아 여인이 예수께 매우 당황스럽게 반응한 것은 이 여인이 사마리아 종교와 문화 및 전통 속에서 살아가고 있음을 암시하며 복음서의 저자는 그 사실을 뒷받침해준다.

---

58. 요 4:19, 25의 번역은 필자의 사역이며, 요한복음 4장에서 다른 구절들은 「개역개정」을 사용한다.

둘째, 사마리아 여인은 분명하게 자신의 조상을 '야곱'이라고 언급하면서 예수께 질문하기를 "우리 조상 야곱이 이 우물을 우리에게 주셨고 또 여기서 자기와 가지 아들들과 짐승이 다 마셨는데 당신이 야곱보다 더 크니이까?"(12절)라고 묻는다. 사마리아 여인이 예수를 자기의 조상 야곱과 비교하면서 그의 정체성을 묻는 이유는 이 여인이 사마리아의 종교와 문화 역사적 전통 속에 살아가고 있음을 보여준다. 왜냐하면 사마리아 종교에서 야곱은 사마리아인들의 조상이기 때문이다.[59] 반면에 유대인들은 자신들의 조상을 야곱이라고 말하지 않고 분명히 아브라함이라고 말한다(참조. 요 8:53).[60]

셋째, 사마리아 여인이 19절에서 예수께 "당신은 그 선지자입니다."(προφήτης εἶ σύ, '프로페테스 에이 수')라고 고백한 것은 그리스어 문법에서 관사의 생략이 가능한 문법 구조로 영어로 번역할 때, 'You are the prophet.'이며, 한글 번역에서 '당신은 그 선지자입니다.'라고 번역할 수 있다.[61] 그렇다면 사마리아 여인은 사마리아 종교와 문화 속에서 이미 잘 알고 있으며, 어쩌면 오랫동안 기다려왔을 '그 선지자'를 예수와 일치 시킨 것이다. 사마리아 종교에서 '그 선지자'는 사마리아 오경의 신명기 18:15-18에 약속된 '모세와 같은 선지자', 곧 타헤브로 사마리아인들이 마지막 때에 나타날 것으로 믿고 기다리는 인물이다.[62] 사

---

59. J.H. Neyrey, 'Jacob Traditions and the Interpretation of John 4:10-26', *CBQ* 41 (1979), pp. 424-25를 보라.

60. 유대인들은 사마리아인들과 달리 자신들의 조상을 분명히 아브라함이라고 말하고 있다. 요 8:53에서 유대인들은 예수와 논쟁하면서 "너는 이미 죽은 우리 조상 아브라함보다 크냐 또 선지자들도 죽었거늘 너는 너를 누구라 하느냐"고 말한다.

61. E.C. Colwell, 'A Definite Rule for the Use of the Article in the Greek New Testament', *JBL* 52 (1933), pp. 12-21; Cho, *Jesus as Prophet*, pp. 181-82; Barrett, *John*, p. 236을 보라.

62. R.E. Brown, *The Gospel according to John* (2 vols.; New York: Doubleday, 1966-70), I, 171; F.J. Moloney, *The Gospel of John* (Sacra Pagina 4; Collegeville: Liturgical Press, 1998), pp. 127-31을 보라.

마리아 여인은 자신의 종교와 문화를 통해서 예수를 인식한 후 그 동안 기다려온 종말의 선지자 '타헤브'라고 확신하고 그에게 '당신은 그 선지자입니다.'라고 고백한 것이다.

넷째, 사마리아 여인이 예수를 사마리아 선지자 타헤브로 인식한 후 계속되는 대화 속에서 "우리 조상들은 이 산에서 예배하였다."(20절)고 말하며 예배 처소를 대화의 주제로 제시하기 때문이다.[63] 당시 예배 장소는 사마리아인들과 유대인들 사이에 가장 민감한 종교 문제 가운데 하나이기에 이 여인은 예수와의 대화 속에서 이것을 화두話頭로 삼은 것이다. 그렇다면 이 여인은 경건한 종교 생활을 지속적으로 하고 있는 사람이라는 암시일 수 있다. 사마리아 여인은 자신이 사마리아 선지자 타헤브로 인식한 예수가 예배 장소 문제에 대하여 어떻게 대답할 것인지 듣기 원한 것이다. 사마리아 여인이 예배 장소 문제를 예수께 언급한 것은 이 여인이 사마리아 종교와 문화 속에 뿌리를 둔 사람인 것을 보여주는 증거이다.

4.2. 요한복음 4:25과 타헤브

요한복음 4:25의 "그 여인이 그[예수]에게 말하되, '나는 그리스도라고 부르는 메시야가 오실 것을 압니다. 그분이 오시면 우리에게 모든 것을 알려 주실 것입니다.'"(λέγει αὐτῷ ἡ γυνή· οἶδα ὅτι Μεσσίας ἔρχεται ὁ λεγόμενος χριστός· ὅταν ἔλθῃ ἐκεῖνος, ἀναγγελεῖ ἡμῖν ἅπαντα)라고 대답한 것은 자신이 사마리아 종교 속에서 기다려온 종말의 메시야인 타헤브의 모습을 예수에게서 발견했기 때문이다. 사마리아 여인은 앞에서 논의한 것처럼 사마리아 종교와 문화 속에서 살아가는 사람으로 사마

63. Moloney, *John*, p. 132를 보라.

리아 메시야인 타헤브의 역할을 이미 알고 있었다고 말할 수 있다.

그 이유는 첫째, 사마리아 여인은 사마리아 종교 속에 등장하는 사마리아 메시야인 타헤브가 오실 것을 이미 알고 있었기 때문이다. 사마리아 여인이 언급한 '메시야'(Μεσσίας)는 사마리아 메시야로 그리스어로 번역하면 '그리스도'(χριστός)이다(참조. 요 1:41). 사마리아 여인이 "그리스도라고 부르는 메시야"(Μεσσίας ἔρχεται ὁ λεγόμενος χριστός, '메시야스 엘케타이 호 레고메노스 크리스토스')라고 말한 것은 자신이 알고 고대하고 있는 사마리아 메시야인 타헤브가 당시 사람들이 그리스어로 부르는 그리스도라고 예수께 설명하고 있는 것이다.[64]

둘째, 사마리아 여인의 대답에 의하면 사마리아 메시야인 타헤브는 '모든 것을 알려 주실 분'(ἀναγγελεῖ ἡμῖν ἅπαντα, '아낭겔레이 헤몬 하판다')이라는 것을 이미 알고 예수께 설명하고 있기 때문이다. 사마리아 여인은 사마리아 오경에서 약속한 '그 선지자'가 마지막 때에 와서 모든 것을 알려주며 회복시켜 줄 것을 고대한 것이다.[65] 사마리아 여인이 예수와 대화하는 가운데 "그리스도라고 부르는 메시야가 오시면"이라고 말하면서 사마리아 메시야인 타헤브가 오실 것을 암시한다. 다시 말해서 타헤브가 오시면 '모든 것'을 알려 주실 것이라는 의미는 예배 처소를 포함한 사마리아인들의 종말론적 기대가 모두 성취될 것을 암시한다.

요약하면 요한복음 4:19과 4:25은 사마리아 종교에 등장하는 사마리

64. Moloney, *John*, pp. 129-30, 133-34; Beasley-Murray, *John*, p. 62를 보라.

65. 예수는 사마리아 여인의 말에 '내가 곧 그 사람이다.'(26절)라고 분명히 말했지만 이 여자는 전혀 이해하지 못한다. 요 4:26은 이 복음서에서 가장 명시적으로 예수께서 '내가 메시야, 곧 그리스도이다.'라고 자신의 입으로 선언하신 것이다. 예수께서 사마리아 여인에게 올바른 메시야를 알려주시지만 이 여인은 자신의 종교로 인하여 이해하지 못한다. 이것은 사마리아 여인이 예수와 대화를 한 후에 물동이를 버려두고 자기 동네에 들어가서 예수를 증언하지만 반신반의 하면서 증언하고 있는 것에서 암시되어 있다(29절). 사마리아 여인은 사마리아 종교의 '메시야'인 '타헤브'를 기다려 왔기 때문이다.

아 메시야 타헤브를 분명히 암시하고 있다. 사마리아 여인은 사마리아 종교와 문화 속에서 예수를 타헤브로 인식하였고, 그를 자신이 고대하던 사마리아 오경의 신명기 18:15, 18에 약속된 '그 선지자'라고 고백한 것이다.

5. 결론

지금까지 사마리아 종교의 타헤브(תהב, Taheb)에 관하여 살펴보았다. 첫째, 사마리아인의 기원과 종교를 고찰하면서 '사마리아인들'은 '사메림'에서 비롯되었고, 이것은 열왕기하 17:29의 '쇼메로님'에서 나온 것이 아님을 확인하였다. '사메림'은 히브리어 '쇼메림'('준수자들')에 해당하는 '사마리아인들'이란 뜻으로, 이들은 거룩한 율법을 지키는 자들이란 의미한다. 사마리아인의 기원에 대하여 세 가지 서로 다른 견해가 제기되었지만 그 기원을 정확하게 반영하지 못하고 있다. 한 가지 가능성은 사마리아인들이 앗시리아에 유배되지 않은 북 이스라엘 원주민들의 후손들로 그들 가운데 종교적 순수성을 유지하려는 사람들이 어떤 이유로 세겜에 정착했다는 주장이다. 사마리아인들은 유대인처럼 유일하신 하나님 한 분을 믿었으며, 모세는 유일한 하나님의 선지자이다. 사마리아 종교에서 절대적 권위는 오직 사마리아 오경으로 이것을 하나님의 계시로 이해한다. 사마리아 종교에서 그리심 산은 유일한 성소聖所이며, 사마리아인들은 그리심 산의 성소와 사마리아인의 번영을 회복하는 타헤브가 나타나 새로운 통치를 시작할 것을 믿었다.

둘째, 사마리아 종교에 등장하는 타헤브의 의미와 역할을 고찰하였다. 사마리아 종교의 종말론에 등장하는 '타헤브'는 그 단어의 어원이 히브리어 '수브'(שוב)와 동등한 사마리아 아람어the Samaritan Aramaic로 그 의미는 '귀환' 또는 '회복'이다. 타헤브의 역할은 그 단어의 의미에서 볼 수 있듯이 회복자로서 그리심 산에 예배 처소를 회복하고, 참된 예배를 드리게 하는 것이며, 진리를 계시하는 것이다. 다른 한편 타헤브는 귀환자로서 사람들로 하여금 회개하고 돌아오게 하는 역할이 있다. 타헤브는 사마리아 문헌 속에서 사마리아 메시야로, 또한 모세와 같은 선지자로, 세상 마지막 때에 나타나는 존재로 묘사되고 있다.

셋째, 신약성서에 암시된 타헤브에 관하여 요한복음 4:19과 4:25을 중심으로 살펴보았다. 요한복음 4장의 두 본문은 사마리아 종교에 등장하는 사마리아 메시야 타헤브를 분명히 암시하고 있다. 사마리아 여인은 사마리아 종교와 문화 속에서 예수를 만난 후 그를 사마리아 메시야 타헤브로 인식하였다. 사마리아 여인은 예수를 자신이 고대하던 사마리아 오경의 신명기 18:15, 18에 약속된 '그 선지자'로 확실히 믿고 19절에서 예수께 '당신은 그 선지자입니다.'라고 고백한 것이다.

제 8 장

예수와 사마리아 여인

A New Perspective on John's Gospel

● 제 8 장 ●

예수와 사마리아 여인

1. 서론

요한복음 4:1-42에 등장하는 사마리아 여인은 지금까지 대부분의 주석가와 설교자들에 의하여 윤리 도덕적으로 부정한 여자로 취급되었고, 이 여인이 예수를 만난 후에 그를 하나님의 아들, 메시야로 믿고 신앙을 고백한 것으로 소개되고 있다.[1] 그렇지만 본문을 자세히 살펴볼 때 이 여인을 윤리 도덕적으로 부정한 사람이라고 명시적으로 언급한 근거를 찾는 것이 쉽지 않다. 더욱이 이 여자가 예수를 하나님의 아들, 메시야로 믿고 신앙을 고백했는지에 대해서도 본문은 분명하게 언급하지 않은 것 같다.

---

1. R.E. Brown, *The Gospel according to John* (AB; 2 vols. New York: Doubleday, 1966-70), I, p. 171. 브라운은 사마리아 여인을 일방적으로 부도덕한 사람으로 평가하지 않고 유대인들이 오직 세 번의 결혼만을 허락한 것을 전제로 하여 이 기준에서 이해한다면 이 여인은 부도덕한 사람이라고 조심스럽게 평가한다; L. Morris, *The Gospel according to John* (NICNT; Grand Rapids: Eerdmans, 2nd edn, 1995), pp. 228, 234; J.N. Sanders and B.A. Mastin, *The Gospel according to St John* (London: Adam & Charles Black, 1968), p. 142; J.R. Michaels, *John* (NIBC; Peabody: Hendrickson, 1989), p. 71; 이상근,「신약성서주해 요한복음」(대구: 성등사, 27판, 1996), p. 98; 박수암,「신약주석 요한복음」, (서울: 대한기독교서회, 2002), pp. 136-37; 박윤선,「요한복음」, (서울: 영음사, 1979), pp. 158-59; 이상훈,「요한복음」, (대한기독교서회창립 100주년기념 성서주석; 서울: 대한기독교서회, 1993), p. 162. 대부분의 한국 학자들의 주석은 사마리아 여인을 부정적으로 평가한다.

본문에서 사마리아 여인은 윤리 도덕적으로 부정한 여인으로 묘사되고 있는가? 사마리아 여인의 종교와 예수에 대한 인식은 무엇인가? 사마리아 여인은 예수를 하나님의 아들, 메시야로 분명히 고백하며 믿었는가? 이런 질문들에 대답하기 위하여 본문에 기록된 예수와 사마리아 여인과의 대화를 분석하고, 지금까지 일반적으로 알려진 것처럼 사마리아 여인이 윤리 도덕적으로 부정한 사람인지를 재확인하면서, 이 여인의 종교와 예수에 대한 인식을 고찰하려고 한다.

첫째, 본문에 등장하는 사마리아 여인이 부정한 여인이라는 부정적인 평가를 조사하여 그 근거가 정당한가를 고찰 할 것이다. 둘째, 본문이 묘사하고 있는 사마리아 여인을 재평가할 것이다. 셋째, 사마리아 여인의 종교와 문화 및 예수에 대한 인식은 무엇인지를 살펴보고, 이 여인이 예수를 만난 후, 그를 하나님의 아들 메시야로 분명히 믿었는지 확인할 것이다. 이 논의를 위한 본문 석의 방법으로 역사적 서사 분석historical narrative analysis을 주로 사용하되 수사비평rhetorical criticism과 사회 과학 비평social scientific criticism의 유익한 점들을 무시하지 않을 것이다.[2]

2. 사마리아 여인에 대한 부정적 평가

사마리아 여인에 대한 부정적 평가와 그 근거를 살펴보기 전에 먼저 요한복음 4:1-42의 전체 문학적 구조와 내용을 간략하게 요약한 후 논의를 진행할 것이다. 본문은 요한복음 2:1-4:54의 구조 속에 위치한 한 부분이며, 전체의 구조는 예수의 첫 번째 표적(2:1-11)과 두 번째 표적

---

2. 성경해석방법에 대한 간략한 해설을 위해서는 강성열, 오덕호, 정기철, 「설교자를 위한 성서해석학입문」(서울: 대한기독교서회, 2006), pp. 244-58, 273-90을 참조하라.

(4:46-54)이 인클루지오inclusio를 구성하면서 다음과 같이 교차대칭 구조chiastic structure의 모습을 보여준다.

(A) 요 2:1-12 갈릴리 가나의 첫째 표적
(B) 요 2:13-25 예수의 성전 사건
(C) 요 3:1-21 예수와 유대인 남자
(D) 요 3:22-36 예수와 세례자 요한
(C′) 요 4:1-42 예수와 사마리아인 여자
(B′) 요 4:43-45 예수의 선지자적 자의식
(A′) 요 4:46-54 갈릴리 가나의 둘째 표적

이 교차대칭 구조의 중심축을 형성하는 (D)단락인 요한복음 3:22-36은 전체 구조의 핵심 메시지를 담고 있다. 이 단락의 중심 메시지는 세례자 요한의 예수에 대한 증언으로 예수는 영생을 주시는 분이라는 것이다. 이 글에서 논의하게 될 요한복음 4:1-42은 교차대칭구조 속에서 (C′)단락으로 이름이 알려지지 않은 사마리아 여자가 등장하고, (C)단락을 구성하는 요한복음 3:1-21에 기록된 유대인 남자 니고데모와 대칭을 이루고 있다.[3] 전체 교차대칭 구조에서 (C′)단락인 요한복음 4:1-42의 문학적 구조를 세분하면 (1)앞 단락과의 연결 도입부(1-2절), (2)사마리아 여인의 예수 인식에 대한 변화(3-19절), (3)예배 장소에 대한 질문과 대답(20-26절), (4)사마리아 여인의 예수에 대한 증언(27-30절) (5)예수와 제자들의 대화(31-38절), (5)사마리아 사람들의

3. 요한복음 2-4장의 교차대칭 구조 속에서 밤에 예수께 찾아온 니고데모와, 이 글에서 앞으로 논의될 것이지만, 오후 6시경에 예수를 만난 사마리아 여인은 모두 영적 어두움에 있는 사람으로 암시되며, 이들은 예수를 만나서 그분에 대한 인식이 긍정적으로 점점 변했지만 결국 예수에 대한 명시적 신앙고백이 없다는 공통점이 있다(참조. 요 7:50-52; 19:38-42).

반응(39-42절)으로 구분될 수 있다.

요한복음 4:1-42의 전체 내용을 간략하게 요약하면 다음과 같다. 수가Sychar라는 지역의 우물가에서 예수가 사마리아 여인을 만나서 대화가 진행된다. 예수의 제자들은 양식을 사러 갔다는 저자의 설명과 함께 대화의 장면에서 사라진다. 사마리아 여인과 예수의 대화가 진행되는 가운데 이 여인은 '하나님의 선물'과 '생수'에 관하여 듣게 되며, 예수에 대한 인식이 점진적으로 변화되어 간다. 사마리아 여인은 예수와의 대화 속에서 자신의 과거의 삶을 모두 알고 있는 예수를 선지자로 인식하며 고백한다. 예수를 선지자로 인식한 사마리아 여인이 예수께 예배 장소와 관련하여 대화를 시작한다. 예수는 사마리아 여인이 제기한 예배 장소에 대한 문제에 대하여 언급하면서 예배 장소 보다는 예배의 대상과 의미에 대해서 말씀하신다. 사마리아 여인은 자신이 인식한 예수를 사마리아 동네 사람들에게 증언하려고 자기 동네로 들어간다. 먹을 것을 사러 사마리아 동네에 들어갔던 예수의 제자들은 다시 등장하여 예수의 대화 상대자가 되고, 예수는 제자들에게 추수의 비유로 그들을 가르치신다. 사마리아 여인이 예수를 사마리아 사람들에게 소개하고, 그들은 예수를 만나게 된다. 사마리아 사람들은 예수께 그 동네에 머무실 것을 요청한다. 예수께서 사마리아 동네에서 이틀을 머무시며 그들에게 말씀을 직접 가르치신다. 그 결과 사마리아 사람들이 예수를 '세상의 구주'라고 고백한다.

본문에 등장하는 예수와 사마리아 여인의 대화 속에서 사마리아 여인은 지금까지 윤리 도덕적으로 부정한 여자로 평가되었다.[4] 사마리아 여인에 대한 부정적 평가의 근거는 대체로 다음 세 가지로 요약될 수

---

4. Morris, *John*, pp. 228, 234; Sanders and Mastin, *John*, p. 142; Michaels, *John*, p. 71; 이상근, 「신약성서주해 요한복음」, p. 98; 박수암, 「신약주석 요한복음」, pp. 136-37; 박윤선, 「요한복음」, pp. 158-59; 이상훈,「요한복음」, p. 162.

있다. 첫째, 사마리아 여인은 과거에 '남편 다섯'[5]이 있었기 때문에 이런 사실에 근거하여 이 여자를 윤리 도덕적으로 부정한 사람이라고 이해한다. 18절에 언급된 남편 다섯은 사마리아 여인의 과거 죄악을 보여주는 것으로 이해되거나,[6] 이 여인의 복잡한 혼인관계로 이해되어 부정적으로 평가되고 한다.[7] 모리스L. Morris는 예수가 사마리아 여인에게 남편을 데려오라고 한 것은 그 여인의 죄를 공개적으로 드러내는 것이라고 이해한다.[8] 예수가 사마리아 여인에게 남편을 데려오라고 한 것이 그 여인의 죄를 공개적으로 드러내려고 했다는 해석은 본문에서 그 근거를 찾기가 어렵다. 만일 예수께서 사마리아 여인의 윤리 도덕적인 죄를 공개적으로 드러내려는 의도가 있었다면 이 여인에게 그 죄를 지적하며 꾸짖는 책망의 말이나, 아니면 회개의 요청이 있어야 할 것인데 전혀 그런 내용을 본문에서 찾을 수 없다.

둘째, 사마리아 여인이 현재 같이 사는 남자도 법적으로 자기 남편이 아니기 때문에 윤리 도덕적으로 부정한 여인으로 이해한다. 모리스는

5. 사마리아 여인의 과거 '남편 다섯'은 다음과 같이 상징적으로 해석되어 졌다. (1)왕하 17:24에 언급된 이스라엘에게 이방신을 도입한 다섯 이방인들인 바벨론(Babylon), 구다(Cuthah), 아와(Avva), 하맛(Hamath), 스발와임(Sepharvaim)으로, (2)왕하 17:30-31에 언급된 이방신들로, (3)사마리아인들이 읽던 사마리아 오경으로 해석하였으나 모두 수용하기 어려운 지나친 해석들이다. 대부분의 학자들은 본문의 '남편 다섯'에 대한 상징적 해석을 거부한다. R. Bultmann, *The Gospel of John: A Commentary* (trans. G.R. Beasley-Murray; Oxford: Basil Blackwell, 1971), p. 188, D.A. Carson, *The Gospel according to John* (Leicester: Inter-Varsity Press, 1991), pp. 221, 232-33; C.K. Barrett, *The Gospel according to St John* (London: SPCK, 2nd edn, 1978), pp. 235-36; R. Schnackenburg, *The Gospel according to John* (3 vols.; trans. K. Smyth, *et al.*; Kent: Burns & Oates, 1968-82), I, p. 433; Brown, *John*, I, p. 171; G.R. Beasley-Murray, *John* (WBC; Nashville: Thomas Nelson, 2nd edn, 1999), p. 61을 참조하라.

6. Sanders and Mastin, *John*, p. 142; Michaels, *John*, p. 71; 박수암, 「요한복음」, p. 136; 박윤선, 「요한복음주석」, pp. 158-59를 참조하라.

7. 이상훈, 「요한복음」, p. 162; 이상근, 「신약성서주해 요한복음」, p. 98을 참조하라.

8. Morris, *John*, p. 234, 'It is best taken as his way of bring the woman's sin into the open.'.

사마리아 여인과 함께 동거하는 현재의 남자가 법적으로 남편이 아닐 가능성과 실제로 결혼하지 않고 동거하고 있을 개연성을 제기하며, 두 경우 모두 이 여인으로 하여금 자신의 잘못을 인식하도록 질문 한 것으로 이해한다.[9] 그렇지만 모리스의 해석은 가능성과 개연성을 근거로 사마리아 여인을 부정한 사람으로 해석하고 있어서 신뢰하기 어렵다. 또 다른 해석은 사마리아 여인을 윤리 도덕적인 면에서 완전히 부정한 사람으로 해석하지 않지만 수용하기 어려운 해석이 있다. 이런 해석에 의하면 사마리아 여인이 현재 같이 동거하고 있는 남자를 자기 남편이 아니라고 예수께 말한 것은 현재의 남자가 남편으로서의 의무를 다하지 못하고 있기 때문이라고 전제한다. 그러므로 현재 이 여인의 삶은 무의미하고 공허한 삶임을 암시하며 갈증을 느끼고 있다고 해석한다.[10] 그러나 이런 해석은 이 여인의 심리 상태를 파악하여 해석하는 일종의 심리적 해석psychological interpretation으로 매우 주관적일 가능성이 있어서 그런 해석의 가능성도 있지만, 그 반대의 경우도 성립되기 때문에 수용할 수 없다.

셋째, 사마리아 여인이 우물에 물을 길으러 간 시간은 제 6시로 이것을 유대인의 시간으로 계산하면 낮 열두 시경에 물을 길으러 간 것인데, 이 시간은 일반적으로 사람들이 물을 길으러 가는 시간이 아니다. 그럼에도 불구하고 이 여인이 그 시간에 우물에 물을 길으러 간 것은 윤리 도덕적으로 부정한 삶을 살고 있기 때문에 다른 사람들의 눈을 피하여 이 시간을 선택한 것으로 이해한다.[11] 이런 상황 설정에서 이 여인은 죄인이기에 사마리아 동네의 다른 사람들과 교제도 없었고, 홀로

---

9. Morris, *John*, p. 234; Brown *John*, I, p. 171.

10. 이필찬, 「이 성전을 허물라」(서울: 엔크리스토, 2008), pp. 325-26.

11. 예를 들면, Morris, *John*, p. 228에서 'the woman had a bad reputation and the explanation may be very simple - she chose the time and the place to avoid other women'(이탤릭체는 필자의 강조).

숨어서 숨죽이며 살아가는 사람으로 이해된다. 그러나 본문은 이 여인에 대하여 다른 사람과 교제가 없이 고립되어 눈을 피해가며 홀로 살아가는 여인이라는 묘사나 암시가 없다. 만일 사마리아 여인이 제 6시에 우물에 물을 길러 온 것을 오후 6시경으로 해석할 수 있다면, 이 여인은 정상적인 시간에 물을 길으러 온 것이 된다. 그렇다면 이 여자가 부정한 사람이기 때문에 다른 사람의 눈을 피하여 사람들이 물 길러 오지 않는 낮 열두시에 물을 길으러 왔다고 해석한 것은 잘못된 것이다. 이런 해석은 제 6시를 유대인의 시간인 낮 열두시로 미리 해석한 후에 이것을 뒷받침하기 위한 것에 불과하기에 수용하기 어렵다.

3. 사마리아 여인에 대한 재평가

요한복음 4:1-42에 등장하는 사마리아 여인이 지금까지 윤리 도덕적인 면에서 부정한 사람으로 평가되어진 것은 다음과 같은 이유로 재평가 되어져야 한다. 첫째, 사마리아 여인에게 과거에 남편 다섯이 있었다는 사실 만으로 이 여인을 윤리 도덕적인 면에서 부정한 사람으로 평가할 수 없다.[12] 왜냐하면 사마리아 여인에게 남편 다섯이 있었다는 것은 그 여자가 결혼을 다섯 번 했었다는 것을 암시하는 것일 뿐이지 윤리 도덕적으로 부정한 여인임을 증명하는 것은 아니기 때문이다.[13] 더욱이 이 여인이 처음 결혼한 이후 합법적으로 이혼과 재혼을 하였다면, 과거에 남편이 다섯 사람이었다는 이유만으로 이 여자를 부정한 사람으로 평가하는 것은 지나친 상상력에 의한 해석이기 때문이다.

---

12. 사마리아 여인의 남편 다섯과 현재의 남자에 대한 다양한 해석에 관하여 Barrett, *John*, pp. 235-36을 참조하라.

13. Barrett, *John*, pp. 235-36을 참조하라.

당시 유대나 사마리아 사회에서 정당한 이혼은 부정한 것이거나 이상한 일이 아니었다.[14] 당시 유대인 남자들은 이혼에 해당하는 사유가 발생했을 때 부인과 합법적으로 이혼할 수 있었고, 그런 경우 이혼 증서를 써주고 헤어질 수 있었다(참조. 막 10:2-12; 고전 7:15-16).[15] 사마리아 여인의 재혼 사유가 그 당시 사마리아인과 유대인 남자들이 쉽게 자기 아내를 버릴 수 있는 사회적 상황을 고려한다면 남편으로부터 합법적으로 이혼 증서를 받아 이혼하게 된 것을 모두 죄라고 단정하기 어렵다. 만일 사마리아 여인의 경우 이혼의 사유가 본인에게 있지 아니하였음에도 불구하고 남편과 갈라서게 되었다면 그것은 오히려 사마리아 여인의 남편에게 잘못이 있고, 그 남편이 부정한 경우가 될 수 있다. 더욱이 사마리아 여인이 과거 남편 다섯 사람과 모두 사별死別한 경우이고, 만일 계대 결혼을 했던 것이라면 결코 이 여인을 부정한 여자로 평가할 수 없다(참조. 막 12:18-27; 마 22:23-33; 눅 20:27-40).[16]

둘째, 사마리아 여인이 현재 같이 사는 남자가 남편이 아니라는 것은 그 남자가 동거인임을 암시한다. 이것은 합법적으로 결혼을 하지 않고 사는 동거인이라는 점에서 그 잘못된 점을 지적할 수 있을 것이지만, 만일 다른 사람들이 인정한 가운데 합법적인 혼인을 할 수 없는 상황에서 어쩔 수 없이 동거한 경우라면 그 여인을 부정한 여인으로 쉽게 평가할 수 없을 것이다.[17] 그 당시 사마리아나 유대에서 여자가 남편 없이

---

14. Carson, *John*, pp. 221. 예수 당시에 법적으로는 몇 번 결혼하던지 상관이 없었으나 랍비들은 세 번 이상 결혼하는 것을 인정하지 않았다. Barrett, *John*, p. 235; Brown, *John*, I, p. 171을 참조하라.

15. 당시 사마리아인들과 유대인들 가운데 여자가 먼저 이혼을 제기하는 경우는 거의 찾아 볼 수 없는 상황이다. R. de Vaux, *Ancient Israel: Its Life and Institutions* (trans. J. McHugh; London: Darton, Longman & Todd, 2nd edn, 1965), pp. 34-36을 참조하라.

16. Carson, *John*, pp. 221. 카슨은 그의 요한복음 주석에서 이 사마리아 여인이 과거의 남편들과 사별했거나 이혼했을 개연성을 언급한다. Brown, *John*, p. 171을 보라.

17. F.F. Bruce, *The Gospel of John* (Grand Rapids: Eerdmans, 1983), pp. 106-107. 브

혼자 살아간다는 것은 사회적으로나 경제적으로 매우 어려운 상황이기 때문에 남자와 함께 살아 갈 수밖에 없어서 불가피하게 동거한 것이라면 오히려 이 여인은 동정을 받아야 할 것이다. 당시 사마리아 지역에 사는 사람들 가운데 경제적인 이유로 남녀가 일시적으로 동거하는 경우가 있었다면, 그리고 이런 경우 사람들이 묵인하고 인정하는 사회였다면 사마리아 여인은 결코 부정한 여인으로 쉽게 평가 될 수 없을 것이다.[18]

셋째, 사마리아 여인이 네 남편을 데려오라는 예수의 요청에 자신은 남편이 없다고 대답한 것을 긍정적으로 평가하고 있는 것처럼 보이기에 이 여인을 부정한 사람이라고 말하기 어렵다. 17절에 사마리아 여인이 "나는 남편이 없다."고 말했을 때, 예수는 "네가 나는 남편이 없다고 대답한 것은 옳다."고 평가한다. 이것은 예수가 사마리아 여인의 대답을 정직하고 진실한 것으로 인정하여 매우 긍정적인 평가를 한 것이다. 18절에서 예수는 다시 한 번 더 사마리아 여인의 과거와 현재의 상태를 말하면서 "네가 같이 사는 남자가 있지만 그 남자가 네 남편이 아니라고 말한 것은 진실하다."고 긍정적으로 거듭 평가한다.[19] 예수는 사마리아 여인의 대답을 들었을 때, 전혀 부정적인 반응이나, 책망, 죄에 대한 꾸짖음과 같은 반응을 전혀 보이지 않았다. 예수는 사마리아 여인이 남편이 없다고 말한 것을 그 여인의 솔직한 대답으로 인정하면서 높이

루스는 그의 주석에서 합법적으로 결혼할 수 없었던 상황의 가능성을 언급한다("And now she [the Samaritan woman] was cohabiting with a man to whom she was not regularly married, possibly because of some legal impediment").

18. Vaux, *Ancient Israel*, pp. 39-40; J.K. Kim, 'A Korean Feminist Reading of John 4:1-42', *Semeia* 78 (1997), pp. 100-119를 참조하라.

19. H. Ridderbos, *The Gospel according to John: A Theological Commentary* (trans. J. Vriend; Grand Rapids: Eerdmans, 1997), pp. 158-61, 리델보스는 사마리아 여인의 대답에 대한 예수의 평가가 법정 선언에서 이 여인에게 옳다고 선언하는 것과 같다고 말한다(p. 160); 이필찬, 「이 성전을 허물라」, p. 325.

평가한 것으로 이해할 수 있다.

예수께서 사마리아 여인의 대답에 대하여 두 번씩이나 거듭해서 긍정적인 평가를 한 것은 요한복음 1:47에서 나다나엘을 향하여 "보라 이는 참으로 이스라엘 사람이라 그 속에 간사한 것이 없도다."라고 말한 것과 비교될 수 있다. 예수께서 사마리아 여인을 향하여 18절에 '진실하다'라고 말씀하셨을 때 사용된 헬라어는 '알레쎄스'(ἀληθής)이고, 나다나엘에게 '참으로 이스라엘 사람'이라고 말씀하셨을 때는 '알레또스'(ἀληθῶς)로, 그 차이는 헬라어 문장의 구성에서 전자는 형용사이며 후자는 부사라는 차이만 있을 뿐 그 의미는 동일하다. 이것은 예수께서 사마리아 여인에 대하여 나다나엘처럼 긍정적으로 평가하고 있는 것을 암시한다. 나다나엘이 예수의 긍정적인 평가와 그의 초자연적 인지 능력을 깨닫고, 그를 향하여 "랍비여 당신은 하나님의 아들이시요 당신은 이스라엘의 임금이로소이다."(요 1:49)라고 고백한 것처럼 사마리아 여인은 예수를 향하여 유사한 반응으로 "주여 내가 보니 [당신은] 선지자로소이다."(요 4:19)라고 고백한 것이다.

넷째, 6절에서 사마리아 여인이 우물에 물 길러 온 시간인 제 6시는 유대 시간으로 낮 열두시가 아니라, 로마 시간으로 오후 6시쯤이 문맥과 잘 어울린다.[20] 본문의 '제 6시'를 유대인들이 사용한 시간 개념으로 이해하여 정오로 이해한다면, 이 시간은 당시 여인들이 우물로 물을 길으러 온 일반적인 상황과 어울리지 않는다.[21] 아주 특별한 경우가 아니면 당시 이 지역에 사는 어느 누구도 태양이 내리쬐는 한 낮에 우물로

20. 요한복음의 시간에 관해서는 필자의 글, 조석민, '요한복음에 언급된 시간 이해: 요한복음 1:39; 4:6, 52; 19:14을 중심으로', 『성경과 교회』4 (2006), pp. 143-69, 특히 156-59를 참조하라.

21. Morris, *John*, p. 228에서 'an unusual time for a woman to be drawing water'라고 언급하면서 이 시간 여인이 물을 길으러 오기에는 적합한 때가 아님을 밝히고 있다; Brown, *John*, I, p. 169; C.S. Keener, *The Gospel of John: A Commentary* (2 vols.; Peabody: Hendrickson, 2003), I, pp. 592-93을 참조하라.

물을 길으러 오지 않기 때문이다. 제 6시가 로마 시간으로 오후 6시경이 되어야 하는 이유는 예수께서 하루 동안의 여행에 지쳐서 피곤한 상태로 목이 말라 우물가에 와서 앉았기 때문이다. 오후 6시 정도는 예수께서 하루 동안 여행하며 길을 걷느라 피곤하며 배고프고 목마른 시간으로 쉽게 이해할 수 있다. 또한 8절에서 예수의 제자들이 음식을 사러 동네로 들어갔다는 저자의 설명도 시간이 오후 6시 정도 되었다는 정황을 뒷받침해 준다(참조. 27, 31절). 본문에 언급된 제 6시가 유대 시간으로 낮 열두시가 아니라 로마 시간으로 오후 6시경이라고 해석할 때 사마리아 여인은 그 당시 사람들이 물을 길으러 오는 일상적인 시간에 우물에 온 것이다. 그렇다면 사마리아 여인이 물 길으러 온 시간은 이 여자를 부정한 여인으로 평가하는 증거로 삼을 수 없다.

또한 사마리아 여인이 같은 동네에 사는 사람들의 눈을 피하여 살아왔고, 그러므로 우물로 물을 길으러 올 때도, 다른 사람들이 오지 않는 시간인 낮 시간에 물을 길으러 왔다는 주장은 이 여인이 예수를 만난 후에 자기 동네로 가서 사람들에게 예수에 대하여 증언하고 있는 상황을 볼 때 전혀 이해할 수 없는 주장이다(28-29절). 더욱이 사마리아 동네 사람들도 이 여자와 말하고 있기 때문에 이 여인을 다른 사람들의 눈을 피해가며 살아가는 윤리 도덕적인 면에서 부끄럽고 수치스러운 죄인이라고 해석할 수 없다(42절). 사마리아 사람들과 이 여인이 대화하는 모습은 사마리아 여인이 다른 사람들과 접촉을 피하고 고립된 삶을 살았다는 것을 암시하기 보다는, 오히려 자기 동네 사람들과 함께 같은 사마리아 종교 전통과 문화 속에서 어떤 교제가 있었던 것을 분명히 시사하고 있다.[22]

22. 만일 사마리아 여인이 마을의 다른 사람들의 눈을 피해 고립된 삶을 살고 있었다면, 예수를 만나서 그를 선지자로 인식한 후 마을 사람들을 직접 찾아간 이유를 설명하기 어렵다. 또한 사마리아 여인이 예배 처소와 관련하여 예수께 질문을 한 것(요 4:20-26)은 오히려 이 여인의 경건한 종교 생활을 간접적으로 암시하는 증거일 수 있다. 이 여인은

4. 사마리아 여인의 종교와 문화

사마리아 여인의 종교와 문화는 무엇인가? 사마리아 여인은 사마리아 종교와 문화적 전통 속에서 살아가는 사람이라는 것을 본문이 암시하고 있다. 그 본문들은 (1)저자 요한의 설명적 주석인 9절, (2)사마리아 여인이 자신의 조상을 '야곱'이라고 말한 12절, (3)사마리아 여인이 예수를 '선지자'(προφήτης, '프로췌테스')로 고백한 19절과 자신의 종교 지식을 보여주는 '메시야'(Μεσσίας, '메시야스')와 '그리스도'(χριστός, '크리스토스')로 언급한 25절, (4)사마리아 여인이 '예배 장소'를 언급한 20절이다.

4.1. 저자의 설명적 주석(9절)

사마리아 여인이 우물가에서 예수를 만났을 때, "물을 좀 달라"(7절)는 예수의 요청을 받고 당황스러워하는 이유를 저자는 9절에서 친절하게 설명하고 있다. 요한복음의 저자는 그 당시 유대인과 사마리아인 사이에 종교, 사회, 문화적인 면에서 깊은 간격과 갈등이 첨예하게 존재했다는 정보를 "유대인이 사마리아인과 상종하지 아니함 이러라."(οὐ γὰρ συγχρῶνται Ἰουδαῖοι Σαμαρίταις)는 설명을 통해 제공한다. 이 설명에서 사용된 헬라어 동사 '수그크라오마이'(συγχράομαι)의 뜻은 '...을 다루다'가 아니라, '…와 함께 사용하다', '…와 함께 통용하다'의 의미로 사용되었다.[23] 바레트C.K. Barrett와 모리스L. Morris는 자신들의 요한복음 주석에서 이 설명을 AD 65 또는 66년경의 유대인 정결법의 규정으

예수께 자신의 현재 동거인을 남편이라고 속이지 않았고, 다섯 번 결혼했던 사실도 부인하지 않았고 솔직하게 인정한다(요 4:16-18).

23. BDAG, pp. 953-54; Morris, *John*, p. 229 note 22를 보라.

로 이해한다.[24] 당시 유대인들은 사마리아인의 딸들은 갓난아기 때부터 월경을 한다고 생각했기에 사마리아 여자들은 항상 부정한 상태에 있다고 가정하는 것이 안전하다는 고정 관념이 있었다.[25] 이런 관점에서 유대인들은 사마리아인들과 항아리를 함께 사용하지 않는다는 원칙이 생겨나게 되었다. 유대인들과 사마리아인들은 이런 사회 문화적 관습을 서로 잘 알고 있었다.

요한복음 저자의 이런 설명적 주석은 사마리아 여인이 사마리아 종교와 문화 속에서 일상을 살아가는 평범한 사람임을 확인할 수 있다. 이런 점에서 유대인 남자인 예수가 사마리아인 여자에게 말을 걸어오며, 더욱이 물을 좀 달라고 요청한 것은 이 여인의 종교와 문화적 전통 속에서 도저히 이해할 수 없는 일이었다. 이런 상황은 당시의 두 민족과 종교 사이에 존재하고 있는 갈등 상황에서 전혀 수용할 수 없었던 것이다.[26] 이런 상황을 저자는 9절에서 자신의 설명적 주석을 통해서 독자에게 이해시키고 있다. 결국 저자는 자신의 설명을 통해서 사마리아 여인의 종교 문화적 배경이 사마리아 종교와 문화임을 분명히 알려준다.

24. Barrett, *John*, pp. 232-33; Morris, *John*, p. 229.

25. Mishnah, *Niddah* 4:1, "The daughters of Samaritans are menstruants from their cradle." 이 글에서 Mishnah는 H. Danby, *The Mishnah: Translated from the Hebrew with Introduction and Brief Explanatory Notes* (London: Oxford University Press, 1933)를 사용한다.

26. F. Dexinger, 'Limits of Tolerance in Judaism: The Samaritan Example', in E.P. Sanders (ed.), *Jewish and Christian Self-Definition, vol. II: Aspects of Judaism in the Graeco-Roman Period*. (3 vols.; Philadelphia: Fortress Press, 1981), pp. 88-114를 참조하라.

4.2. 사마리아 여인의 조상 야곱(12절)

사마리아 여인은 분명하게 자신의 조상으로 '야곱'을 언급하면서 예수께 질문하기를 "당신이 야곱보다 더 크니이까?"(12절)라고 묻는다. 사마리아 여인이 예수를 자기의 조상 야곱과 비교하면서 그의 정체성을 묻는 이유는 무엇인가? 이런 상황은 이 여인이 사마리아의 종교적 전통에 분명히 서 있음을 암시한다. 왜냐하면 사마리아 종교에서 야곱은 자신들의 조상이기 때문이다.[27] 반면에 유대인들은 자신들의 조상을 야곱이라고 말하지 않고 분명히 아브라함이라고 말한다. 그러므로 요한복음 8:53에서 유대인들은 예수를 향하여 "너는 이미 죽은 우리 조상 아브라함보다 크냐?"라고 질문하면서는 자신들이 아브라함의 자손임을 말한다.

사마리아 종교와 문화 속에서 야곱의 모습은 때때로 사마리아 종교의 종말론Samaritan Eschatology 속에서 마지막에 올 선지자 '타헤브'(תהב, Taheb)로 간주 되었다.[28] 사마리아 종교에서 '타헤브'의 사상은 종말론의 거의 모든 면에서 깊은 관련이 있다. 복음서의 저자는 사마리아 여인이 예수를 오해하며 무의식적으로 뱉어낸 말을 통해서 예수가 야곱보다 크신 분임을 암시한다.[29] 사마리아 여인의 입에서 무의식적으로 나온 이 질문은 이 여인이 자기의 종교와 문화 전통에 깊이 뿌리박고 살아가는 사람임을 동시에 보여주는 증거이다. 사마리아 여인은 자기

---

27. J.H. Neyrey, 'Jacob Traditions and the Interpretation of John 4:10-26', *CBQ* 41 (1979), pp. 419-37 (pp. 424-25)를 보라.

28. F. Dexinger, *Der Taheb: Ein "messianischer" Heilsbringer der Samaritaner* (Salzburg: O. Müller, 1986), p. 43; idem, 'Samaritan Eschatology', in A.D. Crown (ed.), *The Samaritans* (Tübingen: J.C.B. Mohr, 1989), pp. 266-92, 특히 pp. 272-76을 참조하라. A.D. Crown, 'F. Dexinger, "Der Taheb"', *JQR* 80 (1989), pp. 139-41을 참조하라.

29. Brown, *John*, I, p. 170.

의 조상이 야곱이라는 사실을 강조하면서 예수께 질문한 것이다(참조. 요 4:20).[30] 사마리아 여인은 자신의 종교와 문화 속에서 예수를 만나 자신의 관점에서 그를 이해하려고 한다.

4.3. 사마리아 여인의 메시야 사상(19, 25절)

본문 19절과 25절은 사마리아 여인의 메시야 사상을 보여준다. 먼저 19절에서 사마리아 여인은 자신의 종교와 문화를 통해서 예수를 인식한 후 그 동안 기다려온 종말의 선지자 '타헤브'인 것을 확인하고 그에게 '당신은 선지자입니다.'(προφήτης εἶ σύ, '프로훼테스 에이 수')라고 고백한 것이다.[31] 헬라어 문법에 의하면 '당신은 선지자 입니다'라는 문장에서 관사가 생략될 수 있기에 번역을 할 때 관사의 의미를 살려서 번역을 하면 '당신은 그 선지자 입니다'가 될 수 있다.[32] 그렇다면 사마리아 여인은 이미 알고 있으며, 어쩌면 오랫동안 기다려왔을 '그 선지자'를 예수와 일치 시킨 것이다.

사마리아 종교에서 '그 선지자'는 '모세와 같은 선지자'로 유대인들이 그가 마지막 날에 올 것이라고 믿고 기다려온 것처럼 사마리아인들도 '사마리아 오경'Samaritan Pentateuch의 신명기 18:15-18의 약속을 믿고 소망한 바로 그 인물이다. 사마리아인들이 사용하는 모세 오경은 '사마리아 오경'이라고 부르지만 유대인들의 모세 오경과 거의 차이가

30. Keener, *John*, I, pp. 601-602; B. Olsson, *Structure and Meaning in the Fourth Gospel: A Text-Linguistic Analysis of John 2:1-11 and 4:1-42* (trans. J. Gray; CBNTS 6; Uppsala, Sweden: CWK Gleerup Lund, 1974), pp. 139-42를 보라.

31. Brown, *John*, I, p. 171; Moloney, *John*, pp. 127-31을 보라.

32. Sukmin Cho, *Jesus as Prophet in the Fourth Gospel* (NTM 15; Sheffield: Sheffield Phoenix Press, 2006), pp. 181-82; E.C. Colwell, 'A Definite Rule for the Use of the Article in the Greek New Testament', *JBL* 52 (1933), pp. 12-21, Barrett, *John*, p. 236을 참조하라.

없고 마소라 수정본이라는 관점에서 사소한 차이만 있다.[33] 사마리아인들은 유대인들처럼 하나님을 예배하였으며, 그들의 신앙적 권위는 사마리아 오경이었다.

사마리아 여인이 예수를 선지자로 인식하고 고백한 것은 사마리아 종교의 '타헤브'를 의미했다는 것을 25절에서 다시 확인할 수 있다. 사마리아 여인은 25절에서 "메시야 곧 그리스도라 하는 이가 오실 줄 내가 아노니 그가 오시면 모든 것을 우리에게 알려 주시리이다."라고 말한다. 사마리아 여인이 언급한 '메시야'와 '그리스도'는 곧 사마리아 종교의 종말에 올 선지자 '타헤브'를 의미한다.[34] 사마리아 여인은 사마리아 오경에서 약속한 '그 선지자'가 와서 모든 것을 알려주며 회복시켜 줄 것을 고대한 것이다. 예수는 사마리아 여인의 말에 '내가 곧 그 사람이다.'(26절)라고 분명히 말했지만 이 여자는 전혀 이해하지 못한다.[35] 이것은 사마리아 여인이 예수와 대화를 한 후에 물동이를 버려두고 자기 동네에 들어가서 예수를 증언하지만 반신반의 하면서 증언하는 것을 29절에서 볼 수 있기 때문이다. 사마리아 여인은 사마리아 종교의 '메시야 - 그리스도'인 '타헤브'를 기다려 온 것이다.

4.4. 사마리아 여인의 예배 장소(20절)

요한복음 4:20-26은 당시 유대교와 사마리아 종교 사이에 예배 장소 및 메시야의 대망과 관련해서 서로 극단적 대립과 갈등이 있었음을 암시하고 있다. 신약시대의 사마리아인들은 북쪽으로는 갈릴리와 남쪽으

---

33. H.G.M. Willianson, 'Samaritans', in J.B. Green et al. (eds.), *Dictionary of Jesus and the Gospels* (Leicester: InterVarsity Press, 1992), pp. 724-28을 보라.

34. Moloney, *John*, pp. 129-30, 133-34; Beasley-Murray, *John*, p. 62.

35. 요 4:26은 요한복음에서 예수가 가장 명시적으로 '내가 메시야, 곧 그리스도이다.'라고 그 자신의 입으로 선언하신 것이다.

로는 유대 사이에 위치한 사마리아 중앙 산지 곳곳에 흩어져 거주하던 종교 집단이었다. 이들은 실제로 고대 세겜Shechem 지역에 인접한 그리심 산Mount Gerizim에 신앙의 초점을 두고 있었다. 사마리아인들이 그리심 산에 예배 처소를 세운 것은 그들이 종교적 권위를 부여하고 있는 사마리아 오경의 신명기 11:26-29과 27:1-8에 근거한 것이다. 그러므로 사마리아인들은 세겜을 내려다보는 그리심 산 위에 사마리아 성전을 건축했다(요 4:20).[36]

사마리아 여인이 "우리 조상들은 이 산에서 예배하였다."(20절)는 의미는 첫째, 사마리아인들이 그리심 산에서 예배드리고 있다는 것이며, 둘째, 사마리아 여인이 실제적으로 종교 생활을 하고 있음을 암시하는 것이다. 사마리아 여인이 자신들의 예배 처소 문제를 예수께 대화의 주제로 제기한 것은 그를 사마리아의 선지자 '타헤브'로 인식하였기 때문이다.[37] 당시 예배의 장소 문제는 사마리아인들과 유대인들 사이에 가장 민감한 종교 문제이기에 이 여인은 예수와의 대화 속에서 이것을 화두로 삼은 것이다. 그렇다면 이 여인은 경건한 종교 생활을 지속적으로 하고 있는 사람이라는 암시일 수 있다. 사마리아 여인은 자신이 선지자로 인식한 예수가 예배처소 문제를 어떻게 말할는지 듣기를 원한 것이기 때문이다. 사마리아 여인이 예배 장소 문제를 예수께 언급한 것은 이 여인이 사마리아 종교와 문화 속에 뿌리를 둔 사람인 것을 보여주는 증거이다.

36. 사마리아 성전은 BC 128년 요한 힐카누스(John Hyrcanus)가 세겜을 점령했을 때 파괴됐다. Beasley-Murray, *John*, p. 61.

37. Moloney, *John*, p. 132.

5. 사마리아 여인의 예수에 대한 인식

사마리아 여인은 예수를 누구라고 인식하였는가? 사마리아 여인은 예수를 하나님의 아들, 메시야로 믿고 고백했는가? 사마리아 여인이 예수를 만났을 때, 그에 대한 인식은 점진적으로 변했던 것을 본문이 분명하게 보여준다. 사마리아 여인이 예수를 수가라는 지역의 우물가에서 처음 만났을 때, 9절에 의하면 그를 단순히 유대인 남자(Ἰουδαῖος, '이유다이오스')로 인식하였다. 그러나 예수께서 그 여자에게 "네가 만일 하나님의 선물과 또 네게 물 좀 달라 하는 이가 누구인 줄 알았더라면 네가 그에게 구하였을 것이요 그가 생수를 네게 주었으리라."(10절)는 말씀을 들은 후에 이 여인이 예수를 부르는 호칭은 달라졌다.

사마리아 여인이 예수를 처음 만났을 때 유대인 남자로 인식한 것과는 달리 11절에서 '주'(κύριος, '퀴리오스')라는 호칭을 사용한다.[38] 물론 사마리아 여인이 '주'라는 호칭을 예수께 적용하였지만 이것은 예수를 그리스도로 믿는 자들이 '주'라고 부르는 것과는 의미상의 상당한 차이가 있다. 사마리아 여인이 예수를 '주'라고 부른 것은 오늘날 표현으로 예를 든다면 '○○○ 선생님', '○○○ 씨', '○○○ 님' 정도의 존칭에 불과한 것이다(참조. 요 4:15, 19).[39] 사마리아 여인이 예수를 부르는 호칭이 변한 것은 그의 말씀이 범상치 않았기 때문이라고 추측할 수 있으며, 그 증거는 그 여인이 예수를 자기의 조상 야곱과 비교하며 "당신이 야곱보다 크니이까?"(12절)라고 질문한 것에서 어느 정도 암시되어 있다. 사마리아 여인이 자기의 조상을 '아브라함'이라고 말하지 않고, '야곱'이라고 말한 것은 앞에서 언급한 것처럼 이 여인이 사마리아의 종교 문

---

38. 앞에서 언급 했듯이 11절에 사마리아 여인이 예수를 호칭한 κύριος는 신앙 고백적 차원에서 부르는 명칭과는 거리가 멀고 일반적인 존칭으로 사용된 것이다.

39. Barrett, *John*, p. 236을 보라.

화적 전통에 굳게 서있음을 보여주는 증거이다.

사마리아 여인은 계속된 예수와의 대화 속에서 예수가 자신의 개인적인 과거를 모두 알고 말하자 결국 그를 '선지자'로 인식하고 고백한다(19절). 이 여인이 예수를 선지자로 고백한 것은 유대교에서 고대하고 있는 선지자가 아니라, 사마리아 종교에서 대망하고 있는 선지자 '타헤브'(תהב, Taheb)를 의미한다.[40] 사마리아 종교에 의하면 사마리아인들은 그들의 경전인 사마리아 오경the Samaritan Pentateuch의 신명기 18:15에 약속된 마지막 때의 선지자인 '타헤브'를 기다리고 있었다. 사마리아인들이 고대하던 '타헤브'는 그들의 메시야이며, 그가 오면 예배처소에 대하여 분명히 말해 줄 것과 그들의 과거에 대하여 모든 것을 말해 줄 것으로 기대하고 있었다. 이런 점에서 사마리아 여인은 예수를 사마리아 종교의 전통 속에서 기다리던 '타헤브'로 인식하고 선지자라고 고백한 직후에 곧 예배 장소에 관한 대화를 시작한 것이다(참조. 요 4:20-25).[41] 사마리아 여인은 처음 예수를 만났을 때 그를 단순히 한 유대인 남자로 알았지만 결국 자신의 종교적 전통 속에서 고대하던 선지자 '타헤브'로 이해한 것이다. 사마리아 여인은 '타헤브'에 대한 자신의 종교적 지식을 25절에서 "나는 그리스도라고 부르는 메시야가 오실 것을 압니다. 그분이 오시면 우리에게 모든 것을 알려 주실 것입니다."라고 드러낸다.

---

40. Barrett는 자신의 요한복음 주석에서 사마리아 여인이 19절에서 예수를 향하여 '당신은 선지자이다.'라고 고백한 것이 신명기 18:15의 '그 선지자'를 생각한 것일지 모른다고 추측한다. 그러나 그는 25절을 고려할 때 사마리아인들이 신명기 18:15에 대하여 메시야적 해석을 했다거나, 또는 그들이 자신들의 선지자인 메시야, 곧, '타헤브'(Taheb)로 이해했다는 요한의 암시가 없다면 이런 추측은 성립되지 않는다고 말한다. 결국 Barrett는 사마리아인들의 메시야가 그들의 선지자인 '타헤브'임을 간접적으로 말하고 있다. Barrett, *John*, pp. 138, 236, 239를 보라.

41. J. Macdonald, *The Theology of the Samaritans* (NTL; London: SCM Press, 1964), pp. 362-71; Cho, *Jesus as Prophet*, pp. 83-87을 참조하라.

사마리아 여인이 자신의 종교적 지식을 동원하여 '타헤브'의 소망을 피력하면서 '그리스도라고 부르는 메시야가 오실 것'을 알고 있다고 말했을 때, 예수께서 "네게 말하고 있는 내가 그 사람이다."(26절)라고 말하자, 그를 선지자 '타헤브'로 분명하게 확신한다. 26절은 요한복음에서 예수께서 가장 명시적으로 '내가 그리스도라고 부르는 메시야이다.'라고 직접 말씀하신 것이다. 그러나 사마리아 여인은 예수의 이 분명한 말씀을 오해하여 예수를 자신이 알고 있는 사마리아 종교에서 기다리고 있는 '타헤브'와 직접 연결시킨 것이다.

결국 사마리아 여인은 동네로 들어가서 예수를 사마리아 사람들에게 증언한다(28-29절). 사마리아 여인이 29절에서 예수를 소개하면서 "내가 행한 모든 일을 내게 말한 사람"이란 표현을 사용한 것은 '타헤브'의 기능을 설명하는 것이다. 사마리아 여인은 25절에서 자신이 이해하고 있는 '타헤브'에 대하여 예수께 설명하면서 "그가 오시면 모든 것을 우리에게 알려주실 것"이라고 했다. 사마리아 여인이 예수를 '타헤브'로 이해한 내용은 저자의 설명적 주석에 해당하는 39절의 "내가 행한 모든 것을 그가 내가 말하였다."에서 다시 반복되어 나타난다. 결국 사마리아 여인은 지극히 개인적인 자신의 과거의 삶에 대하여 소상히 말할 수 있는 사람은 사마리아 종교 전통 속에서 고대하고 있는 선지자 '타헤브' 밖에 없다고 이해한 것이다.

이런 점에서 이 여인은 사마리아 사람들에게 예수를 '타헤브'로 소개한 것이다. 사마리아 여인은 예수를 '타헤브'로 인식하여 19절에서 '선지자'라고 고백했지만 여전히 자신이 인식하고 고백한 예수의 선지자적 정체성에 대하여 반신반의半信半疑하면서 그를 자기 동네 사람들에게 소개한다. 사마리아 여인의 머뭇거리는 태도는 29절에 표현된 그의 증언에서 암시된다.[42] 이 여인이 29절에서 사마리아 사람들에게 예수를 소개하면서 '메티 후토스 에스틴 호 크리스토스'(μήτι οὗτός ἐστιν ὁ χριστός;)라는 질문을 던진다. 29절의 헬라어 문장은 부정사로 시작한 부정문이며 동시에 문장 마지막에 헬라어 의문부호(;)가 사용되었다. 이 문장에서 사용된 부정사 '메티'(μήτι)는 이 여인의 머뭇거리는 마음을 나타낸다.[43]

이 문장을 개역개정판은 "이는 그리스도가 아니냐 하니"라고 번역했지만, 원문의 의미는 "그분이 그리스도가 아니지요?"이다. 영어 문장으로 번역하면 "He is not the Messiah, is he?"이다. 이런 점에서 영어 성경 New Revised Standard Version은 "He cannot be the Messiah, can he?"라고 번역했고, King James Version은 "Is not this the Christ?"라고 했다. 사마리아 여인의 이 질문은 부정적인 반응을 기대하는 것이 분명하지만, 한편으로 긍정적인 대답도 소망하고 있다고 추측할 수 있다.[44] 결국 사마리아 여인의 예수에 대한 증언은 이 여인이 아직도 예수의 정체성에 대하여 확신이 없다는 것을 암시한다.

사마리아 동네 사람들은 이 여인으로부터 예수를 소개받고 그를 '타헤브'로 인식하게 되었다. 요한복음 4:39을 직역하면 "그래서 그 도시에서 많은 사마리아 사람들이 예수를 믿게 되었다. 그것은 그 여자가, [예수께서] 자기가 한 일을 모두 알아맞히셨다고 증언했기 때문이다."가 된다. 이것은 사마리아 여자가 예수를 소개하면서 자신의 과거를 모

42. Carson, *John*, p. 228; Barrett, *John*, p. 240을 보라.

43. E. Danna, 'A Note on John 4:29', *RB* 106 (1999), pp. 222-23; N. Turner, *A Grammar of New Testament Greek. III. Syntax* (Edinburgh: T. & T. Clark, 1963), pp. 282-83; F. Blass and A. Debrunner, *A Greek Grammar of the New Testament and Other Early Christian Literature* (trans. and ed., R.W. Funk; Chicago: University of Chicago Press, 1961), p. 221을 참조하라.

44. Morris, *John*, pp. 243-44를 보라.

두 알고 있는 것 때문에 그를 선지자 '타헤브'로 인식했음을 암시하는 표현이다. 결국 사마리아 여인과 한 동네에 살고 있는 이 사람들은 그 여자의 말을 통해서 예수를 자신들의 사마리아 종교 전통에서 고대하던 선지자 '타헤브'로 믿은 것이다.[45] 그렇지만 사마리아 사람들은 이 여인의 말을 반신반의했다. 이런 그들의 태도는 40절에서 나타난다.

사마리아 사람들은 이 여인의 증언을 들은 후에 예수를 선지자 '타헤브'로 믿으면서도 그가 혹시 거짓 선지자는 아닐까라는 의심을 떨쳐버릴 수 없었다. 그러므로 사마리아 사람들은 동네에서 나와 예수께로 왔다(30절). 그리고 그를 만나자 자신들과 함께 머물기를 요청했다(40절). 사마리아 사람들이 예수께 함께 머물기를 요청한 것은 그가 참 선지자인지 거짓 선지자인지를 시험하기 위한 것이었다. 왜냐하면 디다케 Didache 11:5은 "만일 어떤 선지자가 삼일을 머물렀다면 그 사람은 거짓 선지자이다."라고 기술되어 있기 때문이다.[46] 이것은 그 당시 참 선지자와 거짓 선지자를 구별하는 하나의 기준이 되는 것으로 참 선지자는 한 장소에 삼일 이상을 머물지 않았다는 것을 암시한다.

예수는 사마리아 사람들의 요청을 받아들여 그들과 함께 '이틀'(δύο ἡμέρας, '듀오 헤메라스')을 머물렀다. 40절에서 예수께서 사마리아인들과 함께 그들의 거처에서 '이틀'을 머물렀다는 것은 참 선지자의 표지로 이것은 디다케Didache에서 언급한 참 선지자의 조건을 충족시킨 것이다. 요한복음의 저자는 '이틀'이라는 표현을 예수께서 사마리아 사람들과 함께 머물렀던 기간과 관련하여 아주 분명하게 반복적으로 사용하고 있다(참조. 요 4:43). 예수께서 사마리아 사람들과 함께 이틀을

45. Keener, *John*, pp. 619-20, 626-28을 보라.

46. K. Niederwimmer, *The Didache: A Commentary* (trans. L.M. Maloney; Minneapolis: Fortress Press, 1998), pp. 175-76을 보라. 사마리아인들은 당시 초대교회 교훈집인 디다케를 알고 있었을 것이다.

머무시면서 그들에게 직접 말씀을 가르치신 후, 그들은 예수를 사마리아 종교 전통 속에서 기다리던 참 선지자 '타헤브'로 믿은 것이 아니라, '세상의 구주'(ὁ σωτὴρ τοῦ κόσμου, '호 소테르 투 코스무')라는 매우 독특한 호칭을 사용하며 그들의 믿음을 고백하게 되었다.[47] 사마리아 사람들 가운데 예수를 '세상의 구주'로 믿는 사람들은 더욱 많아졌다.

사마리아 사람들이 이틀 동안 예수의 말씀을 직접 들은 후에 놀라운 변화가 일어났음을 41-42절은 암시한다. 사마리아 사람들은 예수를 처음 만나 그들에게 소개한 그 여인을 자신들과 분명하게 구별시켜 놓고 말하기를 그들은 더 이상 그 여인의 말 때문에 예수를 사마리아 종교의 참 선지자 '타헤브'로 믿는 것이 아니라 '세상의 구주'로 믿고 있음을 분명히 밝힌다. 사마리아 여인은 예수를 처음 만났을 때 사마리아 종교에서 고대하던 선지자 '타헤브'로 분명히 인식하고 고백했으며(19절), 그분을 사마리아 동네 사람들에게 소개했지만(29, 39절), 그들과 함께 예수를 '세상의 구주'라고 고백했는지는 본문에서 명확하게 드러나지 않는다. 왜냐하면 사마리아인들이 이 여인을 자신들과 구별시키면서 말하고 있기 때문이다. 이런 점에서 사마리아 여인은 예수를 하나님의 아들, 메시야로 분명하게 고백하지 않았다고 말할 수 있으며, 요한복음 3장에 등장하는 니고데모와 함께 요한복음 안에서 예수에 대한 신앙을 분명하게 고백하지 않은 또 다른 한 인물로 남게 된다.[48]

47. C.R. Koester, '"The Savior of the World" (John 4:42)', *JBL* 109 (1990), pp. 665-80을 참조하라. '세상의 구주'라는 호칭은 이사야 19:20과 관련하여 메시야라는 의미가 포함되었을 가능성이 있다. Keener, *John*, p. 628을 보라.

48. 사마리아 여인이 동네의 모든 사람들이 예수를 '세상의 구주'라고 믿고 고백하는 것을 보고, 자신도 동일한 믿음을 가졌을 가능성은 추측할 수 있다. 그렇지만 본문은 이런 상황에 대하여 명시적으로 아무런 언급이 없다.

6. 결론

이 글에서 지금까지 사마리아 여인과 예수의 대화를 통해서 이 여인이 윤리 도덕적으로 부정한 사람으로 묘사되고 있는지를 살펴보았다. 사마리아 여인을 윤리 도덕적으로 부정한 사람이라고 평가한 것은 첫째, 본문에 언급된 제 6시를 유대인의 시간으로 해석한 결과였고, 둘째, 이 여인에게 과거에 남편 다섯이 있었다는 것과 현재의 남자도 법적으로 남편이 아니라는 예수의 말씀에 근거한 것이었다. 그러나 사마리아 여인은 윤리 도덕적으로 부정한 여인이라고 단정할 수 없다. 본문의 제 6시는 로마인의 시간으로 오후 6시이기에 정상적인 시간에 물을 길으러 간 것이다. 이 여인이 예수를 만난 후에 동네 사람들에게 그에 대하여 증언한 것은 윤리 도덕적으로 부정한 사람이어서 다른 사람과 교제를 끊고 고립된 생활을 한 것이 아님을 보여준다. 더욱이 예수는 이 여인에 대하여 명시적으로 부정적인 평가를 전혀 하지 않았다.

이 여인의 종교와 문화는 사마리아 종교와 문화임을 확인하였다. 예수를 만나서 대화하는 중에 당황한 사마리아 여인에 대하여 복음서의 저자는 그 이유를 9절에서 설명하면서 이 여자가 사마리아 종교와 문화에 뿌리박고 사는 사람임을 보여준다. 사마리아 여인이 자신의 조상을 '야곱'(12절)이라고 말한 것과 예수를 '선지자'(19절)로 고백하며, 자신의 종교 지식으로 '메시야'와 '그리스도'(25절)를 언급한 것은 이 여인이 사마리아 종교와 문화 속에 살아가는 사람임을 보여준 것이다. 더욱이 사마리아 여인이 '예배 장소'(20절)를 언급한 것은 이 여인이 지금도 사마리아 종교 생활을 하고 있는 경건한 여인이라는 암시이다.

사마리아 여인이 예수를 어떻게 인식했는지는 이 여인의 종교 및 문화적 배경과 깊은 관련이 있음을 알았다. 사마리아 여인은 예수를 사마리아 종교의 선지자인 '타헤브'로 인식했다. 이 여인이 사마리아 동네 사람들에게 예수를 소개할 때도 '타헤브'로 인식하고 전한 것이었다. 그러나 사마리아 사람들은 예수를 '세상의 구주'로 확인했다. 그렇지만 이 여인이 그들과 함께 예수를 '세상의 구주'로 인식했는지, 또는 하나님의 아들, 메시야로 분명히 믿었는지에 대해서 본문은 침묵하고 있다.

제 9 장

요한복음의 **둘째 표적**

A New Perspective on John's Gospel

● 제 9 장 ●

요한복음의 둘째 표적[1]

1. 서론

이 글은 예수께서 갈릴리 가나에서 보여주신 두 번째 표적 사건을 기록한 본문을 석의하여 그 내용과 의미를 고찰하고, 왕의 신하와 그의 모든 가족이 믿었다는 것이 무엇을 의미하는지 확인하는 것이다. 예수께서 갈릴리 가나Galilee Cana의 혼인잔치에 참석하여 물이 변하여 포도주가 되게 하신 처음 표적(요 2:1-12)과 함께 요한복음 4:46-54의 내용은 같은 장소에서 보여주신 예수의 두 번째 표적 사건이다.[2] 지금까지 일반적으로 이해되어온 본문의 내용을 요약하면 다음과 같다.[3] 왕의 신하가 예수의 소문을 듣고 찾아와서 병들어 죽어가는 아들을 살려달라고 요청했다. 예수는 왕의 신하의 요청을 받아들여 말씀으로 그 아들을

1. 이 글은 필자의 '갈릴리 가나의 두 번째 표적' 『성경과 교회』 6 (2008), pp. 152-76에 게재되었던 것을 수정 보완한 것이다.

2. 요 4:46-54의 표적 사건은 마 8:5-13과 눅 7:2-10에서 백부장의 종을 치유한 기적 사건과 매우 유사하다. 그러므로 요한복음의 저자가 공관복음서의 기사 가운데 한 이야기에 의존했을 가능성에 대한 논의가 제기될 수 있지만 이 글의 목적과 다르기에 그 논의는 생략한다. 이 주제와 관련하여 Lindars, 'Capernaum Revisited', pp. 1985-2000; Neirynck, 'John 4,46-54', pp. 367-75; Brown, *John*, I, pp. 192-94를 참조하라.

3. 본문과 관련된 교부들의 해석에 대하여 다음을 참조하라. Edwards, *John*, pp. 62-63; Elowsky, *John* 1-10, pp. 173-76.

살려주었다. 왕의 신하가 죽어가던 아들이 살아난 것을 확인한 후에 온 가족과 함께 예수를 믿었다.[4] 그렇지만 꼼꼼히 읽어 보면 본문은 왕의 신하와 그 가족이 무엇을 믿었는지 그 믿음의 대상이나 내용을 명확하게 언급하지 않는다.

예수께서 갈릴리 가나에서 행하신 두 번째 표적(요 4:46-54)의 의미는 무엇인가? 갈릴리 가나에서 행하신 예수의 두 표적 사건 사이의 관계는 무엇인가? 예수께서 갈릴리 가나에서 행하신 두 번째 표적에서 왕의 신하는 예수의 정체를 어떻게 인식하였는가? 왕의 신하는 자신의 아들이 살아난 후에 그 가족과 함께 예수를 하나님의 아들, 메시야로 정말 믿었는가? 이와 같은 여러 질문에 적절한 해답을 찾기 위하여 첫째, 본문을 넓은 문맥의 구조 속에서 살펴보며 문학적 구조가 함의한 의미를 갈릴리 가나의 처음 표적과 관련하여 살펴볼 것이다. 둘째, 헬라어 본문에 대한 사역私譯을 시도하고, 본문을 석의하여 그 의미를 도출(導出)할 것이다. 셋째, 본문 석의를 토대로 하여 왕의 신하가 인식한 예수의 정체는 무엇인지, 또한 그 자신과 그의 모든 가족들이 예수를 하나님의 아들, 메시야로 믿었는지 확인할 것이다. 마지막으로 결론에서 이 표적 기사의 목적이 무엇인지를 요한복음의 기록 목적과 관련해서 언급할 것이며, 메시지의 내용을 실천적으로 어떻게 적용할 수 있을지 제안할 것이다.

4. 일반적으로 본문이 이해되어져 온 것을 다음의 주석에서 찾아 볼 수 있다. 이필찬,「이 성전을 허물라」, p. 378; 김문현,「가슴으로 읽는 요한복음」, pp. 89-91; 유상섭,「설교를 돕는 분석요한복음」, p. 122; 최홍진,「요한복음」, pp. 120-21; 김춘기,「만남의 복음서」, p. 118; Newbigin,「요한복음 강해」, pp. 86-90; Bruce,「요한복음」, pp. 207-208; Morris, *John*, p. 259; Moloney, *John*, pp. 154-56을 보라.

2. 갈릴리 가나 표적 기사의 문학적 구조

2.1. 요한복음 2:1-4:54의 문학적 구조

요한복음 2:1-4:54은 하나의 문학적 단위를 이루고 있음을 알 수 있다. 요한복음 2:1은 갈릴리 가나에서 시작하고 4:54은 동일한 장소에서 끝난다. 그 내용의 시작은 예수의 표적 사건이며 마지막도 동일하다. 두 표적 사건은 첫째와 둘째라는 표현과 함께 긴밀하게 연결되고 있다. 이런 점에서 요한복음 2:1-4:54 전체의 문학적 구조는 인클루지오 inclusio를 형성하면서 다음과 같이 교차대칭 구조chiastic structure의 모습을 보여준다.

(A) 요 2:1-12 갈릴리 가나의 첫째 표적

(B) 요 2:13-25 예수의 성전 사건

(C) 요 3:1-21 예수와 유대인 남자

(D) 요 3:22-36 예수와 세례자 요한

(C′) 요 4:1-42 예수와 사마리아인 여자

(B′) 요 4:43-45 예수의 선지자적 자의식

(A′) 요 4:46-54 갈릴리 가나의 둘째 표적

이 교차대칭 구조는 (A)단락과 (A′)단락이 분명한 대칭 구조를 이루면서 갈릴리 가나에서 일어난 예수의 표적 사건을 기술하고 있다.[5] (B)단락과 (B′)단락도 선지자적 예수의 모습을 통해서 서로 대칭을 이루

5. 요 2:1-12의 구조 및 단락 분석에 대하여 조석민, '요한복음 2:1-12', pp. 153-80을 참조하라. 요 2:1-11까지로 이해한 구조 분석을 위하여 Olsson, *Structure and Meaning*, pp. 18-77을 보라.

고 있다.[6] (C)단락과 (C′)단락은 유대인 남자인 니고데모와 이름이 알려지지 않은 사마리아인 여자의 영생에 대한 문제를 다루면서 서로 대칭을 이루고 있다. (D)단락은 교차대칭 구조의 중심축을 형성하면서 전체 단락의 핵심 메시지의 내용을 담고 있다. 그 중심 메시지는 세례자 요한의 증언을 통해서 예수는 영생을 주시는 분이라는 내용이다.

2.2. 요한복음 4:46-54의 구조

왕의 신하의 아들을 치유한 기사는 어디서 시작하는가? 갈릴리 가나의 두 번째 표적 기사는 일반적으로 요한복음 4:43-45의 내용이 끝난 후 46절부터 시작한다고 할 수 있다. 왜냐하면 이 표적 사건의 직접적인 언급은 46절부터 시작되기 때문이다. 46절은 예수의 두 번째 표적 사건의 장소인 갈릴리 가나를 분명히 언급하고, 등장인물인 표적을 행하시는 예수, 기적적 치유를 요청한 왕의 신하 및 병든 그의 아들과 그의 아들이 병들어 죽어가고 있는 장소인 가버나움을 모두 기술하고 있다. 하지만 갈릴리 가나에서 두 번째 표적 사건의 시작을 요한복음 4:43부터 연결하여 이해하려는 시도가 있다.[7] 그 이유 가운데 하나는 요한복음 4:43-45이 예수의 두 번째 가나 표적 사건과 함께 전체의 내러티브narrative를 구성한다고 이해하기 때문이다. 그 증거는 첫째, 46절이 '운'(οὖν, '그러므로', '그 때', '그래서')이라는 헬라어 접속사로 연결되어 두 단락이 하나의 서사 구조를 형성한다고 이해하는 것이다.[8] 둘째, 43절에 예수께서 사마리아 지역에서 갈릴리로 가셨다는 기록이 있고, 54

6. 요 4:43-45과 관련된 예수의 선지자적 모습에 대해서는 Cho, *Jesus as Prophet*, pp. 144-53을 참조하라.

7. Moloney, *John*, pp. 150-58; Carson, *John*, pp. 233-39; Köstenberger, *John*, pp. 166-72를 보라.

8. Moloney, *John*, pp. 160-61; 김문현,「가슴으로 읽는 요한복음」, p. 73.

절은 갈릴리 가나에서 두 번째 표적 사건을 마무리 하면서 '이것은 예수께서 유대로부터 갈릴리로 다시 오셔서 행하신 두 번째 표적'이라고 기술하여 갈릴리라는 장소가 서로 평행을 이루고 있다는 주장이다. 셋째, 갈릴리 가나의 첫째 표적과 두 번째 표적을 대칭 구조 속에서 이해할 때, 첫째 표적은 '사흘째 되던 날'(2:1)로 시작을 하고 있어서 두 번째 표적이 '이틀이 지나매'(4:43)로 시작하는 것과 잘 어울릴 수 있다는 주장이다.[9]

그렇지만 다음 세 가지 사항들을 고려해 볼 때 갈릴리 가나의 두 번째 표적을 요한복음 4:43부터 연결시키려는 제안은 적절해 보이지 않는다. (1)46절에 사용된 헬라어 접속사 '운'은 반드시 앞의 단락과 연결 고리를 위해서 사용되는 것은 아니다. 요한복음에서 '운'이라는 접속사의 사용은 다양하기 때문에 한 가지 의미로만 적용할 수 없다.[10] (2)43절에 묘사된 예수의 지리적 이동 상황을 54절의 묘사와 연결시키지 않아도 46절과 자연스럽게 연결될 수 있다. (3)43절에 사용된 '이틀'의 의미는 40절의 '이틀'과 연결되고 있어서 예수의 갈릴리 가나의 두 번째 표적과 연결시킬 이유가 없다. 43절에 사용된 '이틀'의 의미는 예수의 선지자적 정체성을 확인하는 기준으로 사용되었기 때문이다.[11] 요한복음 2:1-4:54의 전체 구조 속에서 언급했듯이 갈릴리 가나의 첫째 표적을 요한복음 2:1-12로 이해한다면, 두 번째 표적 사건의 시작은 46절부터 시작하는 것으로 이해하는 것이 자연스럽기 때문이다.[12]

요한복음 4:46-54의 문학적 구조는 다음과 같이 (D)단락을 형성하는 48절을 중심으로 교차대칭 구조로 분석될 수 있다.

---

9. Cho, *Jesus as Prophet*, p. 148; Bultmann, *John*, p. 200, note 3을 참조하라.

10. BDAG, pp. 736-37을 참조하라.

11. '이틀'의 사용에 대한 자세한 논의는 Cho, *Jesus as Prophet*, pp. 184-85를 보라.

12. 조석민, '요한복음 2:1-12', pp. 160-62를 보라.

(A) 46a절 - 예수, 갈릴리 가나, 첫째 표적 암시(물로 포도주를 만드신 곳)

(B) 46b절 - 왕의 신하, 아들이 병듦

(C) 47절 - 아들의 병을 고쳐달라는 요청

(D) 48절 - 예수의 책망

(C′) 49절 - 아들의 병을 고쳐달라는 요청

(B′) 50-53절 - 아이의 병을 치유하심

(A′) 54절 - 예수, 갈릴리, 두 번째 표적

이와 같은 교차대칭 구조 속에서 이 단락의 전체 핵심 메시지는 48절의 '예수께서 그에게 말씀하셨다. "만일 너희들이 표적들과 기사들을 보지 못하면 전혀 믿지 않을 것이다."'에 담겨 있다. (A)단락을 형성하는 46a절은 '그 때 예수께서 갈릴리 가나에 다시 오셨다. 그 곳은 그[예수]가 물로 포도주를 만드신 곳이다.'까지이다. 이 단락에서 표적을 행하시는 주인공인 등장인물 예수와 장소인 갈릴리 가나 및 첫 표적 사건을 암시하는 내용을 담고 있다. (A)단락과 대칭을 이루는 (A′)단락은 54절로 표적을 행하시는 주인공인 예수, 그리고 그 장소인 갈릴리와 두 번째 표적이 언급된다. (B)단락은 왕의 신하가 등장하며 그 아들이 가버나움에 병들어 있다는 상황을 알려준다. (B′)단락은 가버나움에 병들어 있던 왕의 신하의 아들이 기적적으로 살아 난 것을 세 번씩 강조하고 있다. (C)단락과 (C′)단락은 왕의 신하가 예수께 아들의 병을 고쳐 달라고 요청한 내용이다. (D)단락은 전체 대칭 구조의 중심축으로 예수께서 갈릴리 가나에서 행하신 두 번째 기적 사건 전체의 핵심 메시지를 담고 있다.[13]

13. 본문의 문학 구조 속에서 (D) 단락은 갈릴리 가나의 첫 번 표적에서 요 2:4의 기능과 매우 유사하다.

3. 요한복음 4:46–54의 석의

3.1. (A) 단락(46a절)

46a 그 때[14] 예수께서 갈릴리 가나에 다시 오셨다. 그 곳은 그[예수]가 물로 포도주를 만드신 곳이다.

본문의 교차대칭 구조 속에서 (A)단락을 형성하는 46a절은 '그 때 예수께서 갈릴리 가나에 다시 오셨다. 그 곳은 그[예수]가 물로 포도주를 만드신 곳이다.'라는 부분까지이다. 예수께서 갈릴리 가나에 다시 오셨다. 여기서 '다시'('팔린', πάλιν)는 동일한 장소에서 발생한 첫째 표적과의 밀접한 관계를 보여주며 복음서를 읽는 독자에게 또 다른 표적이 일어날 가능성을 미리 암시한다.[15] 갈릴리 가나의 언급은 두 번째 표적이 일어날 장소를 명확하게 알려주는 역할을 한다. 장소의 언급과 함께 첫째 표적에 대하여 '표적'이란 단어를 사용하지 않고 당시에 일어났던 일을 상술하여 '그[예수]가 물로 포도주를 만드신 곳'이라고 표현한 것은 복음서를 읽는 독자로 하여금 첫째 표적 사건을 회상하며 앞으로 발생할 수도 있는 또 다른 기적 사건을 예상하게 한다.[16] 예수께서 첫째 표적을 행하신 장소에서 또 다른 표적을 행하신 이유가 무엇인지 본문은 명시적으로 언급하고 있지 않다. 그렇지만 예수께서 첫 번 표적

---

14. 본문에서 '그 때'는 헬라어 ou=n을 번역한 것이다. BDAG, pp. 736-37, ❷의 ⓑ를 참조하라. 영어 성경 New Revised Standard Version (NRSV)과 New American Bible (NAB)은 'then'으로 번역되었으나, Revised English Bible (REB)과 New Jerusalem Bible (NJB)은 번역이 생략되었다. 번역에서 꺽쇠 괄호 [ ]의 사용은 원문에 없지만 의미를 명확히 하려는 목적에서 사용된 것이다.

15. Köstenberger, *John*, pp. 168-69.

16. Moloney, *John*, pp. 152-53; Schnackenburg, *John*, I, p. 461.

을 행하신 후에 저자가 '예수께서 이 첫 표적을 갈릴리 가나에서 행하여 그의 영광을 나타내시매 제자들이 그를 믿으니라.'(요 2:11)고 해설하고 있는 것처럼 두 번째 표적을 통해서 그의 영광을 나타내신 것으로 이해할 수 있다.

3.2. (B) 단락(46b절)

46b 그 곳에 한 왕의 신하[17]가 있었는데 그 아들이 가버나움에서 병들었다.

본문의 구조 속에서 (B)단락을 형성하는 46b절은 '그 곳에 한 왕의 신하가 있었는데 그 아들이 가버나움에서 병들었다.'이다. 본문에서 '왕의 신하'로 번역된 헬라어 '바실리코스'(βασιλικός)는 왕족royal blood을 의미하거나, 왕의 신하 또는 헤롯의 군인이거나 아니면 로마 황실의 군인을 의미할 수도 있다.[18] 그렇지만 이 단어가 인종을 결정하는 단서가 될 수는 없다. 이런 관점에서 왕의 신하가 이방인인지 아니면 유대인인지 확실히 단정할 수 없다.[19] 46절을 (A)단락과 (B)단락으로 구분하였지만 전체의 내용은 예수께서 갈릴리 가나에 다시 오셨다는 것과 왕의 신하의 아들이 가버나움에서 병들어 죽게 되었다는 사실을 소개함으로 왕의 신하가 가버나움에서 갈릴리 가나까지 예수를 만나러 오

---

17. 본문에서 '왕의 신하'는 헬라어 βασιλικός를 번역한 것으로 '왕의 친척'을 의미할 수도 있으나 문맥에 어울리지 않는다. BDAG, p. 170을 참조하라. 영어 성경은 'a royal official' (NRSV, NAB, NJB)과 'an officer in the royal service' (REB)로 번역되었다. '왕의 신하'는 본문 석의에서 보다 자세히 논의 될 것이다.

18. 만일 '왕의 신하'가 이방인이라면 예수는 요한복음 4장에서 먼저 사마리아 사람들을 만나시고, 이제는 이방인을 만나는 모습으로 소개된 것이다. Brown, *John*, I, p. 190을 참조하라.

19. Moloney, *John*, p. 160; Köstenberger, *John*, p. 169; Mead, 'basilikos in John 4.46-53', pp. 69-72를 참조하라.

는 상황을 독자가 예측할 수 있게 한다.[20]

3.3. (C) 단락(47절)

> 47 그[왕의 신하]가 예수께서 유대로부터 갈릴리로 오셨다는 것[소식]을 들었을 때 그[예수]에게 가서 요청하기를 내려와서 그 아들을 치료해 달라고 했다. 왜냐하면 그[아들]가 죽어가기 때문이다.[21]

왕의 신하는 예수께서 유대로부터 갈릴리로 오셨다는 소식을 듣고 그에게 가서 가버나움으로 내려와서 자기 아들의 병을 고쳐 달라고 요청한다. 왕의 신하가 예수를 찾아온 것은 그 상황이 매우 긴박하다는 것으로 아들이 거의 죽음의 문턱을 넘어서려는 찰나刹那에 있음을 암시한다. 왕의 신하가 가버나움에서 갈릴리 가나까지 예수를 찾아온 행동은 예루살렘에서 예수께서 행하신 표적들을 최근의 유월절에서 돌아온 순례자들로부터 전해 들었기 때문이라고 추측할 수 있다.[22] 저자가 본문에서 '유대'라는 지명을 언급하고 있는 것은 왕의 신하가 전해들은 내용이 유대 지역에서 행하신 예수의 표적과 관련이 있음을 암시하는 것이다. 왕의 신하가 예수께 찾아와서 아들의 병을 고쳐 달라고 요청하고 있는 것은 유대에서 행하신 예수의 표적을 알고 있기 때문이다(참조. 요 2:23; 3:2). 왕의 신하가 예수께 찾아와서 요청하고 있는 행위

---

20. Bultmann은 마 8:5-13에 등장하는 가버나움의 백부장이 요한복음에 나타나는 가버나움의 왕의 신하와 일치한다고 주장하며, 복음서의 저자가 이 기사를 '표적' 자료에서 수집했을 것이라고 주장하지만 그 근거는 매우 희박하다. Bultmann, *John*, pp. 204-205; 김문현,「가슴으로 읽는 요한복음」, pp. 77-78을 보라.

21. 본문에서 '왜냐하면 그가 죽어가기 때문이다'라는 표현은 ἤμελλεν γὰρ ἀποθνῄσκειν을 번역한 것으로 ἀποθνῄσκειν은 '죽음의 문턱에 있다'(be at death's door 또는 face death)는 의미이다. BDAG, p. 111을 참조하라.

22. Bruce,「요한복음」, p. 205.

를 묘사한 헬라어는 미완료 동사인 '에로타'(ἠρώτα)로 계속해서 요구하는 것을 의미한다. 이것은 왕의 신하가 예수께 요청한 행동이 일회적인 것이 아니었음을 암시한다.[23] 왕의 신하의 요청이 일회성이 아니라, 끈질기게 계속되는 요구인 것을 49절은 확실하게 보여준다. 예수의 거의 부정적인 응답에도 불구하고 왕의 신하는 계속 아들을 고쳐달라고 요청한 것이다.

3.4. (D) 단락(48절)

> 48 예수께서 그에게 말씀하셨다. "만일 너희들이 표적들과 기사들을 보지 못하면 전혀 믿지 않을 것이다."

전체 이야기의 문학적 구조 속에서 중심축을 이루는 (D)단락은 48절로 전체 내용의 핵심 메시지를 함의하고 있다. 예수께서 왕의 신하의 요청에 대하여 '만일 너희들이 표적들과 기사들을 보지 못하면 전혀 믿지 않을 것이다.'라고 말씀하신 것은 갈릴리 가나에서 첫 표적을 행하시기 전에 그 어머니 마리아에게 반응하신 것과 비교될 수 있다(참조. 요 2:4).[24] 예수의 이 말씀은 왕의 신하가 아들의 병을 고쳐 달라는 간청에 대해서 책망하는 것처럼 보인다.[25] 왕의 신하의 요청에 대한 예수의 반응은 일종의 거절처럼 보이지만 그 내용은 완전한 부정도 긍정도 아

---

23. Barrett, *John*, p. 247; Brown, *John*, I, pp. 197-98; 김문현, 「가슴으로 읽는 요한복음」, p. 79.

24. 요 2:4에서 "여자여 나와 무슨 상관이 있나이까 내 때가 아직 이르지 아니하였나이다." 라고 예수께서 그 어머니에게 말씀하신 것은 부정적인 느낌이 있지만, 실제로는 부정도 긍정도 아닌 반응이다.

25. Bruce는 그의 주석에서 예수의 반응은 왕의 신하의 믿음을 시험하기 위한 것이라고 주장하지만 그 근거는 빈약하다. Bruce, 「요한복음」, p. 206; Beasley-Murray, *John*, p. 73을 보라.

닌 것처럼 보인다. 왜냐하면 50절에 의하면 예수께서 왕의 신하의 요청에 대하여 그와 함께 가버나움으로 내려가지는 않지만 '가라, 네 아들이 살아 있다.'라는 치유의 선언적 말씀을 하시기 때문이다.

왕의 신하에게 예수께서 말씀하신 '만일 너희가 … 보지 못하면'('에안 메 … 이데테', ἐὰν μὴ … ἴδητε)과 '너희가 전혀 믿지 않을 것이다'('우 메 피스튜쎄테', οὐ μὴ πιστεύσητε)라는 표현에 복수 2인칭의 의미가 포함되어 있다. 본문에서 복수 2인칭 '너희'의 사용은 왕의 신하만이 아니라 예수께서 행하신 표적과 기사에 관한 이야기를 왕의 신하에게 알려준 갈릴리 사람들도 모두 포함시키고 있음을 암시하고 있다.[26] 이런 점에서 예수께서 '표적들과 기사들'에 관하여 부정적으로 언급한 것은 왕의 신하만을 대상으로 말씀하신 것이 아니라, 표적과 기사에 근거한 믿음을 소유한 더 많은 부류의 사람들을 포함하고 있음을 알 수 있다.

이 말씀에서 '표적들과 기사들'('세메이아 카이 테라타', σημεῖα καὶ τέρατα)이란 표현은 요한복음 전체에서 단 한번 이곳에서만 사용된다. 이 표현은 거짓 그리스도 또는 거짓 선지자가 하나님의 선택된 백성들을 그릇된 길로 인도할 때 사용되는 표현이다(참조. 마 24:24; 막 13:22).[27] 동일한 표현이 구약성경에서 발견되는데, 한글 성경 신명기 13:1-2에서 사용된 '표적 또는 기사'('오트 오 모페트', אוֹת אוֹ מוֹפֵת)이다(참조. 출 7:3-4). 신명기에서 '표적 또는 기사'의 표현은 거짓 선지자 또는 꿈으로 점치는 자의 행위의 표상으로 제시되고 있다.[28] 모세는 신명기 13:1-5에서 비록 어떤 선지자나 꿈으로 점치는 자가 이적과 기사를

---

26. Carson , *John*, pp. 238-39; 김문현, 「가슴으로 읽는 요한복음」, p. 81.

27. Brown, *John*, I, p. 191; Schnackenburg, *John*, I, pp. 466-67; Lincoln, *John*, p. 187을 참조하라.

28. 히브리어 성경(BHS)과 칠십인역(Septuagint)은 신 13:2에 '이적과 기사'가 언급된다. Craigie, *Deuteronomy*, pp. 222-24; McConville, *Deuteronomy*, pp. 235-38; Christensen, *Deuteronomy*, p. 271을 참조하라.

행하며 이스라엘 백성이 알지 못하던 다른 신들을 따라 섬기자고 말하면 그런 자들을 죽이라고 명령한다. 왜냐하면 비록 그 선지자 또는 꿈으로 점치는 자가 표적과 기사를 행하여 자신들을 참 선지자처럼 증명할지라도 그들은 거짓 지도자들이기 때문이다.

48절은 부활하신 예수께서 요한복음 20:29에서 '너는 나를 본 고로 믿느냐 보지 못하고 믿는 자들은 복되도다.'라고 그의 제자인 도마에게 말씀하신 내용과 관련하여 요한복음에서 믿음에 대한 신학적 진술로 이해될 수 있다. 복음서의 저자는 요한복음 20:31에서 '오직 이것을 기록함은 너희로 예수께서 하나님의 아들 그리스도이심을 믿게 하려 함이요 또 너희로 믿고 그 이름을 힘입어 생명을 얻게 하려 함이니라.'고 목적을 분명히 밝히면서 이 복음서가 단순히 표적 신앙을 추구하거나 격려하기 보다는 그것을 넘어 예수를 하나님의 아들, 메시야로 믿고 영생을 얻도록 하기 위함이라는 것을 강조한다.[29]

이런 관점에서 예수께서 거짓 선지자들의 '표적과 기사'를 보고 따르는 무리들을 경계하시고 표적과 기사를 보고 의지하는 신앙이 잘못된 것임을 밝히고 있다. 요약하면 요한복음은 표적과 기사를 통해서 사람들이 눈으로 보고 확인하여 믿는 표적 신앙에 머무르도록 하는 것이 아니라, 그 표적과 기사를 디딤돌a spring board로 삼아 그 다음 단계로 나아가 예수의 정체를 인식하여 그를 하나님의 아들, 메시야로 고백하도록 하며 그를 믿고 영생을 얻도록 하려는 것이다.[30]

3.5. (C') 단락(49절)

49 왕의 신하가 말한다. "선생님, 내 아이가 죽기 전에 내려오십시오."

---

29. Kruse, *John*, p. 386; Carson, *John*, pp. 238-39를 보라.

30. Carson, *John*, pp. 238-39; Lincoln, *John*, p. 190; Brown, *John*, I, pp. 197-98.

(C′)단락을 형성하는 49절에서 왕의 신하는 보통 사람들과는 다른 반응을 보이며 예수의 거절에 가까운 반응에도 불구하고 오히려 보다 적극적으로 '선생님, 내 아이가 죽기 전에 내려오십시오.'라고 간청한다. 왕의 신하는 전혀 포기하지 않고 오히려 더 간절하게 예수께 다가가서 자기 아이를 살려달라고 요청한다. 왕의 신하는 예수가 누구신가에 대하여 기독론적 관심이 없다. 왕의 신하가 이미 듣고 이해하고 알고 있는 예수의 정체는 그가 기적을 행하는 능력이 있는 분이란 인식으로 충분했고, 이런 이해 속에서 자기 아들이 병들어 죽어 가고 있기에 계속적으로 와서 고쳐달라고 요청한 것이다.[31]

이 단락은 (C)단락과 대칭을 이루고 있는데, 두 번에 걸친 왕의 신하의 요청은 자기 아들의 상황이 매우 위급했음과 예수께서 기적을 행하실 수 있는 분임을 확신하고 있다는 암시이다.[32] 왕의 신하는 자기가 들은 예수에 대한 정보에 확신을 갖고 있는 것이 분명하다. 왜냐하면 왕의 신하가 예수께 첫 번 요청을 했을 때, 예수의 반응이 부정적인 표현을 했음에도 불구하고 계속 간청하고 있기 때문이다. 예수의 여러 기적 사건들은 이미 갈릴리와 유대 지방의 모든 사람들에게 널리 퍼져있음을 암시한다.

3.6. (B') 단락(50–53절)

50 예수께서 그에게 말씀하신다. "가라, 네 아들이 살아 있다."[33] 그 사람이

---

31. Carson, *John*, p. 239; Lincoln, *John*, pp. 187-88.

32. Schnackenburg, *John*, I, p. 467.

33. 50절의 ὁ υἱός σου ζῇ는 대부분의 영어 성경(NRSV, NAB, NJB)에서 'your son will live.'라고 미래 시제로 번역되었으나, 본문처럼 현재 시제로 번역하는 것이 53절과 어울린다. Moloney, *John*, p. 161을 보라.

예수께서 하신 말씀을 믿고 가기 시작했다. 51 그리고 이미[34] 그[왕의 신하]
가 내려가는 중에 그의 종들이 그를 만나서 그에게 그의 아이가 살아 있다
고 말했다. 52 그러므로 그가 낫기 시작한 때를 물었다. 그들이 그에게 어제
일곱 시에 열이 떨어졌다고 말했다. 53 그러므로 그 아버지는 예수께서 "네
아들이 살아 있다."라고 말씀하신 그 때인 줄 알았고, 그와 그의 모든 가족
이 믿었다.

(B′)단락은 50-53절로 구성되는데, 예수께서 생명을 주시는 분임을 암시한다. 본문은 이 기적 사건 전체의 절정을 형성하며 '생명'이라는 핵심 내용을 포함하고 있다. 이 단락에서 눈길을 끄는 표현은 '아이 또는 아들이 살아 있다'는 표현으로 모두 세 번 반복하여 사용된다(50, 51, 53절). 이것은 저자가 이 기적 사건을 통해서 예수께서 생명을 주시는 분이라는 사실을 암시하려는 의도임을 알 수 있다. 본문에서 '살아 있다'는 단어를 세 번 사용하고 있는 것은 예수가 생명을 주시는 분임을 강조한다.[35]

왕의 신하가 자기 아들의 병을 고쳐달라며 가버나움으로 내려 올 것을 요청했지만, 예수는 그 곳까지 내려가지 않고 말씀으로 그 아들의 병을 치유하신다. 50절에서 예수는 왕의 신하에게 '가라, 네 아이가 살아 있다.'('포류우, 호 휘오스 수 제', πορεύου, ὁ υἱός σου ζῇ)고 말씀하신다. 왕의 신하는 예수의 이 말씀을 절대적으로 믿고 집으로 내려가는 도중에 자기 아들이 살아있다는 소식을 그의 종들을 통해 듣게 되었다.[36] 왕의 신하가 가버나움으로 돌아가는 중에 그의 종들을 만나서 그 아들이

34. 분문에서 '그리고 이미'는 ἤδη δὲ를 번역한 것이다. BDAG, p. 434를 참조하라. 영어 성경은 'as' (NRSV), 'while' (REB, NAB), 'and while' (NJB)로 번역되었다.

35. Lincoln, *John*, p. 190; Beasley-Murray, *John*, p. 73.

36. Brown, *John*, I, p. 191, Brown은 50절의 왕의 신하의 믿음이 그다지 확실하지 않은 종교적 믿음이라고 한다.

병에서 회복된 시간을 묻자 '어제 제 7시'('엑데스 호란 헤브도멘', ἐχθὲς ὥραν ἑβδόμην)라는 대답을 듣는다. 그렇다면 왕의 신하는 예수의 말씀을 듣고 곧 바로 가버나움으로 돌아가지 않았고, 하루가 지난 다음 날 집으로 돌아간 것이다. 왜냐하면 왕의 신하가 자신의 집으로 돌아가는 길에 자신의 종들을 만나서 그들에게 그 아들이 살아난 시간을 물었을 때 그들은 '어제 제 7시'에 그 아들의 열이 떨어졌다고 말했기 때문이다. 그렇다면 왕의 신하가 예수를 만난 시간은 하루 전날 '제 7시'이다. 본문에서 '제 7시'는 왕의 신하의 아들이 나은 시간이면서, 동시에 그 아버지가 예수께 아이가 죽기 전에 살려 달라고 요청한 후, 예수께로부터 '네 아들이 살아있다.'는 말씀을 들은 시간이다. 다만 이 시간은 하루라는 날짜의 차이만 있을 뿐이다. 이 시간을 로마식 시간 계산법으로 하면 오후 7시가 된다. 왜냐하면 오전 7시는 왕의 신하가 예수를 찾아가서 만난 시간으로 추측하기에는 너무 이른 아침이기 때문이다.[37]

왕의 신하가 예수께서 갈릴리 가나에 오셨다는 소식을 듣고 가버나움에서 아침에 출발하였다면 그가 예수를 만날 수 있는 시간은 아침이 아니라 오후 일 수밖에 없다. 가버나움에서 갈릴리 가나까지의 거리가 약 27킬로미터 정도인 것을 고려한다면 왕의 신하가 갈릴리 가나에 도착한 시간은 아무리 빨라도 분명히 오후 시간이었을 것이다.[38] 왜냐하면 당시 사람들이 하루에 여행할 수 있는 최대한의 거리는 대략 30킬로미터 정도로 이 여행을 위하여 아침 일찍부터 목적지를 향해서 출발해야 하기 때문이다.[39] 팔레스타인 지역에서 그 당시 일반적으로 보통 사람이 하루에 20킬로미터를 걸어서 여행하는 것은 험난한 지형과 황

37. 본문에 언급된 시간에 대한 자세한 논의는 조석민, '요한복음에 언급된 시간', pp. 144-70을 참조하라. 필자와 다른 견해에 대하여 Morris, *John*, pp. 258-59를 참조하라.

38. Köstenberger, *John*, pp. 170-71.

39. Keener, *John*, I, p. 633.

량한 광야에 뜨겁게 내리쬐는 태양을 고려할 때 쉽지 않은 일이다.[40]

왕의 신하가 예수를 만난 후 하루를 지체하고 다음 날 집으로 돌아간 것은 '제 7시'로 곧 바로 집으로 돌아가기에는 너무 늦은 오후 7시였음을 암시한다. 그렇다면 왕의 신하는 예수의 말씀을 듣고 갈릴리의 가나에서 가버나움까지 여행을 위하여 그날 저녁을 가나에서 머물렀을 가능성이 있다. 왕의 신하는 야간 여행의 위험을 피한 후, 그 다음날 아침 일찍이 여행을 하는 중에 자신의 종들을 만났다고 이해해야 한다. 더욱이 갈릴리의 가나에서 가버나움으로 여행을 할 경우에는 갈릴리의 언덕을 동쪽으로 가로질러 간 후, 계속해서 갈릴리 바다 쪽을 향하여 가파른 길을 내려가야 한다.[41] 이런 점에서 왕의 신하는 가버나움에서 갈릴리 가나에 와서 오후 7시쯤에 예수를 만나서 아들의 병을 낫게 해달라고 간청했고, 예수께서 그 요청을 들어주셨으며, 왕의 신하는 그 다음 날 그의 종들을 통해 아들이 나은 시간이 어제 오후 7시쯤이라고 확인한 것이다.

왕의 신하가 그의 종들에게 아이가 나은 시간을 물어본 이유는 무엇인가? 본문에서 명시적으로 이 질문의 대답을 확인하기 어렵지만, 아마도 왕의 신하는 예수께서 '네 아이가 살아 있다.'고 선언하신 말씀으로만은 충분하지 않았던 것으로 추측된다. 왜냐하면 아이가 열병으로 죽어가고 있었기에 열이 떨어진 것이 어쩌면 자연적으로 일어난 것일지도 모른다는 의심과 어떤 약물이나 음식을 사용하여 이미 열이 떨어졌을 가능성을 생각할 수 있었기 때문일 것이다. 왕의 신하는 그 아들의 병이 나은 시간을 물어본 후 종들의 대답을 통해서 아이의 열이 떨어진 시각이 제 7시인 것을 확인한 후에 그의 의심은 순식간에 사라진 것이

40. Brown, *John*, I, p. 191.

41. Brown, *John*, I, p. 191. 본문 47, 49, 51절에 사용된 헬라어 동사 καταβαίνω('내려가다')는 가나에서 가버나움으로 가는 길이 가파르게 내려가는 길임을 암시한다.

다. 왕의 신하는 그 시각이 예수께서 '네 아들이 살아 있다.'고 말했던 바로 그 때라는 것을 깨닫고 자신 뿐 만 아니라 그의 온 가족이 모두 믿게 되었다.[42] 이런 점에서 왕의 신하의 믿음과 관련하여 의문이 제기될 수 있다. 다시 말하면, 50절에 나오는 왕의 신하의 믿음과 53절에 나오는 믿음은 서로 다른 것처럼 보이기 때문이다.

슈낙켄버그R. Schnackenburg와 브라운R.E. Brown은 50절과 53절에 표현된 왕의 신하의 믿음이 서로 다른 것을 인식하면서 그 해결책을 제시한다. 이들이 제시한 것은 50절에 기술된 왕의 신하의 믿음은 지속적인 성장 단계의 믿음을 보여주고 있으며, 53절의 믿음은 성장의 최종단계에 이른 것으로 이해할 수 있다는 것이다.[43] 그렇지만 본문은 왕의 신하의 믿음이 성장 단계에 있는지, 아니면 최종 단계에 있는지에 대하여 명확하게 말하지 않는다. 왕의 신하는 처음부터 예수를 기적을 행하시는 분으로 믿은 것이지 하나님의 아들로 믿은 것이 아닐 수 있다. 그 증거는 첫째, 왕의 신하가 가버나움에서 갈릴리 가나까지 예수를 찾아온 것은 그가 기적을 행하셨다는 소문을 들었기 때문이다. 그러므로 왕의 신하는 예수를 현재 병들어 죽어가는 자기 아들을 살려 줄 수 있는 능력이 있는 사람으로 믿었던 것이지 하나님의 아들, 메시야로 믿은 것이 아니다. 왕의 신하가 아들의 병을 치료해 줄 것을 요청했을 때, 예수께서 '가라, 네 아들이 살아 있다.'(50절)고 말했을 때, 그는 예수가 초자연적인 기적을 행하셨던 분임을 이미 들어서 알고 있었기에 그 말씀을 신뢰하고 돌아간 것이다.

둘째, 왕의 신하가 아들의 병이 나은 시간을 종들을 통해서 확인한 것은 자기가 들은 예수의 능력에 대한 소문이 정확한 것인지를 경험적

42. Brown, *John*, I, p. 192; Schnackenburg, *John*, I, p. 468; 김문현, 「가슴으로 읽는 요한복음」, pp. 88-89.

43. Schnackenburg, *John*, I, pp. 467-69; Brown, *John*, I, pp. 191-92.

으로 확인한 것이기 때문이다. 왕의 신하는 예수를 당시 초자연적 능력을 행하는 선지자나 귀신을 쫓아내는 능력의 소유자 정도로 이해한 것이다. 그러므로 왕의 신하는 집으로 돌아가는 길에 자기의 종들을 만났을 때, 자기 아들이 병 나은 시간을 물어본 것이다. 왕의 신하는 자기 아들의 열이 떨어진 시간을 확인한 후 예수를 기적을 행하시는 분으로 인식하게 된 것이며, 마침내 그의 모든 가족이 그를 기적 행하시는 사람으로 믿게 된 것이다.[44] 왕의 신하가 소유한 믿음의 내용은 그의 아들이 현재 살아있다는 것과 그 아들의 열병이 나은 시간이 예수께서 자기에게 말씀하신 시간과 같다는 것이다. 요약하면 왕의 신하의 믿음은 기적 사건을 통해서 시작되었고, 그 기적 사건을 확인한 후에 온 가족을 믿음으로 인도한 것이다. 이런 믿음은 예수께서 왕의 신하에게 '만일 너희들이 표적들과 기사들을 보지 못하면 전혀 믿지 않을 것이다.'(48절)라고 말씀하신 것이 그와 그의 온 가족에게서 그대로 성취된 사건으로 이해할 수 있다. 예수의 말씀과 관련해서 생각할 때, 왕의 신하와 그 가족의 믿음은 예수를 하나님의 아들, 메시야로 믿은 것이 아니라, 기적을 행하는 어떤 선지자로 이해하여 그가 행하신 기적을 보고 믿은 표적 신앙임을 알 수 있다. 왜냐하면 왕의 신하가 예수를 하나님의 아들, 메시야로 믿었다는 명시적인 언급이나 암시는 본문에 전혀 나타나지 않기 때문이다.[45]

44. Barrett, *John*, p. 248; Bruce, 「요한복음」, p. 208.

45. 왕의 신하가 그의 온 가족과 함께 믿은 것을 행 16:25-34에 기록된 간수와 그의 온 집안이 하나님을 믿은 것과 비교하여 긍정적으로 평가한다. 그러나 사도행전에서 간수와 그의 온 가족이 믿은 것은 바울의 분명한 복음 제시와 예수의 소개가 있은 후(행 16:31)에 믿음의 고백이 나타난 것으로 요한복음의 사건과는 본질적으로 전혀 다르다.

3.7. (A') 단락(54절)

[54] 이것은 예수께서 유대로부터 갈릴리로 다시 오셔서 행하신 두 번째 표적이다.

요한복음의 저자는 '이것이 예수께서 유대에서 갈릴리로 오신 후에 행하신 두 번째 표적이니라.'고 마무리 하면서 예수께서 갈릴리에서 행한 처음 표적과 연결시키고 있다. 복음서의 저자는 이 사건을 예수가 유대에서 갈릴리로 돌아와 행한 두 번째 표적이라고 부른다. 저자는 예루살렘에서 행한 여러 기적 사건들을 표적으로 인정하면서도 수로 계산하지 않고 이 표적에 '두 번째'라는 서수를 붙였다. 이것은 예수가 갈릴리 가나 지역에서 행한 두 번째 표적이라는 의미이며, 같은 지역에서 또 다시 표적이 일어났다는 것을 독자에게 알리고 있다.[46] 예수께서 왕의 신하의 아들을 고쳐주신 표적 사건은 엘리야의 나타나심을 기대하고 있었던 유대인들에게 그의 정체에 대하여 능력을 행하는 선지자로 이해하도록 하는 역할을 하고 있음을 짐작할 수 있다.[47]

4. 왕의 신하가 인식한 예수와 그의 믿음

왕의 신하는 예수를 하나님의 아들, 메시야로 믿었는가? 왕의 신하의 믿음은 무엇인가? 왕의 신하가 죽어가는 자기 아들을 살려낼 수 있는 능력을 소유한 분으로 예수를 믿었던 것은 47절에서 찾아 볼 수 있다. 왕의 신하는 예수께서 유대 지역에서 갈릴리 가나로 오셨다는 소문

46. Lincoln, *John*, pp. 188-90; 김동수, 「요한신학 렌즈로 본 요한복음」, p. 98.

47. Carson, *John*, p. 239; Barrett, *John*, pp. 248-49; Beasley-Murray, *John*, p. 73.

을 듣고 그에게 찾아가서 자기 아들을 치료해 달라고 요청했다. 이것은 왕의 신하가 예수께서 갈릴리 가나에서 물로 포도주를 만드신 기적을 포함하여 다른 기적 사건들을 행하신 분으로 이미 인식하고 있었다는 암시이다(참조. 요 2:23). 왕의 신하는 예수께서 초자연적인 능력을 소유한 분임을 분명히 알고 있었기 때문에 예수께서 다시 갈릴리 가나로 오셨을 때 병들어 죽어가는 자기 아들의 치료를 소망하며 가버나움으로부터 그에게 찾아간 것이다. 예수에 대한 왕의 신하의 인식은 그가 기적을 행하시는 분이라는 것이 전부라고 말할 수 있다.

왕의 신하의 믿음은 50절에 또 다시 언급되고 있다. 예수께서 왕의 신하가 죽어가는 자기 아들을 살려 살라고 요청했을 때, 예수의 대답은 '만일 너희들이 표적들과 기사들을 보지 못하면 전혀 믿지 않을 것이다.'(48절)라는 부정적인 표현으로 그 반응을 나타내셨다. 그럼에도 불구하고 왕의 신하는 계속해서 '선생님, 내 아이가 죽기 전에 내려오십시오.'(49절)라고 다시 요청했다. 결국 예수께서 왕의 신하에게 '가라, 네 아이가 살아 있다.'(50절)고 단정적인 대답을 하셨다. 예수께서 왕의 신하의 요청을 받아들여 '가라, 네 아이가 살아 있다.'고 말했을 때, 그는 예수께서 하신 말씀을 믿고 가기 시작했다. 왕의 신하가 예수의 말씀을 믿고 갔다는 표현은 그의 놀라운 믿음의 상태를 보여주는 것이 분명하다. 왕의 신하는 어떤 표적이나 기사들을 눈으로 보지 못했지만 예수의 단정적인 말씀, '가라, 네 아이가 살아 있다.'는 말씀을 그대로 믿고 돌아간 것이다. 왕의 신하의 이런 믿음은 그 당시 표적이나 기사들을 경험하지 않으면 예수를 하나님의 아들, 메시야로 믿지 못하는 사람들과 비교해 볼 때 좋은 본보기가 될 수 있다. 왜냐하면 예수의 말씀을 그대로 믿고 행동으로 보여준 왕의 신하의 태도는 모범적인 모습이기 때문이다. 그렇지만 한 가지 고려해야 할 것은 왕의 신하의 믿음이 예수를 하나님의 아들, 메시야로 믿은 것인가에 대해서는 본문을 통해서 쉽게 단정하기 어렵다. 또한 왕의 신하가 집으로 돌아가는 길에 자기 종들을 만나서 아이가 나은 시간을 질문한 것은 그의 처음 믿음을 의심하게 만든다.

왕의 신하가 예수의 말씀을 믿고 돌아간 후, 그의 믿음에 대한 모습은 53절에 '그 아버지는 예수께서 "네 아들이 살아 있다."고 말씀하신 그 때인 줄 알았고, 그와 그의 모든 가족이 믿었다.'라고 묘사된다. 이 때 왕의 신하와 그의 모든 가족이 '믿었다'는 표현이 나타나는데, 이것은 바로 앞에 기술된 왕의 신하와 그의 종들의 대화를 통해서 살펴볼 때 그 믿음이 체험적인 것임을 짐작할 수 있다. 왕의 신하는 아이가 살아있다는 말을 듣자 그의 종들에게 그 아들이 낫기 시작한 때를 물었고, 그 종들은 '어제 일곱 시에 열이 떨어졌다.'(52절)고 대답한 것이다. 이 대답을 들은 왕의 신하는 자기의 온 가족이 함께 믿음을 나타냈다. 왕의 신하와 그의 모든 가족이 믿었다는 것에 대하여 53절에 사용된 헬라어 접속사 '그러므로'('운', οὖν)는 왕의 신하와 그의 모든 가족들의 믿음이 체험적이며 실증적인 믿음이라는 것을 어느 정도 반영하고 있다. 이런 점에서 왕의 신하와 그 가족은 예수께서 48절에 말씀하신 것처럼 표적과 기사를 보고 예수를 믿은 표적 신앙임을 알 수 있다. 이런 표적 신앙에서 예수는 하나님의 아들, 메시야가 아니라 기적을 행하는 선지자 가운데 한 사람 정도로 인식하게 된 것임을 암시한다. 왜냐하면 왕의 신하는 자기 아들이 살아난 것에 대하여 그의 종들에게 아이가 낫기 시작한 시간을 물어 확인한 후 예수의 초자연적인 치유의 능력에 대하여 믿음을 고백한 것이기 때문이다.[48] 요약하면 왕의 신하와 그의 온 집안은 예수를 하나님의 아들, 메시야로 인식한 것이 아니라, 초자연적인 능력을 행하시는 분으로 믿었고, 열병으로 죽어가던 자기 아들을 멀

---

48. 김광수,「요한복음 다시 읽기」, p. 172.

리서 말씀으로 치료해 주신 분임을 경험적으로 확인하여 믿은 것이라고 말할 수밖에 없다.

5. 결론

지금까지 갈릴리 가나에서 예수가 행하신 두 번째 표적 사건을 살펴보았다. 예수께서 왕의 신하의 아들이 열병으로 죽어가고 있었을 때 그 아들을 말씀으로 치유하신 기적 사건의 목적은 예수가 생명을 주시는 분이라는 사실을 분명히 보여준다. 복음서의 저자는 갈릴리 가나에서 발생한 예수의 두 번째 기적 사건을 표적이라고 부르며 이 사건을 통해서 온전한 믿음은 기적과 표적에 기초를 둔 믿음이 아니라, 예수를 하나님의 아들, 메시야로 믿는 것임을 암시하고 있다. 이런 점에서 예수께서 왕의 신하에게 '만일 너희들이 표적들과 기사들을 보지 못하면 전혀 믿지 않을 것이다.'(48절)라고 말씀하신 것은 본문 전체의 기적 이야기 속에서 핵심 메시지이다. 왕의 신하가 예수의 말씀을 믿고 간 것은 온전한 믿음이 무엇인지 어느 정도 암시하고 있지만, 결국 그가 아들이 병 나은 시간을 묻는 장면에서 기적이 일어난 시간을 확인하고 있다는 사실은 그의 믿음이 기적을 근거로 하는 경험적 믿음이라는 것이 증명된 것이다. 결국 왕의 신하와 그의 온 가족이 믿은 것은 예수를 하나님의 아들, 메시야로 믿은 것이 아니라, 그 아들이 병들어 죽어가고 있었지만 예수의 말씀으로 살아있는 것을 체험하고 예수가 기적을 행하시는 분이라는 것을 믿은 것이다. 요한복음에서 교훈하고 있는 온전한 믿음은 표적과 기사를 보고 믿는 표적 신앙이 아니라, 요한복음 20:29에서 도마에게 말씀하신 '너는 나를 본 고로 믿느냐 보지 못하고 믿는 자들은 복되도다.'라고 언급한 믿음이다. 이런 온전한 믿음을 예수께서

48절에서 왕의 신하와 갈릴리 사람들에게 선언하신 것이다.

본문 내용을 실천적으로 적용할 때 첫째, 이 기적 사건을 통해서 예수께서 생명을 주시는 분임을 인식해야 한다. 본문은 왕의 신하의 '아들이 살아 있다.'는 표현을 세 번 거듭 사용하면서 생명을 강조하고 있다. 이와 함께 예수께서 가버나움에서 병들어 죽어가던 왕의 신하의 아들을 먼 거리에서 말씀으로 치유하신 예수의 기적을 먼저 믿고 소개해야 한다. 둘째, 왕의 신하와 그의 모든 가족이 예수를 믿었다고 했을 때(53절), 그 의미가 표적 신앙에 기초한 신앙으로 온전한 믿음이 아니었음을 분명히 제시하여야 한다. 왕의 신하가 예수의 말씀을 믿고 집으로 돌아간 것은 놀라운 믿음을 보여준 것으로 보이지만, 그 믿음은 아들이 병 나은 시간을 확인하여 믿는 표적 신앙으로 온전한 믿음이 아님을 알 수 있다. 표적 신앙이 기초가 되어 예수의 말씀을 믿고 온전한 신앙으로 성숙되지 않으면 그 믿음은 '너는 나를 본고로 믿느냐 보지 못하고 믿는 자들은 복되도다.'(요 20:29)라고 도마에게 말씀하신 것처럼 온전한 믿음이 될 수 없다. 셋째, 많은 사람들이 그 때나 지금이나 표적과 기사를 통해서 믿음을 얻으려고 한다는 사실을 기억하면서, 표적 신앙을 격려하거나 강조하지 않아야 한다. 요한복음이 믿음에 대하여 교훈하는 것은 왕의 신하에게 하신 예수의 말씀, '만일 너희들이 표적들과 기사들을 보지 못하면 전혀 믿지 않을 것이다.'(48절)에 핵심적으로 나타나 있으며, 이것은 요한복음 20:29과 관련하여 표적 신앙을 적극적으로 격려하지 않고 있음을 기억할 필요가 있다.

제 10 장

오병이어(五餠二魚)의 표적 사건

A New Perspective on John's Gospel

● 제 10 장 ●

오병이어五餠二魚의 표적 사건[1]

1. 서론

요한복음에 기록된 예수의 표적 사건들은 이 복음서를 연구하는 학자들에게 오랫동안 연구의 대상이 되어왔다.[2] 그 중에서도 요한복음 6:1-15에 기록된 예수의 오병이어 표적 사건은 지금까지도 학자들의 관심이 집중되고 있다. 그 이유는 전체 복음서 가운데 이 표적 사건이 유일하게 네 복음서에 모두 등장하는 사건이기 때문이라고 생각된다. 이 글의 목적은 요한복음의 여러 표적들 가운데 오병이어 표적 사건의

---

1. 이 논문은 황창기 박사님의 고신대학교 교수 정년 퇴임 기념논문집에 '요한복음에 기록된 오병이어 표적 사건의 의미'라는 제목으로 게재되었던 것을 수정 보완한 것이다. 류호준 편집,「하나님 나라를 위한 성경신학: 황창기박사 정년 퇴임 기념논문집」(서울: 선학사, 2007), pp. 71-90을 참조하라.

2. R.T. Fortna, *The Gospel of Signs: A Reconstruction of the Narrative Source Underlying the Fourth Gospel* (SNTSMS 11; Cambridge: Cambridge University Press, 1970); idem, *The Fourth Gospel and Its Predecessor: From Narrative Source to Present Gospel* (Philadelphia: Fortress Press, 1988); G. van Belle, *The Signs Source in the Fourth Gospel: Historical Survey and Critical Evaluation of the Semeia Hypothesis* (Leuven: Leuven University Press, 1994); C. Welck, *Erzählte Zeichen: Die Wundergeschichten des Johannesevangeliums literarisch untersucht. Mit einem Ausblick auf Joh 21* (WUNT 2.69; Tübingen: J.C.B. Mohr[Paul Siebeck], 1994); Sukmin Cho, *Jesus as Prophet in the Fourth Gospel* (NTM 15; Sheffield: Sheffield Phoenix Press, 2006)을 보라.

의미를 고찰하는 데 있다. 요한복음에 소개된 예수께서 행하신 오병이어의 기적 사건은 공관복음서와 다른 특별한 목적이 있는 것처럼 보인다. 왜냐하면 요한복음에 기록된 오병이어 사건은 공관복음에서 사용하고 있는 '기적'(δύναμις, '뒤나미스')이라는 말 대신에 '표적'으로 번역된 헬라어 σημεῖον('세메이온')을 사용하고 있기 때문이다.

요한이 예수의 표적들을 기록하면서 공관복음서처럼 '기적'(δύναμις)이 아니라 '표적'(σημεῖον)이란 단어를 사용한 이유는 무엇인가? 요한복음에 기록된 예수의 오병이어 표적 사건이 의미하는 것은 무엇인가? 공관복음과 비교할 때 요한복음의 오병이어 기적 사건의 독특성은 무엇인가? 이런 질문들에 적절히 대답하기 위하여 역사-문예적 분석 Historical Narrative Analysis[3] 방법을 사용할 것이다. 첫째, 요한복음에 기록된 오병이어 사건과 공관복음서들의 기록 차이를 간략하게 언급할 것이다.[4] 둘째, 요한복음 6:1-15의 본문을 번역한 후 석의 할 것이다. 셋째, 요한복음에 기록된 오병이어 사건의 의미를 살펴볼 것이다. 넷째, 요한복음에 기록된 예수의 오병이어 표적 사건이 암시하고 있는 예수의 신분을 살펴보며, 그 의미를 고찰해 볼 것이다. 이 논문은 요한복음에 나타난 표적 사건을 다루는 것이지만, 복음서의 표적 사건들 중에서 한 가지 사건만을 취급하기 때문에 요한복음에서 다루고 있는 표적의 의미를 총체적으로 이해하는데 한계가 있음을 미리 밝혀둔다.

---

3. 역사-문예적 분석(Historical Narrative Analysis)방법은 본문을 해석함에 있어서 문예적 분석 방법을 사용하되 역사 비평적 분석 방법을 무시하지 않으면서 본문의 의미를 해석하는 것이다. 이런 방법론에 대하여 다음을 참조하라. M.W.G. Stibbe, *John as Storyteller: Narrative Criticism and the Fourth Gospel* (SNTSMS 73; Cambridge: Cambridge University Press, 1992), pp. 67-92; S. Motyer, *Your Father the Devil? A New Approach to John and 'the Jews'*(Carlisle: Paternoster Press, 1997), pp. 8-34; Cho, *Jesus as Prophet*, pp. 53-67.

4. 오병이어 기적 사건에 대한 네 복음서의 관점에 대해서는 최근의 연구 논문을 참조하라. 유상섭, '오병이어 기적에 대한 네 복음서의 관점', 『신약연구』 6권 1호(2007), pp. 1-49.

2. 오병이어 사건의 기록 차이

오병이어의 기적 사건은 요한복음(요 6:1-15)과 공관복음서(참조. 마 14:13-21; 막 6:32-44; 눅 9:10b-17)의 기록 사이에 미세하지만 어느 정도 차이가 발견된다. 그렇지만 공관복음서에 기록된 오병이어의 사건은 그 기적 사건의 핵심 부분에 있어서 복음서 사이에 큰 차이를 보이지 않고, 심지어 그 표현과 단어가 모두 동일하다. 즉, '떡 다섯 개와 물고기 두 마리를 가지사 하늘을 우러러 축사하시고'(λαβὼν τοὺς πέντε ἄρτους καὶ τοὺς δύο ἰχθύας ἀναβλέψας εἰς τὸν οὐρανὸν εὐλόγησεν)의 부분은 오병이어의 기적 사건에서 공관복음서에 모두 동일하게 나타나는 가장 긴 표현이다. 또한 '제자'(μαθητής, '마데테스'), '배불리 먹다'(χορτάζω, '코르타조'), '열 두 바구니'(δώδεκα κοφίνων, '도데카 코휘논'), '오천 명의 남자'(πεντακισχίλιοι ἄνδρες, '펜타키스키리오이 안드레스')과 같은 단어와 표현들은 복음서에 모두 등장한다. 이런 표현들과 그 속에 사용된 단어들은 오병이어의 기적 사건을 구성하는 핵심 부분이라고 말할 수 있다. 다시 말해서 복음서에 기록된 오병이어의 기적 사건은 핵심 부분에서 서로 차이가 없다고 말할 수 있다.

예를 들면, 마태복음 14:21과 마가복음 6:44은 오병이어의 기적 사건에서 떡과 물고기를 먹은 사람의 수가 오천 명이라고 분명하게 기록하고 있다. 그러나 그 표현에 있어서 마태는 '먹은 사람은 여자와 아이 외에 오천 명'이라고 표현하는 반면에, 마가는 '떡을 먹은 남자가 오천 명'이었다고 기록한다. 그러나 누가복음에서는 이 사건 이후에 몇 명이 떡과 물고기를 먹었는지 기록하지 않고 있다. 다만 이 기적 사건이 일어나기 전 처음에 모인 무리의 수는 '남자가 한 오천 명'이라고 누가복음 9:14에 기술하고 있어서, 이것을 가지고 누가복음을 읽는 사람들은 떡과 물고기를 먹은 사람의 수가 오천 명이라고 짐작할 수 있다. 그러므로 오병이어의 기적 사건이 공관복음서 안에서 서로 분명한 차이가 있지만, 그 차이는 역사적 사실을 뒤집어 엎어버릴 만큼의 차이는 아니고, 오히려 역사 기술과 표현의 차이라고 할 수 있다. 그렇다면 이런 차이는 오히려 각 복음서 기자들의 특성을 나타내는 자연스러운 결과로 받아들일 수 있을 것이다.

각 복음서 기자들은 자신이 목격한 예수의 오병이어 기적 사건을 나름대로 해석하고 받아들여 자신의 복음서를 읽을 독자들에게 전하려는 의도를 가지고 기록했기에 이런 차이가 발생한 것이다. 그러므로 오병이어의 핵심 부분인 '떡 다섯 개와 물고기 두 마리'와 예수께서 '하늘을 우러러 축사하시고' 그것을 '제자들에게' 주어 그 모인 사람들에게 나누어 주어 먹게 한 사실과 먹고 남은 것이 '열 두 바구니'에 가득 차게 거두었다는 것, 그리고 그것을 먹은 사람이 남자만 '오천 명' 이었다는 것은 모두 동일하게 기록하고 있지만, 그 이외의 부분에서는 서로 자신들의 해석과 견해를 담아서 이 사건을 자신의 복음서를 읽을 독자에게 전달하려고 다른 표현들과 단어들을 사용하여 전달하고 있기 때문에 차이가 날 수 밖에 없다.[5]

복음서 기자들이 동일한 사건이지만 나름대로의 목적을 가지고 기록하고 있다는 암시는 이 사건을 도입하는 장면에서, 그리고 사건을 설명하는 장면에서 어느 정도 짐작할 수 있다. 예를 들면, 누가복음에서 누가는 헤롯(Herod)의 질문(참조. 눅 9:7-8)과 베드로의 대답(참조. 눅 9:18-19) 사이에 오병이어의 기적 사건을 기록하고 있는데, 이것은 누가가 예수의 신분을 나타내기 위한 특별한 목적이 있기 때문이다.[6] 반

5. D.A. Hagner, *Matthew 14-28*, II (2 vols.; WBC 33 B; Dallas, TX: Word Books, 1995), p. 419; E. Linnemann, *Is There a Synoptic Problem?: Rethinking the Literary Dependence of the First Three Gospels* (trans. R.W. Yarbrough; Grand Rapids: Baker Books, 1992), pp. 195-196, 205-207을 보라.

6. J. Nolland, *Luke 1-9:20*, I (3 vols.; WBC 35 A; Dallas, TX: Word Books, 1989), p. 434

면에 마태복음은 예수의 신분과 능력을 더욱 잘 드러내기 위하여 이 사건을 기록하고 있고, 그러므로 오병이어의 사건 뒤에 곧 바로 예수가 물위를 걸어가신 사건을 기록하고 있다(참조. 마 14:22-33). 마태는 오병이어의 기적 사건이 메시야적 성격이 있음을 암시해 주고 있다.[7]

요한복음은 복음서 저자가 나름대로의 목적을 가지고 사건을 기록하고 있다는 것을 가장 잘 드러내고 있다. 요한은 자신의 복음서를 읽을 독자들에게 이 사건을 기록하여 알게 하고, 이 기적 사건을 통해서 예수는 하나님의 아들 그리스도이심을 믿게 하려고, 오병이어의 기적 사건을 나름대로 해석하여 모세의 만나 사건과 연결시키고 있음을 볼 수 있다(참조. 요 20:30-31). 또한 공관복음서에서는 볼 수 없는 오병이어 사건을 경험한 군중들의 반응과 예수가 '혼자 산으로 떠나가신' 이유를 기록하고 있는데, 이것은 요한복음 6:14-15에, "그 사람들이 예수의 행하신 이 표적을 보고 말하되 이는 참으로 세상에 오실 그 선지자라 하더라. 그러므로 예수께서 저희가 와서 자기를 억지로 잡아 임금 삼으려는 줄을 아시고 다시 혼자 산으로 떠나가시니라" 라고 기록되어 있다. 결국 오병이어의 기적 사건은 복음서 기자들의 기록 목적과 이 역사적 사건을 보는 복음서 기자들의 시각과 해석에 따라 차이가 나게 된 것으로 이해할 수 있다.

요약하면, 각 복음서가 기록하고 있는 오병이어 기적 사건은 차이가 있지만, 사건의 내용을 구성하고 있는 핵심 요소들은 모두 일치한다. 그 핵심 요소들은 (1)기적의 원천 재료인 보리떡 다섯 개와 물고기 두 마리, (2)예수께서 축사하시고 떡을 나누어 주심, (3)떡을 먹은 사람의 숫자가 남자만 5,000명 정도라는 것, (4)먹고 남은 음식이 열 두 광주리에 가득했다는 것은 동일하다. 이런 핵심 요소들은 오병이어 사건을

을 보라.

7. Hagner, *Matthew 14-28*, p. 415을 보라.

구성하고 있는 매우 중요한 내용들로 네 복음서가 모두 일치한다.[8]

3. 요한복음 6:1–15의 번역과 석의

3.1. 본문 번역

1 이 후에 예수께서 디베랴의 갈릴리 바다 건너편으로 가셨다.
2 그러나 많은 군중이 그[예수]를 계속 따랐는데, 그 이유는 병자들에게 이
루어지는 표적들을 보았기 때문이다.[9]

3 예수께서 그 산에 올라가서 제자들과 함께 거기 앉았다.[10]
4 마침 유대인의 명절인 유월절이 가까웠다.
5 예수께서 눈을 들어 많은 군중이 자기에게로 오는 것을 보았을 때, 빌립에
게 "우리가 어디서 떡을 사서 이 군중들을 먹이겠느냐?"라고 말씀하셨다.

6 그러나 그[예수]가 이렇게 말씀하신 것은 그[빌립]를 시험하려는 것이었

---

8. 요한복음의 오병이어 기적 사건이 공관복음과는 다른 독립된 전승을 사용하고 있는지, 아니면 동일한 자료를 사용하고 있는지에 대한 문제 및 기타 주제에 대한 자세한 연구를 위하여 다음을 참조하라. P.N. Anderson, *Christology of the Fourth Gospel: Its Unity and Disunity in the Light of John 6* (Valley Forge, PA: Trinity Press International, 1996), pp. 170-79; P. Borgen, *Bread from Heaven: An Exegetical Study of the Concept of Manna in the Gospel of John and the Writings of Philo* (NovTSup 11; Leiden: E.J. Brill, 1965); R.A. Culpepper (ed.), *Critical Readings of John 6* (BIS 22; Leiden: E.J. Brill, 1997); E.D. Johnstone, 'The Johannine Version of the Feeding of the Five Thousand: An Independent Tradition?', *NTS* 8 (1962), pp. 151-54.
9. 번역에서 사용된 꺾쇠 괄호 [ ]는 의미를 명확하게 하기 위하여 사용한 것이다.
10. 3절의 '그 산'(τὸ ὄρος)은 헬라어의 관사가 사용되고 있어서 관사의 의미를 부여하여 번역한 것이다.

다. 왜냐하면 그는 빌립이 무엇을 하려는지 알고 있었기 때문이다.

7 빌립이 그[예수]에게 대답했다. "각 사람에게 조금씩 받게 하더라도 이백
데나리온의 떡이 충분하지 않습니다."[11]

8 그[예수]의 제자 중 하나인 시몬 베드로의 형제 안드레가 예수께 말했다. 9
"여기 한 아이가 있는데 보리떡 다섯 개와 물고기 두 마리를 가지고 있습니
다. 그러나 이것이 이 많은 사람에게 얼마나 되겠습니까?"[12]

10 예수께서 "이 사람들이 앉게 하라"고 말씀하셨다. 그 때 그 곳에 잔디가
많았다. 그러므로 남자들의 수가 대략 오천 명 정도 앉아 있었다.
11 그 때 예수께서 떡을 가지고 감사하셨다. 그리고 그것을 앉아 있는 사람
들에게 나눠 주셨다. 그와 같이 물고기도 그렇게 그들이 원하는 만큼 주셨
다.

12 그들이 어느 정도 만족했을 때 그[예수]가 제자들에게 말씀하셨다. "버리
는 것이 없도록 남은 조각들을 모아라."

13 그러므로 그들이 모으니 보리떡 다섯 개로 먹고 남은 조각들이 열두 바구
니에 가득했다.

14 그 사람들이 그[예수]가 행하신 이 표적을 보고 말했다. "이 사람은 참으

11. 7절을 New Revised Standard Version (NRSV)은 "Six months' wages would not buy enough bread for each of them to get a little."라고 200 데나리온을 하루 품삯으로 계산하여 번역한다.

12. 9절의 "그러나 이것이 이 많은 사람에게 얼마나 되겠습니까?"를 NRSV는 "But what are they among so many people?"라고 번역한다.

로 세상에 오실 그 선지자다."

15 그러므로 예수께서 그들이 와서 자기를 억지로 붙들어 왕으로 세우려는 줄 알고, 다시 혼자 그 산으로 떠나갔다.

3.2. 본문 석의

요한복음에 기록된 오병이어 기적 사건의 의미를 살펴보기 위하여 본문을 석의하기 전에 본문의 구조를 이해할 필요가 있다. 본문의 구조는 세 단락으로 구분 될 수 있다. 첫째 단락은 1-4절로 오병이어 기적 사건의 서론이다. 이 단락에서 전체 사건의 배경을 제공한다. 둘째 단락은 5-13절로 오병이어 사건의 내용을 기술하고 있다. 마지막으로 세 번째 단락은 14-15절로 공관복음에서 찾아볼 수 없는 요한복음에만 나타나는 오병이어 기적 사건에 대한 군중들의 반응을 기록하고 있다.[13] 각 단락 별로 본문을 살펴보면 다음과 같다.

---

13. 요한복음 6장의 위치에 대한 비평적인 견해에 대한 자세한 논의는 본 논문의 목적과 직접적으로 관련이 없기에 생략하고 간단히 언급한다. 요한복음을 연구하는 학자들 가운데 예를 들면, Bultmann, Schnackenburg, Becker, 등은 현재 요한복음 6장의 위치가 지리적인 면에서 이해하기 어려운 점이 있다고 주장한다. 왜냐하면, 4장은 예수께서 갈릴리에 계신 것으로 기록하고 있고, 5장은 예루살렘에 계신 것으로 기록하고 있는 반면, 6:1은 다시 예수의 사역 장소가 갈릴리로 옮겨지기 때문이다. 만일 6:1-71이 4:43-54 뒤에 곧 바로 연결된다면 갈릴리에 계신 예수는 자연스럽게 설명되어 질 수 있다고 생각한다. 즉, 요한복음의 순서를 현재에서 4, 6, 5, 7장으로 변경하는 것이다. 요한복음 5, 7, 9장 그리고 10장은 모두 예루살렘에서 일어난 사건들이다. 그러나 이런 제안을 수용하기 어려운 이유는 다음과 같다. (1)사본의 증거가 없다. (2)예수의 여행(갈릴리에서 예루살렘, 그리고 예루살렘에서 갈릴리)이 현대인이 생각하는 것보다 쉽고 빠르게 진행되었다. (3)복음서 저자는 예수의 여행 과정을 생략하고 기록했을 가능성이 있다(참조. 요 20:30). C.K. Barrett, *The Gospel according to St. John* (London: SPCK, 2nd edn, 1978), pp. 21-26, 특히 p. 24를 보라. Brown, *John*, I, pp. 235-36; E. Haenchen, *A Commentary on the Gospel of John* (2 vols.; trans. R.W. Funk; Philadelphia: Fortress Press, 1984), I, p. 270을 보라.

3.2.1. 오병이어 사건의 서론(1-4절)

요한은 오병이어 기적 사건을 기술하기에 앞서 누가, 언제, 어디서, 무엇을, 왜라는 질문들에 답변하고 있다. 1절은 오병이어 기적 사건의 핵심 등장인물로 예수를 가장 먼저 언급한다. 그리고 예수 곁에 그의 제자들이 함께 있었다고 3절에 기록하고 있다. 또한 2절은 예수를 따르는 많은 군중들을 소개한다. 이 군중들은 예수의 오병이어 기적의 음식을 먹게 될 사람들이다. 이 사건의 시기는 4절에 "유월절이 가까웠다"(ἐγγὺς τὸ πάσχα, '엥구스 토 파스카')라고 명시된다. 오병이어 기적 사건의 장소에 대해서는 1절에 "디베랴의 갈릴리 바다 건너편"(πέραν τῆς θαλάσσης τῆς Γαλιλαίας τῆς Τιβεριάδος, '페란 테스 쌀라쎄스 테스 갈리라이아스 테스 티베리아도스')이라고 밝힌다. 요한은 오병이어 기적 사건의 장소에 대하여 보다 구체적으로 3절에 "예수께서 그 산(τὸ ὄρος, '토 호로스')에 올라가서 제자들과 함께 거기 앉았다."고 기록하고 있다. 예수께서 올라가신 '그 산'은 모세가 율법을 받기 위하여 산 위에 오른 산과 평행이 된다는 것을 암시하고 있다(출 19:20; 14:1-2; 사 34:2-4). 모세가 여호수아와 함께 시내산에 올라갔다면(출 24:12-13), 예수는 그의 제자들과 함께 산에 올라가신 것이다.

요한이 1절에서 '디베랴'라는 명칭을 사용한 것은 역사적 정황에 대한 정보를 언급한 것으로 헤롯 안티파스Herod Antipas가 기원후 17-18년경에 갈릴리 호수 남서쪽 물가에 마을을 설립하여 당시 로마 황제 티베리우스Tiberius, A.D. 14-37에게 봉헌한 사실을 암시한다(참조. 요 6:23; 21:1).[14] 지역 명칭을 사용함에 있어서 요한이 '디베랴'라는 이름을 언급한 것은 '갈릴리 바다'에 대하여 잘 알지 못하는 사람들을 배려한 것

14. A.J. Köstenberger, *John* (BECNT; Grand Rapids: Eerdmans, 2004), p. 199.

으로 짐작할 수 있다. 독자를 배려한 이런 유사한 표현은 4절에서도 나타난다. 요한은 4절에서 유월절을 언급하면서 '유대인의 명절'이라고 친절하게 설명한다. 이것은 유월절이 유대인의 명절인줄 전혀 모르는 사람들을 고려한 표현이라고 볼 수 있다. 큰 무리가 예수를 따르는 이유는 "예수께서 병자들에게 행하시는 표적을 보았기 때문"이라고 2절에서 설명한다. 예수께서 병자들에게 행하신 표적은 안식일에 38년 된 병자를 고치신 사건(요 5:13)과 왕의 신하의 아들을 살리신 사건(요 4:46-54)을 암시한다.

3.2.2. 오병이어 사건의 내용(5-13절)

이 단락은 오병이어 기적 사건을 직접적으로 기술하고 있다. 이 기적 사건의 발단은 5절에 나타난다. 예수께서 많은 군중들이 자기에게로 오는 것을 보았기 때문에 빌립에게 말씀하시기를 "우리가 어디서 떡을 사서 이 군중들을 먹이겠느냐?"고 묻는 질문으로 오병이어의 기적은 시작된다. 이것은 예수께서 백성들을 불쌍히 여기셨다는 의미를 내포하고 있다(참조. 마 14:14; 막 6:34). 복음서의 저자는 6절에서 예수가 빌립에게 질문한 것에 대하여 그가 이렇게 말씀하신 것은 빌립을 시험해 보려는 것이라고 설명한다. 예수는 빌립이 어떻게 반응할지를 이미 알고 계셨고, 자신이 무엇을 하실 것인지 이미 알고 있다고 말한다.

예수의 질문에 대한 빌립의 대답을 통해서 오병이어 기적 사건이 수량적으로 구체화된다. 빌립은 7절에서 예수께 대답하면서 군중의 수가 대략 이백 데나리온의 떡이 부족할 정도라고 말한다. 빌립은 군중들에게 필요한 양식이 200 데나리온 정도라고 계산하여 제시한다(참조. 막 6:37). 한 데나리온이 대략 당시 노동자의 하루 품삯이라는 계산을 인정한다면, 전체 군중들에게 떡을 사서 먹이려고 할 때 대략 한 사람이 육 개월 이상 일한 품삯에 해당하는 비용이 필요하다는 설명이다.[15] 이것은 군중의 숫자가 그만큼 많다는 사실을 보여준다. 빌립의 등장은 무리에게 필요한 양식이 200 데나리온이나 필요하다는 사실을 언급하므로 대단히 많은 양식이 필요함을 강조하는 역할을 한다. 빌립의 등장과는 반대로 8-9절에서 안드레의 등장은 물고기 두 마리와 보리떡 다섯 개가 있음을 알리므로 현재 심히 적은 양식만 있기에 모든 사람이 먹기에는 턱없이 부족함을 강조하는 역할을 한다.[16] 9절에 등장하는 보리떡은 열왕기하 4:42-44에 기록된 선지자 엘리사의 기적 사건을 연상하도록 한다. 구약성경의 내용은 선지자 엘리사가 바알 살리사Baal-shalishah에서부터 온 사람이 보리떡 이십 개와 자루에 담은 채소를 가져왔을 때, 그것으로 100명에게 나누어 먹게 한 후 양식이 남았다는 기록이다.

10-13절에서 요한은 기적 사건을 직접 묘사한다. 10절에서 예수는 제자들에게 사람들을 앉게 하라고 말씀하신다. 예수는 제자들에게 마치 모인 무리들을 위한 음식이 모두 준비되었으니 음식 먹을 준비를 하라는 의미로 말씀하신 것이다. 이것은 사람들이 준비된 음식을 먹기 직전의 상황을 암시하고 있다. 예수의 말씀을 듣고 군중들이 앉은 장소는 잔디가 많은 지역이며(참조. 마 14:19; 막 6:39), 앉은 사람들의 숫자가 오천 명 정도였다. 11절은 예수께서 보리떡을 가지고 감사의 기도를 한 후, 앉은 사람들에게 나누어 주었고, 물고기도 그들이 원하는 대로 나누어 주었다고 기록하고 있다. 많은 군중들이 배부르게 먹은 후에 예수는 제자들에게 남은 음식들을 모으라고 말씀하신다(12절). 오병이어의 적은 량으로 많은 군중들이 배불리 먹고 남았다는 기적 사건이 이미 발생했음을 전제하고 있다. 13절은 많은 군중들이 배부르게 먹고 남은 음

15. Koestenberger, *John*, p. 201.

16. F.J. Molonry, *Gospel of John* (SPS 4; Collegeville: Liturgical Press, 1998), p. 197.

식이 열두 바구니에 가득했다고 기록하고 있다.[17]

3.2.3. 오병이어 사건의 반응(14-15절)

이 단락은 요한복음에만 기록되어 있는 오병이어 기적 사건에 대한 군중의 반응이다. 요한은 14절에서 이 기적 사건을 '표적'(σημεῖον, '세메이온')이라고 해석하면서, 이 기적 사건을 통해서 암시하는 것이 있음을 말한다. 그것은 '예수는 누구인가?'라는 질문에 대한 대답이다. 예수의 기적을 체험한 군중들의 반응은 즉각적이다. 군중들은 예수를 '참으로 세상에 오실 그 선지자'(ἀληθῶς ὁ προφήτης ὁ ἐρχόμενος εἰς τὸν κόσμον, '알레또스 호 프로페테스 호 엘코메노스 에이스 톤 코스몬')로 이해하게 된다. 여기에 등장하는 '오실 자'(ὁ ἐρχόμενος, '호 엘코메노스')와 '그 선지자'(ὁ προφήτης, '호 프로페테스')는 이 땅에 오실 메시야의 별칭이라고 할 수 있다.[18] 세상에 '오실 자'라는 표현은 이미 요한복음 1:15에서 세례자 요한의 역할을 설명하면서 사용되었고,[19] '그 선지자'는 1:21, 23절에서 세례자 요한의 정체를 묻는 질문과 함께 언급되었다. 예수께서 베푸신 기적의 떡을 먹은 군중들은 예수를 신명기 18:15, 18

---

17. 예수께서 오병이어로 오천 명을 먹이신 기적 사건 후에 남겨진 음식이 열 두 바구니에 가득한 것에 대한 의미를 예수께서 열 두 제자들을 통해서 이스라엘의 열 두 지파를 회복시키는 예수의 새로운 메시야 공동체의 핵심을 형성하는 것(to form the core of his new messianic community)이라고 해석하는 학자들이 있다. 그러나 이런 해석은 12라는 숫자를 지나치게 상징적으로 적용한 상상력의 산물이라고 할 수 있다. D.A. Carson, *The Gospel according to John* (Leicester: Inter-Varsity Press, 1991), p. 271; G.L. Borchert, *John* (2 vols.; New American Commentary; Nashville: Broadman & Holman, 1996-2002), I, p. 254를 보라.

18. *TDNT*, II, pp. 666-84를 참조하라.

19. 요한복음에 언급된 '오실 자'라는 표현이 공관복음에서는 메시야의 오심(the Coming of the Messiah)이라는 표현과 함께 엘리야의 귀환(the return of Elijah)과 관련되어 있다(참조. 마 11:14; 17:10, 12; 27:49; 막 9:12-13; 15:35).

절에 약속된 '그 선지자'와 일치시켜서 생각하고 있는 것이다. 군중들의 반응은 여기서 멈추지 않고 예수를 '억지로 정치적 왕'으로 삼으려고 한다(15절). 예수께서 군중들의 생각을 이미 아시고 혼자 산으로 떠나신다. 기적의 떡을 먹은 군중들은 예수를 모세와 같은 선지자로 또는 엘리야와 같은 선지자로 인식하고 있음을 암시하고 있다.

요한은 오병이어의 기적 사건을 통해서 독자가 예수의 신분을 인식할 수 있도록 이 사건을 '표적'이라고 묘사하고 있다. 앞에서 언급한 것처럼 표적은 그 자체에 의미가 있기 보다는 표적이 지향하고 암시하는 목적에 더 큰 의미가 있다. 그러므로 예수의 오병이어 기적 사건은 요한복음 안에 기록된 여러 표적들 가운데 하나로 그 의미는 요한복음 전체가 지향하고 있는 '예수는 누구인가?'라는 질문에 초점을 맞추어 예수의 신분과 깊이 관련되어 있음을 알 수 있다.

4. 오병이어 표적 사건의 의미

요한복음에 기록된 오병이어 표적 사건의 의미는 무엇인가? 이 질문은 본문에 암시되고 있는 예수의 정체와 밀접한 관계가 있는 것처럼 보인다. 왜냐하면 요한은 공관복음서에 나타나지 않는 군중의 반응에 대한 기록을 14-15절에서 제시하고 있기 때문이다. 오병이어 사건을 통해서 기적의 음식을 먹은 군중들은 예수를 '이[예수]는 참으로 세상에 오실 그 선지자다.'(14절)라고 고백하며 직접적인 반응을 보이고 있다. 예수를 '그 선지자'로 고백한 군중들에 의하면 예수는 신명기 18:15-18에 약속된 '모세와 같은 선지자'로 분명히 인식되고 있다. 요한은 오병이어의 표적 사건을 통해서 예수가 신명기에 약속된 모세와 같은 '그 선지자'와 같은 분이심을 드러내고자 하는 의도를 가진 것으로 생각된다.[20] 그 이유는 다음과 같다.

첫째, 3절에 언급된 예수께서 올라가신 산을 언급하면서 '그 산'이라고 관사를 사용하여 표현한 것은 모세가 율법을 받을 때 올라갔던 산을 회상할 수 있도록 만든다(출 19:20; 14:1-2; 사 34:2-4). 요한이 '그 산'이라고 관사를 사용할 이유가 전혀 없다. 요한은 단순히 "예수께서 산으로 올라가셨다."라고 묘사할 수 있었음에도 불구하고 관사를 사용하여 특정한 산을 언급하고 있는 것은 독자가 모세의 사건을 연상하도록 하려는 의도가 있음을 짐작할 수 있다.[21] 모세의 사건을 회상하여 모세가 광야에서 이스라엘 백성들에게 만나를 준 것처럼 예수께서 갈릴리 건너편 광야에서 보리떡 다섯 개와 물고기 두 마리로 5,000명의 군중을 기적으로 먹이신 사건을 통해서 모세와 같은 선지자가 그들에게 나타났음을 암시하려는 의도가 있음을 알 수 있다.[22]

둘째, 4절에서 유대인의 명절인 '유월절'을 언급한 것은 예수께서 모세와 같은 종말론적 선지자the Mosaic eschatological prophet의 신분임을 암시하려는 의도가 있는 것처럼 보인다. 공관복음에서는 오병이어 사건에 대한 시간의 언급이 구체적으로 나타나지 않는다(마 14:15; 막 6:35; 눅 9:12). 이런 점에서 요한은 의도적으로 '유월절'을 밝힌 것이라고 생각된다. 그 이유는 이 사건을 통해서 예수의 신분을 모세와 같은 선지자로 보이고자 하는 의도가 있었던 것으로 보인다.[23] 왜냐하면 유월절

20. 오병이어 기적 사건과 관련된 예수의 신분에 대한 자세한 논의는 Cho, *Jesus as Prophet*, pp. 212-20을 참조하라.

21. Moloney, *Gospel of John*, p. 195; R. Schnackenburg, *The Gospel according to John* (3 vols. trans. K. Smyth, et al.; Kent: Burns & Oates, 1968-82), II, p. 14; R.E. Brown, *The Gospel according to John* (AB; 2 vols.; New York: Doubleday, 1966-70), I, p. 232; J.M. Perry, 'The Evolution of the Johannine Eucharist', *NTS* 39 (1993), pp. 22-35, 특히 pp. 23-25를 보라.

22. 떡과 물고기를 먹은 군중들은 실제로 예수를 '그 선지자'로 인식하고 있다(14절).

23. Schnackenburg, *John*, II, p. 14; Moloney, *Gospel of John*, p. 196.

은 이스라엘 백성들이 애굽에서 모세의 인도를 통해서 구원받은 사실을 기념하는 날로 모세를 회상할 수 있는 유대인의 명절이기 때문이다. 특히 저자가 유월절을 언급하면서 '유대인의 명절'이라는 수식어를 사용하고 있는 것은 요한복음의 독자가 유대인뿐만 아니라, 이방인들 그중에는 헬라인(참조. 요 12:20; 10:16)이나 유대인일지라도 유대의 풍습을 전혀 모르는 사람들을 염두에 두고 있음을 암시하고 있다.[24] 이런 수식어는 유대인들과 특히 유대 풍습에 익숙한 사람들에게는 불필요한 부분으로 저자는 이런 표현을 사용하여 독자가 예수의 신분을 파악하는데 모세를 회상하여 비교할 수 있도록 격려하려는 의도가 있음을 알 수 있다. 요한은 이미 복음서를 시작하면서 예수를 모세와 비교하고 있다(요 1:17).

셋째, 요한복음의 오병이어 기적은 열왕기하 4:42-44에 기록된 선지자 엘리사의 기적과 흡사한 부분이 많다. 저자는 독자가 선지자 엘리야의 사건을 회상하도록 하면서 예수의 신분이 엘리야 선지자와 유사한 부분이 있음을 알도록 암시하는 것처럼 보인다.[25] 두 사건에서 유사한 부분은 (1)두 기적 사건 모두 기적의 자료로 보리떡이 사용되었다. 예수는 보리떡 다섯 개로 기적을 일으켰다. 엘리야는 보리떡 20개로 기적을 베풀었다. (2)두 기적 사건 모두 음식을 먹은 사람들의 수를 기록하고 있다. 예수가 행한 기적의 떡을 먹은 사람은 5,000명이었고, 엘리야가 행한 기적의 떡을 먹은 사람은 100명이었다. (3)두 기적 사건에서 사람들이 음식을 배부르게 먹고 남은 음식이 있었다. 예수가 행한 기적

---

24. R.A. Culpepper, *Anatomy of the Fourth Gospel: A Study in Literary Design* (Philadelphia: Fortress Press, 1983), pp. 216-23을 보라.

25. Brown, *John*, I. p. 235; B. Lindars, *The Gospel of John* (NCBC; London: Marshall, Morgan & Scott, 1972), p. 243; idem, 'Elijah, Elisha and the Gospel Miracles' in C.F.D. Moule (ed.), *Miracles: Cambridge Studies in their Philosophy and History* (London: A.R. Mowbray, 1965), pp. 61-79.

의 떡을 먹고 남은 것은 12광주리가 되었다. 엘리야의 기적은 100명이 먹고 남은 음식이 있음을 기록하고 있다. 이 내용을 도표로 비교하여 정리하면 다음과 같다.

요한복음 6:1–15	열왕기하 4:42–44
기적을 위한 재료: 보리떡 5개와 물고기 2 마리를 한 소년으로부터 제공 받음 (9절)	기적을 위한 재료: 20개의 보리떡과 자루에 담은 채소를 바알살리사(Baal-shalishah)에서 온 사람으로부터 제공 받음(42절)
5,000명이 음식을 배부르게 먹음(10절)	100명이 음식을 먹음(43-44절)
먹고 남은 음식이 12 광주리가 됨(13절)	먹고 남은 음식이 있음(43-44절)

넷째, 예수께서 베풀어주신 기적의 떡과 생선을 먹은 많은 사람들은 아무런 망설임 없이 곧 바로 예수를 "참으로 세상에 오실 그 선지자"(14절)라고 인식하였음을 알 수 있다. 이것은 요한복음 안에서 가장 명시적으로 많은 사람들이 동시에 예수를 선지자로 인식하고 있는 객관적인 증거이다. 예수의 오병이어 기적 사건에서 이 부분(14-15절)은 공관복음에는 없는 부분으로 요한은 오병이어 표적 사건의 결과와 군중들의 반응을 분명하게 기록하고 있다. 요한복음에서 공관복음과는 전혀 대조적으로 기적의 보리떡을 먹은 군중들이 예수의 신분을 '그 선지자'로 인식하고 있다. 요한복음의 '그 선지자'는 신명기 18:15-18에 약속된 '모세와 같은 선지자'를 의미한다.[26] 당시 군중들이 예수를 모세와 같은 선지자로 인식하였음을 보여주는 증거이다. 이 군중들은 예수를 신명기에서 약속한 종말의 선지자인 '그 선지자'로 인식하면서 예수의 선지자적 신분을 확인한 것이다. 그러므로 요한복음에서 예수께서 행하신 오병이어 기적 사건을 '표적'(σημεῖον, '세메이온')으로 묘사하고

26. T.F. Glasson, *Moses in the Fourth Gospel* (SBT 40; London: SCM Press, 1963), pp. 45-47을 보라.

있는 것과 기적의 떡을 먹은 군중들이 명시적으로 예수에 대하여 '그 선지자'라는 호칭을 사용한 사실은 선지자로서의 예수의 신분을 묘사하기 위한 요한의 의도라고 결론지을 수 있다.

그렇다면 요한은 예수를 왜 선지자로 인식하도록 의도했을까? 이 질문에 답하기 위해서는 요한복음 전체를 대상으로 하는 전문적인 연구가 또 다시 필요하며, 이것을 위하여 상당한 분량의 또 다른 논문이 필요하다.[27] 이곳에서 간략하게 언급한다면, 요한은 예수가 구약의 선지자 정도가 아니라 그 이상임을 알고 있음에도 불구하고 예수를 선지자로 인식하도록 의도했다. 그 이유는 독자로 하여금 예수를 하나님의 아들, 그리스도로 인식하고 고백하도록 하기 위한 교량적 역할 때문이라고 생각된다.[28] 다시 말하면, 유대인들이 예수를 하나님의 아들, 메시야로 곧 바로 이해하기에는 너무도 큰 인식의 차이가 있다. 왜냐하면 유대인들은 예수가 요셉의 아들이요, 나사렛에서 출생한 사실을 이미 알고 있기에(요 1:45; 6:42) 그를 하나님의 아들로 인식하기에는 너무나 큰 간격이 있기 때문이다. 그러므로 요한은 예수를 하나님의 아들로 인식하기 위한 중간 단계로서 유대인들에게 친숙한 선지자 개념과 직분을 통하여 예수를 하나님의 아들 그리스도로 인식하도록하려는 의도가 있었던 것으로 보인다.

27. Cho, *Jesus as Prophet*, pp. 254-84를 참조하라.

28. J.F. McGrath, *John's Apologetic Christology: Legitimation and Development in Johannine Christology* (SNTSMS 111; Cambridge: Cambridge University Press, 2001), pp. 230-35를 보라.

5. 결론

지금까지 요한복음 6:1-15에 기록된 예수의 오병이어 표적 사건의 의미에 초점을 맞추어 본문을 관찰하였다. 요한복음과 공관복음서에 기록된 오병이어 사건은 미세한 기록의 차이가 있지만, 동일한 사건으로 사건의 핵심 요소들은 네 복음서가 모두 일치한다. 이 사건의 핵심 요소들은 (1)기적의 원천 재료인 보리떡 다섯 개와 물고기 두 마리, (2)예수께서 축사하시고 떡을 나누어 주심, (3)떡을 먹은 사람의 숫자가 5,000명이라는 것, (4)먹고 남은 음식이 열 두 광주리라는 것이다.

본문 석의를 통해서 드러난 것처럼 요한복음에 기록된 예수의 오병이어 표적 사건은 단순한 기적 사건이 아니라, 예수의 선지자적 신분을 드러내려는 저자의 의도가 있음을 알 수 있다. 공관복음서와는 달리 요한은 사복음서에 동일하게 기록된 예수의 오병이어 사건을 기록하면서 독특하게 '표적'이라고 해석하며 자신의 의도를 간접적으로 표출하였다. 요한이 자신의 복음서에서 오병이어 사건을 '표적'이라고 이해한 것은 예수가 선지자로서의 모습을 지니고 있음을 간접적으로 암시하는 표시이다. 더욱이 오병이어 표적 사건에서 기적의 음식을 먹은 군중들이 예수를 '그 선지자'로 인식했다는 요한의 기록은 공관복음에서는 찾아볼 수 없는 독특한 기록이다. 이것은 독자로 하여금 요한복음의 여러 표적 사건 중에서 가장 명시적으로 예수의 신분을 구약의 선지자 중의 하나로 인식하도록 하려는 요한의 의도가 있음을 알 수 있다.

제 11 장

물위를 걸으신 예수

A New Perspective on John's Gospel

● 제 11 장 ●

물위를 걸으신 예수[1]

1. 서론

요한은 자신의 복음서에서 예수께서 행하신 기적 사건들을 간추려 소개하고 있다(참조. 요 20:30-31).[2] 특히, 요한은 요한복음에 기록된 예수의 기적 사건들과 관련해서 그 기적 사건들의 대부분을 '세메이온'(σημεῖον, '표적')이라고 규정한다.[3] 이런 점에서 요한복음에 기록된 예수의 기적 사건들은 오랫동안 연구의 대상이 되어왔다.[4]

---

1. 이 글은 본래 '예수께서 갈릴리 바다 위를 걸으셨는가? 요한복음 6:16-21의 석의적 연구'라는 제목으로 『성경과 교회』 3 (2005), pp. 150-71에 게재되었던 것을 다시 수정 보완한 것이다.

2. 요 20:30-31에서 저자는 예수께서 행하신 표적이 요한복음에 기록된 것보다 더 많음을 암시하면서 목적을 가지고 의도적으로 예수께서 행하신 표적을 선택하여 이 복음서에 소개하고 있음을 밝히고 있다. S.S. Smalley, *John: Evangelist and Interpreter* (Carlisle: Paternoster Press, 2nd edn, 1998), p. 129를 보라.

3. 대부분의 한글 성경에서는 요한복음에서 사용된 헬라어 σημεῖον('세메이온')을 모두 '표적'(表蹟)이라고 번역하였다.

4. 예를 들면, R.T. Fortna, *The Gospel of Signs: A Reconstruction of the Narrative Source Underlying the Fourth Gospel* (SNTSMS 11; Cambridge: Cambridge University Press, 1970); idem, *The Fourth Gospel and Its Predecessor: From Narrative Source to Present Gospel* (Philadelphia: Fortress Press, 1988); G. van Belle, *The Signs Source in the Fourth Gospel: Historical Survey and Critical Evaluation of the Semeia Hypothesis* (Leuven: Leuven University Press, 1994); C. Welck, *Erzählte Zeichen: Die Wundergeschichten des Johannesevangeliums literarisch untersucht. Mit einem*

이 글의 목적은 요한복음 6:16-21에 기록된 사건을 요한복음에 기록된 다른 기적들과 관련하여 본문을 연구하는데 있다. 왜냐하면 이 사건은 요한복음에 기록된 예수의 다른 표적表蹟들과 관련하여 오랫동안 논란이 된 부분이기 때문이다.[5] 요한복음 6:16-21은 예수께서 갈릴리 바다 위를 걸으신 기적 사건인가? 예수께서 갈릴리 바다 한 가운데 있는 제자들에게 오신 사건의 의미는 무엇인가? 이런 질문들에 답하기 위하여 첫째, 요한복음 6:16-21을 한글로 번역할 것이다. 둘째, 본문의 전후 문맥을 살피면서 본문을 주해할 것이다. 셋째, 본문이 예수께서 갈릴리 바다 위를 걸으신 기적 사건인지를 논의할 것이다. 마지막으로, 본문에 기록된 사건의 의미를 고찰해 볼 것이다.

Ausblick auf Joh 21 (WUNT 2.69; Tübingen: J.C.B. Mohr[Paul Siebeck], 1994); J.P. Heil, *Jesus Walking on the Sea: Meaning and Gospel Functions of Matt 14:22-23, Mark 6:45-52 and John 6:15b-21* (AnBib 87; Rome: Pontificical Biblical Institute, 1981); H. van der Loos, *The Miracles of Jesus* (Leiden: E.J. Brill, 1968), pp. 650-669.

5. 요 6:16-21의 사건을 보는 견해가 다양하지만 대체로 두 가지로 요약할 수 있다. 즉, 본문의 사건을 기적 사건으로 이해하는 것과 기적 사건으로 이해하지 않으려는 견해이다. 전자의 주장을 위하여 다음을 참조하라. G.R. Beasley-Murray, *John* (WBC; Nashville: Thomas Nelson, 2nd edn, 1999), p. 89; R. Bultmann, *The Gospel of John: A Commentary* (trans. G.R. Beasley-Murray. Oxford: Basil Blackwell, 1971), p. 215; R.E. Brown, *The Gospel According to John* (AB; 2 vols.; New York: Doubleday, 1966-70), I, p. 252; E. Haenchen, *John* (2 vols.; trans. R.W. Funk. Philadelphia: Fortress Press, 1984), I, pp. 279-83; C.H. Dodd, *The Interpretation of the Fourth Gospel* (Cambridge: Cambridge University Press, 1953), pp. 297-389; L. Morris, *The Gospel according to John* (NICNT; Grand Rapids: Eerdmans, 2nd edn, 1995), pp. 347-51; B. Lindars, *The Gospel of John* (NCBC; London: Marshall, Morgan & Scott, 1972), pp. 245-48; F.J. Moloney, *The Gospel of John* (SPS 4; Collegeville: Liturgical Press, 1998), pp. 201-204. C.S. Keener, *The Gospel of John: A Commentary* (2 vols.; Peabody: Hendrickson, 2003), I, pp. 673-75; A.J. Köstenberger, *John* (BECNT; Grand Rapids: Eerdmans, 2004), pp. 204-205. 후자의 주장을 위하여 다음을 참조하라. J.H. Bernard, *A Critical and Exegetical Commentary on the Gospel according to St John* (ICC; 2 vols.; Edinburgh: T. & T. Clark, 1928), I, p. 185; Smalley, *John*, pp. 129-30; C.H. Talbert, *Reading John: A Literary and Theological Commentary on the Fourth Gospel and the Johannine Epistles* (London: SPCK, 1992), p. 133. 이런 엇갈린 주장들과 관련된 문제를 제 3장에서 논의할 것이다.

이 논문은 요한복음에 기록된 기적 사건들 중에서 본문에 기록된 사건 하나를 선택하여 고찰하기 때문에 요한복음의 기적 사건에 대한 전체적인 모습을 파악하는데 한계가 있음을 미리 밝혀둔다. 또한 마태복음 14:22-27과 마가복음 6:45-52에 기록된 기적 사건[6]과의 비교는 부분적으로만 언급할 것이며, 이 본문들과 관련해서는 또 다른 연구가 필요함을 밝혀둔다.

2. 요한복음 6:16-21의 번역[7]

16 그리고 초저녁[8]이 되었을 때에 그의(예수의) 제자들이 그 (갈릴리) 바다[9]
로 내려갔고,
17 배를 타고 바다 건너편 가버나움으로 가려고 했다. 이미 어두워졌는데도
예수께서는 아직 그들(제자들)에게 오시지 않았다.

6. 요 6:16-21과 유사하게 갈릴리 바다에서 일어난 사건으로 예수께서 바다의 폭풍을 잔잔케 하신 사건은 마 8:23-27, 막 4:35-41, 눅 8:22-25에 기록되어있다. 공관복음의 사건을 위하여 다음을 참조하라. D.A. Hagner, *Matthew* (WBC; 2 vols.; Dallas, TX: Word Books, 1995), I, pp. 219-23; R.T. France, *The Gospel of Mark: A Commentary on the Greek Text* (NIGTC; Grand Rapids: Eerdmans, 2002), pp. 221-25; J.B. Green, *The Gospel of Luke* (NICNT; Grand Rapids: Eerdmans, 1997), pp. 330-34; J. Nolland, *Luke* (WBC; 3 vols.; Dallas, TX: Word Books, 1989-93), I, pp. 395-402. 공관복음에 기록된 이 사건은 요한복음에 나타나지 않는 전혀 다른 사건이다.

7. 본문을 한글로 번역함에 있어서 가능한 본문의 의미를 살리기 위하여 직역을 하되, 의미가 불분명 할 경우에 괄호 안에 그 의미를 추가하여 번역한다.

8. '초저녁'으로 번역된 16절의 헬라어 ὀψία('옾시아')는 늦은 오후와 어두움이 깔리기 직전의 시기를 의미한다(참조. 요 20:19; 마 14:15, 23). BDAG, p. 746를 보라.

9. 16절에 사용된 헬라어 θάλασσα('쌀라사', '바다')는 빗물 호수(a freshwater lake)를 의미하기 보다는 거의 대부분 소금물(a body of salt water)을 의미한다. B.M. Newman and E.A. Nida, *A Handbook on the Gospel of John* (New York: United Bible Societies, 1993), p. 185를 보라.

18 그 때에[10] 큰 바람이 불어 바다의 물결이 일어났다.

19 그래서 그들(제자들)이 배를 스물다섯이나 서른 스타디온[11]쯤 저어 갔을
때, 예수께서 (갈릴리) 바다 위를 걸어서 배에 가까이 오시는 것을 보고 두려
워하였다.

20 그러나 예수께서 그들에게 말씀하셨다.

"나다. 두려워하지 말아라."

21 그러므로 그들(제자들)은 예수를 기꺼이[12] 배 안으로 모셔 들였다. 그리고
배는 곧 그들이 가려던 땅에 이르렀다.

3. 요한복음 6:16-21의 문맥과 석의

예수께서 갈릴리 바다 위를 걸으신 사건은 요한복음 이외에 마태복음 14:22-33 그리고 마가복음 6:45-52에 나타난다.[13] 예수께서 갈릴리 바다 위를 걸으신 사건에 대한 기록은 공관복음과 비교해 볼 때 요한복음이 가장 짧은 형태이다. 공관복음이 제자도에 관심을 갖고 예수의 입장에서 기록되었다면, 요한복음은 기독론에 관심을 갖고 제자들의 입

10. 17절에 사용된 헬라어 전치사 te('테')는 17절과 18절을 연결시켜주고, 그 때가 이미 어두워진 상태에서 밤이 깊어진 시간임을 암시하고 있다. 이 전치사는 요한복음에서 모두 3회 사용되고 있다(요 2:15; 4:42; 6:18). BDAG, p. 993을 보라.

11. 19절에 사용된 σταδίον('스타디온')은 거리를 측량하는 단위로 1 stadion은 약 192미터가 되는 거리를 의미한다. 그러나 학자들마다 이 거리에 대해 약간씩 다르게 이해하고 있다. BDAG, p. 940; Beasley-Murray, *John*, p. 84를 참조하라.

12. 21절의 '기꺼이'는 '에셀론'(ἤθελον)을 번역한 것이며, θέλω('셀로')의 3인칭 복수 미완료로 본문에서 예수의 제자들이 예수를 배안에 모셔 들이기를 원하는 상황을 서술한다. θέλω는 '갈망하다' 또는 '(마음속에 있는 것을 성취하기를) 원하다'의 의미이다 (참조. 요 5:35; 6:11; 7:44). BDAG, pp. 447-48.

13.

장에서 기술한 것으로 이해할 수 있다.[14] 브라운R.E. Brown이 언급한 것처럼 예수께서 갈릴리 바다 위를 걸으신 사건은 공관복음에서는 예수께서 행하신 오병이어의 사건과 긴밀하게 연결되어있다.[15] 그러나 요한복음에서는 예수께서 행하신 오병이어의 기적이 6:1-13에 끝나고, 그 후에 요한이 자신의 주석을 6:14-15에 기록한다. 그 내용은 공관복음에서는 찾아볼 수 없는 오병이어 기적 사건 후의 군중들의 반응에 대한 것이다.[16] 요한복음에서 오병이어의 기적 사건은 15절에서 마무리 된다. 이런 점에서 요한복음에 기록된 예수께서 갈릴리 바다 위를 걸으신 사건은 유월절에 예수께서 행하신 독립적 사건으로 취급된다.[17]

16절의 '초저녁이 되었을 때'는 마가복음 6:47과 비교될 수 있다. 예수의 제자들이 바다로 간 것을 묘사한 것은, 예수께서 군중들이 왕 삼으려는 것을 이미 아시고 몸을 숨기셨을 때, 제자들이 떡을 먹은 군중들과 함께 예수를 떠난 것을 암시한다.[18] 더욱이 17절의 "배를 타고 바다 건너편 가버나움으로 갔다."는 설명은 제자들이 예수를 떠났음을 분명히 확인시켜주는 표현이다. 그러나 요한은 제자들이 왜 예수를 떠났는지에 대하여 침묵한다. 다만 전후 문맥을 통해서 추측할 수 있는 것은 예수께서 제자들이 위험한 상황에 있는 것을 아시고 그들을 자신보다 먼저 갈릴리 바다로 보냈던 것으로 생각된다.[19] 제자들의 위험한 상

14. Beasley-Murray, *John*, p. 85.

15. Brown, *John*, I, pp. 251-53.

16. R. Schnackenburg, *The Gospel According to John* (3 vols.; trans. K. Smyth, et al.; Kent: Burns & Oates, 1968-82), II, pp. 28-29.

17. Moloney, *John*, pp. 202-203.

18. Lindars, *John*, p. 246.

19. Beasley-Murray, *John*, p. 89. Haenchen은 오병이어의 기사와 본문에 기록된 기사가 본래 서로 독립된 기사였다고 주장한다. 그러나 이 주장에 대한 증거는 불충분하다. 요한복음에 의하면 두 사건은 유월절에 행한 예수의 기적으로 서로 밀접하게 연결되어 있고, 예수의 신분을 올바로 이해하도록 균형을 이루고 있는 것처럼 보인다. Haenchen, *John*, I, p. 279를 보라.

항은 15절에서 암시되고 있다. 즉, 기적의 떡을 먹은 군중들이 예수를 신명기 18:18에 약속한 '그 선지자'로 인식하고 예수를 정치적 왕으로 옹립하려고 했기 때문이다. 즉, 예수가 정치적 왕이 된다면 당시의 정치적 상황에서 제자들은 불가피하게 정치적 위기에 휘말릴 수밖에 없다. 이런 위기의 상황을 아신 예수께서 그 자리를 피하시기 전에 제자들을 보호하시려고 제자들을 먼저 갈릴리 바다로 보냈다는 추측은 이유가 있다. 왜냐하면 17절의 '예수께서는 아직 그들(제자들)에게 오시지 않았다'라는 요한의 기록은 예수께서 제자들을 먼저 갈릴리 바다로 보내셨고 곧 재회하실 것을 기대한 제자들의 심리를 반영하고 있기 때문이다.

17절에 언급된 '가버나움'은 제자들이 배를 타고 가려던 장소이다. 요한은 왜 제자들이 그곳으로 가려고 했는지 이유를 밝히지 않는다. 아마도 가버나움의 언급은 예수께서 행하실 또 다른 기적 사건들과 예수의 가르치는 사역을 암시하고 있는 듯하다(참조. 요 6:59).[20] 17절 후반부에 사용된 단어 '스코티아'(σκοτία, '어두움, 밤')는 16절에 언급된 늦은 오후 시간이 지났음을 의미한다. 즉, 요한은 '스코티아'라는 단어를 사용하여 본문에 기록된 사건에 대하여 시간이 경과했음을 알리고 있다. 그러므로 16절에서 사용된 시간을 알리는 단어, '초저녁'('옾시아', ὀψία)과 17절의 '스코티아'라는 용어를 사용하여 시간이 처음보다 조금 더 경과했음을 암시하고 있다. 그러므로 16절에서 '초저녁'은 아직 밤이 깊지 않은 늦은 오후 시간을 의미한다. 그리고 이제 시간이 흘러서 지금 어두움이 짙어진 것을 말하고 있다. 여기서 사용된 '밤'이라는 단어는 요한복음 1:5, 12:35에도 사용되었다. 본문에서 사용된 '어두움'은 상징적인 의미 보다는 문자적인 의미로 시간의 경과를 암시하고 있

20. Haenchen, *John*, I, p. 279.

다. '예수께서는 아직 그들(제자들)에게 오시지 않았다'라는 표현은 예수께서 갈릴리 바다 위를 걸으실 기적 사건에 대한 짙은 암시가 있다.[21] 왜냐하면, '아직'('우포', οὔπω)이란 단어의 사용은 예수께서 제자들에게 오셔야만 하는 상황을 미리 설정하고 있기 때문이다.[22] 17절에 사용된 '밤'이란 시간의 언급과 관련해서 예수께서 갈릴리 바다 위를 걸으신 사건을 '새로운 출애굽 사건'으로 이해하려는 시도가 있다. 그 근거를 첫 번째 출애굽 사건(출 14:19-25)과 요한복음의 이적이 모두 '밤'에 일어난 사실에 두고 있고, 이런 점에서 요한복음에서 예수께서 갈릴리 바다 위를 걸으신 사건을 상징적 사건으로 이해하려고 한다.[23] 출애굽 모티브가 요한복음의 기적 사건에 어느 정도 영향을 주고 있다는 사실은 이해할 수 있으나 그 근거를 '밤'이라는 정황에서만 찾고 있는 것은 매우 빈약한 논증이다.[24]

18절의 '큰 바람'('아네무 메갈루', ἀνέμου μεγάλου)은 비록 공관복음과 다른 사건이지만 마가복음 4:37(참조. 마 8:24; 눅 8:23)에 묘사된 상황과 비교될 수 있다. 갑작스러운 폭풍은 갈릴리 바다에서 볼 수 있는 모습이다.[25] 공관복음(마 8:23-27, 막 4:35-41, 눅 8:22-25)에서는 예수께서 풍랑을 향하여 잔잔하라고 명령하신다. 그러나 공관복음의 기록에서 예수께서 갈릴리 바다를 잔잔하게 하신 것과 요한복음에서 예수께서 그 바다 위를 걸어가신 사건은 서로 다른 사건으로 이해된다. 요한복음과 대조 될 수 있는 사건은 마태복음 14:22-33 그리고 마가복음 6:45-

21. Lindars, *John*, p. 247.

22. Moloney, *John*, p. 202.

23. 이상훈, 「요한복음」(대한기독교서회창립 100주년기념 성서주석; 서울: 대한기독교서회, 1993), pp. 236-37.

24. Beasley-Murray, *John*, p. 89. Beasley-Murray는 이 상황을 'the second Exodus'로 이해할 수 있는 가능성을 제시하고 있다. Schnackenburg, *John*, II, pp. 29-30을 보라.

25. Lindars, *John*, p. 247; Moloney, *John*, p. 202.

52의 기록으로 두 본문에서 모두 풍랑이 일고 있는 갈릴리 바다를 향하여 예수께서 잔잔하라고 명령하신 기사는 없고, 그 바다 위를 걸어서 오신 사건만 기록되어 있다.[26] 요한복음에도 예수께서 풍랑이 일고 있는 갈릴리 바다를 향하여 잔잔하라고 명령하신 기사는 없다. 이런 점에서 두 사건은 동일 사건의 서로 다른 기록으로 보인다. 요한복음에서 예수께서 성난 물결을 보고 명령하신 기사가 없고, 예수께서 갈릴리 바다 위를 걸으신 사건만을 간략하게 기록하고 있는 것은 이 사건을 출애굽의 상징적인 사건으로 묘사하기 위한 의도라고 생각되며, 특히 20절에 언급된 '나다'라는 신神의 현현적顯顯的 언명과 함께 예수의 신적 신분을 강조하기 위함이라고 생각된다.

19절의 "그들(제자들)이 배를 스물다섯이나 서른 스타디온 쯤 저어 갔을 때"라는 표현은 제자들이 해변으로부터 상당히 배를 저어 갔음을 알려주고 있다. 그 거리를 오늘날의 계산으로 환산하면 약 5-6 킬로미터가 된다. '예수께서 (갈릴리) 바다 위를 걸어서'[27] 제자들에게 가까이 오신 것은 20절에 언급된 '나다'('에고 에이미', ἐγώ ϵἰμι)라는 예수의 자기표현과 관련하여 신현神顯의 상황으로 이해 할 수 있다.[28] 이 사건과 관련해서 욥기 9:8, 이사야 43:16, 시편 29:3, 77:19이 자주 언급되지만 실제 병행 구절은 욥기 9:8뿐이다.[29]

20절의 '나다'라는 예수의 자기표현은 출애굽기 3:14절의 하나님이 모세에게 알려주신 하나님의 이름을 예수가 사용하고 있는 것처럼 보

26. 공관복음의 사건을 위하여 Hagner, *Matthew*, II, pp. 419-25; France, *Mark*, pp. 268-74를 보라.

27. 19절의 ἐπὶ τῆς θαλάσσης('에피 테스 쌀라세스')에 관해서는 3장에서 자세히 논의할 것이다.

28. Moloney, *John*, pp. 202-203.

29. Haenchen, *John*, I, pp. 279-30.

인다.[30] 갈릴리 유대인들은 예수를 세상에 오실 그 선지자로 이해했고, 더욱이 예수를 그 선지자로 알고 있을 뿐 만 아니라 억지로 그를 자신들의 왕으로 옹립하려고 했다(참조. 요 6:14-15). 이 단락에서 요한은 예수가 선지자이며 왕이심을 부정하지 않는다. 요한은 20절에서 '나다'라는 예수의 자기 호칭을 사용하여 선지자이며 왕이신 예수를 강조하기보다는 오히려 예수의 신성을 강조하고 있는 것처럼 보인다.[31]

21절의 "예수를 기꺼이 배 안으로 모셔들였다."는 표현은 요한의 독특한 표현으로 마가복음 6:51에서는 "(예수께서) 그들이(제자들이) 탄 배에 오르시니"(ἀνέβη πρὸς αὐτοὺς εἰς τὸ πλοῖον)라고 했고, 마태복음 14:32에서는 "(제자들이) 배에 오르니"(ἀναβάντων αὐτῶν εἰς τὸ πλοῖον) 라고 표현하고 있다. 요한이 제자들의 반응을 기술한 '에쎌론'(h;qelon, '기꺼이')은 요한복음 5:17-47에 나오는 예루살렘 유대인들의 부정적인 반응과는 대조를 이루고 있다.[32] 21절에서 '배는 곧 그들이 가려던 땅에 이르렀다'는 요한의 기록은 본문에서 예수께서 갈릴리 바다 위를 걸으신 기적과 함께 또 다른 기적을 암시하고 있는 것처럼 보인다. 왜냐하면 본문에서는 어떻게 그 배가 목적지에 도착했는지에 대하여 상세한 언급이 없이 제자들이 목적했던 장소에 이르렀기 때문이다(참조. 시 107:23-32). 또한 '곧'('유쎄오스', εὐθέως)이라는 표현은 요한복음 5:9

---

30. Brown, *John*, I, pp. 252에서 요 6:20의 '나다'('에고 에이미', ἐγώ εἰμι)라는 예수의 자기 표현이 하나님의 자기 표현을 위한 형식(a divine formula)과 동일한 것인지를 확신할 수 없다고 말한다(참조. pp. 533-38). 참조. Beasley-Murray, *John*, pp. 89-90. 요한복음에서 ἐγώ εἰμι의 표현은 모두 30회 나타난다(3:28; 4:26; 6:20, 35, 41, 48, 51; 7:34, 36; 8:12, 18, 24, 28, 58; 9:9; 10:7, 9, 11, 14; 11:25; 12:26; 13:19; 14:3, 6; 15:1, 5; 17:24; 18:5, 6, 8). 요 9:9을 제외하고 나머지는 모두 예수 자신을 언급하고 있다. 좀 더 자세한 연구를 위하여 D.M. Ball, *'I Am' in John's Gospel: Literary Function, Background and Theological Implications* (JSNTSS 124; Sheffield: Sheffield Academic Press, 1996); Schnackenburg, *John*, II, pp. 79-89를 보라.

31. Ball, *'I Am'*, pp. 73-74, 157-60.

32. Brown, *John*, I, p. 252.

에서 예수께서 38년 된 병자를 치료하실 때 사용된 부사로 예수의 기적적인 치유를 암시하는데 사용되었다(참조. 요 18:27).[33]

4. 예수께서 물위를 걸으셨는가?

요한복음 6:16-21의 기록은 예수께서 갈릴리 바다 위를 걸으신 기적 사건을 의미하는가? 이 사건은 오병이어의 표적 사건 다음에 뒤이어서 나오는 사건이다. 이 사건에 대하여 버나드J.H. Bernard, 스몰리S.S. Smalley, 탈버트C.H. Talbert는 19절에 묘사된 예수께서 '바다 위를 걸으신'('에피 테스 쌀라세스', ἐπὶ τῆς θαλάσσης) 사건을 기적으로 취급할 수 없다고 주장한다. 이들이 주장하는 근거는 각각 어느 정도 차이가 있지만 19절에 묘사된 '에피 테스 쌀라세스'의 의미가 모호하여 예수께서 바다 위를 걸으신 사건인지를 단정하기 어렵다는 것이다. 또한 19절에 사용된 '에피'(ἐπί)의 의미는 바다의 '표면 위'on, upon가 아니라 '바닷가' 또는 바다의 '가장자리'beside를 의미할 수 있기 때문에 예수께서 바다 위를 걸으신 기적이 아니라고 주장한다.[34] 물론, 19절에 사용된 헬라어 전치사 '에피'의 의미가 문법적으로 '가장자리'를 의미할 수 있는 것이 사실이다. 예를 들면, 요한복음 21:1에서 '에피 테스 쌀라세스 테스 티베리아도스'(ἐπὶ τῆς θαλάσσης τῆς Τιβεριάδος)는 '디베랴 바다 곁에서' 또는 '디베랴 바닷가에서'라고 번역할 수 있기 때문이다. 그러나 19절에 사용된 '에피'의 의미는 '가장자리'beside 보다는 '위에'on라는 의미가 전후 문맥에 적합한 것으로 보인다.[35] 그 이유는 다음과 같다.

---

33. Köstenberger, *John*, p. 205; Newman and Nida, *Handbook*, p. 187.
34. Bernard, *John*, I, p. 186; Smalley, *John*, pp. 129-30; Talbert, *Reading John*, p. 133.
35. Brown, *John*, I, p. 252에서 Bernard, *John*, I, p. 186에 밝힌 견해를 수용할 수 없음을

첫째, 예수의 제자들은 이미 '배를 스물다섯이나 서른 스타디온 쯤 저어 간' 상태이기 때문에 예수께서 배안에 있는 제자들에게 오신 것은 갈릴리 해변에서 그 바다 위를 걸어서 오신 것으로 이해될 수 밖에 없다. 제자들이 타고 있는 배를 저어간 거리는 오늘날의 계산으로 하면 해변에서 약 5-6 킬로미터 정도의 거리에 떨어져 있는 상태로, 제자들이 탄 배가 거의 갈릴리 바다의 가운데에 떠있는 상태임을 암시한다(참조. 마 14:25; 막 6:47).[36] 왜냐하면 갈릴리 바다는 가장 넓은 쪽의 폭이 약 12 킬로미터로 알려져 있고, 만일 제자들이 해변으로부터 5-6 킬로미터를 떨어져 있다면 그것은 그 바다 한 가운데 있는 상황을 암시하고 있기 때문이다.[37] 실제로 이 정도의 거리라면 예수께서 갈릴리 해변에서 제자들을 육안으로 볼 수 있는 거리이다. 이런 점에서 요한이 예수의 제자들이 배를 저어 간 거리를 분명하게 기록하고 있는 것은 예수께서 배를 타고 있는 제자들에게 나타나셨을 때 갈릴리 바다 위를 걸어서 오셨음을 암시하고 있는 정황 설명이다.

둘째, 제자들은 이미 갈릴리 해변으로부터 5-6 킬로미터 쯤 배를 저어서 간 상태에서 예수께서 그들이 타고 있는 '배에 가까이 오시는 것을 보았고', 그래서 예수의 제자들은 두려워했다. 이것은 예수께서 갈릴리 바다의 가장자리에서 걸어가시다가 제자들에게 나타나신 것이 아님을 암시한다.[38] 만일 예수께서 갈릴리 해변을 걸어 다니신 것이라면 예수의 제자들이 예수께서 그들에게 가까이 다가오셨을 때 당황해하거나 두려워해야 할 이유가 없다. 예수의 제자들이 두려워했던 이유는 그

밝히고 있다.

36. Beasley-Murray, *John*, p. 89; Brown, *John*, I, pp. 251-52.

37. Brown, *John*, I, p. 251에서 Josephus의 보고를 인용하면서 실제로 갈릴리 바다의 넓이를 약 12 킬로미터, 그리고 길이를 약 20 킬로미터라고 기술하고 있다. Lindars, *John*, p. 247.

38. Lindars, *John*, p. 247.

들이 탄 배는 이미 그 바다의 한 가운데에 있었기 때문에 제자들의 상식으로는 예수의 나타나심이 당혹스러웠던 것이고 제자들은 두려워했던 것이다. 비슬리 머레이Beasley-Murray는 이 상황을 강력한 신현 현상powerful theophany으로 이해하면서 요한이 욥기 9:8과 시편 77:16, 19을 염두에 두고 있었을 것으로 추측한다.[39] 19절에 기록된 예수의 나타나심을 20절과 관련하여 신현 현상으로 이해할 수 있다면 제자들은 예수의 나타나심을 하나님의 임재로 이해했을 가능성도 있으며, 그렇다면 그들은 당연히 두려워해야만 한다.[40] 왜냐하면 누구든지 하나님을 본 사람은 죽음을 면하지 못하기 때문이다. 이런 점에서 예수의 제자들이 두려워했던 상황은 예수께서 갈릴리 해변으로부터 그 바다 위를 걸어서 제자들에게 오신 것으로 이해될 수밖에 없다.

셋째, 19절에 사용된 헬라어 전치사 '에피'(ἐπί)의 번역은 전후 문맥상 '곁에서'beside가 아닌 '위에'on로 번역되어야 하기 때문에 본문의 사건은 예수께서 갈릴리 바다 위를 걸으신 기적으로 이해되어야 한다.[41] 본문 21절에 사용된 '에피 테스 게스'(ἐπὶ τῆς γῆς)는 '땅에 이르렀다'로 번역할 수 있는 것으로 19절에 사용된 것과 동일한 헬라어 전치사 '에피'가 사용되고 있다. 이런 점에서 19절에 사용된 '에피'의 의미를 '가장자리'beside로 해석할 이유가 없다. 또한 요한복음 17:4에 사용된 '에피 테스 게스'(ἐπὶ τῆς γῆς)는 '땅 위에서'로 번역될 수 있고, 20:7에 사용된 '에피 테스 케활레스 아우투'(ἐπὶ τῆς κεφαλῆς αὐτοῦ)는 '그

---

39. Beasley-Murray, *John*, p. 89; Keener, *John*, I, pp. 671-75; D.A. Carson, *The Gospel According to John* (Leicester: Inter-Varsity Press, 1991), p. 275; C.H. Giblin, 'The Miraculous Crossing of the Sea (Jn 6,16-21)', *NTS* 28 (1983), pp. 96-103; J.D.M. Derrett, 'Why and How Jesus Walked on the Sea', *NovT* 23 (1981), pp. 330-48(335-36)을 참조하라.

40. C.G. Kruse, *The Gospel According to John: An Introduction and Commentary* (Leicester: InterVarsity Press, 2003), p. 165.

41. Carson, *John*, p. 275.

의 머리 위에'로 번역 될 수 있는 것으로, 두 곳 모두 헬라어 전치사 '에피'의 의미를 '곁에서'beside가 아닌 '위에'on의 의미로 사용하고 있다.[42] 이런 점에서 요한복음 6:16-21의 사건은 예수께서 갈릴리 바다 위를 걸어가신 기적 사건이 분명하다.

그러면, 요한복음에 기록된 예수의 기적 사건은 모두 몇인가? 요한복음에 기록된 예수께서 행하신 기적 사건의 수효數爻는 계속 논란이 되고 있다. 예를 들면, 스몰리Smalley는 요한복음에서 예수의 기적 사건을 여섯이라고 주장하고 있고, 다드C.H. Dodd는 일곱 기적 사건을 주장하고 있다.[43] 그런가 하면 요한복음 21:1-14을 포함하여 여덟 개의 기적을 주장하기도 한다. 이런 여러 가지 견해가 있지만, 요한복음에 소개되고 있는 기적 사건 중에서 (1)물이 변하여 포도주가 된 표적(요 2:1-11), (2)왕의 신하의 아들을 고쳐주신 표적(요 4:46-54), (3)중풍병자를 고쳐주신 표적(요 5:1-47), (4)오병이어伍餠二魚의 표적(요 6:1-15), (5)태어나면서 눈먼 사람을 고쳐주신 표적(요 9:1-10:21), 그리고 (6)죽은 나사로를 다시 살리신 표적(요 11:1-44)에 대해서는 요한복음의 기적 사건으로 대부분의 학자들이 동의하고 있다. 다만, 앞에서 언급한 예수께서 갈릴리 바다 위를 걸으신 사건(요 6:16-21)과 예수의 일곱 제자들이 그 바다에서 153마리의 물고기를 잡은 사건(요 21:1-14)에 대해서 학자들 사이에 이견異見이 있을 뿐이다. 즉, 이 두 기적 사건을 요한복음의 표적 사건으로 앞에서 열거한 여섯 표적 사건과 동일하게 취급할 수 있는지에 대한 문제를 제기하고 있는 것이다. 결국, 요한복음에 기록된 기적 사건은 예수께서 갈릴리 바다 위를 걸으신 것과 그 바다에서 예수의 일곱 제자들이 물고기 153 마리를 잡은 것을 포함하면 모두

42. Beasley-Murray, *John*, pp. 89-90을 보라.

43. Smalley, *John*, pp. 129-30; Dodd, *Interpretation*, pp. 297-389.

여덟이 된다.[44] 그러나 예수께서 갈릴리 바다 위를 걸으신 것과 제자들이 물고기 153마리를 잡은 것을 기적으로 인정하더라도 앞에서 열거한 여섯 표적과 다르게 취급한다면, 요한복음에서 표적 사건은 여섯이 되는 셈이다.

5. 예수께서 물위를 걸으신 사건의 의미

예수께서 물위를 걸으신 사건의 의미는 무엇인가? 요한은 본문의 사건에 대하여 다른 표적들과 달리 자신의 독특한 언어인 '세메이온'을 전혀 사용하지 않는다. 그러므로 이 사건의 목적과 의미를 살펴보기 전에 먼저 요한이 왜 이 사건에 대하여 표적이라는 단어를 사용하지 않았는지 살펴볼 필요가 있다. 요한복음에서 예수의 기적 사건을 묘사하는데 '세메이온'이라는 헬라어가 17회 사용되고 있다.[45] 대부분의 한글 번역 성경에서는 이 단어를 모두 '표적'表蹟, sign이라고 번역하였다. 이것은 공관복음과 큰 대조를 보이는 것으로 공관복음서에서는 일반적으로 예수께서 행하신 기적 사건을 '두나미스'(δύναμις, '능력, 힘')라는 단어를 사용하여 묘사하고 있기 때문이다.[46] 그러므로 요한복음에 사용된 '세메이온'이라는 단어는 요한의 특별한 의도가 있는 것처럼 보인다. 즉, 요한에게 있어서 예수의 기적 사건은 단순히 예수의 놀라운 초능력

---

44. 만일 요 6:21의 "배는 곧 그들이 가려던 땅에 이르렀다."는 요한의 기록을 또 다른 기적 사건으로 취급할 수 있다면 요한복음의 기적 사건은 하나 더 늘어나는 결과가 된다. 그러나 이 사건이 요 6:16-21에 나타난 예수께서 갈릴리 바다 위를 걸으신 기적 사건 속에 나타난 또 다른 기적 사건인지에 대해서는 불분명하고, 학자들의 일치된 견해가 없다. Brown, *John*, I, p. 252; Moloney, *John*, p. 204를 보라.

45. 요 2:11, 18, 23; 3:2; 4:48, 54; 6:2, 14, 26, 30; 7:31; 9:16; 10:41; 11:47; 12:18, 37; 20:30.

46. 예를 들면, 마 13:53; 막 5:30; 6:5; 눅 5:17; 6:19; 8:46; 9:1을 보라.

을 보여주는 것뿐만 아니라 또 다른 의도가 있는 것으로 추측된다. 그러면, 요한복음에서 예수의 기적 사건을 묘사하는데 사용된 '세메이온' 이라는 단어의 사용 의도는 무엇인가?

요한이 예수의 기적 사건과 관련하여 사용한 헬라어 '세메이온'의 사전적 의미는 (1)'표적' 또는 '어떤 것을 알리기 위한 특별한 표시, 암시, 표'이고, (2)'놀라운 능력이나 기적, 예언을 통해서 암시하는 어떤 사건'이다.[47] 이런 사전적 의미에 의하면 '세메이온'으로 묘사된 기적 사건은 그 기적 사건 자체가 목적이 아니라, 그 기적 사건을 통하여 암시하고, 지시하는 어떤 것에 더 큰 비중과 의미를 두고 있는 것이 분명하다. 이런 점에서 첫째, 요한이 예수께서 행하신 기적 사건을 '두나미스'라는 단어를 사용하지 않고, '세메이온'이라는 단어를 사용한 것은 분명히 예수의 기적 사건이 암시하는 어떤 '상징적인 의미'를 위한 것으로 보인다.[48] 그 상징적인 의미는 기적을 통해서 암시되고 있는 예수의 신분과 정체를 드러내려는 것이다. 둘째, 요한복음에서 예수의 기적 사건을 묘사하면서 '세메이온'을 사용한 것은 그 기적 사건 자체를 묘사하는데 목적이 있기 보다는 이 기적 사건에 뒤이어 따라오는 예수의 강화Jesus' discourse)를 소개하기 위한 일종의 도입처럼 보인다. 왜냐하면 요한복음에서 예수의 기적이 행해진 뒤에는 거의 대부분 예수의 강화가 뒤따라 나오고 있기 때문이다.[49]

갈릴리 가나에서 행하신 두 번의 기적 사건(요 2:1-11; 4:46-54)을 제외하고는 모든 기적 사건 뒤에 예수의 강화가 뒤따라 나오고 있다. 즉, 중풍병자를 고쳐주신 사건(요 5:1-47) 뒤에는 심판과 영생에 대한 강화

---

47. BDAG, pp. 920-21; *TDNT*, VII, pp. 200-61을 참조하라.

48. Bultmann, *John*, p. 114에서 Bultmann은 "σημεῖον is not a mere demonstration, but a spoken directive, a symbol" 이라고 한다.

49. Carson, *John*, pp. 273-74; Morris, *Jesus*, pp. 20-42.

가 나온다. 오병이어의 기적 사건(요 6:1-15) 뒤에는 하늘로부터 내려온 생명의 떡에 관한 예수의 강화가 계속 된다. 태어나면서 눈먼 사람을 눈 뜨게 하신 사건(요 9:1-10:21) 다음에는 바리새인들을 향한 경고와 선한목자의 비유에 대한 예수의 강화가 계속 된다. 예수 부활의 예언적 표적 사건인 죽은 나사로를 살리신 기적 사건(요 11:1-44)[50] 뒤에는 긴 고별설교(요 14:1-16:33)가 주어지며, 이 고별 설교가 예수의 기도(요 17:1-26)로 마무리되고 있다. 물론 죽은 나사로를 다시 살리신 사건 후에 곧 이어서 예수의 고별 설교가 따라오는 것은 아니다. 예수의 고별 설교가 시작되기 전에 마리아가 예수의 발에 향유 부은 사건이 먼저 나타나고, 예수께서는 이 사건을 자신의 죽음과 관련하여 해석하신다(요 12:1-8). 그 후에, 예수께서 제자들의 발을 씻기시면서, 임박한 자신의 죽음을 시사하고, 이 일로 인하여 근심하는 제자들에게 고별 설교를 시작한다.

이런 점에서 요한은 예수께서 갈릴리 바다 위를 걸으신 사건을 표적으로 취급하지 않고 있다. 요한이 예수께서 갈릴리 바다 위를 걸으신 사건과 관련하여 '세메이온'이라는 단어를 사용하지 않은 이유는 이 사건이 요한복음에 기록된 다른 기적 사건들과 비교할 때 차이가 있기 때문이다. 즉, 이 사건은 예수께서 자연의 질서와 법칙까지도 다스리시는 능력이 있으신 분이심을 자연스럽게 드러낸 사건이다. 즉, 이 사건을 통해서 예수의 신성이 드러난 것이다. 특히, 두려워하는 제자들에게 '나다'라고 자신을 알리신 것은 구약성경에 나타난 하나님의 현현을 상기시키고 있다.[51] 다시 말해서, 예수께서 갈릴리 바다 위를 걸으신 사

50. 조석민, '예수 부활의 예언적 표적 사건(요한복음 11장의 주해와 적용)',『그 말씀』10 (2004), pp. 102-110을 보라.

51. Schnackenburg, *John*, II, pp. 88-89; Beasley-Murray, *John*, p. 89; Keener, *John*, I, pp. 671-75; Giblin, 'Miraculous Crossing', pp. 96-103; Derrett, 'Why and How', pp. 335-36; R.H. Smith, 'Exodus Typology in the Fourth Gospel', *JBL* 81 (1962), pp.

건이 분명히 기적 사건이지만 요한복음에 기록된 다른 표적들과 비교해 볼 때 그 기능과 목적이 다르기 때문에 같은 표적 사건으로 취급하지 않았다.[52] 요한복음에 표적으로 묘사된 기적 사건들은 모두 예수의 선지자 모습을 암시하고 있으나, 예수께서 갈릴리 바다 위를 걸으신 사건은 전혀 다른 예수의 신분 즉, 그의 신성을 나타내기 때문에 요한은 이 사건과 관련해서 표적이라는 자신의 독특한 어휘를 절제한 것처럼 보인다.[53]

좀 더 구체적으로 언급하면, 요한복음에서 예수께서 행하신 다른 기적들을 표적으로 취급하고 있는 것은 예수의 선지자 모습을 묘사하기 위한 요한의 의도라고 생각된다.[54] 요한복음에 기록된 여섯 개의 기적 사건(요 2:1-11; 4:46-54; 5:1-47; 6:1-15; 9:1-10:21; 11:1-44)을 요한은 독특한 헬라어 단어인 '세메이온'을 사용하고 있는데, 이것은 요한복음에 기록된 기적 사건이 예수와 관련하여 그의 선지자적 신분을 암시적으로 보여주고 있기 때문이다. 요한복음에 기록된 여섯 개의 기적 사건 속에서 예수는 모세와 같은 선지자로, 때로는 엘리야와 같은 선지자로, 또는 엘리사와 같은 선지자로 묘사되고 있다. 특히, 예수께서 행하신 오병이어의 기적에서는 기적의 떡과 생선을 먹은 많은 사람들이 예수를 '참으로 세상에 오실 그 선지자'(요 6:15)로 인식하고 있고, 태어나면서 눈먼 사람의 눈을 예수께서 기적적으로 눈뜨게 하셨을 때, 그 사람은 예수를 '선지자'(요 9:17)로 호칭하였다. 그러므로 요한복음에서 저

329-42를 참조하라.

52. 그러나 Dodd는 이 사건을 분명하게 하나의 표적으로 간주하고 다른 표적과 함께 예수께서 행하신 요한복음의 일곱 표적으로 간주하고 있다. Dodd, *Interpretation*, 297-389를 보라.

53. Köstenberger, *John*, pp. 204-205.

54. Sukmin Cho, *Jesus as Prophet in the Fourth Gospel* (NTM 15; Sheffield: Sheffield Phoenix Press, 2006), pp. 96-120, 187-204, 212-20을 참조하라.

자는 예수의 표적 사건을 통해서 암시적으로 예수를 선지자로 인식하도록 의도하였다고 볼 수 있고, 또한 명시적으로 예수에 대하여 '선지자'라는 호칭을 직접 사용한 사실을 통하여 예수를 선지자의 모습으로 그려내고 있다고 할 수 있다.

그러나 요한복음 6:16-21에서 예수의 신분은 선지자로서의 모습이 아니라 신적 모습으로 바뀌어 있다. 특히, 예수께서 갈릴리 바다 위를 걸어가신 모습과 갈릴리 바다 한 가운데 배안에 있는 제자들에게 가까이 오셔서 "나다. 두려워하지 말아라."라고 말씀하신 것은 구약성경에 자주 언급된 하나님의 현현을 회상하도록 한다.[55] 예수께서 갈릴리 바다 위를 걸으신 이 사건을 오병이어 사건 직후에 바로 기록한 요한의 의도와 목적은 다음과 같이 설명할 수 있다. 즉, 요한이 본래 의도한 예수의 선지자로서의 신분 묘사는 그를 참 하나님의 아들, 메시야, 구세주로 인식하기 위한 첫 단계로 제시한 것인데, 이미 기적의 떡을 먹은 군중들이 예수를 신명기 18:18에 언급한 '그 선지자'로 인식했고, 더 나아가 정치적 '왕'으로 인식했기 때문이며(참조. 요 6:14-15), 또한 이로 인하여 독자들이 예수의 참 신분과 정체를 왜곡할 위험이 있기 때문에 이 사건을 오병이어 기적 뒤에 삽입하여 예수의 신성을 부각시키고 하나님으로서의 예수를 묘사한 것으로 생각된다.[56] 물론, 요한은 기적의 떡을 먹은 군중들이 선지자로서의 예수의 신분과 정치적 왕으로서 인식한 그의 정체를 그대로 수용하면서 하나님으로서의 예수를 부각시키고 있다. 특히, 오병이어 사건과 더불어 예수께서 갈릴리 바다 위를 걸

55. Schnackenburg, *John*, II, pp. 88-89; Beasley-Murray, *John*, p. 89; Keener, *John*, I, pp. 671-75; Giblin, 'Miraculous Crossing', pp. 96-103; Derrett, 'Why and How', pp. 335-36; Smith, 'Exodus Typology', pp. 329-42를 보라.

56. 이런 사실은 앞에서 언급한 요한복음에 기록된 여섯 표적의 목적을 선지자로서의 예수를 묘사하려는데 있다는 전제에서 가능한 추론이다. Cho, *Jesus as Prophet*, pp. 96-120, 187-204, 212-20을 참조하라.

으신 사건은 이어지는 예수의 강화를 통해서 예수의 신분을 잘 드러내고 있다. 두 기적 사건 뒤에 이어지는 예수의 강화에서 모세를 등장시키고 만나를 언급하고 있는 것은 구약의 배경을 충분히 드러내고 있고, 출애굽 사건을 연상하도록 해준다(참조. 요 6:26-71). 이런 구약의 자료들을 사용함으로 요한은 예수를 모세와 대비시키고 있다.[57] 즉, 첫 번 출애굽을 통해서 모세가 이스라엘 백성들에게 하나님의 구원자로서의 역할을 했던 것처럼 두 번째 출애굽을 통해서 하나님이신 예수께서 세상의 구주(참조. 요 4:42), 메시야로 오셨음을 암시하고 있다.[58]

6. 결론

요한복음 6:16-21에 기록된 사건은 예수께서 갈릴리 바다 위를 걸으신 기적 사건이다. 첫째, 제자들이 배를 저어서 갈릴리 바다 한 가운데로 이미 나간 상태에서 예수께서 배 가까이에 오셨기에 예수께서 그 바다 위를 걸으신 사건으로 이해된다. 둘째, 제자들이 예수께서 배 가까이에 오셨을 때 두려워했던 것은 예수께서 갈릴리 바다 위를 걸어서 오셨다는 또 다른 정황 증거가 된다. 셋째, 19절에 사용된 헬라어 전치사 '에피'의 번역은 앞에서 언급한 문맥상 '곁에서'beside가 아닌 '위에'on로 번역되어야 하고, 같은 본문 21절에 사용된 동일한 전치사의 용례와 요한복음 17:4과 20:7에 사용된 헬라어 전치사 '에피'가 모두 '위에'on

57. T.F. Glasson, *Moses in the Fourth Gospel* (SBT 40; London: SCM Press, 1963), pp. 45-47; M.-E. Boismard, *Moses or Jesus: An Essay in Johannine Christology* (trans. B.T. Vivian; Leuven: Peeters Press, 1993), pp. 55-59; S. Harstine, *Moses as a Character in the Fourth Gospel: A Study of Ancient Reading Techniques* (JSNTSS 229; Sheffield: Sheffield Academic Press, 2002), pp. 40-75, 특히 pp. 60-65를 보라.

58. Beasley-Murray는 본문의 상황을 'the second Exodus'로 이해할 수 있다고 제안한다. Beasley-Murray, *John*, p. 89; Schnackenburg, *John*, II, pp. 29-30을 보라.

로 번역되기 때문이다.

예수께서 갈릴리 바다 위를 걸으신 사건의 의미와 목적은 오병이어의 기적 사건에서 드러난 예수의 선지자적 모습과 왕으로서의 모습에서 충분히 드러나지 않은 예수의 신성을 묘사하기 위함이다. 이 기적 사건은 요한복음에 기록된 다른 표적들과 비교해 볼 때 차이가 있다. 요한은 예수께서 행하신 대부분의 기적들과 관련하여 '표적'이라는 독특한 단어를 사용하여 예수의 선지자 신분을 암시하고 있지만, 예수께서 갈릴리 바다 위를 걸으신 기적 사건에 대해서는 자신의 독특한 언어 사용을 자제하고 있으며, 요한복음에 기록된 여섯 표적 사건과는 달리 하나님으로서의 예수의 신적 신분을 암시하려는 의도가 있다.

나사로의 죽음과 살아남

A New Perspective on John's Gospel

● 제 12 장 ●

나사로의 죽음과 살아남[1]

1. 서론

이 글은 요한복음 11:1-44에 기술된 나사로가 병들어 죽은 것과 죽었던 나사로가 예수로 말미암아 다시 살아난 사건을 중심으로 인간의 생명과 죽음의 의미를 고찰하려는 것이다. 본문에 기록된 나사로의 죽음과 죽은 나사로를 다시 살리신 예수의 사역과 가르침은 인간의 생명과 죽음에 대한 교훈을 제공해 준다. 나사로의 죽음과 살아남의 의미는 무엇인가? 이 질문에 답변하기 위하여 첫째, 인간의 생명과 죽음이란 의미를 함축하고 있는 각 용어에 대하여 간략하게 살펴보고 그 단어의 의미를 정의할 것이다. 둘째, 나사로의 생명과 죽음에 대한 예수의 제자들과 마르다와 마리아의 이해를 살펴 볼 것이다. 셋째, 나사로의 생명과 죽음에 대한 예수의 관점을 고찰할 것이다. 넷째, 나사로의 죽음과 예수가 죽은 나사로를 다시 살려낸 사건 속에서 다루어진 인간의 죽음과 생명에 대한 교훈을 요한복음 전체의 조명 속에서 간략하게 고려해 볼 것이다.

---

1. 이 글은 본래 '인간의 생명과 죽음의 의미: 요한복음 11:1-44을 중심으로' 라는 제목으로 한국복음주의 신학회의 학술지인 『성경과 신학』 38 (2005), pp. 42-71에 게재되었던 것을 수정 보완한 것이다.

이 논의는 인간의 궁극적인 문제인 생명과 죽음의 문제를 다루지만, 신약성경의 지극히 제한적인 부분을 다루고 있기 때문에 그 한계가 있음을 미리 밝혀둔다. 또한 이 글은 인간의 생명과 죽음의 의미를 생물학적 관점이나 철학적인 관점에서가 아니라 종교적인 관점, 좀 더 정확하게 말해서, 요한복음 11:1-44의 본문 속에서 그 해답을 찾으려는 지극히 제한적인 한 시도임을 밝혀둔다. 그러나 제한적이기는 하지만 이런 논의는 인간의 죽음과 생명에 대한 신약성경 윤리의 한 기초적 토대를 제공할 수 있을 것으로 기대한다.

2. 인간의 생명과 죽음에 대한 언어적 정의

요한복음 11:1-44에 소개되고 있는 나사로의 죽음과 예수가 죽은 나사로를 다시 살려낸 사건을 논하기에 앞서 먼저 인간의 생명과 죽음에 대한 개념을 단어를 통하여 고찰하고 논의를 시작할 것이다.[2] 먼저 신약성경에 사용된 인간의 생명과 죽음을 의미하는 헬라어 단어들을 간략하게 살펴보고, 이어서 요한복음에 사용된 인간의 생명과 죽음의 의미를 함축하고 있는 단어들을 중심으로 생명과 죽음의 의미를 정의할 것이다.

2. 이 글에서 '생명'과 '죽음'의 개념에 대한 생물학적 정의는 이 글의 목적과 다르기에 논의를 생략한다. 인간 생명의 개념과 그 시작에 대한 논의에 대하여 다음을 참조하라. 인간의 죽음에 대한 개념과 죽음의 시점에 대한 논의에 대하여 다음을 참조하라. 이승구, 「인간 복제, 그 위험한 도전: 생명 복제 문제에 대한 신학적 한 견해」(서울: 예영커뮤니케이션, 2003), pp. 13-30; 노영상, 「기독교 생명윤리 개론」(서울: 장로회신학대학교출판부, 2004), pp. 257-98; 한국종교학회(편집), 「죽음이란 무엇인가: 여러 종교에서 본 죽음의 문제」(서울: 도서출판 창, 1990), pp. 211-24.

2.1. 생명

신약성경에 사용된 헬라어 단어에서 '생명'이란 의미를 함축하고 있는 용어는 모두 셋으로 βίος('비오스'), ψυχή('푸쉬케'), 그리고 ζωή('조헤')이다. 이 세 헬라어 단어의 의미를 명확하게 구분하여 정의하기가 쉽지 않다. 왜냐하면 사용된 단어가 문맥에 따라서 그 의미가 달라지기 때문이다. 그러나 최소한 다음과 같이 구분하여 정의 할 수 있을 것이다.

첫째, 헬라어 '비오스'(βίος)는 '조헤'(ζωή)와 구별되는 외적인 생명을 의미하며(참조. 눅 8:14; 딤후 2:4), 일상생활과 삶을 위한 원천으로서의 생명을 의미한다(참조. 막 12:44; 눅 15:12, 30; 21:4; 요일 3:17).[3] 보통 '비오스'는 한글성경에서 '생활', '재산', 또는 '재물'이란 말로 번역된다. 그러므로 '비오스'는 생명의 본질을 의미하기 보다는 생명의 지속과 생명 유지의 방편 및 수단이란 의미로 사용된다.[4] 헬라어 단어 '비오스'로서의 생명은 히브리어 '하욤'(חַיִּים)에 해당된다.[5]

둘째, 헬라어 단어 '푸쉬케'(ψυχή)는 생물학적 기능으로서의 이 땅의 생명을 의미하며(참조. 계 8:9; 행 20:10; 눅 12:20; 마 2:20; 롬 11:3), 인간의 생명 속에 자리하고 있는 '영soul또는 마음'을 의미하고(참조. 눅 12:19; 계 18:14; 마 26:38; 막 14:34), 또한 죽음으로 끝나는 생물학적 생명체를 의미한다(참조. 행 2:43; 3:23; 롬 2:9; 13:1; 벧전 3:20).[6] 헬라어 '푸쉬케'는 히브리어 '네페쉬'(נֶפֶשׁ)를 번역할 때 칠십인역(LXX)에서 자주 사용되었다.[7]

3. BDAG, pp. 176-77.

4. R.C. Trench, *Synonyms of the New Testament* (London: Kegan Paul, Trench, Trübner, 1915), pp. 86-90을 보라.

5. BDB, p. 313.

6. BDAG, pp. 1098-1100; *TDNT*, IX, pp. 608-660을 참조하라.

7. BDB, pp. 659-61; *GELS*, p. 525를 참조하라.

셋째, 헬라어 '조헤'(ζωή)는 내적인 물리적 생명을 의미하며(참조. 롬 8:38; 고전 3:22; 빌 1:20; 눅 16:25; 행 8:33; 17:25; 약 4:14; 고전 15:19; 딤전 4:8; 히 7:3; 계 11:11), 동시에 하나님으로부터 주어진 선물로서의 생명을 뜻한다.[8] '조헤'는 생명의 핵심과 본질을 말한다.[9] 히브리어에서 '조헤'는 '하욤'(חַיִּים)에 해당된다.

신약성경에서 사용된 '비오스', '푸쉬케' 그리고 '조헤'에서 '비오스'는 요한복음에서 전혀 사용되지 않았고, '푸쉬케'와 '조헤'만 사용되었다. 요한복음에는 '푸쉬케',가 모두 10회 사용되었다.[10] 요한복음에서 사용된 '푸쉬케'는 10:24과 12:27에서만 한글성경에서 '마음'으로 번역되었고, 12:25에서는 '생명'으로, 그리고 나머지는 모두 '목숨'으로 번역되었다. 요한복음에서는 생명을 의미하는 세 헬라어 단어 중에서 '조헤'가 압도적으로 많이 사용되었다. 요한복음에서 '조헤'는 모두 영적 생명을 의미한다. 요한복음에서 영적 생명이 아닌 죽음으로 끝나는 이 땅에서의 생물학적 생명을 의미할 때는 '푸쉬케'가 사용된다.[11] 특히, 요한복음에서 '생명'(ζωή)은 '영원한'(αἰώνιος, '아이오니오스')이란 형용사에 의하여 '영원한 생명'(ζωὴ αἰώνιος, '조헤 아이오니오스')[12] 곧, '영생

8. BDAG, pp. 430-31; *TDNT*, II, pp. 832-75를 참조하라.

9. Trench, *Synonyms*, pp. 86-90을 보라.

10. 요 10:11, 15, 17, 24; 12:25(2회), 27; 13:37, 38; 15:13.

11. 요 10:11, 15, 17, 24에서 ψυχή는 모두 예수 자신의 생물학적 생명을 의미할 때 사용되었다. 요 12:25에서 두 번 사용된 ψυχή는 모두 죽음으로 소멸되는 이 땅의 생명을 의미한다. 요 12:27에서는 예수가 자신의 마음의 상태를 표시할 때 ψυχή가 사용되었다. 요 13:37, 38에서 사용된 ψυχή는 베드로의 생물학적 생명을 의미하는데 사용되었다. 마지막으로 요 15:13에서 ψυχή는 죽음으로 소멸되는 사람의 생물학적 목숨을 의미하는데 사용되었다.

12. D. Hill, *Greek Words and Hebrew Meanings: Studies in the Semantics of Soteriological Terms* (SNTSMS 5; Cambridge: Cambridge University Press, 1967), pp. 192-201; Coetzee, J.C. 'Life in John's Writings and the Qumran Scrolls'. *Neot* 6 (1972), pp. 48-66; R. Schnackenburg, *The Gospel according to John* (3 vols.; trans. K. Smyth, *et al.*; Kent: Burns & Oates, 1968), II, pp. 352-61을 참조하라.

永生'으로 표현되기도 한다. 요한복음에서 '조헤'란 단어가 사용되었을 때, 비록 '영원한'이란 수식어가 없을지라도 요한복음에서 '조헤'는 거의 대부분 '영원한 생명'을 의미한다.[13] 요한복음에서 '조헤'는 모두 36회 사용 되었고,[14] 그 중에서 '영원한 생명'(ζωὴ αἰώνιος)이란 표현은 모두 17회 사용되었다.[15] 요한복음 11:1-44에서 '조헤'는 25절에 1회 사용되었고, '조헤 아이오니오스'(ζωὴ αἰώνιος)는 사용되지 않았다.

2.2. 죽음

신약성경에서 '죽음'의 의미를 내포하고 있는 헬라어 단어는 명사로 θάνατος('싸나토스', 참조. 빌 2:27; 3:10; 히 2:9; 7:23; 롬 5:10)와 형용사로 νεκρός('네크로스', 참조. 마 8:22; 눅 15:24, 32; 엡 5:14; 롬 8:10; 고전 15:15)등이 사용되고 있고, '죽음'을 의미하는 헬라어 동사로 θνήσκω('쓰네스코', 참조. 마 2:20; 막 15:44; 눅 7:12; 8:49; 행 14:19; 25:19; 딤전 5:6), νεκρόω('네크로오', 참조. 롬 4:19; 골 3:5; 히 11:12), ἀποθνήσκω('아포쓰네스코', 참조. 막 5:35; 마 26:35; 히 10:28), 그리고 θανατόω('싸나토오', 참조. 마 10:21; 26:59; 27:1; 막 13:12; 14:55; 눅 21:16; 벧전 3:18; 롬 7:4; 8:13, 36)등이 사용되고 있다. 그러나 때때로 τελευτάω('텔류타오', 참조. 마 2:19; 9:18; 22:25; 막 9:48; 눅 7:2; 요 11:39; 행 2:29; 7:15; 히 11:22)와 τελευτή('텔리테', 참조. 마 2:15)가 죽음을 의

13. R.E. Brown, *The Gospel according to John* (2 vols.; New York: Doubleday, 1966-70), I, p. 506을 보라.

14. 요 1:4(2회); 3:15, 16, 36(2회); 4:14, 36; 5:24(2회), 26(2회), 29, 39, 40; 6:27, 33, 35, 40, 47, 48, 51, 53, 54, 63, 68; 8:12; 10:10, 28; 11:25; 12:25, 50; 14:6; 17:2, 3; 20:31.

15. 요 3:15, 16, 36; 4:14, 36; 5:24, 39; 6:27, 40, 47, 54, 68; 10:28; 12:25, 50; 17:2, 3.

미하는데 사용되기도 한다.[16]

요한복음 전체에서 '죽음'을 의미하는 헬라어 단어로 명사인 '싸나토스'(요 5:24; 8:51, 52; 11:4, 13; 12:33; 18:32; 21:19)와 형용사로 '네크로스'(요 2:22; 5:21, 25; 12:1, 9, 17; 20:9; 21:14)가 사용되었고, 헬라어 동사로 '아포쓰네스코'(요 4:47, 49; 6:49, 50, 58; 8:21, 24, 52, 53; 11:14, 16, 21, 25, 26, 32, 37, 50, 51; 12:24, 33; 18:14, 32; 19:7; 21:23), '쓰네스코'(요 11:44; 19:33) 그리고 '텔뤼타오'(요 11:39)가 사용되었다. 또한 요한복음에서 예수의 죽음을 간접적으로 묘사하는 동사인 '텔레오'(요 19:30, 비교. 요 19:28)가 사용되기도 한다. 요한복음에서 죽음은 영적인 의미보다는 육신의 몸에서 생명이 끝나는 상태인 생물학적 관점에서 자주 기술되고 있다.

특히, 요한복음 11:1-44에서 사용된 '죽음'을 의미하는 헬라어 단어인, '싸나토스', '쓰네스코', '아포쓰네스코', '텔뤼타오'를 중심으로 그 의미를 살펴보면 다음과 같다. 첫째, '싸나토스'(θάνατος)는 죽음을 의미하는 헬라어 명사로 육신의 몸에서 생명이 끝나는 것을 의미한다.[17] 요한복음 11:1-44의 본문 속에서 4절과 13절에 각각 사용되었다. 히브리어 '무트'(מוּת)또는 '마베트'(מָוֶת)그리고 때때로 '떼베르'(דֶּבֶר)가 칠십인역(LXX)에서 '싸나토스'로 번역되었다.[18]

둘째, '쓰네스코'(θνήσκω)는 생물학적 사망을 의미하거나 하나님과의 관계가 단절된 것을 의미하는 헬라어 동사로 본문에서는 44절에 한번 사용되었다.[19] 칠십인역에서는 히브리어 '마베트'(מוּת)를 대부분 '쓰네

16. N.R. Gulley, 'Death' in D.N. Freedman (ed.), *ABD* (6 vols.; New York: Doubleday, 1992), II, pp. 108-111, 특히 pp. 110-11을 보라.

17. BDAG, pp. 442-43.

18. *GELS*, p. 201을 참조하라.

19. BDAG, pp. 457-58.

스코'로 번역하였다.[20]

셋째, '아포쓰네스코'(ἀποθνήσκω)는 '쓰네스코'(θνήσκω)와 유사한 의미로 생물학적 죽음을 의미하는 헬라어 동사이다.[21] 나사로 사건 속에서 14, 15, 21, 25, 26, 32, 37절에 각각 사용되었다. 히브리어 '무트'(מות)가 칠십인역에서 '아포쓰네스코'로 번역되었다.[22] 넷째, '텔뤼타오'(τελευτάω)는 사망을 의미하는 직접적인 동사이기 보다는 간접적으로 죽음을 의미한다. 나사로 사건에서 '텔뤼타오'는 요한복음 11:39에 사용되었다.[23]

3. 나사로의 생명과 죽음: 예수의 제자들, 마르다와 마리아의 이해

요한복음 11:1-44의 본문에 묘사된 나사로(Λάζαρος)[24]의 죽음과 부활[25] 사건의 주변에는 여러 인물들이 등장하여 이 사건의 의미를 직간접적으로 설명해 주는 역할을 하고 있다.[26] 본문에서 나사로의 죽음과

---

20. *GELS*, p. 207을 참조하라.

21. BDAG, p. 111를 보라.

22. *GELS*, p. 50을 참조하라.

23. BDAG, p. 997.

24. 나사로(Λάζαρος)란 이름의 뜻은 어원적으로 '하나님께서 도우신 자'이며, 이 어원적 의미 속에 요한의 사상이 들어 있을 가능성은 있으나, 분명하지 않다. 또한 나사로란 이름은 신약성경에서 요한복음 외에 누가복음 16:19-31에서만 나타난다. C.K. Barrett, *The Gospel according to St John* (London: SPCK, 2nd edn, 1978), p. 389; Brown, *John*, I, p. 422를 보라.

25. 나사로의 부활은 예수의 부활과 비교될 수 있지만 부활의 본질에 있어서 근본적으로 다른 면이 있다. 즉, 나사로는 다시 살아났지만 결국 다시 죽을 수 밖에 없는 유한(有限)한 육체적 생명을 가진 것이다. 그러나 나사로의 부활을 표현할 때 요한은 예수의 부활에 사용한 동일한 단어인 아나스타시스(ἀνάστασις)를 23절에 사용하고 있다. 이 헬라어 단어는 요 5:29 (2회), 11:24, 25에 모두 4회 사용되었다.

26. 나사로 사건에 대한 최근의 연구는 다음을 참조하라. W.E.S. North, *The Lazarus*

관련하여 예수의 제자들이 이해하고 있는 내용과 나사로와 한 가족인 마르다와 마리아의 이해가 묘사되고 있다. 나사로의 생명과 죽음에 대한 예수의 제자들의 이해는 무엇인가? 나사로의 생명과 죽음에 대한 마르다와 마리아의 이해는 무엇인가?

3.1. 예수의 제자들

나사로 사건에서 예수의 제자들은 나사로의 생명과 죽음의 이해에 대하여 부정적인 모습으로 묘사되고 있는 것처럼 보인다. 예수의 제자들이 나사로 사건에서 처음 등장하는 것은 예수가 유대 땅으로 가자고 할 때이다(7절). 예수의 제자들은 그들의 스승인 예수가 유대 땅으로 가고자 했을 때 예수의 발걸음을 가로막는 사람들로 묘사된다(8절). 예수의 제자들은 예수가 왜 유대 땅으로 가려고 하는지 이해하지 못한다. 즉, 예수의 제자들은 유대인들이 예수를 돌로 치려했던 사건을 언급하면서 유대 땅으로 가시려는 예수의 여행길을 걱정하며 막는다(참조. 요 10:31, 39).[27] 예수의 제자들은 예수의 생명과 죽음을 걱정하고 있는 것

Story within the Johannine Tradition (JSNTSS 212; Sheffield: Sheffield Academic Press, 2001); R. Hakola, 'A Character Resurrected: Lazarus in the Fourth Gospel and Afterwards', in David Rhoads and Kari Syreeni (eds.), *Characterization in the Gospel: Reconceiving Narrative Criticism* (JSNTSS 184; Sheffield: Sheffield Academic Press, 1999), 223-63; E. Reinmuth, 'Lazarus und seine Schwestern - was wollte Johannes erzhlen? Narratologische Beobachtungen zu Joh 11,1-44', *Theologische Literaturzeitung* 124 (1999), 127-38; D. Burkett, 'Two Accounts of Lazarus's Resurrection in John 11', *NovT* 36 (1994), 209-32; M.W.G. Stibbe, 'A Tomb with a View: John 11.1-44 in Narrative-Critical Perspective', *NTS* 40 (1994), 38-54; Wilhelm Wuellner, 'Putting Life Back into the Lazarus Story and its Reading: The Narrative Rhetoric of John 11 as the Narration of Faith', *Semeia* 53 (1991), 113-32 J. Kremer, *Lazarus: Die Geschichte einer Auferstehung. Text, Wirkungsgeschichte und Botschaft von Joh 11,1-46* (Stuttgart: Katholisches Bibelwerk, 1985).

27. 예수의 제자들은 예수가 유대 땅으로 돌아가는 것이 그의 선교 사역의 마지막이 될 것을 알았다. 그러나 예수께서 유대 땅으로 가시는 것이 예수께서 의도하신 사역의 한 부

이 분명하다. 이런 점에서 예수의 제자들의 행동은 어느 정도 이해할 만하다. 그러나 예수의 제자들은 예수가 생명의 주인이시며 근원되심을 깨닫지 못하고 있다.

예수는 제자들에게 '세상의 빛'을 언급하면서 유대 땅으로 가기로 결정하였음을 보여 준다(9-10절).[28] 예수가 유대 땅으로 가려는 가장 중요한 이유가 11절에 나타나있다. 그 이유는 나사로가 잠들었기 때문에 그를 깨우기 위함이다. 예수가 죽은 나사로를 살리기 위하여 걸음을 옮기는 이유를 예수의 제자들은 이해하지 못한다. 예수가 그의 제자들에게 나사로의 죽은 상태를 11절에서 "우리의 친구 나사로는 잠들었다."(Λάζαρος ὁ φίλος ἡμῶν κεκοίμηται, '나자로스 호 휘로스 헤몬 케코이메타이')라고 언급한다.[29] 그러나 예수의 제자들은 예수의 이 말씀을 오해하여 12절에서 "그가 잠들었으면 낫게 될 것입니다."(εἰ κεκοίμηται σωθήσεται, '에이 케코이메타이 소데세타이')라고 반응한다. 예수는 이미 병들어 죽은 나사로의 상태를 비유로 말한 것이다(참조. 요 11:17, 39). 예수의 제자들은 예수가 나사로가 죽은 것을 '잠자는 것'으로 비유하여 말한 것을 깨닫지 못한다(12-13절). 복음서의 저자는 독자들에게 예수의 제자들은 예수가 나사로의 죽음을 '잠자는 것'으로 비유한 것을 이해하지 못하고 문자 그대로 '잠들어 쉬고 있는 것'으로 이해 한 것이라고 13절에 "예수는 그의 죽음을 가리켜 말씀하신 것이나 그들은 잠들어 쉬는 것을 가리켜 말씀하심인줄 생각하는지라."라고 분명하게 설명

분임을 알지 못했다. Barrett, *John*, p. 391; Brown, *John*, I, p. 432를 보라.

28. 요 11:9과 11:10에 나오는 '세상의 빛'은 요 9:5과 8:12에 나오는 '세상의 빛'과 연결된다. 요 8:12에서 예수께서 세상의 빛이심을 분명히 선언한다. 그리고 이 빛은 요 1:4에서 생명과 연결되어 있다.

29. 죽음을 잠자는 것으로 묘사하는 것은 신약성경(참조. 막 5:39; 행 7:60; 고전 15:6)과 후기 기독교 문헌에 자주 사용되는 표현이다(참조. Ignatius, *Romans* 4:2; 1 Clement 44:2; Hermas, *Similitudes*. ix, ixv, 7).

한다. 이런 상황 속에서 예수는 '나사로가 죽었다'(Λάζαρος ἀπέθανεν, '나자로스 아페싸넨')라고 명쾌하게 다시 선언한다(14절). 이것은 나사로가 생물학적으로 죽은 상태를 분명하게 언급하고 있다. 예수는 이와 같이 나사로가 확실하게 사망한 것을 언급함으로써 제자들의 오해를 풀어준다.[30]

예수가 나사로의 죽음에 대하여 나사로가 잠들었다고 표현한 것에 대한 예수의 제자들의 오해는 디두모(Δίδυμος, '디두모스')라 하는 도마(Θωμᾶς)의 말 속에 다시 나타난다. 도마는 예수의 말 뿐만 아니라 유대 땅으로 가시려는 예수의 행동까지를 오해하고 있다. 도마는 예수가 유대 땅으로 죽으러 가는 것으로 오해하고, 예수와 함께 죽으러 가자고 다른 제자들에게 제안한다(16절, 참조. 요 14:5-7). 도마의 이 말은 요한복음 11:8에서 여러 제자들이, "선생님, 방금도 유대 사람들이 선생님을 돌로 치려고 하였는데, 다시 그리로 가려고 하십니까?"라고 질문한 것을 연상시킨다. 도마의 제안은 인간 예수에 대한 용기와 헌신을 보여준다. 그렇지만 도마가 요한복음에서 제시된 예수의 죽음의 의미를 전혀 알지 못하고 있음을 동시에 보여준다. 도마의 제안은 분명히 예수가 나사로의 죽음을 알고 제자들의 믿음을 위하여 나사로를 다시 살려내려는 의도를 알지 못하고 있는 것(요 11:15)과 예수의 죽음에 대한 무지와 오해를 보여주며 예수가 죽음을 맞이할 것을 풍유적으로 암시하는 장면이다.[31] 제자들이 예수의 말씀을 이해하는 수준이 적나라하게 드러나는 대목이다. 예수는 유대 땅 예루살렘에서 죽으실 것이다. 도마는 예수의 죽음에 대하여 말하지만 자신이 알지 못하는 말을 하고 있는 것

---

30. D.A. Carson, 'Understanding Misunderstandings in the Fourth Gospel', *TynB* 33 (1982), pp. 59-89을 보라.

31. Brown, *John*, I, 432; D.A. Carson, *The Gospel according to John* (Leicester: Inter-Varsity Press, 1991), p. 410을 보라.

이다(참조. 요 14:5; 20:24-29).[32]

예수가 죽은 나사로에게 가는 것이 제자들의 믿음을 위한 것임을 분명히 밝힌다(15절). 즉, 만일 예수가 나사로 곁에 있었더라면 나사로는 죽지 않았을 것이고, 예수의 제자들은 나사로의 부활을 통해서 그들의 믿음이 향상되거나 확고하게 되지 않았을 것임을 암시한다. 이후로 제자들의 모습은 나사로 사건에서 사라진다. 예수의 제자들은 죽은 나사로에 대한 예수의 행동과 말씀을 철저하게 오해한다. 특히 나사로의 죽음을 다루시는 예수가 생명의 주인 되심을 전혀 인식하지 못한다. 그러나 복음서의 저자는 예수의 제자들의 오해를 통해서 오히려 독자들이 예수께서 나사로의 죽음을 이미 알고 계시고, 또한 병들어 죽은 나사로를 다시 살려낼 수 있는 능력이 있는 생명의 주인 되심을 깨닫게 한다.

3.2. 마르다와 마리아

복음서의 저자는 마르다(Μάρθας)와 마리아(Μαρίας)가 베다니(Βηθανίας)에 사는 병든 나사로와 한 가족임을 소개하면서 나사로 사건을 시작한다(1절). 나사로는 예수가 사랑하는 사람이었다(3절, 참조. 요 11:36).[33] 나사로의 사건 속에 등장하는 나사로는 병들었고, 한 가족인 마리아와 마르다는 나사로가 이 병으로 죽을 것을 염려하여 나사로가

32. 이것은 요한복음 11:50과 비슷한 상황이다. 요한은 가야바의 말을 요한복음 11:51-52절에서 설명하고 있다. F.J. Moloney, *The Gospel of John* (Collegeville: Liturgical Press, 1998), p. 326; P.D. Duke, *Irony in the Fourth Gospel* (Atlanta: John Knox Press, 1985), pp. 87-90을 보라.

33. 요 11:3에서 나사로가 예수가 사랑하는 사람이었다는 표현을 두고 나사로를 '예수의 사랑받는 제자'(the beloved disciple)로 보려는 시도가 있으나 근거는 매우 희박하다. Stibbe, *John*, pp. 77-81을 보라. '예수의 사랑받는 제자'(the beloved disciple)에 대한 자세한 논의는 J.H. Charlesworth, *The Beloved Disciple: Whose Witness Validates the Gospel of John?* (Valley Forge: Trinity Press International, 1995)를 보라.

병든 사실을 예수께 알린다(3-4절). 특히 본문 2절은 병든 나사로의 가족을 소개하면서 마리아에 대하여 '향유를 주께 붓고 머리털로 주의 발을 씻기던 자'로 소개한다(참조. 요 12:1-3). 마리아를 이렇게 소개하는 것은 요한복음 11장과 12장의 깊은 연관성을 직접적으로 보여주는 것이다. 요한복음의 전체적인 문학 구조 속에서 예수의 죽음과 부활이 요한복음 11장에 묘사되고 있는 나사로의 죽음과 부활 사건 속에서 극대화되어 묘사되고 있음을 암시하고 있다.[34]

마르다와 마리아는 예수께 사람을 보내어 나사로의 병든 것을 알리고 예수의 도움을 요청했다(3절). 그러나 예수는 나사로가 병든 것을 알면서도 즉시 오지 않았다. 즉, 예수는 나사로가 병들어서 곧 죽을 것을 알면서도 마르다와 마리아의 요청에 즉시 응답하지 않았다.[35] 예수는 마르다와 마리아가 나사로가 병든 것을 알렸을 때 왜 즉시 오시지 않았을까? 그 이유는 15절에 "내가 거기에 있지 않은 것이 너희를 위해서 도리어 잘 된 일이므로 기쁘게 생각한다. 이 일로 말미암아 너희가 믿게 될 것이다"라는 예수의 말씀 속에 암시되어 있다. 나사로가 병들어 죽을 것을 알면서도 예수는 마르다와 마리아의 요청에 즉시 응답하지 않았는데, 그 이유가 제자들의 믿음을 독려하기 위해서라는 것이다. 15절은 나사로가 병들어 죽을 것을 예수가 알고 있었음을 분명하게 암시한다. 예수는 나사로의 죽음까지 미리 내다볼 수 있는 능력을 소유하고 있다. 더욱이 예수는 나사로의 죽음을 통해서 자신의 사역을 이루어 간다(참조. 요 11:4). 나사로의 죽음과 생명에 대한 마르다와 마리아의 생각과 태도가 예수와 대조되고 있는 장면이다.

---

34. 결국 요한복음 11장과 12장이 예수의 죽음과 직접 관련이 있음을 보여 준다. 요한복음 12:7의 '나의 장사할 날'(τὴν ἡμέραν τοῦ ἐνταφιασμοῦ μου)의 언급은 직접적으로 예수께서 자신의 죽음을 암시한 말씀이다. G.R. Beasley-Murray, *John* (WBC; Nashville: Thomas Nelson, 2nd edn, 1999), p. 209를 참조하라.

35. Barrett, *John*, 390-91, 393; Schnackenburg, *John*, II, pp. 321-22를 보라.

마르다와 마리아가 한 가족인 나사로가 병든 것을 알린 것은 분명히 나사로가 이 병으로 죽을 것이라는 생각을 했기 때문이며, 동시에 예수가 병든 나사로를 회복시켜 줄 수 있을 것이라는 분명한 기대가 있었기 때문이다(참조. 요 11:21, 32). 마르다와 마리아가 나사로가 병들었기 때문에 죽을 것이라는 사실과 예수가 병든 나사로를 회복시킬 수 있는 능력이 있는 분으로 믿었다는 증거는 다음과 같다.

첫째, 마르다와 마리아가 병든 나사로를 회복시킬 수 있다는 믿음을 소유하고 있었다는 것은 예수의 대답에서 암시되고 있다. 예수는 나사로가 병들었다는 사실을 듣고, "이 병은 죽을병이 아니라 오히려 하나님의 영광을 드러낼 병이다. 이것으로 말미암아 하나님의 아들이 영광을 받게 될 것이다"(4절)라고 말씀하신다. 예수는 마르다와 마리아가 한 식구인 나사로가 병들어 죽게 되었으니 고쳐달라고 다른 사람을 통하여 간접적으로 부탁한 것을 분명히 암시한다.

둘째, 마르다가 예수께 대한 원망 섞인 표현 속에 나사로가 병들었을 때 예수께서 오시지 않았기에 나사로가 결국 죽었다는 사실이 암시되고 있다. 마르다는 "주께서 여기 계셨더라면 내 오라버니가 죽지 아니하였을 것입니다"(21절)라고 예수께 말한다. 이것은 예수께 대한 마르다의 믿음을 보여준다. 마르다는 나사로가 병들어 죽게 되었을 때, 예수가 나사로를 회복시켜 줄 수 있는 능력이 있음을 분명히 믿고 있었다. 그러나 결국 나사로는 병들어 죽었다.

셋째, 마리아 역시 마르다와 동일한 생각과 태도를 예수께 나타낸 것에서 암시되고 있다. 마리아도 마르다와 동일하게 "주께서 여기 계셨더라면 내 오라버니가 죽지 않았을 것입니다'(32절)라고 예수께 말한다. 마리아 역시 예수께서 나사로를 죽을병에서 고치시고 회복시켜 주실 수 있는 능력이 있음을 분명히 믿고 있었다.

그러나 요한복음의 독자들은 나사로의 죽음 앞에서 마르다와 마리아의 이런 반응이 아무 소용없음을 직감하게 된다. 나사로의 죽음 앞에서 마르다는 예수가 하나님께 무엇이든지 구하면, 다시 말해서 나사로가 죽었지만 살아나도록 간구한다면, 하나님께서 응답해 주실 줄 믿고 있음을 고백한다(22절). 예수는 직접적으로 "네 오라버니가 다시 살아날 것이다"(ἀναστήσεται ὁ ἀδελφός σου, '아나스테세타이 호 아델포스 수') 라고 말씀하신다(23절). 이것은 예수가 직접 나사로를 죽은 자 가운데서 다시 살려낼 것을 암시하는 말씀이지만 마르다는 예수의 말씀을 오해한다(24절). 마르다의 오해misunderstanding는 급기야 예수가 자신의 정체를 드러내도록 한다.[36] 예수는 "나는 부활이요 생명이니 나를 믿는 자는 죽어도 산다."(25절) 라고 말씀하시고, 계속해서 26절에서 "그리고 살아서 나를 믿는 사람은 영원히 죽지 아니할 것이다."라고 선언한다. 25-26절에서 예수의 자기 정체성과 관련해서 선언된 이 말씀은 나사로의 죽음과 생명에 대한 매우 중요한 교훈을 암시한다.[37] 예수는 자신이 생명과 부활이심을 언급하고 이 사실을 마르다가 믿는지를 질문한다. 이때 마르다는 "당신은 세상에 오실 그리스도시며 하나님의 아들이심을 내가 믿습니다."(27절) 라고 자신의 신앙을 고백한다. 이런 마르다의 고백은 예수가 메시야 되심과 하나님의 아들 되심을 분명히 믿고 있는 것처럼 보인다. 마르다의 고백을 통하여 독자들은 예수가 메시야 되심과 하나님의 아들 되심을 분명히 확인하게 된다. 요한은 마르다와 같이 예수를 오해한 독자라도 그리스도가 하나님의 아들이심을 믿고 고백하도록 격려한다. 마리아보다는 마르다를 통하여 예수의 정체가 더욱 잘 드러난다.

마르다는 분명하게 예수께 대한 신앙고백을 한 것처럼 보인다. 그러나 39절에서 마르다의 신앙이 명목상의 신앙임을 보여 준다. 예수께

---

36. Duke, *Irony*, pp. 145-47을 보라.

37. 요 11:25-26의 의미는 5. 생명, 영원한 생명: 이미와 아직에서 다시 논의 될 것이다.

서 "네 오라버니가 다시 살아날 것이다"(23절)라고 분명히 말씀하시고, 마르다가 예수의 말씀을 오해했을 때 더욱 확실하게 수정해 주셨지만, 마르다는 예수께서 생명의 근원되심과 부활의 능력이 있다는 사실을 의심한다. 예수와 함께 나사로의 무덤 앞에 가서 무덤 입구를 막고 있는 돌을 옮겨 놓으라는 말씀을 들었을 때, 마르다는 "주여, 죽은 지가 나흘이 되었기 때문에 벌써 냄새가 납니다."(κύριε, ἤδη ὄζει, τεταρταῖος γάρ ἐστιν, '큐리에 에데 오제이 테타르타이오스 가르 에스틴')라고 대답한다(39절). 마르다의 이 대답은 마르다가 나사로의 죽음을 사실적으로 인정하고, 절망적으로 받아들이고 있음을 분명히 보여주는 것이다. 이것은 25절에서 마르다가 예수가 "나는 부활이요 생명이다."(ἐγώ εἰμι ἡ ἀνάστασις καὶ ἡ ζωή, '에고 에이미 헤 아나스타시스 카이 헤 조헤')라고 선언한 진리를 전혀 의식하지 못하고 있음을 분명히 보여 주는 증거이다.[38] 또한 마르다가 이해하고 있는 나사로의 육체적 죽음은 모든 인생이 피할 수 없는 것이라는 사실을 인식하고 있음을 분명히 보여주는 증거이다. 그러나 이런 마르다도 예수께서 생명의 주인이시며 원천이심을 믿게 하려고 죽은 나사로를 무덤에서 불러내신다(42절). 마르다의 역할은 이 복음서를 읽는 독자들에게 살아있는 참된 믿음이 무엇인가를 다시금 확인시켜 주며, 생명의 주인 되시는 예수 그리스도를 분명하게 소개하는 것이다.[39] 마르다는 예수의 신분이 분명하게 드러나도록 그 역할을 하며 예수의 말씀을 오해함으로써 독자가 분명히 이해하도록 도와주는 역할을 한다. 마르다는 지극히 인간적인 모습으로 나사로의 죽음과 생명을 이해하고 있음을 보여주며, 아울러 예수가 죽은 자를 살리시는 생명의 주인 되심을 보여 준다.

38. F.J. Moloney, 'Can Everyone be Wrong? A Reading of John 11.1-12.8', *NTS* 49 (2003), pp. 505-27을 보라.

39. M.W.G. Stibbe, *John* (Sheffield: Sheffield Academic Press, 1993), pp. 125-26을 보라.

나사로의 죽음 앞에서 마리아의 역할은 마르다와 비교하여 볼 때 지극히 제한적으로 묘사되고 있다(29-33절). 마리아 주변의 사람들을 통해서 복음서의 저자는 마리아가 나사로의 죽음에 대하여 이해하고 있는 것을 간접적으로 암시한다. 마리아가 급히 예수의 오심을 전해 듣고 밖으로 나갔을 때, 마리아의 집에 모여 있던 사람들의 반응은 마리아가 유대인의 장례 관습대로 나사로의 무덤에 곡하러 가는 줄로 이해하고 있다(31절).[40] 나사로의 죽음을 이해하고 있는 당시 사람들의 모습과 아울러 마리아가 나사로의 죽음을 어떻게 이해하고 있는지를 보여주는 장면이다. 마리아 역시 마르다와 비슷한 반응을 예수께 보이고 있다. 마리아도 마르다처럼 "주께서 여기 계셨더라면 내 오라버니가 죽지 아니하였을 것입니다."(32절)라고 예수께 말한다. 마리아 역시 예수가 나사로를 죽을병에서 고치주고 회복시켜 줄 것을 분명히 기대했었다는 암시이다. 그러나 한 가족이었던 나사로의 죽음 앞에서 눈물만 흘리는 마리아의 모습에서 인간의 비애를 맛보게 한다. 마리아가 나사로의 죽음을 이해하고 있는 것은 마르다와 큰 차이가 없음이 분명하다.

그러나 마르다와 마리아가 나사로의 죽음과 관련하여 예수께 보여준 동일한 고백과 태도, 즉, "주께서 여기 계셨더라면 내 오라버니가 죽지 아니하였을 것입니다."(21, 32절)라는 말은 예수와 관련하여 죽음과 생명에 대한 진리를 간접적으로 보여주는 효과가 있다. 그것은 첫째, 예수가 생명의 주인이라는 사실이다. 마르다와 마리아는 생명의 주인이며, 생명의 근원인 예수를 확실하게 이해하고 있지 못했던 것이 분명하다. 그러나 마르다와 마리아는 예수가 나사로의 병을 고쳐줄 수 있는 능력이 있음을 믿고 있었다는 것은 의심할 여지가 없다. 마르다와 마리아가 병을 고쳐주실 수 있는 분이 예수라는 사실을 믿고 있었기 때문

40. Moloney, *John*, pp. 329-30, 340; Brown, *John*, I, p. 435를 보라.

에 예수께 사람을 보내어 나사로가 병들어 죽게 된 것을 알린 것이다(3절). 둘째, 예수가 함께 하지 않을 때, 그것은 죽음을 암시한다는 사실이다. 마르다와 마리아의 동일한 고백, "주께서 여기 계셨더라면 내 오라버니가 죽지 아니하였을 것입니다."(21, 32절)라는 표현은 예수가 계신 곳에 생명이 있고, 예수가 함께 하지 않는 곳에 죽음이 있음을 간접적으로 암시한다. 마르다와 마리아는 나사로의 죽음을 생물학적 사실로 인식하고 있으며(39절), 완전히 절망적인 상태로 이해하고 있었던 것이 분명하다. 병들어 죽은 나사로가 죽은 지 나흘이 지나도록 무덤에서 냄새가 나는 상태이기 때문에 예수는 죽은 나사로의 생명과 상관이 없는 분으로 이해하고 있었다.

4. 나사로의 죽음과 생명: 예수의 이해

예수는 나사로가 병들어 죽어가고 있음을 이미 알고 있었다. 예수는 병든 나사로가 죽을 것을 이미 알고 있었을 뿐만 아니라, 그 죽음을 기다리고 있었던 것이 분명하다(참조. 요 11:4, 15). 나사로가 죽은 것을 알고 예수는 제자들과 함께 마르다와 마리아의 집으로 와서 죽은 나사로를 다시 살려낸다(참조. 요 11:39-44). 예수가 이해하고 있는 나사로의 생명과 죽음의 의미는 무엇인가? 죽은 나사로를 다시 살리신 예수의 사역의 의미는 무엇인가?

4.1. 나사로의 죽음

예수는 마르다와 마리아가 보낸 사람으로부터 나사로가 병들어 죽어가고 있다는 소식을 듣고도 나사로가 죽기 전에 그에게 가지 않았다.

요한복음 11:4에서 예수는 나사로가 병들어 죽어 가고 있음을 듣고 말하기를 "이 병은 죽을병이 아니다."(οὐκ ἔστιν πρὸς θάνατον, '우크 에스틴 프로스 싸나톤')라고 한다. 그러나 나사로는 결국 병들어 죽었다(11, 13, 14, 39절). 예수는 나사로가 병들어 죽어가고 있었을 때, 왜 "이 병은 죽을병이 아니다."라고 말했는가? 이 질문에 대답하기 전에 먼저 나사로의 병에 대하여 간략하게 언급할 필요가 있다. 나사로의 병은 어떤 병이었을까? 불행하게도 성경 본문은 우리에게 나사로의 병에 대한 자세한 정보를 제공하지 않는다. 다만 나사로의 병에 대하여 이 병이 치명적이어서 응급 처치를 필요로 한다는 것과 그렇지 않을 경우 이 병으로 곧 죽을 수 있다는 사실을 암시하는 것, 그리고 결국 이 병으로 나사로가 죽었다는 것이 전부이다. 예수는 나사로의 병과 관련하여 이 병은 "오히려 하나님의 영광을 드러낼 병이다. 이것으로 말미암아 하나님의 아들이 영광을 받게 될 것이다"(4절)라고 예언한다.[41]

요한복음 11:4에 사용된 헬라어 구문 '프로스 따나톤'(πρὸς θάνατον)은 특이한 모습이다. 이와 유사한 구문은 오직 요한일서 5:16-17에서만 발견 된다.[42] 예수의 이런 표현은 나사로의 병에 관한 것인데, 나사로의 병이 치명적이 아니라는 것이다. 그렇지만 분명한 것은 나사로가 이 병으로 죽는다는 사실이다(13-14절). 예수가 "이 병은 죽을병이 아니다."라고 말했을 때, 이 표현은 나사로가 죽지 않을 것을 의미하는 것은 아니었다(참조. 요 8:51-52; 21:22-23). 예수는 나사로의 병을 통해서

41. 이와 유사한 의미의 표현이 요 9:3, "하나님께서 하시는 일들을 그에게서 드러내시려는 것이다"(ἵνα φανερωθῇ τὰ ἔργα τοῦ θεοῦ ἐν αὐτῷ)라는 말씀에서도 발견된다. Schnackenburg, *John*, II, pp. 322-23; C.S. Keener, *The Gospel of John: A Commentary* (2 vols.; Peabody: Hendrickson, 2003), I, pp. 777-79; C.G. Kruse, *The Gospel according to John: An Introduction and Commentary* (Leicester: InterVarsity Press, 2003), p. 220을 보라.

42. W.E.S. North, *The Lazarus Story within the Johannine Tradition*. (JSNTSS 212; Sheffield: Sheffield Academic Press, 2001), pp. 91-92를 참조하라.

일어날 일을 암시하고 있는 것이다.[43] 이것은 요한복음 8:51-52과 5:24과 관련해서 생각할 때 나사로가 죽음을 맛보지 않을 것이라는 의미이다. 예수는 나사로가 생물학적으로 죽음을 맞이할 것을 이미 알고 있었지만, 나사로가 다시 살아날 것을 예언하고 있다. 예수는 마르다와 마리아의 급한 요청이 있었으나(3절) 나사로가 병들어 죽어가는 자리에 가지 않았고, 오히려 나사로의 목숨이 끊어질 때까지 기다린 것이다. 이런 사실은 15절에서 암시되고 있다. 예수는 나사로가 병들어 있었을 때가 아니라, 그 병으로 완전히 죽은 후에 나사로에게 간다. 이것은 나사로의 죽음이 하나님의 섭리 가운데 있는 것임을 예수가 그의 제자들과 마르다와 마리아에게 보여주려는 것이다.[44]

예수는 나사로가 병들어 죽을 것을 이미 알면서도, 4절에 나사로의 "이 병은 오히려 하나님의 영광을 드러낼 병이다. 이것으로 말미암아 하나님의 아들이 영광을 받게 될 것이다."라고 예언한다. 예수가 나사로의 죽음을 내다보며 이렇게 말하는 것은 인간의 생물학적 죽음을 인생의 마지막으로 보지 않은 나사로의 죽음에 대한 예수의 이해를 보여주는 장면이다. 예수는 나사로가 죽었을 때, 그의 죽음을 '잠자는 것'으로 표현했다(11, 13절). 이것은 인간의 죽음에 대하여 매우 중요한 암시로, 인간의 죽음을 잠든 것으로 묘사한 것은 잠자고 있는 사람은 언젠가 깰 때가 있음을 의미한다. 다시 말하면 인간의 죽음은 그 자체가 끝이 아님을 암시한다. 예수가 나사로의 죽음을 잠자는 것으로 묘사함으로 모든 죽은 자들이 마지막 날에 깨어날 때까지 잠자고 있음을 암시한다(참조. 요 5:25).[45]

---

43. Schnackenburg, *John*, II, p. 322; Beasley-Murray, *John*, 187-88; Carson, *John*, 406; Kruse, *John*, p. 247; Keener, *John*, II, pp. 838-40을 보라.

44. Moloney, *John*, pp. 325-26; Brown, *John*, I, pp. 430-32, Schnackenburg, *John*, II, pp. 322-23을 보라.

45. Moloney, *John*, pp. 179-81; Schnackenburg, *John*, II, pp. 326-27; Kruse, *John*, pp.

그러면 나사로의 육체적 죽음이 암시하는 것은 무엇인가? 첫째, 나사로의 육체적 죽음은 모든 인생이 피할 수 없는 것이라는 사실을 분명히 보여준다. 성경은 모든 인생이 죄를 지었기에 죽을 수밖에 없다는 사실과 한번 죽는 것은 인생에게 정해진 것이라는 사실을 보여주며, 그러므로 결국 모든 인간이 흙으로 돌아갈 수밖에 없다는 사실을 분명하게 기록하고 있다(참조. 창 3:19; 롬 5:12; 히 9:27).[46] 육체적으로 죽었다가 다시 살아난 나사로도 영원히 사는 것이 아니라 결국 죽음의 그림자를 피할 수 없었던 한 인간임을 충분히 미루어 짐작할 수 있다.

둘째, 나사로의 육체적 죽음은 인간이 육체적 생명을 연장하려는 시도가 불가능하다는 것을 암시하며, 그런 시도 자체가 하나님께 또 다른 바벨탑 사건이 될 수도 있음을 암묵적으로 시사해 준다. 인간이 사는 날 동안 질병의 고통에서 벗어나려는 인간의 노력은 계속될 것이며, 계속 될 수밖에 없다. 왜냐하면, 인간이 사는 날 동안 질병의 고통 없이 육체적으로 평안한 삶을 누리고자 하는 것이 인생의 평범한 소망이기 때문이다. 그러므로 단순한 생명의 연장은 대부분의 인간이 바라는 것이 나닐 수 있다. 사람은 질병으로 인한 고통이 없이 인간의 생명이 연장되기를 바라는 것이며, 이런 점에서 질병을 퇴치하기 위한 인간의 피눈물 나는 노력이 오늘날도 계속되고 있다. 그러나 문제는 질병의 고통이 없다고 인간에게 평안이 자연스럽게 주어지는 것은 아니라는 사실이다(참조. 요 14:1, 27).

셋째, 나사로의 육체적 죽음은 인간이 육체적으로 병들고, 또 그 병으로 인한 죽음은 우리가 이해할 수 없는 하나님의 섭리가 있다는 사

248-49; Keener, *John*, II, pp. 840-42를 보라.

46. 물론 구약성경에 예외적인 경우가 언급되고 있는데, 이들은 에녹(창 5:24; 히 11:5)과 엘리야(왕하 2:3-12)로 육체적 죽음을 맛보지 않은 사람들이다. 에녹과 엘리야의 승천 사건을 통해서 주는 분명한 교훈은 하나님께서 생명과 죽음을 다스리시는 분이시라는 사실이다(참조. 신 32:39; 삼상 2:6; 왕하 5:7; 토비트 13:2; 지혜서 16:13).

실을 분명히 암시하고 있다. 나사로의 죽음을 두고 예수는 분명하게 그 목적이 있음을 밝혔다(4, 15절). 나사로의 육체적 죽음은 연약한 한 인간의 단순한 생물학적 사망 그 자체가 아니라, 하나님의 영광과 하나님의 아들의 영광을 드러내기 위한 목적이 있다. 예수는 나사로의 죽음을 통해서 제자들의 믿음과 마르다와 마리아의 믿음을 굳게 세워주고, 이 사건을 바라보는 모든 사람들에게 자신이 죽음과 생명을 다스리는 분임을 밝히 보여준다. 결국 나사로의 죽음과 살아난 사건을 통해서 많은 사람들이 예수를 믿게 되었다(참조. 요 11:45).

4.2. 나사로의 살아남

예수는 죽은 지 나흘이나 된 나사로의 무덤으로 간다(39절). 예수가 나사로의 무덤에 간 것은 이미 4절에서 예언한대로 나사로의 죽음을 통해서 하나님께 영광을 돌리고 하나님의 아들인 자신의 영광을 드러내기 위한 것이다. 나사로의 죽음을 통해서 하나님의 영광과 하나님의 아들의 영광이 드러나게 되는 것은 죽은 나사로가 다시 살아나게 하는 것이다. 예수는 죽은 나사로를 살리기 위하여 나사로의 무덤을 막고 있는 돌을 옮길 것을 사람들에게 명령한다(39절).[47] 그러나 마르다는 죽은 나사로에 대하여 더 이상 소망이 없음을 "죽은 지가 나흘이나 되어서 벌써 냄새가 납니다."(ἤδη ὄζει, τεταρταῖος γάρ ἐστιν, '에데 오제이 테타르타이오스 가르 에스틴')라고 표현한다(39절). 예수는 4절에서 언급했던 '하나님의 영광'을 마르다에게 다시 상기시켜 준다(40절). 예수는 하늘을 우러러 기도한 후(42절),[48] 나사로를 향해서 큰 소리로 "나사로야, 나

---

47. Carson, *John*, pp. 417-18; Schnackenburg, *John*, II, p. 338; Keener, *John*, II, pp. 848-50을 참조하라.

48. 예수께서 나사로를 살리시기 전에 기도하신 것은 공관복음의 유사한 사건(막 5:22-

오너라"(Λάζαρε, δεῦρο ἔξω, '나자레 뒤로 엑스코')라고 외친다(43절). 죽었던 나사로가 손발이 천으로 감기고, 얼굴이 수건으로 싸매어 있는 상태로 무덤에서 걸어 나왔다(44절). 병들어 죽어 무덤에 장사지낸 나사로가 그 무덤에서 다시 살아 나온 것이다.

4.3. 나사로를 살리신 예수의 사역

죽은 나사로를 다시 살려낸 예수의 사역의 의미는 무엇인가? 첫째, 나사로를 다시 살려내는 일을 통해서 하나님께 영광을 돌리는 것이다(참조. 요 11:4, 15, 40). 예수가 죽은 나사로를 다시 살려낸 사역을 통하여 사람들로 하여금 예수가 하나님이 보내신 분이라는 사실을 믿게 하려는 것이다. 결국, 나사로 사건으로 말미암아 많은 사람들이 예수를 믿게 되었다(참조. 요 11:45). 복음서의 저자는 예수가 죽은 나사로를 다시 살려낸 사건으로 말미암아 그의 제자들과 마르다, 그리고 마리아에게 자신이 하나님이 보낸 그의 아들임을 보여준다.

둘째, 죽은 나사로를 다시 살려낸 예수 그리스도는 죽음의 권세도 다스리는 분임을 분명히 보여준다. 나사로가 죽었다가 다시 살아남을 통해서 예수 그리스도의 죽음과 부활을 믿고 고백하는 모든 그리스도인들도 육체적으로 결국 죽지만, 마지막 날에 그리스도의 부활의 능력으로 몸이 다시 살 것을 분명히 암시하고 있다(참조. 요 5:25). 병들어 죽은 나사로를 무덤에서 다시 살리시는 예수의 기적은 요한복음의 마지막 표적으로 요한복음 5:21에서 예수께서 이미 선언한 "아버지께서 죽은 사람들을 일으켜 살리시니, 아들도 자기가 원하는 사람들을 살린

24, 34-43; 눅 7:11-16)과 비교할 때 매우 특이한 일이다. Schnackenburg, *John*, II, pp. 339-46; Beasley-Murray, *John*, pp. 194-95를 보라.

다."라는 약속을 성취한 사건이다.[49] 이 사건을 통해서 예수가 생명을 가져오는 분이라는 사실을 보여주고 있다. 복음서의 저자는 독자들에게 예수가 사망을 다스리며 죽은 자에게 생명을 불어넣는 하나님 되심을 간접적으로 증거한다. 모든 그리스도인은 예수를 믿음으로 생명 곧, 영생을 누릴 수 있음을 보여준다.

셋째, 죽었던 나사로가 다시 살아난 표적 사건은 예수 자신이 죽은 후에 부활할 것을 미리 예표해 주는 사건이며, 동시에 그를 믿는 자들이 죽음에서 생명으로 옮겨질 것임을 확증해주는 표적이다. 죽은 나사로가 다시 살아난 사건에서 죽은 나사로의 손발을 감은 '천'(κειρία, '케이리아')과 얼굴을 싸맨 '수건'(σουδάριον, '수다리온')에 대한 묘사는 유대인의 장례법을 기술한 것(44절)은 예수의 부활 사건을 묘사하는 장면에서 '수건'과 '삼베'(ὀθόνιον, '오또니온')의 언급을 통해서 다시 등장한다(참조. 요 19:40). 이것은 두 사건이 긴밀하게 서로 연관되어 있음을 암시하는 요한의 문학적 기교Johannine literary technique가운데 하나이다.[50] 예수는 요한복음의 마지막 표적인 죽은 나사로를 다시 살린 사건을 통하여 자신의 죽음과 부활을 예표하고 있다.

5. 생명, 영원한 생명: 이미와 아직

나사로의 죽음과 부활 사건에서 예수는 마르다에게 죽은 나사로가 다시 살아날 것을 말한다(23절). 그러나 마르다는 죽은 나사로가 지금 다시 살아날 것을 믿지 못하고 마지막 날 부활 때에 나사로가 살아날 것으로 오해한다(24절). 이때 예수는 "나는 부활이요 생명이니, 나를 믿

---

49. Barrett, *John*, p. 260; Moloney, *John*, pp. 178-79; Carson, *John*, pp. 252-53을 보라.
50. Schnackenburg, *John*, II, p. 340; Moloney, *John*, p. 333을 보라.

는 사람은 죽어도 살고, 살아서 나를 믿는 사람은 영원히 죽지 아니할 것이다"(25-26절)라고 선언한다. 예수는 요한복음 11:25-26에서 죽음과 생명을 분명하게 언급한다. 나사로의 죽음과 부활 사건에서 요한복음 11:25-26에 언급된 예수의 선언의 의미는 무엇인가?

5.1. 예수: 부활과 생명

예수는 요한복음 11:25에서 "나는 부활이요 생명이다"(ἐγώ εἰμι ἡ ἀνάστασις καὶ ἡ ζωή, '에고 에이미 헤 아나스타시스 카이 헤 조헤')라고 분명하게 선언한다. 여기서 부활과 생명의 의미는 무엇인가? 예수의 이 선언은 요한복음 11:4과 긴밀하게 연결되는 것처럼 보인다.[51] 예수의 이 선언은 예수가 부활과 생명이기에 궁극적으로 죽음을 이기시고 승리할 것과 나사로의 사건을 통해서 하나님께 영광이 드러날 것을 암시한다. 이미 나사로의 죽음을 통해서 하나님의 영광이 들어날 것을 예수는 예언했다(4절). 이런 점에서 나사로의 죽음과 부활 사건 속에서 요한복음 11:25-26의 선언은 이 사건 전체를 요약하는 핵심 구절이 될 수 있다.[52] 예수의 이 선언은 마르다의 신앙을 요구했고, 마르다는 예수가 죽은 나사로를 다시 살려낼 것을 기대할 수 있게 했다. 그러나 마르다는 신앙을 고백한 듯 했으나 결국 실패했다. 이것은 예수가 부활과 생명 되심을 믿지 못하는 대부분의 인간이 지니고 있는 연약한 모습의 한 단면을 보여준다. 그러나 분명한 것은 나사로 사건을 통해서 예수는

---

51. B. Lindars, *The Gospel of John* (NCB; London: Marshall, Morgan & Scott, 1972), p. 400.

52. D.M. Ball, D.M. *'I Am' in John's Gospel: Literary Function, Background and Theological Implications* (JSNTSS 124. Sheffield: Sheffield Academic Press, 1996), pp. 101-110; L. Morris, *Jesus is the Christ: Studies in the Theology of John* (Grand Rapids: Eerdmans, 1989), pp. 107-125를 참조하라.

제자들을 가르치고 있으며, 마르다와 마리아의 신앙까지 확고하게 세워준다. 복음서의 저자는 나사로의 죽음과 살아남을 통해서 예수가 부활과 생명 되심을 실증적으로 분명하게 증명하고 있다.

5.2. 현재의 죽음과 영생

요한복음 11:26에서 예수는 "살아서 나를 믿는 사람은 영원히 죽지 아니할 것이다."라고 선언한다. 이 예수의 선언에서 '영원히 죽지 않는 것'은 영생을 의미한다. 이 말씀은 영적으로 살아서 예수를 믿는 사람들은 결코 영적으로 죽지 않을 것임을 선언한 것이다.[53] 영생이라는 주제는 요한복음 전체 속에 흐르고 있는 중요한 사상이다. 요한복음에서 자주 사용된 생명을 암시하는 단어인 '조혜'(ζωή)는 '소유하다'라는 동사의 목적어로 자주 사용되었다(참조. 요 3:15, 16, 36; 5:24, 40; 6:40, 47, 53, 54; 10:10; 20:31). 요한복음에서 '조혜'가 나타나는 구절들을 조사해 보면 '생명'은 거의 대부분 '영원한 생명'을 의미하고 있으며, 구체적으로 '영원한'이라는 형용사를 사용하여 '영생'으로 분명하게 표현된다. 이 생명 또는 영생은 미래에 국한 되는 것이 아니라, 예수를 믿는 사람들에게 현재에도 실현될 수 있는 것으로 분명하게 교훈하고 있다.[54] 요한은 영원한 생명을 미래에 주어질 것으로 말하기도 하지만(참조. 요 5:28-29; 6:27; 12:25), 또한 현재에도 소유할 수 있음을 분명히 말한다(참조. 요 3:36; 요 11:25-26). 요한복음에서 이 생명은 하나님의 선물로서 주어지는 것임을 분명히 강조하고 있다. 하나님께서 그 안에 생명을

---

53. Brown, *John*, I, pp. 425, 505-508을 보라.

54. 요한복음에 자주 나타나는 '영생'은 공관복음에 사용된 '하나님 나라' 또는 '천국'에 해당하는 개념을 내포하고 있다. Carson, *John*, pp. 186-90; Schnackenburg, *John*, II, pp. 352-61; Hill, *Greek Words*, pp. 192-201을 보라.

소유하고 계시며, 예수께 그 생명을 주셨다(참조. 요 1:4; 5:26). 예수는 자신의 죽음(요 6:51)과 성령과 말씀(요 6:63, 68)을 통해 생명을 주시는 생명의 떡(요 6:35, 48)으로 자신을 소개한다. 예수는 "살아서 나를 믿는 사람은 영원히 죽지 아니할 것이다"(26절)라고 선언한 것은 인간이 죽음을 이 땅에서 맛보는 것처럼 영생도 이 땅에서 맛볼 수 있음을 분명히 암시한다. 요한복음 11:26은 미래에 주어질 '영원한 생명'이 살아서 예수를 믿는 모든 자들에게 이 땅에서 현재 약속된 것임을 분명히 보여준다.

5.3. 미래의 죽음과 영생

요한복음 11:25-26에서 죽음과 생명은 현재적이면서 동시에 미래적임을 보여준다. 예수가 "나를 믿는 사람은 죽어도 산다."(25절)라고 했을 때 '죽음'은 분명히 육체적 죽음을 의미하고 있고,[55] 사는 것은 영원히 사는 것 즉, 영생을 의미하고 있다.[56] 요한복음에서 생명은 곧 영원한 생명을 의미한다. 요한복음에서 생명에 대한 정의는 다양한 특성을 가진다. 첫째, 생명은 곧 빛이며(요 1:4), 이 빛은 하나님이 주시는 생명 또는 영생을 설명하고 있는 것처럼 보인다. 둘째, 생명은 예수가 말씀하신 말씀 자체이다(요 6:63, 68). 예수는 자신의 말씀과 더불어 하나님의 명령이 영생이라고 선언하신다(요 12:50). 그러므로 요한복음에서 예수의 말씀, 하나님의 명령은 생명의 원천이 아니라 생명 자체이다. 셋째, 참 생명의 근원은 예수이다(요 10:10). 사람은 예수를 떠나서 아

---

55. 요 11:25의 '죽어도 산다'라는 말씀은 요 5:24-29의 조명 속에서 미래적으로 이해된다. Schnackenburg, *John*, II, pp. 330-32; Beasley-Murray, *John*, pp. 76-77, 190-91을 보라.

56. Brown, *John*, I, p. 425; Schnackenburg, *John*, II, pp. 330-33.

무것도 이룰 수 없다(요 15:5). 왜냐하면 예수는 생명 자체이기 때문이다. 넷째, 영생에 대한 정의는 예수의 마지막 기도에 나타난다. 요한복음 17:3에서 "영생은 오직 한 분이신 참 하나님을 알고, 또 아버지께서 보내신 예수 그리스도를 아는 것"이라고 말한다. 이 말씀에서 생명은 지식과 관련이 된다. 그리고 이 지식은 하나님께서 그 아들 예수께 준 사람들에게 계시된다(요 17:2). 참된 생명은 하나님의 말씀을 아는 것에 있다.[57] 결국, 예수가 "나를 믿는 사람은 죽어도 산다."(25절)라고 선언한 것은 예수를 믿는 자들에게 죽음이 끝이 아니라 죽음 이후에도 미래의 생명이 보장되어 있음을 분명히 암시한다.

6. 결론

지금까지 요한복음 11:1-44에 묘사된 나사로의 죽음과 살아남을 중심으로 인간의 생명과 죽음의 의미를 살펴보았다. 나사로의 죽음은 모든 인간이 경험할 수밖에 없는 불가항력적인 것임을 보여준다. 예수의 제자들도 마르다와 마리아도 모두 나사로의 죽음을 통해서 자신의 죽음을 볼 수밖에 없는 인생들이다. 그러나 예수는 이미 죽은 지 나흘이나 된 나사로를 무덤에서 살려낸다. 이것은 예수가 생명의 주인이심을 보여주는 놀라운 사건이다. 생명은 인간의 손에 달려있는 것이 아니라 생명의 주인이신 하나님께 주권이 있음을 분명히 보여준다. 요한복음에서 한 가지 특징적인 것은 이 땅에서 죽을 수밖에 없는 인생들이지만 영원한 삶 곧, 영생을 이 땅에서 누리며 살 수 있음을 분명히 가르치고 있다. 요한복음에서 생명은 영원한 생명이며 영적 생명을 의미한다. 요

57. D.H. Johnson, 'Life' in J.B. Green *et al*. (eds). *Dictionary of Jesus and the Gospels* (Leicester: InterVarsity Press, 1992), pp. 469-71를 보라.

한복음은 이 땅에서 생명을 갖고 호흡하고 있지만 죽은 상태로 살아가고 있는 사람들이 있음을 시사해 준다. 다른 한편, 예수가 하나님의 아들이시며 생명과 부활의 근본이라는 사실을 살아있는 동안에 믿으며 사는 사람들에게 이 땅에서 이미 영원한 생명이 주어져 있음을 분명하게 선언한다(25-26절). 나사로의 죽음과 살아남은 인간의 생명과 죽음이 생명을 창조하신 하나님께 달려있음을 분명히 보여주며, 예수 그리스도의 죽음과 부활을 예표하고 있다.

| 참고문헌 |

1. 한국문헌

강성열, 오덕호, 정기철 「설교자를 위한 성서해석학입문」 서울: 대한 기독교서회, 2006.

김경재 '영생을 향한 삶의 방식', 한국종교학회편, 「죽음이란 무엇인가: 여러 종교에서 본 죽음의 문제」 서울: 도서출판 창, 1990: 211-24.

김광수 「요한복음 다시 읽기: 요한복음서의 구조-신학적 해설」(상), 대전: 침례신학대학교출판부, 2002.

김동수 「요한신학 렌즈로 본 요한복음」 서울: 솔로몬, 2006.

김문현 「가슴으로 읽는 요한복음」 서울: 영성네트워크, 2005.

김선정 「요한복음서와 로마황제숭배」 서울: 한들출판사, 2003.

김춘기 「만남의 복음서: 요한복음 주석」 서울: 한들출판사, 2007.

노영상 「기독교 생명윤리 개론」 서울: 장로회신학대학교출판부, 2004.

뉴비긴(L. Newbigin) 「레슬리 뉴비긴의 요한복음 강해」 서울: 한국기독학생회 출판부, 2001.

류호준(편집) 「하나님 나라를 위한 성경신학: 황창기박사 정년 퇴임 기념 논문집」 서울: 선학사, 2007.

문상희 「사도행전 주석」 서울: 연세대학교출판부, 1999.

박수암 「요한복음」 서울: 대한기독교서회, 2002.

박윤선 「요한복음」 서울: 영음사, 1979.

배재욱 '요한복음의 중생' 『신약논단』 10권 2호 (2003), pp. 327-65.

—「초기 유대교와 신약성경의 중생」 서울: 대한기독교서회, 2008.

브루스(F.F. Bruce) 「요한복음」 서울: 도서출판 로고스, 1996.

요세프스(Josephus) 「요세푸스」 4 vols., 서울: 생명의 말씀사, 1987.

유상섭 '오병이어 기적에 대한 네 복음서의 관점', 『신약연구』 6권 1호 (2007): 1-49.

—「설교를 돕는 분석요한복음」 서울: 규장문화사, 1999.

이상근 「요한복음」 대구: 성등사, 27판, 1996.

이상훈 「요한복음」 대한기독교서회창립 100주년기념 성서주석, 서울: 대한기독교서회, 1993.

이승구 「인간 복제, 그 위험한 도전: 생명 복제 문제에 대한 신학적 한 견해」 서울: 예영커뮤니케이션, 2003.

이필찬 「이 성전을 허물라」 서울: 엔크리스토, 2008.

은퇴기념논총 출판위원회(편집) 「한국교회의 신학 인식과 실천: 유강 김영재박사 은퇴 기념 논총」 수원: 합동신학대학원출판부, 2006.

조석민 '예수 부활의 예언적 표적 사건(요한복음 11장의 주해와 적용)', 『그 말씀』10 (2004), pp. 102-110.

— '인간의 생명과 죽음의 의미: 요한복음 11:1-44을 중심으로', 『성경과 신학』38 (2005), pp. 42-71.

— '예수께서 갈릴리 바다 위를 걸으셨는가? 요한복음 6:16-21의 석의적 연구', 『성경과 교회』 3권 1호 (2005), pp. 150-71.

— '로고스의 개념과 기능: 요한복음 1:1-18', 『프로에클레시아』7 (2005), pp. 34-57.

— '요한복음에 언급된 시간 이해: 요한복음 1:39; 4:6, 52; 19:14을 중심으로', 『성경과 교회』 4권 1호 (2006), pp. 143-69.

— '요한복음 1:19-28의 문학적 구조와 기능', 은퇴 기념 논총 출판위원회

(편집),「한국교회의 신학 인식과 실천: 유강 김영재박사 은퇴 기념 논총」(수원: 합동신학대학원출판부, 2006), pp. 248-65.

— '요한복음 2:1-12에 기록된 기적 사건의 의미', 『성경과 교회』 5권 1호 (2007), pp. 153-80.

— '요한복음에 기록된 오병이어 표적 사건의 의미', 류호준(편집) 「하나님 나라를 위한 성경신학: 황창기박사 정년 퇴임 기념논문집」 (서울: 선학사, 2007), pp. 71-90.

— '갈릴리 가나의 두 번째 표적' 『성경과 교회』 6 (2008), pp. 152-76.

— '사마리아 종교의 타헤브(Taheb)' 『Cannon & Culture』 6 (2009), pp. 123-49.

최홍진 「요한복음」 서울: 한국장로교출판사, 2006.

카르코피노(J. Carcopino) 「고대 로마의 일상생활」(*Rome à l'apogée de l'Empire: la vie quotidienne*), 류재화 역. 서울: 우물이 있는 집, 2003.

한국종교학회(편집) 「죽음이란 무엇인가: 여러 종교에서 본 죽음의 문제」 서울: 도서출판 창, 1990.

홍창표 「신약과 문화」 수원: 합동신학교출판부, 1995.

2. 서양문헌

Alter, R. *The Art of Biblical Narrative*. New York: Basic Books, 1981.

Anderson, P.N. *Christology of the Fourth Gospel: Its Unity and Disunity in the Light of John 6*. Valley Forge, PA: Trinity Press International, 1996.

Anderson, R.T., 'Samaritans', in D.N. Freedman (ed.), *The Anchor Bible Dictionary*. 6 vols. New York: Doubleday, 1992, V, 940-47.

Anderson, R.T. and T. Giles, *The Keepers: An Introduction to the History and Culture of the Samaritans*. Peabody: Hendrickson, 2002.

—, *Tradition Kept: The Literature of the Samaritans*. Peabody: Hendrickson, 2005.

Appold, M.L. *The Oneness Motif in the Fourth Gospel: Motif Analysis and Exegetical Probe into the Theology of John*. WUNT 2.1. Tübingen: J.C.B. Mohr (Paul Siebeck), 1976.

Ashton, J. *Understanding the Fourth Gospel*. Oxford: Oxford University Press, 1991.

Ball, D.M. *'I Am' in John's Gospel: Literary Function, Background and Theological Implications*. JSNTSS 124. Sheffield: Sheffield Academic Press, 1996.

Barrett, C.K. *The Prologue of St John's Gospel*. London: Athlone Press, 1971.

—*New Testament Essays*. London: SPCK, 1972.

—'The Prologue of St John's Gospel' in idem, *New Testament Essays*. London: SPCK, 1972, pp. 26-48.

—*The Gospel according to St John*. London: SPCK, 2nd edn, 1978.

Beasley-Murray, G.R. *John*. WBC. Nashville: Thomas Nelson, 2nd edn, 1999.

Belle, G. van. *Johannine Bibliography 1966-1985: A Cumulative Bibliography on the Fourth Gospel*. BETL 82. Leuven: Leuven University Press, 1988.

—*The Signs Source in the Fourth Gospel: Historical Survey and Critical Evaluation of the Semeia Hypothesis*. Leuven: Leuven

University Press, 1994.

Bernard, J.H. *A Critical and Exegetical Commentary on the Gospel according to St John.* 2 vols. ICC. Edinburgh: T. & T. Clark, 1928.

Blass, F. and A. Debrunner, *A Greek Grammar of the New Testament and Other Early Christian Literature.* trans. and ed. R.W. Funk. Chicago: University of Chicago Press, 1961.

Boismard, M.-E. *Moses or Jesus: An Essay in Johannine Christology.* trans. B.T. Viviano. Leuven: Peeters Press, 1993.

Borchert, G.L. *John.* 2 vols. NAC. Nashville: Broadman & Holman, 1996-2002.

Borgen, P. *Bread from Heaven: An Exegetical Study of the Concept of Manna in the Gospel of John and the Writings of Philo.* NovTSup 11. Leiden: E.J. Brill, 1965.

Bowman, J., *The Samaritan Problem: Studies in the Relationships of Samaritanism, Judaism, and Early Christianity.* Pittsburgh Theological Monograph Series 4. Pittsburgh, PA: Pickwick Press, 1975.

—, *Samaritan Documents Relating to their History, Religion and Life.* Pittsburgh Original Texts and Translations Series 2. Pittsburgh, PA: Pickwick Press, 1977.

Broadhead, E.K. *Naming Jesus: Titular Christology in the Gospel of Mark.* JSNTSS 175. Sheffield: Sheffield Academic Press, 1999.

Brodie, T.L. *The Gospel according to John: A Literary and Theological Commentary.* Oxford: Oxford University Press. 1993.

—*The Crucial Bridge: The Elijah-Elisha Narrative as an Interpretive Synthesis of Genesis-Kings and a Literary Model for the Gospels.*

Collegeville: Liturgical Press, 2000.

Brown, C. *Miracles and the Critical Mind.* Exeter: Paternoster Press, 1984.

Brown, F. *et al. A Hebrew and English Lexicon of the Old Testament.* Oxford: Clarendon Press, 1907.

Brown, R.E. *The Gospel according to John.* AB. 2 vols. New York: Doubleday, 1966-70.

—*An Introduction to the Gospel of John.* F.J. Moloney(ed.). New York: Doubleday, 2003.

Brown, R.E. *et al* (eds.) *The New Jerome Biblical Commentary.* London: Geoffrey Chapman, 1989.

Bruce, F.F. *The Gospel of John.* Grand Rapids: Eerdmans, 1983.

Bruns, J.E. 'The Use of Time in the Fourth Gospel', NTS 13 (1967), pp. 285-90.

Buchsel, F. 'μονογενής', *TDNT*, IV, pp. 737-41.

Bulembat, Jean-Bosco M. 'Head-Waiter and Bridegroom of the Wedding at Cana: Structure and Meaning of John 2.1-12', JSNT 30 (2007), pp. 55-73.

Bultmann, R. *Theology of the New Testament.* 2 vols. trans. K. Grobel. London: SCM Press, 1955.

—*The Gospel of John: A Commentary.* trans. G.R. Beasley-Murray. Oxford: Basil Blackwell, 1971.

Burkett, D. *The Son of Man in the Gospel of John.* JSNTSS 56. Sheffield: JSOT Press, 1991.

—'Two Accounts of Lazarus's Resurrection in John 11', *NovT* 36 (1994), pp. 209-32.

—*The Son of Man Debate: A History and Evaluation*. SNTSMS 107. Cambridge: Cambridge University Press, 1999.

Calvin, J. *The Gospel according to St John 1-10*. trans. T.H.L.Parker. Grand Rapids: Eerdmans, 1961.

—*The Gospel according to St John 11-21 and the First Epistle of John*. trans. T.H.L.Parker. Edinburgh: The Saint Andrew Press, 1961.

Carey, G.L. 'The Lamb of God and Atonement Theories', *TynB* 32 (1981), pp. 97-122.

Carson, D.A. 'Current Source Criticism of the Fourth Gospel: Some Methodological Questions', *JBL* 97 (1978), pp. 411-29.

—'Understanding Misunderstandings in the Fourth Gospel', *TynB* 33 (1982), pp. 59-89.

—*The Gospel according to John*. Leicester: Inter-Varsity Press, 1991.

Carson, D.A., Moo, D.J. and L. Morris *An Introduction to the New Testament*. Grand Rapids: Apollos, 1992.

Carter, W. 'The Prologue and John's Gospel: Function, Symbol and Definitive Word', *JSNT* 39 (1990), pp. 35-58.

Charlesworth, J.H. *The Beloved Disciple: Whose Witness Validates the Gospel of John?* Valley Forge: Trinity Press International, 1995.

Christensen, D.L., *Deuteronomy 1:1-21:9*. WBC 6A. Nashville: Thomas Nelson, revised ed., 2001.

Cho, Sukmin *Jesus as Prophet in the Fourth Gospel*. NTM 15. Sheffield: Sheffield Phoenix Press, 2006.

—"John 3.16-21: A Study of Its Themes and Overall Function", Unpublished MA thesis. Bristol: University of Bristol, 1997.

Clein, W.W., Blomberg, C.L. and R.L. Hubbard, *Introduction to*

Biblical Interpretation. Dallas: Word, 1993.

Coetzee, J.C. 'Life in John's Writings and the Qumran Scrolls'. *Neot* 6 (1972), pp. 48-66.

Coggins, R.J., *Samaritans and Jews: The Origins of Samaritanism Reconsidered*. Oxford: Basil Blackwell, 1975.

Colwell, E.C. 'A Definite Rule for the Use of the Article in the Greek New Testament', *JBL* 52 (1933), pp. 12-21.

Cowley, A.E., *The Samaritan Liturgy*. 2 vols. Oxford: Oxford University Press, 1909.

Craigie, P.C., *The Book of Deuteronomy*. NICOT. Grand Rapids: Eerdmans, 1976.

Crown, A.D. 'F. Dexinger, "Der Taheb"', JQR 80 (1989), pp. 139-41.

Crown, A.D. (ed.) *The Samaritans*. Tübingen: J.C.B. Mohr, 1989.

Crown, A.D., R. Pummer and A. Tal (eds.), *A Companion to Samaritan Studies*. Tübingen: J.C.B. Mohr (Paul Siebeck), 1993.

Cullmann, O. *The Christology of the New Testament*. trans. S.C. Guthrie and C.A.M. Hall. Philadelphia: Westminster Press, rev. edn, 1963.

Culpepper, R.A. 'The Pivot of John's Prologue', *NTS* 27 (1980), pp. 1-31.

—*Anatomy of the Fourth Gospel: A Study in Literary Design*. Philadelphia: Fortress Press, 1983.

Culpepper, R.A. (ed.) *Critical Readings of John 6*. BIS 22. Leiden: E.J. Brill, 1997.

Danby, H. *The Mishnah: Translated from the Hebrew with Introduction and Brief Explanatory Notes*. London: Oxford

University Press, 1933.

Danna, E. 'A Note on John 4:29', *RB* 106 (1999), pp. 222-23.

Deeks, D.G. 'The structure of the Fourth Gospel', *NTS* 15 (1968), pp. 107-129.

Denaux, A. (ed.) *John and the Synoptics.* BETL 101. Leuvan: Leuvan University Press, 1992.

Derrett, J.D.M. 'Why and How Jesus Walked on the Sea', *NovT* 23 (1981), pp. 330-48.

Dexinger, F. 'Limits of Tolerance in Judaism: The Samaritan Example', in E.P. Sanders (ed.), *Jewish and Christian Self-Definition, vol. II: Aspects of Judaism in the Graeco-Roman Period.* 3 vols. Philadelphia: Fortress Press, 1981, pp. 88-114.

—*Der Taheb: Ein "messianischer" Heilsbringer der Samaritaner.* Salzburg: O. Müller, 1986.

—'Samaritan Eschatology', in A.D. Crown (ed.), *The Samaritans* (Tübingen: J.C.B. Mohr, 1989), pp. 266-92.

Dodd, C.H. *The Interpretation of the Fourth Gospel.* Cambridge: Cambridge University Press, 1953.

—'Notes on John 21.24', *JTS* 4 (1953), pp. 212-13.

—*Historical Tradition in the Fourth Gospel.* Cambridge: Cambridge University Press, 1963.

D'Souza, J. *The Lamb of God in the Johannine Writings.* Allahabad: St. Paul, 1968.

Duke, P.D. *Irony in the Fourth Gospel.* Atlanta: John Knox Press, 1985.

Edwards, M. *John.* BBC. Oxford: Blackwell, 2004.

Elowsky, J.C. (ed.), *John 1-10*. Downers Grove: InterVarsity Press, 2006.

Endo, M. *Creation and Christology: A Study on the Johannine Prologue in the Light of Early Jewish Creation Accounts*. WUNT 2.149. Tübingen: Mohr Siebeck, 2002.

Evans, C.A. *Word and Glory: On the Exegetical and Theological Background of John's Prologue*. JSNTSS 89. Sheffield: JSOT Press, 1993.

Fortna, R.T. *The Gospel of Signs: A Reconstruction of the Narrative Source Underlying the Fourth Gospel*. SNTSMS 11. Cambridge: Cambridge University Press, 1970.

—*The Fourth Gospel and Its Predecessor: From Narrative Source to Present Gospel*. Philadelphia: Fortress Press, 1988.

France, R.T. *The Gospel of Mark: A Commentary on the Greek Text, NIGTC*. Grand Rapids: Eerdmans, 2002.

Genuyt, F. 'Le prologue de Jean', *SémB* 49 (1988), pp. 15-34.

Giblin, C.H. 'Suggestion, Negative Response, and Positive Action in St John's Portrayal of Jesus', *NTS* 26 (1979), pp. 197-211.

—'The Miraculous Crossing of the Sea (Jn 6,16-21)', *NTS* 28 (1983), pp. 96-103.

—'Two Complementary Literary Structures in John 1:1-18', *JBL* 104 (1985), pp. 87-103.

—'The Tripartite Narrative Structure of John's Gospel', *Bib* 71 (1990), pp. 449-68.

Glasson, T.F. *Moses in the Fourth Gospel*. SBT 40. London: SCM Press, 1963.

Godet, F.L. *Commentary on John's Gospel*. Grand Rapids: Kregel, 1978.

Grayston, K. *The Gospel of John*. London: Epworth Press, 1990.

Green, J.B. *The Gospel of Luke*. NICNT. Grand Rapids: Eerdmans, 1997.

Green, J.B. *et al.* (eds) *Dictionary of Jesus and the Gospels*. Leicester: InterVarsity Press, 1992.

Gryglewicz, F. 'Das Lamm Gottes', *NTS* 13 (1966-67), pp. 133-46.

Guilding, A. *The Fourth Gospel and Jewish Worship: A Study of the Relation of St John's Gospel to the Ancient Jewish Lectionary System*. Oxford: Clarendon Press, 1960.

Gulley, N.R. 'Death' in *ABD*, II, pp. 108-111.

Guthrie, D. 'John' in *NBC*, pp. 926-67.

Guthrie, D. et al. *New Bible Commentary*. Leicester: Inter-Varsity Press, 3rd edn, 1970.

Haenchen, E. 'Probleme des johanneischen Prologs', *ZTK* 60 (1963), pp. 305-34.

—*A Commentary on the Gospel of John*. 2 vols. trans. R.W. Funk. Philadelphia: Fortress Press, 1984.

Hagner, D.A. *Matthew*. 2 vols. WBC. Dallas, TX: Word Books, 1995.

Hakola, R. 'A Character Resurrected: Lazarus in the Fourth Gospel and Afterwards', in David Rhoads and Kari Syreeni (eds.). *Characterization in the Gospel: Reconceiving Narrative Criticism*. JSNTSS 184. Sheffield: Sheffield Academic Press, 1999, pp. 223-63.

Hamerton-Kelly, R.G. Pre-Existence, *Wisdom, and the Son of Man: A*

Study of the Idea of Pre-Existence in the New Testament. SNTSMS 21. Cambridge: The University Press, 1973.

Hanhart, K. '"About the tenth hour"... on Nisan 15 (Jn 1,35-40)' in M. de Jonge (ed.), *L'Évangile de Jean: Sources, rédaction, theologie.* BETL 44. Leuven: Leuven University Press, 1977, pp. 335-46.

Harries, *E. Prologue and Gospel: The Theology of the Fourth Gospel.* JSNTSS 107. Sheffield: Sheffield Academic Press, 1994.

Harstine, S. *Moses as a Character in the Fourth Gospel: A Study of Ancient Reading Techniques.* JSNTSS 229. Sheffield: Sheffield Academic Press, 2002.

Hawthorne, G.F. *et al.* (eds) *Dictionary of Paul and his Letters.* Leicester: InterVarsity Press, 1993.

Hayes, C.E. 'Sanhedrin', in R.J. Zwi Werblowsky and G. Wigoder (eds), *Oxford Dictionary of the Jewish Religion.* Oxford: Oxford University Press, 1997, pp. 606-7.

Heil, J.P. *Jesus Walking on the Sea: Meaning and Gospel Functions of Matt 14:22-23, Mark 6:45-52 and John 6:15b-21.* AnBib 87. Rome: Pontificical Biblical Institute, 1981.

Hendriksen, W. *The Gospel of John.* London: Banner of Truth Trust, 1954.

Hengel, M. 'The Interpretation of the Wine Miracle at Cana: John 2:1-11', in L.D. Hurst and N.T. Wright (eds.) *The Glory of Christ in the New Testament: Studies in Christology in Memory of George Bradford Caird.* Oxford: Clarendon, 1987, pp. 83-112.

—*The 'Hellenization' of Judaea in the First Century after Christ.* London: SCM Press, 1989.

Hengestenburg, E.W. *Commentary on the Gospel of St John*. 2 vols. Minneapolis: Klock & Klock, 1980(1865).

Hill, D. *Greek Words and Hebrew Meanings: Studies in the Semantics of Soteriological Terms*. SNTSMS 5. Cambridge: Cambridge University Press, 1967.

Hinnebush, P. *Jesus, the New Elijah: An Inspiring New Insight into the Person of Jesus*. Ann Arbor: Servant Books, 1978.

Hooker, M.D. 'John the Baptist and the Johannine Prologue', *NTS* 16 (1970), pp. 354-58.

—'The Johannine Prologue and the Messianic Secret', *NTS* 21 (1974), pp. 40-58.

Hoskyns, E. *The Fourth Gospel*. F.N. Davey (ed.). London: Faber and Faber, 2nd edn, 1947.

Hurst, L.D. and N.T. Wright (eds.) *The Glory of Christ in the New Testament: Studies in Christology in Memory of George Bradford Caird*. Oxford: Clarendon, 1987.

Hutchson, G. *The Gospel of John*. London: Banner of Truth, 1657.

Iersel, B.M.F. van 'Tradition und Redaktion in Joh 1,19-36', *NovT* 5 (1962), pp. 245-67.

Isser, S.J., *The Dositheans: A Samaritan Sect in Late Antiquity*. Studies in Judaism in Late Antiquity 17. Leiden: E.J. Brill, 1976.

Josephus, *Jewish Antiquities I-XX*. Loeb Classical Library; London: Harvard University Press, 1965.

Jonge, M. de (ed.) *L'Évangile de Jean: Sources, rédaction, theologie*. BETL 44. Leuven: Leuven University Press, 1977.

Johnson, D.H. 'Life' in J.B. Green et al. (eds). *Dictionary of Jesus and the Gospels*. Leicester: InterVarsity Press, 1992, pp. 469-71.

Johnstone, E.D., 'The Johannine Version of the Feeding of the Five Thousand: An Independent Tradition?', *NTS* 8 (1962), pp. 151-54.

Keener, C.S. *The Gospel of John: A Commentary*. 2 vols. Peabody: Hendrickson, 2003.

Kim, Kyung-Rae, "Studies in the Relationship between the Samaritan Pentateuch and the Septuagint", Unpublished PhD Thesis. Jerusalem: Hebrew University, 1994.

Kim, J.K. 'A Korean Feminist Reading of John 4:1-42', *Semeia* 78 (1997), pp. 100-119.

Klink, E.W. 'What Concern Is That to You and to Me? John 2:1-11 and the Elisha Narratives', *Neot* 39 (2005), pp. 273-87.

Koester, C.R. '"The Savior of the World" (John 4:42)', *JBL* 109 (1990), pp. 665-80.

—*Symbolism in the Fourth Gospel: Meaning, Mystery, Community*. Minneapolis: Fortress Press, 1995.

Köstenberger, A.J. *John*. BECNT. Grand Rapids: Eerdmans, 2004.

Kraft, R.A. and G.W.E. Nickelsburg (eds.), *Early Judaism and its Modern Interpreters*. Philadelphia: Fortress Press, 1986.

Kremer, J. *Lazarus: Die Geschichte einer Auferstehung. Text, Wirkungsgeschichte und Botschaft von Joh 11,1-46*. Stuttgart: Katholisches Bibelwerk, 1985.

Kruijf, T.C.D. 'The Glory of the Only Son (John i 14)', in M.C. Rientsma (ed.), *Studies on John: Presented to Professor Dr. J.N. Sevenster on the Occasion of His Seventieth Birthday*. Leiden: E.J. Brill, 1970, pp. 111-123.

Kruse, C.G. *The Gospel according to John: An Introduction and Commentary*. Leicester: InterVarsity Press, 2003.

Kulandaisamy, D.S. 'The First "Sign" of Jesus at the Wedding at Cana: An Exegetical Study on the Function and Meaning of John 2.1-12', *Marianum* 68 (2006), pp. 17-116.

Kysar, R. 'The Background of the Prologue of the Fourth Gospel: A Critique of Historical Methods', *CJT* 16 (1970), pp. 250-55.

—'The Eschatology of the Fourth Gospel: A Correction of Bultmann's Redactional Hypothesis', *Perspective* 13 (1972), pp. 23-33.

—*The Fourth Evangelist and his Gospel: An Examination of Contemporary Scholarship*. Minneapolis: Augsburg, 1975.

Lightfoot, R.H. *St. John's Gospel: A Commentary*. Oxford: Clarendon Press, 1956.

Lincoln, A.T. *Ephesians*. WBC. Dallas, TX: Word Books, 1990.

—*The Gospel according to St John*. BNTC. London: Continuum, 2005.

Lindars, B. 'Elijah, Elisha and the Gospel Miracles' in C.F.D. Moule (ed.), *Miracles: Cambridge Studies in their Philosophy and History*. London: A.R. Mowbray, 1965, pp. 61-79.

—*The Gospel of John*. NCBC. London: Marshall, Morgan & Scott, 1972.

—'Capernaum Revisited: Jn 4,46-54 and the Synoptics', in F. van Segbroeck, et al., *The Four Gospels, 1992*. Festschrift Frans Neirynck(BETL 100, 3 vols.; Leuven: Leuven University Press/ Peeters, 1992), pp. 1985-2000.

Loewenstamm, A.L., 'Samaritan Chronology', in *Encyclopaedia Judaica*. 16 vols. Jerusalem: Keter, 1972, XIV, 748-52.

Loos, H. van der *The Miracles of Jesus*. Leiden: E.J. Brill, 1968.

Macdonald, J. (ed. & trans.), *Memar Marqah: The Teaching of Marqah*. Beihefte zur Zeitschrift für die alttestamentliche Wissenschaft 84. 2 vols. Berlin: Alfred Töpelmann, 1963.

Macdonald, J. *The Theology of the Samaritans*. NTL. London: SCM Press, 1964.

Mahoney, A. 'A New Look at "the Third Hour" of Mk 15,25', *CBQ* 28 (1966), pp. 292-99.

McConville, J.G., *Deuteronomy*. Apollos Old Testament Commentary 5. Leicester: Apollos, 2002.

McGrath, J.F. 'Prologue as Legitimation: Christological Controversy and the Interpretation of John 1:1-18', *IBS* 19 (1997), pp. 98-120.

—*John's Apologetic Christology: Legitimation and Development in Johannine Christology*. SNTSMS 111. Cambridge: Cambridge University Press, 2001.

Mead, A.H., 'The basilikos in John 4.46-53', *JSNT* 23 (1985), pp. 69-72.

Metzger, B.M. *A Textual Commentary on the Greek New Testament*. Stuttgart: Deutsche Bibelgesellschaft, 2nd edn, 1994.

Michaels, J.R. *John*. NIBC. Peabody: Hendrickson, 1989.

Miller, J.V. 'The Time of the Crucifixion', *JETS* 26 (1983), pp. 157-66.

Mills, W.E. *The Gospel of John*. Bibliographies for Biblical Research; Lampeter: Mellen Biblical Press, 1995.

Mlakuzhyil, G. *The Christocentric Literary Structure of the Fourth Gospel*. AnBib 117. Roma: Pontificio Istituto Biblico, 1987.

Moloney, F.J. *The Johannine Son of Man*. BSR 14. Rome: RAS, 2nd edn, 1978.

—*The Gospel of John*. SPS 4. Collegeville: Liturgical Press, 1998.

—'Can Everyone be Wrong? A Reading of John 11.1-12.8', *NTS* 49 (2003), pp. 505-27.

Montgomery, J.A., *The Samaritans, the Earliest Jewish Sect: Their history, Theology, and Literature*. Eugene: Wipf & Stock, 2006[1907].

Morris, L. *Jesus is the Christ: Studies in the Theology of John*. Grand Rapids: Eerdmans, 1989.

—*The Gospel according to John*. NICNT. Grand Rapids: Eerdmans, 2nd edn, 1995.

Motyer, S. Your Father the Devil? A New Approach to John and 'the Jews'. Carlisle: Paternoster Press, 1997.

Moule, C.F.D. *An Idiom Book of New Testament Greek*. Cam-bridge: Cambridge Press, 1959.

Moule, C.F.D. (ed.) *Miracles: Cambridge Studies in their Philosophy and History*. London: A.R. Mowbray, 1965.

Moulton, J.H. et al. *A Grammar of New Testament Greek*. 4 vols. Edinburgh: T. & T. Clark, 1929.

Müller, C.G. 'Der Zeuge und das Licht. Joh 1,1-4,3 und das Darstellungsprinzip der su,gkrisij', *Bib* 84 (2003), pp. 479-509.

Need, S.W. 'Re-Reading the Prologue: Incarnation and Creation in John 1.1-18', *Theology* 106 (2003), pp. 397-404.

Neirynck, F., 'John 4,46-54: Signs Source and/or Synoptic Gospels', *ETL* 60 (1984), pp. 367-75.

Neusner, J. and W. Scott (eds.), *Dictionary of Judaism in the Biblical*

Period 450 B.C.E. to 600 C.E. Peabody: Hendrickson, 1996.

Newman, B.M. and E.A. Nida *A Handbook on the Gospel of John.* New York: United Bible Societies, 1993.

Neyrey, J.H. 'Jacob Traditions and the Interpretation of John 4:10-26', *CBQ* 41 (1979), pp. 419-37.

Nicol, W. *The Sēmeia in the Fourth Gospel: Tradition and Redaction.* NovTSup 32. Leiden: E.J. Brill, 1972.

Niederwimmer, K. *The Didache: A Commentary.* trans. L.M. Maloney. Minneapolis: Fortress Press, 1998.

Nolland, J. *Luke.* 3 vols, WBC. Dallas, TX: Word Books, 1989-93.

North, W.E.S. *The Lazarus Story within the Johannine Tradition.* JSNTSS 212. Sheffield: Sheffield Academic Press, 2001.

O'Brien, P.T. *The Letter to the Ephesians.* PNTC. Leicester: Apollos, 1999.

Olsson, B. *Structure and Meaning in the Fourth Gospel: A Text-Linguistic Analysis of John 2:1-11 and 4:1-42.* trans. J. Gray. CBNTS 6. Uppsala, Sweden: CWK Gleerup Lund, 1974.

O'Neill, J.C. 'Jesus' Reply to his Mother at Cana of Galilee', *IBS* 23 (2001), pp. 28-35.

Painter, J. 'Theology, Eschatology and the Prologue of John', *SJT* 46 (1993), pp. 27-42.

Pendrick, G. 'Μονογενής', *NTS* 41(1995), pp. 587-600.

Perkins, P. 'John' in R.E. Brown, *et al* (eds.), *The New Jerome Biblical Commentary.* London: Geoffrey Chapman, 1989, pp. 942-85.

Perry, J.M. 'The Evolution of the Johannine Eucharist', *NTS* 39 (1993), pp. 22-35.

Phillips, T.E. '"The Third Fifth Day?" John 2:1 in Context', *ExpTim* 115 (2004), pp. 328-31.

Plummer, A. *The Gospel according to St. John*. Cambridge: Cambridge University Press, 1880.

Porter, S.E. *Idioms of the Greek New Testament*. Biblical Languages, Greek 2. Sheffield: Sheffield Academic Press, 1992.

Poythress, V.S. 'The Use of the Intersentence Conjunctions DE, OUN, KAI and Asyndeton in the Gospel of John', *NovT* 26 (1984), pp. 312-40.

—'Testing for Johannine Authorship by Examining the Use of Conjunctions', *WTJ* 46 (1984), pp. 350-69.

Pryor, J.W. *John: Evangelist of the Covenant People*. London: Darton, Longman and Todd, 1992.

Purvis, J.D., 'The Samaritans and Judaism', in R.A. Kraft and G.W.E. Nickelsburg (eds.), *Early Judaism and its Modern Interpreters*. Philadelphia: Fortress Press, 1986, 81-98.

Rand, J.A. du 'Repetitions and Variations - Experiencing the Power of the Gospel of John as Literary Symphony', *Neot* 30 (1996), p. 64.

Reinmuth, E. 'Lazarus und seine Schwestern - was wollte Johannes erzhlen? Narratologische Beobachtungen zu Joh 11,1-44', *Theologische Literaturzeitung* 124 (1999), pp. 127-38.

Rhea, R. *The Johannine Son of Man*. ATANT 76. Zürich: Theologischer Verlag, 1990.

Rhoads, D. and K. Syreeni (eds.) *Characterization in the Gospel: Reconceiving Narrative Criticism*. JSNTSS 184. Sheffield: Sheffield

Academic Press, 1999.

Rhodes, J.N. 'What Do You Want from Me?', *BibTrans* 52 (2001), pp. 445-47.

Ridderbos, H. 'The Structure and Scope of the Prologue to the Gospel of John', *NovT* 8 (1966), pp. 180-201.

—*The Gospel according to John: A Theological Commentary*. trans. J. Vriend. Grand Rapids: Eerdmans, 1997.

Rientsma, M.C. (ed.) *Studies on John: Presented to Professor Dr. J.N. Sevenster on the Occasion of His Seventieth Birthday*. Leiden: E.J. Brill, 1970.

Riesner, R. 'Bethany beyond the Jordan (John 1:28) Topography, Theology and History in the Fourth Gospel', *TynB* 38 (1987), pp. 29-63

Roberts, C. 'Notes and Studies: John 20.30-31 and 21.24-25', *JTS* 38 (1987), pp. 409-410

Robinson, J.A.T. 'The Relation of the Prologue to the Gospel of St John', *NTS* 9 (1963), pp. 120-29.

—*The Priority of John*. London: SCM Press, 1985.

Rothschild, J.-P., 'Samaritan Manuscripts: A Guide to the Collections and Catalogues', in A.D. Crown (ed.), *The Samaritans*. Tübingen: J.C.B. Mohr (Paul Siebeck), 1989, 771-94.

Saldarini, A.J. 'Sanhedrin' in *ABD*, V, pp. 975-80.

Sanders, J.N. and B.A. Mastin *A Commentary on the Gospel according to St John*. BNTC. London: Adam & Charles Black, 1968.

Schnackenburg, R. *The Gospel according to John*. 3 vols. trans. K.

Smyth, et al. Kent: Burns & Oates, 1968-82.

—*The Epistle to the Ephesians: A Commentary*. trans. H. Heron. Edinburgh: T & T Clark, 1991.

Schneider, J. 'ἐρχόμενος κτλ' in *TDNT*, II, pp. 666-84.

Schulz, S. *Das Evangelium nach Johannes*. NTD. Göttingen: Vandenhoeck & Reprecht, 1987.

Schwank, B. *Evangelium nach Johannes*. St. Ottilien: EOS Verlag, 1996.

Segbroeck, F. van, et al., *The Four Gospels, 1992*. Festschrift Frans Neirynck. BETL 100. 3 vols. Leuven: Leuven University Press/ Peeters, 1992.

Segovia, F.F. 'The Journey(s) of the Word of God: A Reading of the Plot of the Fourth Gospel', *Semeia* 53 (1991), pp. 23-54.

Seitz, O.J.F. 'Gospel Prologue: A Common Pattern?', *JBL* 83 (1964), pp. 262-68.

Sherwin-White, A.N. *Roman Society and Roman Law in the New Testament*. Grand Rapids: Baker Book House, 1963.

Smalley, S.S. 'The Sign in John XXI', *NTS* 20 (1974), pp. 275-88.

—*John: Evangelist and Interpreter*. Carlisle: Paternoster Press, 2nd edn, 1998.

Smit, P.-B. 'Cana-to-Cana or Galilee-to-Galilee: A Note on the Structure of the Gospel of John', *ZNW* 98 (2007), pp. 143-49.

Smith, D.M. *The Composition and Order of the Fourth Gospel: Bultmann's Literary Theory*. New Heaven: Yale University Press, 1965.

—*Johannine Christianity: Essay on its Setting, Sources and Theology*.

Edinburgh: T. & T. Clark, 1987.

—*The Theology of the Gospel of John*. NTT. Cambridge: Cambridge University Press, 1995.

—*John Among the Gospels*. South Carolina: University of South Carolina Press, 2nd edn, 2001.

Smith, R.H. 'Exodus Typology in the Fourth Gospel', *JBL* 81 (1962), pp. 329-42.

Staley, J.L. 'The Structure of John's prologue: Its Implications for the Gospel's Narrative Structure', *CBQ* 48 (1986), pp. 241-64.

—*The Print's First Kiss: A Rhetorical Investigation of the Implied Reader in the Fourth Gospel*. SBLDS 82. Atlanta: Scholars Press, 1988.

Steele, M. 'Where Does the Speech Quotation End in John 3:1-21?', *Notes on Translation* 2 (1988), pp. 51-58.

Stibbe, M.W.G. *John as Storyteller: Narrative Criticism and the Fourth Gospel*. SNTSMS 73. Cambridge: Cambridge University Press, 1992.

—*John*. Sheffield: Sheffield Academic Press, 1993.

—'Return to Sender: A Structuralist Approach to John's Gospel', *Biblical Interpretation* 1 (1993), pp. 189-206.

—'A Tomb with a View: John 11.1-44 in Narrative-Critical Perspective', *NTS* 40 (1994), pp. 38-54.

Strange, J.F. 'Tiberius' in *ABD*, VI, pp. 547-49.

Tal, A., 'Asatir', in A.D. Crown, R. Pummer and A. Tal (eds.), *A Companion to Samaritan Studies* (Tübingen: J.C.B. Mohr, 1993), pp. 226-28.

Talbert, C.H. *Reading John: A Literary and Theological Commentary on the Fourth Gospel and the Johannine Epistles*. London: SPCK, 1992.

Tasker, R.V.G. *The Gospel according to St. John*. TDNT. Grand Rapids: Eerdmans, 1960.

Thackeray, H.St.J., et al. *Josephus*. 10 vols. Loeb Classical Library. London: Harvard University Press, 1926-1965.

Theobald, M. *Die Fleischwerdung des Logos*. Neutestamentliche Abhandlungen. Münster: Aschendorff, 1988.

Tilborg, S. van *Reading John in Ephesus*. Leiden: E.J. Brill, 1996.

Tobin, T.H. 'The Prologue of John and Hellenistic Jewish Speculation', *CBQ* 52 (1990), pp. 252-69.

Towns, E. *The Gospel of John: Believe and Live*. Old Tappan: Fleming H. Revell, 1990.

Trench, R.C. *Synonyms of the New Testament*. London: Kegan Paul, Trench, Trübner, 1915.

Trites, A.A. *The New Testament Concept of Witness*. SNTSMS 31. Cambridge: Cambridge University Press, 1977.

Turner, N. *A Grammar of New Testament Greek*. III. Syntax. Edinburgh: T. & T. Clark, 1963.

Vaux, de R. *Ancient Israel: Its Life and Institutions*. trans. J. McHugh; London: Darton, Longman & Todd, 2nd edn, 1965.

Walker, N. 'The Reckoning of Hours in the Fourth Gospel', *NovT* 4 (1960), pp. 69-73.

Waltke, B.K., 'Samaritan Pentateuch', in D.N. Freedman (ed.), *The Anchor Bible Dictionary*. 6 vols. New York: Doubleday, 1992, V.

pp. 932-40.

Watt, J.G. van der 'The Composition of the Prologue of John's Gospel: The Historical Jesus Introducing Divine Grace', *WTJ* 57 (1995), pp. 311-32.

Welck, C. *Erzählte Zeichen: Die Wundergeschichten des Johannesevangeliums literarisch untersucht. Mit einem Ausblick auf Joh 21*. WUNT 2.69. Tübingen: J.C.B. Mohr(Paul Siebeck), 1994.

Wengst, K. *Das Johannesevangelium*. 2 vols. TKNT. Stuttgart: W. Kohlhanmmer, 2000.

Werblowsky, R.J. Zwi and G. Wigoder (eds) *Oxford Dictionary of the Jewish Religion*. Oxford: Oxford University Press, 1997.

Westcott, B.F. *The Gospel according to St John*. London: John Murray, 1908.

Williams, E.F. 'Fourth Gospel and Synoptic Tradition: Two Johannine Passages', *JBL* 86 (1967), pp. 311-19.

Willianson, H.G.M. 'Samaritans', in J.B. Green et al. (eds.), *Dictionary of Jesus and the Gospels*. Leicester: InterVarsity Press, 1992, pp. 724-28.

Witherington III, B. *John's Wisdom: A Commentary on the Fourth Gospel*. Louisville: Westminster John Knox Press, 1995.

Witherup, R.D. 'The Wedding at Cana', *BT* 44 (2006), pp. 145-50.

Wright, N.T. *The New Testament and the People of God*. Christian Origin and the Question of God 1. Minneapolis: Fortress Press, 1992.

Wuellner, W. 'Putting Life Back into the Lazarus Story and its

Reading: The Narrative Rhetoric of John 11 as the Narration of Faith', *Semeia* 53 (1991), pp. 113-32.

Yee, G.A. *Jewish Feasts and the Gospel of John*. Zacchaeus Studies: New Testament. Wilmington: Michael Glazier, 1989.

Zerwick, M. *Biblical Greek*. Rome: Pontificio Istituto Biblico, 3rd edn, 1963.

창세기

출애굽기

민수기

신명기

사사기

사무엘상

사무엘하

열왕기상

누가복음

요한복음

사도행전

| 인명 색인 |